Informationsmanagement und Computer Aided Team

Herausgegeben von
H. Krcmar, München, Deutschland

Die Schriftenreihe präsentiert Ergebnisse der betriebswirtschaftlichen Forschung im Themenfeld der Wirtschaftsinformatik. Das Zusammenwirken von Informations- und Kommunikationstechnologien mit Wettbewerb, Organisation und Menschen wird von umfassenden Änderungen gekennzeichnet. Die Schriftenreihe greift diese Fragen auf und stellt neue Erkenntnisse aus Theorie und Praxis sowie anwendungsorientierte Konzepte und Modelle zur Diskussion.

Herausgegeben von
Professor Dr. Helmut Krcmar
Technische Universität München,
Deutschland

Ulrich Bretschneider

Die Ideen-Community zur Integration von Kunden in den Innovationsprozess

Empirische Analysen und Implikationen

Mit einem Geleitwort von Prof. Dr. Helmut Krcmar

 Springer Gabler　　RESEARCH

Ulrich Bretschneider
München, Deutschland

Dissertation Technische Universität München, 2011

ISBN 978-3-8349-3373-7   ISBN 978-3-8349-7173-9 (eBook)
DOI 10.1007/978-3-8349-7173-9

Die Deutsche Nationalbibliothek verzeichnet diese Publikation in der Deutschen Nationalbibliografie; detaillierte bibliografische Daten sind im Internet über http://dnb.d-nb.de abrufbar.

Springer Gabler
© Gabler Verlag | Springer Fachmedien Wiesbaden 2012
Das Werk einschließlich aller seiner Teile ist urheberrechtlich geschützt. Jede Verwertung, die nicht ausdrücklich vom Urheberrechtsgesetz zugelassen ist, bedarf der vorherigen Zustimmung des Verlags. Das gilt insbesondere für Vervielfältigungen, Bearbeitungen, Übersetzungen, Mikroverfilmungen und die Einspeicherung und Verarbeitung in elektronischen Systemen.

Die Wiedergabe von Gebrauchsnamen, Handelsnamen, Warenbezeichnungen usw. in diesem Werk berechtigt auch ohne besondere Kennzeichnung nicht zu der Annahme, dass solche Namen im Sinne der Warenzeichen- und Markenschutz-Gesetzgebung als frei zu betrachten wären und daher von jedermann benutzt werden dürften.

Einbandentwurf: KünkelLopka GmbH, Heidelberg

Gedruckt auf säurefreiem und chlorfrei gebleichtem Papier

Springer Gabler ist eine Marke von Springer DE. Springer DE ist Teil der Fachverlagsgruppe Springer Science+Business Media.
www.springer-gabler.de

Geleitwort

Immer kürzer werdende Produktlebenszyklen, beschleunigter technischer Fortschritt, immer häufiger vorkommende Produktimitationen durch andere Unternehmen, häufigere Kundenbereitschaft zum Markenwechsel sowie die Individualisierung der Kundenbedürfnisse sind die meist genannten Gründe dafür, dass Unternehmen nahezu aller Branchen heute einem immer stärkeren Innovationsdruck ausgesetzt sind. Kontinuierlich neue Produkte zu entwickeln und erfolgreich am Markt einzuführen, ist mehr denn je zur wichtigen Voraussetzung für den langfristigen Erfolg von Unternehmen geworden. Vor diesem Hintergrund verfolgen immer mehr Unternehmen die Strategie, Kunden in die Innovationsentwicklung aktiv und systematisch zu integrieren, um auf diese Weise Kundenbedürfnisse adäquat zu identifizieren und umzusetzen.

Um Kunden in die Innovationsaktivitäten von Unternehmen zu integrieren, gibt es verschiedene Methoden. Für die frühen Phasen des Innovationsprozesses, wo es darauf ankommt, Innovationsideen zu generieren, hat sich insbesondere der Internet-basierte Ideenwettbewerb als eine solche Methode zur Kundenintegration etabliert. Während der Ideenwettbewerb sowohl in der Praxis als auch in der Forschung in den letzten Jahren intensiv thematisiert wurde, etabliert sich in der Unternehmenspraxis derzeit eine andere Methode zur Integration von Kunden in die frühen Phasen: Unternehmen stellen für ihre Kunden virtuelle Ideen-Communities zur Verfügung, in denen diese nicht nur wie im Falle von Ideenwettbewerben Innovationsideen äußern können, sondern darüber hinaus diese Innovationsideen auch gemeinschaftlich weiterentwickeln und konkretisieren können. Nicht nur in dieser Hinsicht unterscheiden sich Ideen-Communities von Ideenwettbewerben. Auch im Funktionsprinzip können beiden Methoden grundlegende Unterschiede attestiert werden. Von der Wissenschaft wurde der Untersuchungsgegenstand Ideen-Community bislang nur sehr wenig aufgegriffen.

Diese Forschungslücke greift die vorliegende Arbeit von Ulrich Bretschneider auf. Das Ziel der Arbeit ist es, Ideen-Communities als Methode der Kundenintegration in den Innovationsprozess grundlegend zu untersuchen. Dafür hat Herr Bretschneider zunächst eine explorative Fallstudienuntersuchung zur Erfassung und Beschreibung grundlegender Gegebenheiten von Ideen-Communities durchgeführt. Die Ergebnisse hieraus stellten das Grundlagenverständnis und die Ausgangsbasis für die Beantwortung von Detailforschungsfragen dar, für die quantitative Forschungsmethoden und empirisches Datenmaterial aus der „SAPiens Ideen Community" herangezogen wurden. So wurde zunächst die Qualität der Kundenideen empirisch analysiert. Im Rahmen dieser Untersuchung wurde ein Ideenbewertungsinstrument entwickelt, anhand dessen ein repräsentativer Querschnitt an Ideen aus der SAPiens Community bewertet wurde. Die Ergebnisse hieraus gaben Aufschluss über die Effizienz von Ideen Communities.

Darüber hinaus stand das Kundenverhalten im Mittelpunkt weiterer Detailuntersuchungen. So wurden die Motive, die die Kunden dazu veranlassen, in solchen Communities Ideen zu generieren, im Rahmen einer empirischen Untersuchung identifiziert. In zwei weiteren Untersuchungen wurde darüber hinaus nachgewiesen, dass eine hohe Ausprägung bestimmter Motive die Qualität der Ideen signifikant beeinflusst und dass das Vorhandensein bestimmter Persönlichkeitsmerkmale bei Kunden die Wahrscheinlichkeit für deren Bereitschaft zur Abgabe einer Idee signifikant beeinflusst.

Die Arbeit von Herrn Bretschneider ist ein wichtiger Beitrag für die Wissenschaft im Bereich der Kundenintegration in den Innovationsprozess, trägt sie doch grundlegend zur Gewinnung einer ersten wissenschaftlichen Erklärung und Beschreibung der Ideen-Community und somit zur Etablierung der Ideen-Community als Methode der Kundenintegration bei.

Neben diesem wissenschaftlichen Nutzen liefert die Arbeit aber auch einen wichtigen Beitrag für die Praxis. So wurden auf der Basis der Erkenntnisse aus der Arbeit Empfehlungen für die Unternehmenspraxis darüber ausgesprochen, in welcher Weise virtuelle Ideen-Communities gestaltet sein sollten, um eine höhere Reichweite und eine effizientere Ergebnisqualität zu sichern sowie methodische Fehler zu vermeiden. Der Arbeit von Ulrich Bretschneider wünsche ich daher die ihr gebührende weite Verbreitung.

Univ.-Prof. Dr. Helmut Krcmar

Vorwort

Im Mittelpunkt dieser Arbeit steht die Ideen-Community als Instrument zur Integration von Kunden in den Innovationsprozess. Es gibt bislang nur sehr wenige wissenschaftliche Arbeiten, die dieses relativ junge Open-Innovation-Instrument thematisieren. Dies verwundert, erfreuen sich virtuelle Ideen-Communities in der Unternehmenspraxis aktuell doch ebenso großer Beliebtheit wie Ideenwettbewerbe, die ebenfalls zur Integration von Kunden in die frühen Phasen des Innovationsprozesses genutzt werden und in der Forschung schon seit langem intensiv diskutiert werden. Eine wissenschaftliche Auseinandersetzung mit dem Phänomen der Ideen-Community erscheint deshalb relevant.

Das Ziel der Arbeit ist es, Ideen-Communities als Methode der Kundenintegration in den Innovationsprozess grundlegend zu untersuchen. Der Forschungsbeitrag dieser Arbeit liegt in der empirisch gehaltvollen Erklärung und Beschreibung des Phänomens Ideen-Community. Die vorliegende Arbeit will aber auch einen Praxisnutzen stiften. So werden auf der Basis der Erkenntnisse aus der Arbeit Empfehlungen für die Unternehmenspraxis darüber ausgesprochen, in welcher Weise virtuelle Ideen-Communities gestaltet sein sollten, um eine höhere Reichweite und eine effizientere Ergebnisqualität zu sichern sowie methodische Fehler zu vermeiden.

Diese Arbeit wurde als Dissertation von der Technischen Universität München angenommen. Sie entstand in der Zeit von Februar 2007 bis März 2010, die ich als Doktorand am Lehrstuhl für Wirtschaftsinformatik an der Technischen Universität München verbrachte. Nach dem erfolgreichen Abschluss meiner Promotion im März 2011 möchte ich mich bei all denen bedanken, die mich während meiner Promotionszeit unterstützt haben.

Besonderer Dank gilt meinem akademischen Lehrer und Doktorvater Professor Dr. Helmut Krcmar für das mir entgegengebrachte Vertrauen und die Freiheiten, die er mir in meiner Arbeit gelassen hat. Die Jahre am Lehrstuhl haben mich nicht nur in fachlicher, sondern auch in persönlicher Hinsicht reifen lassen. Professor Dr. Frank-Martin Belz danke ich für die Übernahme des Zweitgutachtens. Ich danke auch meinem damaligen Forschungsgruppenleiter Professor Dr. Jan Marco Leimeister, der mir wertvolle Impulse und Ratschläge gab.

Ich möchte mich auch bei meinen damaligen Kollegen Michael Huber und Ivo Blohm bedanken. Ihre Begeisterung für das Thema Open Innovation und unsere fachlichen Gespräche hierüber waren mir ein wichtiger Inspirator und Motivator. Für die maßgebliche Unterstützung beim Aufbau und Betrieb der Ideen-Community „SAPiens" gilt darüber hinaus mein besonderer Dank Michael Huber. Daneben danke ich meinen ehemaligen wissenschaftlichen Hilfskräften Dorian Proksch und Annette Nowak.

Ganz besonders danke ich meiner Familie Hubert, Inge und Christian. Für ihr Vertrauen in mich, ihre vielfältige Unterstützung und insbesondere für den Freiraum, den sie mir in meiner Promotionszeit gewährten, obwohl ich in dieser Zeit häufig selbst gebraucht wurde, möchte ich ihnen ein großes Dankeschön aussprechen.

Mein größter Dank gilt meiner Frau Christine. Ich danke ihr für ihren stetigen Glauben an mich, ihr unerschöpfliches Vertrauen, ihr wirkungsvolles Mutmachen sowie dafür, dass sie mir nach München gefolgt ist. Ohne diese bedingungslose Unterstützung von ihr, wäre dieses Projekt nicht möglich gewesen. Ihr widme ich diese Arbeit.

Ulrich Bretschneider

Inhaltsübersicht

1	**Einleitung**	**1**
1.1	Ausgangssituation	1
1.2	Ziel der Arbeit und forschungsleitende Fragestellungen	3
1.3	Forschungsansatz und Methodologie dieser Arbeit	7
2	**Grundlagen**	**13**
2.1	Terminologie	13
2.2	Der Innovationsprozess im Unternehmen, insbesondere seine frühen Phasen	14
2.3	Bedeutung von Innovationen für Unternehmen	16
2.4	Open Innovation nach Chesbrough: Eine Strategie für das Innovationsmanagement von Unternehmen	17
2.5	Kundenfokussierung im Innovationsmanagement	18
2.6	Methoden und Praktiken der Kundenorientierung und Kundenintegration im Rahmen des Innovationsmanagements	21
3	**Ideen-Communities**	**33**
3.1	Fallstudienuntersuchung zur Exploration des Phänomens der Ideen-Community	33
3.2	Ableitung eines Definitionsansatzes für Ideen-Communities	55
3.3	Die SAPiens-Ideen-Community als Forschungsfeld für die weiteren Untersuchungen	56
4	**Die Ideenqualität**	**63**
4.1	Theoretische Grundlagen	63
4.2	Ideenqualität in Ideen-Communities	66
4.3	Vergleich der Ideenqualität aus Ideen-Communities und Ideenwettbewerben im Rahmen eines Methodenexperiments	94
5	**Motive der Teilnehmer an virtuellen Ideen-Communities**	**111**
5.1	Theoretische Grundlagen: Motive und Motivation	111
5.2	Untersuchung der Motive	114
5.3	Untersuchung des Einflusses der Motive auf die Ideenqualität	163
6	**Der Einfluss von Persönlichkeitsmerkmalen auf die Ideenabgabe**	**181**
6.1	Theoretische Grundlagen: Persönlichkeitsmerkmale innovierender Kunden	182
6.2	Operationalisierung der zu erhebenden Persönlichkeitsmerkmale	184
6.3	Empirie	190
6.4	Validitäts- und Reliabilitätsuntersuchung der erhobenen Daten	193
6.5	Zwischenergebnis: Deskriptive Auswertungen der Persönlichkeitsmerkmale	205
6.6	Modellbildung und Hypothesenformulierung zur Untersuchung des Einflusses der Persönlichkeitsmerkmale auf die Ideenabgabe	207
6.7	Regressionsanalytische Untersuchung der vermuteten Modellzusammenhänge	210
6.8	Ergebnisse	218

7	Zusammenfassung der Ergebnisse und Implikationen für Forschung und Praxis	221
7.1	Beantwortung der Forschungsfrage I und daraus resultierende Implikationen	221
7.2	Beantwortung des Forschungsfragenbündels II und daraus resultierende Implikationen	222
7.3	Beantwortung des Forschungsfragenbündels III und daraus resultierende Implikationen	225
7.4	Beantwortung der Forschungsfrage IV und daraus resultierende Implikationen	227
Anhang		**229**
	Ideenbewertungsformular	229
	Fragebogen	230
Literaturverzeichnis		**239**

Inhaltsverzeichnis

1	**Einleitung**	**1**
1.1	Ausgangssituation	1
1.1.1	Kundenintegration in den Innovationsprozess	1
1.1.2	Ideen-Communities zur Kundenintegration: Ein neues Phänomen in der Unternehmenspraxis	2
1.2	Ziel der Arbeit und forschungsleitende Fragestellungen	3
1.2.1	Zielstellung	3
1.2.2	Forschungsleitende Fragestellungen	4
1.3	Forschungsansatz und Methodologie dieser Arbeit	7
1.3.1	Forschungsansatz	7
1.3.2	Methodologie	9
2	**Grundlagen**	**13**
2.1	Terminologie	13
2.2	Der Innovationsprozess im Unternehmen, insbesondere seine frühen Phasen	14
2.3	Bedeutung von Innovationen für Unternehmen	16
2.4	Open Innovation nach Chesbrough: Eine Strategie für das Innovationsmanagement von Unternehmen	17
2.5	Kundenfokussierung im Innovationsmanagement	18
2.5.1	Kundenorientierung im Innovationsmanagement	18
2.5.2	Kundenintegration in den Innovationsprozess	19
2.6	Methoden und Praktiken der Kundenorientierung und Kundenintegration im Rahmen des Innovationsmanagements	21
2.6.1	Methoden der frühen Phasen des Innovationsprozesses	21
2.6.2	Methoden der mittleren Phasen des Innovationsprozesses	27
2.6.3	Methoden der späten Phasen des Innovationsprozesses	29
2.6.4	Zusammenfassung	30
3	**Ideen-Communities**	**33**
3.1	Fallstudienuntersuchung zur Exploration des Phänomens der Ideen-Community	33
3.1.1	Fallstudien als Forschungsmethodik	33
3.1.2	Vorgehen im Rahmen der Fallstudienuntersuchung	34
3.1.3	Ergebnisse aus Schritt I	38
3.1.3.1	Ergebnisprotokoll der acht Fallstudien	38
3.1.3.1.1	Technische Aspekte	38
3.1.3.1.2	Soziale und organisationale Aspekte	40
3.1.3.2	Merkmale von Ideen-Communities	42
3.1.4	Ergebnisse aus Schritt II	43
3.1.4.1	Der Untersuchungsgegenstand im Kontext der Virtual-Community-Forschung	44
3.1.4.1.1	Ideen-Communities als virtuelle Community	44
3.1.4.1.2	Ideen-Communities als fremdgesteuerte virtuelle Communities	46
3.1.4.2	Der Untersuchungsgegenstand im Kontext der Innovationsforschung	48
3.1.4.2.1	Ideen-Communities als Innovation Community	48

3.1.4.2.2	Ideen-Communities als Instrument zur aktiven Kundenintegration in den Innovationsprozess	50
3.1.4.2.3	Ideen-Communities in Abgrenzung zur Kundenintegrationsmethode „Ideenwettbewerb"	51
3.1.4.2.4	„Collaborative Filtering" in Ideen-Communities	54
3.2	Ableitung eines Definitionsansatzes für Ideen-Communities	55
3.3	Die SAPiens-Ideen-Community als Forschungsfeld für die weiteren Untersuchungen	56
3.3.1	Einbettung der SAPiens-Ideen-Community	56
3.3.2	Vorstellung der SAPiens-Ideen-Community	58
4	**Die Ideenqualität**	**63**
4.1	Theoretische Grundlagen	63
4.1.1	Der Begriff „Idee" und die Idee im Kontext der Kreativitätsforschung	63
4.1.2	Messung und Bewertung von Kreativität	65
4.2	Ideenqualität in Ideen-Communities	66
4.2.1	Auswahl von Ideen aus der SAPiens-Community	67
4.2.2	Auswahl eines subjektiven Kreativitätsbewertungsverfahrens	68
4.2.3	Die CAT zur Bewertung der Ideenqualität	72
4.2.4	Operationalisierung des Konstrukts Ideenqualität	76
4.2.4.1	Identifizierung von Ideendimensionen aus der Kreativitätsforschung	77
4.2.4.2	Operationalisierung der Ideendimensionen	81
4.2.5	Ergebnisse der Ideenbewertung	86
4.2.5.1	Beurteilung der Güte	86
4.2.5.2	Befunde	89
4.3	Vergleich der Ideenqualität aus Ideen-Communities und Ideenwettbewerben im Rahmen eines Methodenexperiments	94
4.3.1	Methodische Grundlagen: das Experiment als Forschungsmethode	95
4.3.2	Ableitung der Experimenthypothese	96
4.3.3	Exkurs: Der SAPiens-Ideenwettbewerb	98
4.3.3.1	Hintergrund	98
4.3.3.2	Qualitätsbewertung der Ideen aus dem SAPiens-Ideenwettbewerb	100
4.3.4	Versuchsanordnung für das Experiment	105
4.3.5	Auswertung und Ergebnis	107
4.3.5.1	Methodik zur Auswertung des Experiments	107
4.3.5.2	Durchführung der Varianzanalyse zur Auswertung des Experiments	108
4.3.5.3	Ergebnis des Experiments	110
5	**Motive der Teilnehmer an virtuellen Ideen-Communities**	**111**
5.1	Theoretische Grundlagen: Motive und Motivation	111
5.2	Untersuchung der Motive	114
5.2.1	Methodik zur Erfassung der Motive	114
5.2.2	Vorstudie zur Identifizierung geeigneter Motive	115
5.2.2.1	Die Studie von Hars und Ou	115
5.2.2.2	Die Studie von Hertel, Niedner und Herrmann	116
5.2.2.3	Die Studie von Lakhani und Wolf	119
5.2.2.4	Die FLOSS-Studie	120

5.2.2.5	Die Studie von Shah	122
5.2.2.6	Zusammenfassung	123
5.2.3	Operationalisierung	125
5.2.4	Empirie	136
5.2.5	Ergebnisse	139
5.2.5.1	Befunde einer ersten Validitäts- und Reliabilitätsprüfung	140
5.2.5.1.1	Explorative Faktorenanalyse zur Überprüfung der Konstruktvalidität	140
5.2.5.1.2	Reliabilitätsüberprüfung	150
5.2.5.1.3	Zusätzliche Konvergenzvaliditätsüberprüfung	151
5.2.5.2	Befunde einer zweiten Validitäts- und Reliabilitätsüberprüfung	152
5.2.5.2.1	Notwendigkeit einer zweiten Überprüfung	152
5.2.5.2.2	Konfirmatorische Faktorenanalyse zur Validitäts- und Reliabilitätsüberprüfung	153
5.2.5.3	Deskriptive Befunde	161
5.3	Untersuchung des Einflusses der Motive auf die Ideenqualität	163
5.3.1	Modellbildung und Hypothesenformulierung	164
5.3.2	Regressionsanalytische Untersuchung der vermuteten Modellzusammenhänge	168
5.3.2.1	Grundlagen zur Regressionsanalyse	168
5.3.2.2	Auswahl geeigneter Datensätze	169
5.3.2.3	Prüfung der Anwendungsvoraussetzungen	170
5.3.2.4	Durchführung der multiplen Regressionsanalyse	173
5.3.3	Ergebnisse	176
6	**Der Einfluss von Persönlichkeitsmerkmalen auf die Ideenabgabe**	**181**
6.1	Theoretische Grundlagen: Persönlichkeitsmerkmale innovierender Kunden	182
6.2	Operationalisierung der zu erhebenden Persönlichkeitsmerkmale	184
6.3	Empirie	190
6.4	Validitäts- und Reliabilitätsuntersuchung der erhobenen Daten	193
6.4.1	Befunde einer ersten Validitäts- und Reliabilitätsprüfung	194
6.4.1.1	Explorative Faktorenanalyse zur Überprüfung der Konstruktvalidität	194
6.4.1.2	Reliabilitätsüberprüfung	198
6.4.1.3	Zusätzliche Konvergenzvaliditätsüberprüfung	200
6.4.2	Befunde einer zweiten Validitäts- und Reliabilitätsüberprüfung	200
6.5	Zwischenergebnis: Deskriptive Auswertungen der Persönlichkeitsmerkmale	205
6.6	Modellbildung und Hypothesenformulierung zur Untersuchung des Einflusses der Persönlichkeitsmerkmale auf die Ideenabgabe	207
6.7	Regressionsanalytische Untersuchung der vermuteten Modellzusammenhänge	210
6.7.1	Grundlagen zur Berechnung der Modellzusammenhänge und Auswahl eines geeigneten Analyseverfahrens	210
6.7.2	Prüfung der Anwendungsvoraussetzungen	212

6.7.3	Durchführung der logistischen Regressionsanalyse	215
6.8	Ergebnisse	218
7	**Zusammenfassung der Ergebnisse und Implikationen für Forschung und Praxis**	**221**
7.1	Beantwortung der Forschungsfrage I und daraus resultierende Implikationen	221
7.2	Beantwortung des Forschungsfragenbündels II und daraus resultierende Implikationen	222
7.3	Beantwortung des Forschungsfragenbündels III und daraus resultierende Implikationen	225
7.4	Beantwortung der Forschungsfrage IV und daraus resultierende Implikationen	227
Anhang		**229**
Ideenbewertungsformular		229
Fragebogen		230
Literaturverzeichnis		**239**

Abbildungsverzeichnis

Abbildung 1-1: Methodologie dieser Arbeit 12
Abbildung 2-1: Phasen des Innovationsprozesses 15
Abbildung 2-2: Geschlossenes (links) und offenes Innovationsmodell 17
Abbildung 2-3: Vorgehen zur Durchführung eines Lead-User-Workshops ... 28
Abbildung 3-1: Ablauf der Fallstudienuntersuchung 37
Abbildung 3-2: Screenshot der „Idea Zone"-Community von Intel, in der die eingereichten Ideen direkt auf der Homepage dargestellt werden 38
Abbildung 3-3: Ausschnitt aus der Detailansicht einer Idee aus der Ideastorm-Community von Dell 39
Abbildung 3-4: Screenshot der Homepage der SAPiens-Ideen-Community ... 58
Abbildung 3-5: Screenshot der Seite „Ideen eingeben" 59
Abbildung 3-6: Screenshot der Seite „Ideenpool", hier in der beispielhaften Darstellung mit drei Ideen 60
Abbildung 3-7: Screenshot eines „MySAPiens"-Bereiches eines Teilnehmers ... 61
Abbildung 4-1: Bewertungskriterien der CPSS 70
Abbildung 4-2: Qualitätsindizes der Ideen aus der SAPiens-Ideen-Community ... 92
Abbildung 4-3: Screenshot der Hompepage zum SAPiens-Ideenwettbewerb 100
Abbildung 4-4: Qualitätsindizes der Ideen aus dem SAPiens-Ideenwettbewerb 104
Abbildung 5-1: Prozesshafte Darstellung der Motivation 113
Abbildung 5-2: Altersstruktur der Befragten 138
Abbildung 5-3: Verteilung bezüglich der Nutzung von SAP-Anwendungen durch die Befragten 139
Abbildung 5-4: Ausprägungen der Motive 161
Abbildung 6-1: Altersstruktur der Befragten 192
Abbildung 6-2: Verteilung bezüglich der Nutzung von SAP-Anwendungen durch die Befragten 193
Abbildung 6-3: Ausprägungen der Persönlichkeitsmerkmale für Nicht-Ideengeber und Ideengeber 206

XV

Tabellenverzeichnis

Tabelle 2-1:	Beispiele für Internet-basierte Ideenwettbewerbe zur Kundenintegration in den Innovationsprozess	23
Tabelle 2-2:	Praktiken und Methoden der Kundenorientierung und Kundenintegration im Innovationsmanagement	31
Tabelle 3-1:	Auflistung der untersuchten Ideen-Communities	36
Tabelle 3-2:	Merkmale von Ideen-Communities	43
Tabelle 3-3:	Definitionen und Definitionsmerkmale von virtuellen Communities	45
Tabelle 3-4:	Gegenüberstellung der Definitionsmerkmale von virtuellen Communities und der Merkmale aus den Fallstudien	46
Tabelle 3-5:	Die SAPiens-Ideen-Community in Abgrenzung zu anderen Ausprägungsformen von Innovation Communities	50
Tabelle 4-1:	Zusammensetzung der Expertenjury	74
Tabelle 4-2:	Für die Untersuchung genutzte Dimensionen des Konstrukts Ideenqualität	75
Tabelle 4-3:	Ergebnis der Literaturrecherche zur Identifizierung von Ideendimensionen aus der Kreativitätsforschung	80
Tabelle 4-4:	Operationalisierung der Ideendimension Neuheitsgrad	81
Tabelle 4-5:	Operationalisierung der Ideendimension Originalität	81
Tabelle 4-6:	Operationalisierung der Ideendimension Radikalität	83
Tabelle 4-7:	Operationalisierung der Ideendimension Umsetzbarkeit	84
Tabelle 4-8:	Operationalisierung der Ideendimension Benutzerakzeptanz	85
Tabelle 4-9:	Operationalisierung der Ideendimension „Effektivität der Problemlösung"	85
Tabelle 4-10:	Operationalisierung der Ideendimension Ausarbeitungsgrad	86
Tabelle 4-11:	ICC-Koeffizienten für die einzelnen Ideendimensionen	89
Tabelle 4-12:	Statistische Werte in Bezug auf die Ergebnisse zur Ideenqualität und Ergebnisse des Kolmogorov-Smirnov-Tests	92
Tabelle 4-13:	ICC-Werte im Rahmen der Bewertung der Ideen aus dem SAPiens-Ideenwettbewerb	101
Tabelle 4-14:	Statistische Werte zur Ideenqualität und Ergebnis des Kolmogorov-Smirnov-Tests	105
Tabelle 4-15:	Einfaktorielles Design des Experimentes	106
Tabelle 4-16:	Versuchsplan für das Experiment	107
Tabelle 4-17:	Ergebnisse der einfaktoriellen ANOVA	109
Tabelle 5-1:	Sekundäre Standardmotive	112
Tabelle 5-2:	In der Studie von Hars und Ou untersuchte Motive	116
Tabelle 5-3:	In der Studie von Hertel, Niedner und Herrmann untersuchte Motive	119

Tabelle 5-4:	In der Studie von Lakhani und Wolf untersuchte Motive	120
Tabelle 5-5:	In der FLOSS-Studie untersuchte Motive	122
Tabelle 5-6:	In der Studie von Shah untersuchte Motive	123
Tabelle 5-7:	Aus der Vorstudie resultierende und für die Untersuchung dieser Arbeit relevante Motive	125
Tabelle 5-8:	Operationalisierung des Motivs „Freude an kreativer Ideenentwicklung"	126
Tabelle 5-9:	Operationalisierung des Motivs „Freude an intellektueller Herausforderung"	127
Tabelle 5-10:	Operationalisierung des Motivs „Altruismus"	128
Tabelle 5-11:	Operationalisierung des Motives „Reziprozitätsempfinden"	129
Tabelle 5-12:	Operationalisierung des Motivs „Community Identifikation"	130
Tabelle 5-13:	Operationalisierung des Motivs „Selbstmarketing"	131
Tabelle 5-14:	Operationalisierung des Motivs „Anerkennung"	132
Tabelle 5-15:	Operationalisierung des Motivs „Bedarf"	133
Tabelle 5-16:	Operationalisierung des Motivs „Produktverbesserung"	134
Tabelle 5-17:	Operationalisierung des Motivs „Lernen"	135
Tabelle 5-18:	Operationalisierung des Motivs „Kontakt zu Gleichgesinnten"	135
Tabelle 5-19:	Richtwerte für MSA-Werte	142
Tabelle 5-20:	Ergebnisse des iterativen Prüfprozesses im Rahmen des MSA- und Bartlett-Test	144
Tabelle 5-21:	Faktorladungsmatrix (rotiert)	146
Tabelle 5-22:	Aus der explorativen Faktorenanalyse resultierenden Motive und deren Items	150
Tabelle 5-23:	Cronbachs-Alpha-Werte der Faktoren	151
Tabelle 5-24:	Ergebnisse aus der zusätzlichen Konvergenzvaliditätsüberprüfung	152
Tabelle 5-25:	Ermittelte Werte für Indikator- und Faktorreliabilität sowie für die durchschnittlich erfasste Varianz	157
Tabelle 5-26:	Quadrierte Korrelationen zur Feststellung der Erfüllung des Fornell-Larcker-Kriteriums	160
Tabelle 5-27:	Korrelationsmatrix der Motive	171
Tabelle 5-28:	Richtwerte für Korrelationen	171
Tabelle 5-29:	Bestimmtheitsmaße und T-Werte für die Motive	172
Tabelle 5-30:	Ergebnisse des t-Testes	176
Tabelle 5-31:	Hypothesen zur Wirkung der Motive auf die Ideenqualität	178
Tabelle 6-1:	Operationalisierung des Persönlichkeitsmerkmals Produktwissen	185
Tabelle 6-2:	Operationalisierung des Persönlichkeitsmerkmals Produkterfahrung	186
Tabelle 6-3:	Operationalisierung des Persönlichkeitsmerkmals Produktinvolvement	187

Tabelle 6-4:	Operationalisierung des Persönlichkeitsmerkmals Markenvertrauen	187
Tabelle 6-5:	Operationalisierung des Persönlichkeitsmerkmals Neue Bedürfnisse	189
Tabelle 6-6:	Operationalisierung des Persönlichkeitsmerkmals Unzufriedenheit	189
Tabelle 6-7:	Ergebnisse des iterativen Prüfprozesses	195
Tabelle 6-8:	Faktorladungsmatrix (rotiert) der explorativen Faktorenanalyse	196
Tabelle 6-9:	Faktoren und zugehörige Variablen nach der explorativen Faktorenanalyse	198
Tabelle 6-10:	Reliabilitätsmaße für die vier Faktoren	199
Tabelle 6-11:	Ergebnisse der Konvergenzvaliditätsüberprüfung	200
Tabelle 6-12:	Ermittelte Werte für Indikator- und Faktorreliabilität sowie für die durchschnittlich erfasste Varianz	203
Tabelle 6-13:	Quadrierte Korrelationen zur Feststellung der Erfüllung des Fornell-Larcker-Kriteriums	205
Tabelle 6-14:	Korrelationsmatrix der Persönlichkeitsmerkmale	213
Tabelle 6-15:	Richtwerte für Korrelationen	213
Tabelle 6-16:	Bestimmtheitsmaße und T-Werte für die Persönlichkeitsmerkmale	214
Tabelle 6-17:	Ergebnisse des Wald-Testes	218
Tabelle 6-18:	Hypothesen zur Wirkung der Persönlichkeitsmerkmale auf die Ideenabgabe	219

Abkürzungsverzeichnis

AGFI	Adjusted-Goodness-of-Fit-Index
AMOS	Analysis of Moment Structures
ANOVA	Analysis of Variance
ASP	Application-Service-Provider
CAT	Consensual Assessment Technique
CPAM	Creative Product Analysis Model
CPSS	Creative Product Semantic Scale
CVLBA	Center for Very Large Business Applications
DeV	Durchschnittlich erfasste Varianz
df	degree of freedom (Freiheitsgrad)
ERP	Enterprise Resource Planning
F	Pseudo-F
FAQ	Frequently Asked Questions
FLOSS	Free Libre Open Source Software
GFI	Goodness-of-Fit-Index
H_0	Nullhypothese
H_1	Alternativhypothese
ICC	Intraclass-Correlation-Coefficient
IT	Informationstechnik
LL	Likelihood
ML	Maximum-Likelihood
MS-DOS	Microsoft Disk Operating System
MSA	measure of sampling adequacy
N	Anzahl
p	Wahrscheinlichkeit
PC	Personal Computer
QFD	Quality Function Deployment
R^2	Bestimmtheitsmaß
S_i	Standardabweichung der Variable i in der Erhebungsgesamtheit
SPSS	Früher: Statistical Package for the Social Science; heute:

	Eigenname
t	Pseudo-t
T	Toleranzmaß
UCC	University Competence Center
URL	Uniform Ressource Locator
VLBA	Very Large Business Application

1 Einleitung

1.1 Ausgangssituation

1.1.1 Kundenintegration in den Innovationsprozess

Viele empirische Untersuchungen liefern den Beleg dafür, dass Kunden beziehungsweise Produktanwender in der Lage sind, Innovationsideen zu entwickeln und diese sogar in funktionsfähige Prototypen zu übersetzen (Shah 2000). Von Kunden und Anwendern geht also ein gewisses Innovationspotenzial aus, welches aus den Produkterfahrungen sowie dem Produktwissen, dass die Kunden durch die Nutzung oder Anwendung eines Produktes gewinnen, resultiert. Dieses Innovationspotenzial von Kunden haben Unternehmen erkannt, weshalb diese mehr und mehr dazu über gehen, mit Kunden gemeinschaftlich Innovationen zu generieren. Dabei kommt es zu einer systematischen Integration von Kundenaktivitäten und Kundenwissen in den Innovationsprozess von Unternehmen (Reichwald/Piller 2009). Kunden werden dabei in die unterschiedlichen Phasen des Innovationsprozesses und in unterschiedlicher Form integriert.

Unternehmen verfolgen damit ein zentrales Ziel: das Abschöpfen von Bedürfnis- und Lösungsinformationen, die sich in den Erfahrungen und dem Wissen der Kunden widerspiegeln. Das Begriffspaar Bedürfnis- und Lösungsinformation wurde von Hippel (1978; 1994) geprägt. Bedürfnisinformationen stellen die Kundenwünsche und -präferenzen, aber auch konkrete Kundenanforderungen an ein Produkt dar. Bedürfnisinformationen können sich zum einen auf bestehende Leistungsangebote von Unternehmen beziehen. Sie basieren somit auf den Erfahrungen der Kunden mit dem bestehenden Angebot und tragen in diesem Fall häufig zu inkrementellen Innovationen an diesen bei. Zum anderen können diese Informationen aber auch Wünsche und Bedürfnisse widerspiegeln, die eine am Markt angebotene Leistung noch nicht erfüllt. In diesem Fall können Bedürfnisinformationen zu radikalen Innovationen führen. Lösungsinformationen beinhalten Bedürfnisinformationen und manifestieren sich darüber hinaus in konkreten Vorschlägen oder Aussagen darüber, wie die Bedürfnisinformationen unter dem Einsatz von Wissen, Technologien, Fertigungstechniken oder Humanressourcen in ein marktfähiges Leistungsangebot übersetzt werden können (von Hippel 1978; Specht/Schmelzer 1992).

Um Kunden in die Innovationsaktivitäten eines Unternehmen zu integrieren, gibt es verschiedene Methoden und Vorgehensweisen (Bretschneider/Leimeister/Krcmar 2009). Die Lead-User-Methode stellt in diesem Zusammenhang das etablierteste Instrument zur Kundeneinbindung dar. Es geht auf Von Hippel (1988) zurück und zielt darauf ab, besonders innovative Kunden, so genannte Lead-User (von Hippel 1986), systematisch zu identifizieren und in vom Unternehmen initiierte Innovationsworkshops zu integrieren. Innerhalb dieser Workshops werden dann gemeinsam von Lead-

Usern und Unternehmensmitarbeitern Ideen generiert sowie Konzepte zur Umsetzung dieser Innovationsideen entwickelt. In den generierten Ideen und Konzepten spiegeln sich dann die erwähnten Bedürfnis- und Lösungsinformationen der Kunden wider. Während sich die Lead-User-Workshops auf die Integration der Kunden in die mittleren Innovationsphasen fokussieren, zielen andere Methoden, wie zum Beispiel der Ideenwettbewerb, auf die frühen Phasen des Innovationsprozesses ab, innerhalb derer die kreative Entwicklung von Ideen im Mittelpunkt steht. Im Rahmen eines Ideenwettbewerbes werden Kunden von Unternehmen dazu aufgefordert, Innovationsideen aus dem Produktumfeld des Unternehmens innerhalb eines begrenzten Zeitraumes einzureichen (Ebner 2008; Walcher 2007). Die Einsendungen werden dann in der Regel von einer Expertengruppe anhand verschiedener Beurteilungsdimensionen bewertet, leistungsorientiert prämiert und für die Innovationsentwicklung herangezogen.

1.1.2 Ideen-Communities zur Kundenintegration: Ein neues Phänomen in der Unternehmenspraxis

In der Unternehmenspraxis etabliert sich derzeit eine weitere Methode für die frühen Innovationsphasen. Dabei handelt es sich um ein Phänomen, das als „virtuelle Ideen-Community" bezeichnet werden kann. Solche Communities werden von Unternehmen mit dem Ziel initiiert, ihren Kunden im Internet ein Forum zur Äußerung und gemeinschaftlichen Weiterentwicklung von Innovationsideen zur Verfügung zu stellen. In diesem Forum haben Kunden die Möglichkeit, auf einer Internet-Plattform Innovationsideen aus dem Unternehmensumfeld, das heißt zu bestimmten Produkten oder Geschäftsstrategien etc., einzustellen. Eingereichte Ideen können dann von anderen Teilnehmern der Community nach bestimmten Kriterien und einem vorgegebenen System bewertet werden. Darüber hinaus können die Community-Teilnehmer mit anderen Ideengebern durch auf der Plattform implementierte Kommunikationstechnologien, wie E-Mail-Systeme, Foren oder Kommentarfunktionen, in Kontakt treten, um mit diesen ihre Ideen zu diskutieren und gemeinschaftlich weiterzuentwickeln. Auf diese Weise können ursprünglich eingereichte Ideen verbessert werden. Im US-amerikanischen Raum, wo diese Ideen-Communities aktuell verbreiteter sind als hierzulande, werden diese virtuellen Gemeinschaften im alltäglichen Sprachgebrauch oftmals auch treffenderweise als „Idea Jams" bezeichnet.

In regelmäßigen Abständen werden die Ideen aus diesen Communities von einer Jury, bestehend aus Mitarbeitern des Unternehmens, bewertet. Die Bewertung erfolgt in der Regel nach einem vom Unternehmen definierten Algorithmus. Auf der Basis dieser Bewertung entscheidet dann das Unternehmen, welche Ideen in die Produkt- und Innovationsentwicklung übernommen werden.

Aus unternehmensstrategischer Perspektive erweitern diese Ideen-Communities den Innovationsideenraum des Unternehmens. Die Kundenideen spiegeln dabei auf der einen Seite Bedürfnisinformationen der Kunden wider. Auf der anderen Seite können die Ideen aber auch konkrete Informationen darüber enthalten, wie die Ideen umgesetzt werden können. Es können also auch konkrete Lösungsinformationen erhoben werden. Durch die auf der Plattform angebotene Community-basierte Ideenbewertungsfunktion gewinnt das Unternehmen darüber hinaus ein kundenbasiertes Meinungsbild in Bezug auf eine Idee, wodurch eventuelle Marktchancen dieser Idee widergespiegelt werden können. Diese Informationen können als Anhaltspunkt für die Entscheidung darüber herangezogen werden, ob eine Idee in die Produkt- und Innovationsentwicklung überführt werden sollte.

Für das Phänomen Ideen-Community existieren einige Praxisbeispiele, die belegen, dass dieses Konzept zu funktionieren scheint. Beispielsweise betreibt der Computerhersteller DELL für seine Kunden auf der ganzen Welt eine Ideen-Community namens „IdeaStorm". Seit dem Start der Community im Frühjahr 2008 haben sich weltweit tausende Kunden registriert, die zusammen mehrere hundert Ideen einreichten. Der Innovationsgrad dieser Ideen reicht von einfachen Verbesserungsvorschlägen bis hin zu radikalen Innovationsideen. Der Grad der Ausarbeitung der eingereichten Ideen reicht von einer einfachen Beschreibung bis hin zu umfangreichen Ideenausarbeitungen mit angehängten Konstruktionszeichnungen, Videomitschnitten etc. Weitere Beispiele für solche unternehmensinitiierten Ideen-Communities sind „Idea Zone" von Intel, „MyStarbucksIdea" von Starbucks oder „SalesforceIdeaExchange" vom Softwarehersteller Salesforce. Außerdem betreiben die Unternehmen LOTUS, Google und BMW solche Ideen-Communities.

1.2 Ziel der Arbeit und forschungsleitende Fragestellungen

1.2.1 Zielstellung

Das oben beschriebene Phänomen der Ideen-Community, dem ein relativer Neuheitsgrad anhaftet, stellt den zentralen Untersuchungsgegenstand der vorliegenden Arbeit dar. Die genannten Beispiele lassen auf den ersten Blick wegen der dort zu zählenden hohen Quantität an eingereichten Innovationsideen plausibel vermuten, dass Ideen-Communities in der Unternehmenspraxis tatsächlich eine effektive Methode der Kundenintegration in den Innovationsprozess darstellen.

Die Wissenschaft hat sich dem Phänomen der Ideen-Community allerdings noch nicht genähert. In den einschlägigen Publikationsdatenbanken sind keine Veröffentlichungen zu finden, die sich einer Grundlagenbeschreibung und -aufarbeitung des Themas oder zumindest Teilaspekten davon oder sogar einer empirischen Untersuchung hierzu annehmen. Hinsichtlich Ideen-Communities als Kundenintegrationsmethode in den Innovationsprozess kann aktuell ein erhebliches Forschungsdefizit konstatiert werden.

Aus diesem Forschungsdefizit heraus soll das übergeordnete Forschungsziel der Arbeit abgeleitet werden. So soll die Arbeit einen wissenschaftlichen Beitrag liefern, der die beschriebenen Forschungslücken schließt. Das übergeordnete Ziel der Arbeit stellt sich wie folgt dar:

> *Das Ziel der Arbeit ist es, Ideen-Communities als Methode der Kundenintegration in den Innovationsprozess wissenschaftlich zu untersuchen. Dabei soll eine wissenschaftliche Aufarbeitung des Phänomens geliefert werden, die neben wissenschaftlichen Theorien vor allem empirische Daten als Erkenntnisquellen heranzieht.*

Der Forschungsbeitrag soll also zur Gewinnung einer empirisch gehaltvollen, wissenschaftlichen Erklärung und Beschreibung des Phänomens Ideen-Community dienen und somit der Etablierung der Ideen-Community als Methode der Kundenintegration in den Innovationsprozess dienlich sein. Neben diesem wissenschaftlichen Nutzen liefert die Arbeit aber auch einen Beitrag für die Praxis. So werden auf der Basis der Erkenntnisse aus der Arbeit Empfehlungen für die Unternehmenspraxis darüber ausgesprochen, in welcher Weise virtuelle Ideen-Communities gestaltet sein sollten, um eine höhere Reichweite und eine effizientere Ergebnisqualität zu sichern sowie methodische Fehler zu vermeiden.

1.2.2 Forschungsleitende Fragestellungen

Wie dargelegt, stellen Ideen-Communities zur Kundenintegration in den Innovationsprozess von Unternehmen ein aus wissenschaftlicher Perspektive bislang nicht erfasstes Phänomen dar. Aus diesem Grund empfiehlt es sich, sich dem realexistierenden Praxisphänomen zunächst im Rahmen einer Exploration zu nähern, die zunächst die wesentlichen Charakteristika von Ideen-Communities erfassen sollte. Das auf diese Weise gewonnene Grundlagenverständnis muss sodann interpretiert und gedeutet werden. So können Ideen-Communities im Rahmen dieser Interpretation anhand von Theorien erklärt werden und in existierende Wissensbestände eingeordnet beziehungsweise diesen zugeordnet werden. Außerdem hilft eine derartige Aufarbeitung, das Phänomen der Ideen-Community zu definieren und somit von anderen Methoden der Kundenintegration eindeutig abzugrenzen. Somit lässt sich die folgende Forschungsfrage formulieren.

> ***Forschungsfrage I:***
>
> *Anhand welcher Merkmale lassen sich Ideen-Communities charakterisieren, anhand welcher Theorien lassen sie sich erklären und in welche existierenden Wissensbestände lassen sie sich zuordnen?*

Da davon auszugehen ist, dass Unternehmen aus den Ideen einer Ideen-Community einen konkreten Nutzen für die eigene Innovationsentwicklung ziehen möchten, wäre es interessant, anhand eines geeigneten Bewertungsinstrumentes das Qualitätsniveau einer Idee bestimmen zu können. In Konsequenz daraus stellt sich die Frage, welches

Qualitätsniveau die Ideen einer Ideen-Community im Durchschnitt aufweisen. Kann aus den Ideen überhaupt ein brauchbarer Nutzen für das Innovationsmanagement von Unternehmen gezogen werden? Stellen sich die Ideen im Durchschnitt eher als Verbesserungsvorschläge bestehender Produkte und Prozesse, also inkrementelle Innovationsideen, dar? Oder resultieren aus Ideen-Communities sogar radikale Innovationsideen? Daraus ergibt sich die folgende Forschungsfrage:

Forschungsfrage II a:

Wie sieht ein geeignetes Bewertungsinstrument zur Bestimmung des Qualitätsniveaus von Innovationsideen aus und welches Qualitätsniveau haben die aus Ideen-Communities resultierenden Innovationsideen?

Geht man davon aus, dass Unternehmen aus den Ideen einer Ideen-Community einen konkreten Nutzen für die eigene Innovationsentwicklung ziehen möchten, sind diese natürlich daran interessiert, auf möglichst qualitativ gehaltvolle Ideen ihrer Kunden zurückgreifen zu können. Verschiedene Untersuchungen, allen voran die empirischen Analysen von Walcher (2007) sowie von Ebner (2008), belegen jedoch, dass Ideenwettbewerbe ebenso geeignet sind, Kundenideen von einer gewissen Güte hervorzubringen. Insofern kann die Frage gestellt werden, ob Ideen-Communities im Vergleich zu Ideenwettbewerben, die als etabliertes Instrument der Kundenintegration gelten, qualitativ bessere Ideen hervorbringen und sich somit als das geeignetere Instrument empfehlen. Die Vermutung über Qualitätsunterschiede von Ideen aus Ideenwettbewerben und Ideen-Communities scheint dabei berechtigt, da sich beide Instrumente in ihren Funktionsprinzipien grundsätzlich voneinander unterscheiden. So ist in Ideenwettbewerben ein kompetitives Setting, in dem die Teilnehmer gegeneinander als Konkurrenten auftreten, arrangiert. Der Wettbewerbscharakter soll die Kreativität und Qualität der Beiträge der einzelnen Teilnehmer anregen (Reichwald/Piller 2009, 199). Im Gegensatz dazu ist in Ideen-Communities ein kollaboratives Setting, in dem die Mitglieder miteinander an Ideen arbeiten, zu beobachten. Somit lässt sich im Zusammenhang mit der Untersuchung der Ideenqualität nachfolgende Forschungsfrage formulieren:

Forschungsfrage II b:

Ist die Qualität von Ideen, die aus Ideen-Communities resultieren, im Durchschnitt besser als von Ideen, die aus Ideenwettbewerben resultieren?

Ein wichtiger Einflussfaktor auf die Verhaltensentscheidung eines Menschen ist seine Motivationsgrundlage (Amabile 1996, 115-117). Nach Von Rosenstiel (2003, 225) werden in konkreten Situationen von Menschen durch wahrgenommene Anreize innewohnende Motive aktiviert, die in ihrer Struktur und Stärke des Zusammenwirkens zu einem bestimmten Verhalten führen. Motivation begründet und erklärt also menschliches Verhalten in seiner Art, Ausdauer und Intensität. Die auf den ersten Blick interessante Frage in Bezug auf die Teilnehmer an Ideen-Communities ist daher die nach den Motiven für die Teilnahme, die hier als Verhalten im o.g. Sinne zu interpretieren ist. Insbesondere vor dem Hintergrund, dass Unternehmen keine direkten Entgelte für eingereichte Ideen zahlen und der direkte Nutznießer dieser sind, ist diese Frage interessant. Wenn man die Motivstrukturen und deren Ausprägung der Teilnehmer an Ideen-Communities versteht, wird dies einen weiteren Erklärungsbeitrag für das Phänomen der Ideen-Community liefern. Somit lässt sich folgende Forschungsfrage ableiten:

> *Forschungsfrage III a:*
>
> *Welche Motive führen zur Teilnahme der Kunden an Ideen-Communities und wie stark sind diese ausgeprägt?*

Wirft man einen genaueren Blick auf die in Ideen-Communities präsentierten Ideen, so fällt sofort auf, dass diese augenscheinliche Unterschiede im Qualitätsniveau aufweisen. So lassen sich sowohl eher „halbherzig" durchdachte und ausgearbeitete Ideen ebenso wie Ideen, die einen äußerst elaborierten Eindruck hinterlassen, identifizieren. Neben der Analyse der Motive selbst scheint daher auch die Untersuchung interessant, welche Motive einen Einfluss auf die Ideenqualität ausüben. So ist davon auszugehen, dass die Art des „Wollens" eines Teilnehmers darüber entscheidet, in welchem Maße sich dieser bei der Entwicklung einer Idee bemüht. Verfolgen Ideengeber beispielsweise die Absicht, durch eingereichte Ideen Dritte von den eigenen Kompetenzen und Fähigkeiten zu überzeugen, wird diese Absicht die Ideengeber vermutlich dazu veranlassen, möglichst hochwertige Ideen einzureichen, um eine überzeugende Kompetenz- und Fähigkeitsvermutung zu übermitteln. Die Beantwortung der Frage, welche Motive der Ideengeber die Ideenqualität beeinflussen, wird einen weiteren Erklärungsbeitrag liefern. Somit lässt sich in Anlehnung an Frage IIIa folgende Forschungsfrage formulieren:

> *Forschungsfrage III b:*
>
> *Welche Motive der Ideengeber üben einen signifikanten Einfluss auf die Ideenqualität aus?*

In Ideen-Communities sind unter den registrierten Mitgliedern sowohl solche zu beobachten, die eine oder sogar mehrere Ideen einreichen, aber auch solche Mitglieder, die gar keine Idee einreichen. Zur Untersuchung der Frage, was die Ideenabgabe beeinflusst, lassen sich Erkenntnisse aus der Kreativitätsforschung heranziehen. So gilt in der Kreativitätsforschung die Erkenntnis, dass das Entwickeln von Ideen von bestimmten Persönlichkeitsfaktoren eines Menschen abhängt (Amabile 1996, 113). Menschen mit beispielsweise ausgeprägtem aufgabenbezogenen Wissen, welches in der Kreativitätsforschung als „domain-relevant skills" bezeichnet wird, sind eher bereit, Ideen zu entwickeln. Diese Korrelationserkenntnisse lassen sich auf den Untersuchungskontext übertragen. So stellt sich die Frage, ob beispielsweise das Ausmaß des Produktwissens oder der Produkterfahrung einen Einflussfaktor auf die Bereitschaft der Community-Mitglieder zur Abgabe einer Idee darstellt. Darüber hinaus spielen womöglich weitere Einflussfaktoren eine Rolle. Da in Ideen-Communities für die Teilnehmer das Unternehmen, welches die Community betreibt und steuert, unmittelbar wahrnehmbar ist, ist vermutlich auch das Markenvertrauen eines Teilnehmers ein Persönlichkeitsmerkmal, das die Ideenabgabe beeinflusst. So soll zur Erklärung des Teilnehmerverhaltens untersucht werden, inwieweit in diesem Kontext relevante Persönlichkeitsmerkmale der Teilnehmer deren Bereitschaft zur Abgabe einer Innovationsidee beeinflussen. Daraus lässt sich folgende Forschungsfrage formulieren:

> *Forschungsfrage IV:*
>
> *Welche Persönlichkeitsmerkmale von Teilnehmern an Ideen-Communities üben einen signifikanten Einfluss auf die Abgabe einer Idee aus?*

1.3 Forschungsansatz und Methodologie dieser Arbeit

1.3.1 Forschungsansatz

Der Untersuchungsgegenstand der Arbeit ist thematisch sowohl in die Forschungsdisziplin der Wirtschaftsinformatik als auch in die der Betriebswirtschaftslehre einzuordnen. So handelt es sich beim Phänomen „virtuelle Ideen-Community" um ein soziotechnisches System in einem betriebswirtschaftlichen Anwendungskontext. Die forschungsleitenden Fragestellungen dieser Arbeit nehmen dabei aber wegen ihres Blickwinkels aus der Innovationsforschung einen eher sozialwissenschaftlich-betriebswirtschaftlichen Schwerpunkt ein.

Wie dargelegt, soll die Arbeit der Gewinnung einer generellen Erklärung des Phänomens „Ideen-Community" dienen. Insofern wird die Arbeit einer explorativen Ausrichtung folgen, die dazu beiträgt, das in der realen Welt auftretende Phänomen der Ideen-Communities zu verstehen und einordnen zu können. Die Arbeit lehnt sich also an eine Forschungsausrichtung an, die interpretative Vorgehensweisen zur Erlangung eines Zugangs zur Realität zum Kern haben (Bortz/Döring 2002, 302f.; Lamnek 1993), und nicht an die in der Wirtschaftsinformatik häufig angewandte Ausrichtung der Aktionsforschung, die auf die Gewinnung von Handlungsorientierungen zur Veränderung der Realität – also primär auf eine Gestaltungorientierung denn auf eine Interpretation oder Erklärung – abzielt (Frank et al. 1998; Mumford 2001a).

Im Hinblick auf die zu wählenden Forschungsmethoden stellen sich im Rahmen dieser Arbeit dieselben Fragen, die auch in der Debatte der Wissenschaftstheorie immer wieder gestellt werden und die die Unterscheidung und Anwendbarkeit von qualitativen und quantitativen Methoden thematisieren: Für welche Forschungsprobleme sind qualitative und quantitative Forschungsmethoden geeignet und/oder lassen sie sich für die Beantwortung eines Problems miteinander kombinieren (Kaplan/Duchon 1988)? Übertragen auf das Untersuchungsvorhaben lässt sich diese Fragestellung ähnlich formulieren: Welche qualitativen und quantitativen Forschungsmethoden eignen sich für das Vorgehen zur Beantwortung der gestellten Forschungsfragen, oder eignet sich sogar eine Kombination aus qualitativen und quantitativen Methoden?

Zur Beantwortung dieser Frage muss zunächst überblicksartig auf die Eigenschaften und Hintergründe beider Kategorien eingegangen werden. So wird mit qualitativen Methoden häufig eine phänomenologisch-hermeneutische und mit quantitativen Methoden in der Regel eine empirisch-analytische (positivistische) Position verbunden (Kleining 1995). Dies liegt in der jeweiligen Herkunft der beiden Methodenausrichtungen begründet. So wurden quantitative Methoden in den Naturwissenschaften entwickelt, um Phänomene in der Natur zu untersuchen. Es handelt sich dabei beispielsweise um Beobachtungen, Laborexperimente oder formale bzw. mathematische Modellierungen (Myers 1997). Quantitative Methoden fokussieren auf die „Beschreibung durch Zählung" (Kleining 1995, 14). Dabei gehen sie davon aus, dass der Untersuchungsgegenstand abstrakt beschreib- und damit vereinfachbar ist. Die erhobenen Daten quantitativer Methoden sind deshalb wesentlich einfacher statistischen Auswertungen und Schlussfolgerungen zugänglich.

Qualitative Forschungsmethoden resultieren aus den Sozialwissenschaften und fokussieren auf die Untersuchung komplexer sozialer und kultureller Phänomene. Beispiele für entsprechende Methoden sind Fallstudien oder Ethnographien (Myers 1997). Qualitative Methoden unterscheiden sich von quantitativen Methoden darin, dass sie nicht abstrahieren, sondern Wirklichkeit beschreiben, wie sie sich dem Forscher darbietet, und somit der subjektiven Perspektive der Beforschten einen zentralen Stellenwert einräumen (Kromrey 1995, 431). Ihre Ergebnisse sind damit einer statistischen Auswertung nicht unmittelbar zugänglich, sondern bedürfen im Hinblick auf Schlussfolgerungen der logisch nachvollziehbaren Interpretation des Forschers.

Der strikte Einsatz qualitativer und quantitativer Methoden für Fragestellungen aus der einen oder anderen Forschungsströmung ist nicht unumstritten (von Kardorff 1995, 7). So sieht beispielsweise Kleining (1995, 16) den Einsatz beider Methodenausprägungen nicht als streng trennbar, sondern für ein und dasselbe Forschungsproblem komplementär. Er votiert für qualitative Methoden zu Beginn des Forschungsprozesses, gleichsam als Explorationsmethode für die Beschreibung der Zusammenhänge eines komplexen sozialen Systems. Sind diese Zusammenhänge soweit erforscht, dass sie auf strukturelle Komponenten reduzierbar sind, kann „…die quantitative Nomenklatur ökonomisierend eingesetzt werden, um den Preis der Konkretheit und so lange auch um den Preis der Genauigkeit, als die ausgewählten Variablen die psychischen, sozialen oder historischen Wirkkräfte nicht vollständig wiedergeben" (Kleining 1995, 16). Auch Kaplan und Duchon (1988) argumentieren, dass die Verwendung quantitativer Methoden grundsätzlich um die qualitative Beschreibung der Forschungssituation, also die Entstehungsbedingungen der Ergebnisse, zu ergänzen sei. Baroudi und Orlikowski (1989, 103) fordern sogar, dass – egal, ob die zu Grunde liegende Forschung in einen empirisch-analytischen oder phänomenologisch-hermeneutischen Kontext einzuordnen ist – insbesondere in der Phase der Exploration eines Forschungsgegenstandes qualitative Methoden zu verwenden, insoweit die Möglichkeit statistischer Tests und Verfahren auf Grund mangelnder Kenntnis der Messgrößen zu Beginn des Forschungsprozesses eingeschränkt sind. Daran anlehnend fordert auch Krcmar (1998) die Nutzung qualitativer und quantitativer Methoden in Abhängigkeit vom Kenntnisstand zu einem bestimmten Phänomen und nicht in Abhängigkeit der zu Grunde liegenden Forschungsströmung. Gallivan (1997, 433) schlägt vor, nach Möglichkeit qualitative und quantitative Methoden grundsätzlich kombiniert anzuwenden, um jeweils widersprüchliche Ergebnisse einer Erklärung zugänglich zu machen.

Diesen Argumentationen wird in dieser Arbeit gefolgt. So wurde zur Beantwortung der forschungsleitenden Fragestellungen eine Kombination aus sowohl geeigneten qualitativen als auch quantitativen Forschungsmethoden bemüht. Für die Auswahl von Methoden wurde also auf eine Methodentriangulation, welche die Kombination unterschiedlicher Methoden bei der Untersuchung desselben Phänomens bezeichnet (Denzin 1978, 291), zurückgegriffen.

1.3.2 Methodologie

Auf Grund des zu Beginn zu konstatierenden mangelnden Kenntnisstandes in Bezug auf den Untersuchungsgegenstand, der die Anwendung quantitativer Methoden und damit verbundene statistische Tests und Analysemethoden einschränkt, wurde zunächst eine explorative Untersuchung auf der Basis qualitativer Methoden zur Erfassung und Beschreibung grundlegender Gegebenheiten von Ideen-Communities durchgeführt. Dafür wurde auf eine qualitative Fallstudie zurückgegriffen. Im Rahmen dieser Untersuchung wurden insgesamt acht Ideen-Communities jeweils einer Einzelfallstudie unterzogen. Die Erkenntnisse aus diesen acht Einzelfallstudien wurden dann konsolidiert, indem die wesentlichen Gemeinsamkeiten herausgearbeitet wurden. Die so gewonnenen Erkenntnisse wurden sodann in existierende Wissensbestände und Theorien ein- und zugeordnet und darüber hinaus für die Ableitung eines allgemeingültigen Definitionsansatzes herangezogen. Diese Untersuchungen sind Gegenstand des Kapitels 3 dieser Arbeit. Die Ergebnisse dieser Forschungsbemühungen stellen die Beantwortung der **Forschungsfrage I** dar.

Dieses so gewonnene Grundlagenverständnis in Bezug auf Ideen-Communities stellte die Ausgangsbasis für die Beantwortung der weiteren (Detail-)Forschungsfragen dar, also die Untersuchungen der Ideenqualität, Motive und Persönlichkeitsmerkmale. So konnten auf der Basis dieses gesicherten Grundverständnisses konkrete Untersuchungshypothesen, die die weiteren Untersuchungen unter der Anwendung quantitativer Forschungsmethoden leiteten, aufgestellt werden.

Für die Erhebung von quantitativem Datenmaterial, welches für die Auswertung mittels statistischer Tests und Verfahren benötigt wird, bedurfte es eines Feldzuganges. Im vorliegenden Untersuchungsfall wurde dieser mit dem Zugang zur „SAPiens-Ideenplattform" sichergestellt. Bei der SAPiens-Ideenplattform handelt es sich um eine Ideen-Community im oben begriffenen Sinne. Eine ausführliche Vorstellung dieser Ideen-Community erfolgt in Kapitel 3.3 dieser Arbeit.

Das Kapitel 4 thematisiert den Aspekt der Ideenqualität. Der erste Teil dieses Kapitels (Kapitel 4.1) widmet sich den theoretischen Grundlagen zu diesem Thema. Das Unterkapitel 4.2 fokussiert die Beantwortung der **Forschungsfrage IIa**. Darin wird zunächst die Entwicklung eines geeigneten Bewertungsinstrumentariums für Innovationsideen behandelt. Im Anschluss daran geht das Unterkapitel auf die Durchführung und Ergebnisdarstellung der quantitativen Bewertung eines repräsentativen Querschnitts an Ideen aus der SAPiens-Ideen-Community ein. Das Unterkapitel 4.3 widmet sich der **Forschungsfrage IIb**. Im Rahmen eines quantitativen Methodenexperimentes wurde eine vergleichende Analyse von Ideen aus einem Ideenwettbewerb sowie einer Ideen-Community durchgeführt. Entsprechendes Datenmaterial lieferte zum einen die oben durchgeführte Bewertung der Ideen aus der SAPiens-Ideen-Community; das Vergleichsmaterial stammt aus der Bewertung von Ideen, die aus einem Ideenwettbewerb resultieren.

Das fünfte Kapitel geht auf die Motive ein. Im ersten Unterkapitel (Kapitel 5.1) werden zunächst die theoretischen Grundlagen erläutert. Im darauffolgenden Unterkapitel 5.2 werden die Motive der Mitglieder der SAPiens-Ideen-Community im Rahmen einer quantitativen Umfrage erhoben und mittels multivariater Methoden und Tests untersucht. Die Ergebnisse hieraus stellen die Beantwortung der **Forschungsfrage IIIa** dar. Das Unterkapitel 5.3 thematisiert die Beantwortung der **Forschungsfrage IIIb**. In diesem Rahmen wird der Einfluss der Motive der Mitglieder auf die Ideenqualität mittels regressionsanalytischer Verfahren untersucht.

Die Persönlichkeitsmerkmale werden in Kapitel 6 thematisiert. Nach einer Erläuterung der zu Grunde liegenden theoretischen Basis im ersten Unterkapitel widmen sich die darauffolgenden Unterkapitel der Beantwortung der **Forschungsfrage IV**. Zur Beantwortung dieser Frage wurden zunächst relevante Persönlichkeitsmerkmale von Ideengebern und Nicht-Ideengebern aus der SAPiens-Ideen-Community erhoben sowie ausgewertet und diese sodann im Rahmen einer logistischen Regressionsanalyse dahingehend untersucht, ob sie die Bereitschaft zur Ideenabgabe beeinflussen.

In einem abschließenden siebten Kapitel wurden die aus den einzelnen Forschungsfragen gewonnenen Erkenntnisse dazu genutzt, um Implikationen für die Praxis abzuleiten. Daraus resultierten Handlungsempfehlungen darüber, in welcher Weise Ideen-Communities gestaltet und betrieben werden sollten, um aus der Perspektive von Unternehmen eine hohe Reichweite und eine hohe Ergebnisqualität zu sichern. Darüber hinaus wurden auf der Basis der gewonnenen Erkenntnisse dieser Arbeit durch das Aufzeigen von Forschungslücken und -ansätzen auch Implikationen für die Wissenschaft abgeleitet. Die nachfolgende Abbildung stellt die Methodologie dieser Arbeit zusammenfassend dar.

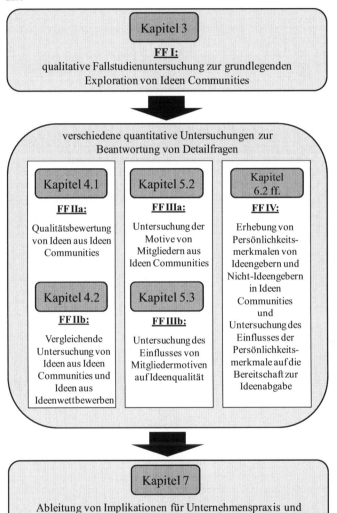

Abbildung 1-1: Methodologie dieser Arbeit; Quelle: Eigene Darstellung

2 Grundlagen

2.1 Terminologie

Im Folgenden werden einige Begriffe und Strukturierungsansätze im Zusammenhang mit dem Begriff Innovation in einem für die vorliegende Arbeit relevanten Ausmaß vorgestellt.

Umgangssprachlich wird der Begriff „Innovation" häufig mit einer technischen Erfindung gleichgesetzt. Eine Erfindung impliziert jedoch nicht notwendigerweise einen wirtschaftlichen Erfolg. Den Aspekt des wirtschaftlichen Erfolgs, der für Wirtschaftsunternehmen das zentrale Richtmaß darstellt, impliziert dagegen der Innovationsbegriff, wie er in der betriebswirtschaftlichen Forschung verstanden wird. So spricht man aus dem Blickwinkel der Betriebswirtschaftslehre von Innovation, wenn die Neuartigkeit einer Erfindung sich im innerbetrieblichen Einsatz bewährt oder im Markt erfolgreich verwerten lässt (Reichwald/Piller 2009, 120). Aus dieser Begriffsbestimmung heraus wird bereits deutlich, dass in der Betriebswirtschaftslehre im Zusammenhang mit dem Innovationsbegriff von einer innerbetrieblichen und einer marktlichen Dimension gesprochen wird. So spricht man von einer so genannten **Prozessinnovation** (innerbetriebliche Dimension des Innovationsbegriffs), wenn eine Innovation die Produktion eines bestimmten Gutes kostengünstiger, qualitativ hochwertiger, sicherer oder schneller ermöglicht (Hauschild/Salomo 2007). Es geht also um die Steigerung der innerbetrieblichen Effizienz. Prozessinnovationen können beispielsweise ein neues Produktionsverfahren oder ein neues Vertriebssystem sowie der Einsatz neuer Roh-, Hilfs- und Betriebsstoffe darstellen, wodurch dann eine Senkung der Einkaufskosten, eine Beschleunigung der Produktion, eine Verringerung der Fehlerquoten etc. erreicht wird.

Eine **Produktinnovation** (marktliche Dimension des Innovationsbegriffs) betrifft dagegen das Produkt- und Dienstleistungsangebot eines Unternehmens. So beschreiben Hauschild und Salomo (2007) eine Produktinnovation als eine neue Leistung, die dem Benutzer erlaubt, neue Zwecke zu erfüllen oder vorhandene Zwecke in einer neuartigen Weise zu erfüllen. Es handelt sich somit um eine gänzlich neuartige Leistung oder die Weiterentwicklung einer bestehenden Leistung.

Die Erläuterung des Begriffs Produktinnovation lässt darauf schließen, dass Innovationen auch bezüglich ihres Neuheitsgrades zu unterscheiden sind; man spricht in diesem Zusammenhang auch vom so genannten Innovationsgrad. Anfangs bestimmte man den Neuheitsgrad einer Innovation in der dichotomen Ausprägungsform „innovativ" beziehungsweise „nicht innovativ" (Reichwald/Piller 2009, 121). Mittlerweile haben sich eine Reihe weiterer Ansätze zur Beschreibung des Innovationsgrades durchgesetzt. Ein häufig in der Literatur vorzufindender Ansatz ist die Unterscheidung in **radikale und inkrementelle Innovationen**. Radikale Innovationen verändern vorhandene Problemlösungsstrukturen, wogegen inkrementelle Innovationen diese erhalten bzw. nur im geringen Umfang verändern (Hauschild 2005, 29). Radikalen Innovationen werden ein größerer Neuheitsgrad zugesprochen, da sie in einem bestehenden Problemlösungskontext neue Elemente einbringen und Bestehendes nicht lediglich verändern (Dean et al. 2006, 660). Dabei manifestieren sich diese neuen Elemente häufig in neuen Technologien. Folgende Beispiele aus der Anfangszeit des Personal Computers illustrieren diesen Unterschied. Die Entwicklung einer grafischen Benutzeroberfläche durch Apple stellt zur damaligen Zeit eine radikale Innovation dar. Mit Icons, Fenstern und der Maus als Steuerungsgerät unterschied sich diese Innovation vollkommen von damals bestehenden Benutzeroberflächen und veränderte die Bedienung eines Computers grundlegend. Im Gegensatz dazu war die Einführung einer hierarchischen Dateiorganisation innerhalb von MS-DOS lediglich als eine inkrementelle Innovation einzustufen. Während nämlich im Falle der grafischen Benutzeroberfläche neue Elemente in den Problemlösungsprozess eingebracht wurden, wurden im zweiten Fall lediglich bereits vorhandene Elemente in einen neuen Zusammenhang gebracht (Nagasundaram/ Bostrom 1994, 93).

2.2 Der Innovationsprozess im Unternehmen, insbesondere seine frühen Phasen

Das Entwickeln von Innovationen umfasst von der Idee bis zur Markteinführung des fertigen Produkts eine Vielzahl unterschiedlicher Aktivitäten. Zur gedanklichen Strukturierung wird der Innovationsprozess in verschiedene Phasen eingeteilt, deren Anzahl je nach Autor, Intention und Forschungsstand stark variieren kann (Brockhoff 1999; Verworn/Herstatt 2000). Die dabei verwandte Terminologie ist häufig unterschiedlich, die zugeordneten Inhalte und jeweiligen Bedeutungen sind aber fast immer vergleichbar. So lassen sich aus der Mehrzahl der Ansätze drei Hauptphasen herauslesen. Die initiale Ideenphase umfasst alle Aktivitäten von der Ideengenerierung bis zur Entwicklung von Produktkonzepten (Soll 2006, 12). Die zweite Entwicklungsphase umfasst alle Schritte von der Realisierungsentscheidung eines Konzeptes bis hin zur Entscheidung für oder gegen eine Serienfertigung (Soll 2006, 12). Die abschließende Phase der Markteinführung umfasst die Vorbereitung der Serienfertigung, den Roll-Out und die Kontrolle des Markterfolgs (Soll 2006, 12). In der Folge dieser populären, dreiteiligen Grobeinteilung des Innovationsprozesses werden diese drei Schritte häufig auch als frühe, mittlere und späte Phasen des Innovationsprozesses bezeichnet.

Häufig wird der Innovationsprozess auch in einem fünfphasigen Modell dargestellt (Reichwald/Piller 2006, 102), bei dem im Prinzip die ersten beiden Phasen des obigen drei-phasigen Modells weiter aufgeteilt werden. Die Ideenphase lasse sich dabei in Ideengenerierung und Konzeptentwicklung aufgliedern und die Entwicklungsphase in die Phasen Prototyperstellung und Produkt-/Markttest.

Für die vorliegende Arbeit sind vor allem die frühen Phasen des Innovationsprozesses, also die Ideengenerierung und Konzeptentwicklung, von Bedeutung. Ausgehend von einem Innovationsanstoß beinhaltet der Schritt der **Ideengenerierung** die Unterphasen

Suchfeldbestimmung, Ideenfindung und Ideenvorschlag (Thom 1992, 8f.). Die Suchfeldbestimmung ist dabei eng verbunden mit dem Innovationsanstoß und dem Prozess der Problemidentifikation; die Innovationsaufgabe bestimmt dabei den gedanklichen Rahmen der darauffolgenden Ideenentwicklung.

Die Ideenfindung bezeichnet den eigentlichen Prozess der Ideengenerierung, bei dem in der Praxis häufig Methoden zur Kreativitätssteigerung, wie z.B. das Brainstorming, eingesetzt werden. Im Rahmen des anschließenden Ideenvorschlags kommt es zunächst zu einem zentralen Sammeln der Ideen (Schachtner 2001, 39).

Im Rahmen der **Konzeptentwicklung** wird dann die zuvor erstellte Ideensammlung zunächst einer Grobbewertung unterzogen. Diese erste Prüfung wird auch als „idea screening" bezeichnet (Rochford 1991, 288). Positiv bewertete Ideen werden dann zu Produktkonzepten bzw. Realisierungsplänen weiterentwickelt. Diese werden in einem abschließenden Schritt einer Feinbewertung unterzogen, aus der schließlich die zu entwickelnden Prototypen hervorgehen (Bruhn 1999, 143). In der nachfolgenden Abbildung werden die vorgestellten Phasenmodelle mit ihren einzelnen Prozessschritten zusammenfassend dargestellt.

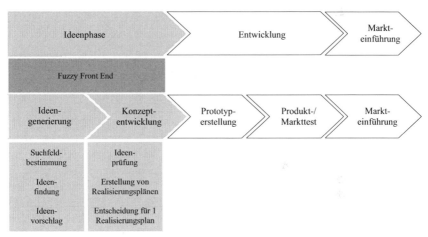

Abbildung 2-1: Phasen des Innovationsprozesses, Quelle: In Anlehnung an Reichwald und Piller (2006, 102); Soll (2006, 12) sowie Thom (1992, 9)

Den frühen Phasen des Innovationsprozesses kommt eine zentrale Bedeutung zu. So ist die dargestellte Ideenphase ein Informationsverarbeitungsprozess, der unternehmensinterne und -externe Informationen, wie z.B. Informationen über Strategien und Märkte, in Informationsressourcen für die Entwicklungs- und Markteinführungsphase transformiert (Schachtner 2001, 86). Auf Grund der Vielzahl an möglichen bekannten und unbekannten Einflussfaktoren ist die Ideenphase durch hohe Dynamik, Variabilität und Unsicherheit geprägt. Dies ist zum einen durch die Neuartigkeit des Innovationsobjektes an sich und zum anderen durch die lange Zeitspanne bis zu dessen Einführung bedingt, wodurch eine Einschätzung des Marktverhaltens äußerst komplex wird. Zudem weisen die einzelnen Prozessschritte in der Ideenphase einen geringen Strukturierungsgrad auf und sind eher qualitativer, informeller und unpräziser Natur. Außerdem erfolgen die Innovationsaktivitäten eines Unternehmens in der Realität eher nichtlinear und in rekursiven Schleifen anstatt in chronologischer Folge sowie unter starker Arbeitsteilung mit Aufgabenträgern unterschiedlicher Hintergründe (Schachtner 2001, 87). Auf Grund ihres experimentellen und teilweise auch chaotischen Charakters (von Stamm 2005, 43) werden die frühen Phasen des Innovationsprozesses häufig auch als „fuzzy front end" bezeichnet.

Trotz ihres „unscharfen"[1] Charakters hat die Ideenphase einen bedeutenden Einfluss auf die folgenden Phasen und somit letztlich auch auf den Produkterfolg, da bereits hier die späteren Produkteigenschaften und -merkmale festgelegt werden (Khurana/ Rosenthal 1998, 58). Obwohl in der Ideenphase nur 5-7% der Gesamtkosten anfallen, bestimmt diese 75-80% der gesamten Produktlebenszykluskosten (Herstatt/Verworn 2003, 6).

2.3 Bedeutung von Innovationen für Unternehmen

Innovationen haben einen bedeutenden Einfluss auf den wirtschaftlichen Unternehmenserfolg (Ernst 2001, 1-3; Brockhoff 1999). Diesen Zusammenhang erkannte bereits zu Beginn des 20. Jahrhunderts der Ökonom Josef Schumpeter. In seinen Theorien über die wirtschaftlichen Entwicklungen von Unternehmen sah er Innovation als Treiber für Wachstum und wirtschaftlichen Erfolg (Schumpeter 1934a). Brockhoff (1992, 62) beschreibt diesen Zusammenhang wie folgt: „Liegt eine Erfindung vor und verspricht sie wirtschaftlichen Erfolg, so werden Investitionen für die Fertigungsvorbereitungen und die Markterschließung erforderlich, Produktion und Marketing müssen in Gang gesetzt werden" (Brockhoff 1992, 62).

Dabei tragen Innovationen aus verschiedenen Gründen dazu bei, ein wichtiger Einflussfaktor für den Unternehmenserfolg zu sein. So können Unternehmen in erste Linie durch am Markt erfolgreich durchgesetzte Produktinnovationen sowie innerbetrieblich umgesetzte Prozessinnovationen wettbewerbsfähig bleiben. Wettbewerbsfähigkeit durch erfolgreich umgesetzte Innovationen nimmt dabei insbesondere für Industrienationen wie Deutschland einen hohen Stellenwert ein, da diese wegen der Neuorientierung des Marktes hin zu einem globalen Wettbewerb die so entstehenden Standortnachteile gegenüber Niedriglohnländern begegnen können (Bullinger 2002; Grupp/ Legler/Licht 2004).

Die Fokussierung auf die Innovationsfähigkeit als Schlüssel zur Erhaltung der Wettbewerbsfähigkeit wird noch durch einen weiteren Aspekt relevant. So werden durch den technischen Wandel die Produktlebenszyklen immer kürzer, was besonders in der

---

[1] Fuzzy ist die englische Übersetzung für „unscharf".

Automobilindustrie zu beobachten ist. Hier sanken die Produktlebenszyklen von durchschnittlich zehn Jahren auf sechs Jahre (Brockhoff 1999). In der Unterhaltungselektronik werden bestehende Produkte im Durchschnitt sogar bereits nach sechs bis zwölf Monaten von Nachfolgeprodukten abgelöst (Krcmar 2010, 448; Reichwald/ Piller 2006).

Neben den Beiträgen zum notwendigen Überleben eines Unternehmens tragen Innovationen aber auch in anderer Hinsicht zum wirtschaftlichen Erfolg des Unternehmens bei. So führen erfolgreiche Innovationen oftmals unmittelbar zur Umsatz- und Gewinnsteigerung (Brockhoff 1999). Auch gestatten erfolgreich durchgesetzte Innovationen einem Unternehmen das Verfolgen von strategischen Zielen (Urban/Hauser 1993, 6 ff.). Dazu zählt beispielsweise die Eroberung von Marktanteilen.

2.4 Open Innovation nach Chesbrough: Eine Strategie für das Innovationsmanagement von Unternehmen

Der Zwang für Unternehmen, innovationsfähig zu bleiben, führte in den letzten Jahren dazu, dass Unternehmen im Rahmen ihrer Innovationsaktivitäten über die Unternehmensgrenzen hinausschauen. Das Innovationsmanagement wird nicht mehr alleine innerhalb der Unternehmensgrenzen abgewickelt. Vielmehr ist man dazu übergegangen, die Unternehmensgrenzen bewusst nach außen zu öffnen. Dieser Paradigmenwechsel vom „geschlossenen Innovationsmodell" zum „offenen Innovationsmodell" wird von Chesbrough als „Open Innovation" bezeichnet (Chesbrough 2003). Die nachfolgende Abbildung stellt das offene Innovationsmodell dem geschlossenem Modell gegenüber. Die gestrichelten Linien im rechten Modell kennzeichnen dabei die Öffnung der Unternehmensgrenzen.

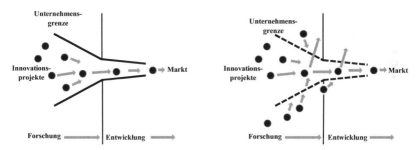

Abbildung 2-2: Geschlossenes (links) und offenes Innovationsmodell; Quelle: Chesbrough (2003)

Die Öffnung des Innovationsprozesses kann sich zum einen darin äußern, dass Unternehmen Dritte bei der Kommerzialisierung von Innovationen heranziehen. So werden beispielsweise eigene Innovationen oder Ideen durch Lizenzierungen oder im Rahmen von Spin-Offs durch Dritte entwickelt. Der Unternehmensvorteil dieser Strategie liegt darin, dass auf diese Weise Innovationen kostengünstiger und oftmals auch schneller im Vergleich zu einer eigenen Umsetzung entwickelt und in den Markt geführt werden. Diese Strategie kommt der klassischen Outsourcing-Strategie sehr nahe. Gassmann und Enkel bezeichnen diese Unterart der Open-Innovation-Strategie als Inside-Out-Prozess (Gassmann/Enkel 2004, 2006), der sich in der obigen Abbildung durch die Pfeile, die aus dem Inneren des rechten Innovationsmodells herausführen, darstellt.

Relevant für den Kontext dieser Arbeit ist aber die zweite Unterart der Open-Innovation-Strategie: der so genannte Outside-In-Prozess (Gassmann/Enkel 2004, 2006). Dabei äußert sich die Öffnung der Unternehmensgrenzen insofern, dass Unternehmen ihr internes Wissen um externe Quellen anzureichern versuchen. Dieser Sachzusammenhang wird in der rechten Abbildung durch die Pfeile, die in das Innovationsmodell hineinführen, illustriert. Bei der Verfolgung der Outside-In-Strategie hält man Ausschau nach externen Wissensträgern, die in die Entwicklung von Innovationen involviert werden, oder man versucht, Innovationen oder Ideen Dritter zu transferieren. Externe oder Dritte können dabei zum Beispiel Lieferanten, Partner, Kunden, Universitäten oder sogar andere Unternehmen sein. Die Integration von externen Quellen oder der Transfer externen Wissens manifestiert sich dabei in Entwicklungskooperationen, Kapitalbeteiligungen an anderen Firmen oder sogar Firmenübernahmen etc. Auf diese Weise werden aus Unternehmenssicht im erheblichen Umfang Kosten und Zeit eingespart.

Der Hebeleffekt des Outside-In-Prozesses beruht in erster Linie auf der Erweiterung der Spannbreite der Ideen- und Lösungsfindung (Gassmann/Enkel 2004, 2006). Durch Open Innovation wird unternehmerischen Forschungs- und Entwicklungsabteilungen ein Zugang zu einer großen Informations-, Wissens- und Lösungsbasis eröffnet. So können Ideen, Kreativität, Wissen und Lösungsinformationen einer deutlich größeren Gruppe als der kleinen Gruppe der internen Produktentwickler und -designer einfließen.

2.5 Kundenfokussierung im Innovationsmanagement

Wie oben dargestellt, wird die Open-Innovation-Strategie nach Chesbrough (2003), die sich in der Öffnung des Innovationsmanagements manifestiert, als Paradigmenwechsel in der Innovationsforschung diskutiert. Fokussiert man dabei im Rahmen der Outside-In-Prozesse alleine auf die Kundenperspektive, also die Öffnung des Innovationsmanagements gegenüber dem Kunden, so findet sich dieser Gedanke allerdings in einer schon sehr viel früher zu beobachtenden Entwicklung im Innovationsmanagement wieder, die als „Reifung" der Kundenorientierung hin zur aktiven Kundenintegration beschrieben werden kann.

2.5.1 Kundenorientierung im Innovationsmanagement

Unter Kundenorientierung ist in der Betriebswirtschaftslehre im Allgemeinen eine Ausrichtung eines Unternehmens zu verstehen, die den Wert einer Leistung für den Kunden in den Vordergrund stellt und alle Bereiche des Unternehmens auf die Schaffung dieses Wertes ausrichtet (Homburg 1995). Kundenorientierte Unternehmen stellen ihre Kunden an erster Stelle und sammeln, verarbeiten und nutzen Kundeninformationen im Rahmen ihrer Wertschöpfung. Der Begriff der Kundenorientierung findet seinen Ursprung in den Marketingwissenschaften und gilt dort als zentrales Schlüsselkonzept. Das Konzept hat ebenfalls Einzug in die Innovationsforschung erhalten, nachdem erkannt wurde, dass es in der Unternehmenspraxis des Innovationsmanagements bereits aktiv gelebt wird (Lüthje 2003).

Im Rahmen des Innovationsmanagements zielt eine Kundenorientierung insbesondere auf das Verstehen der Kundenbedürfnisse und -wünsche ab, um auf der Basis dieser Erkenntnisse Innovationen zu entwickeln. Mit der Kundenorientierung hat im Innovationsmanagement also der konkrete Bezug auf die Bedürfnisinformationen der Kunden Einzug erhalten. Bedürfnisinformationen stellen dabei die Wünsche und Präferenzen, aber auch konkrete Anforderungen von Kunden an ein Produkt dar (von Hippel 1978; von Hippel 1994). Bedürfnisinformationen können sich zum einen auf bestehende Leistungsangebote von Unternehmen beziehen. Sie basieren somit auf den Erfahrungen der Kunden mit den bestehenden Produkten und tragen in diesem Fall zu inkrementellen Innovationen an diesen bei. Zum anderen können diese Informationen aber auch Wünsche und Bedürfnisse widerspiegeln, die eine am Markt angebotene Leistung noch nicht erfüllt. In diesem Fall können Bedürfnisinformationen zu radikalen Innovationen führen.

Die Herausforderung der Kundenorientierung im Innovationsmanagement besteht also darin, über bestimmte Methoden und Praktiken diese Bedürfnisinformationen zu erheben und im Rahmen der Forschungs- und Entwicklungsarbeiten in konkrete Innovationen zu übersetzen. Dieser Vorgang wird oft auch als Aufnehmen der „voice of the customer" bezeichnet (Griffin/Hauser 1993).

Die Kundenorientierung im Innovationsprozess und damit das Verstehen der Kundenwünsche und -bedürfnisse ergeben sich dabei aus der Notwendigkeit, Fehler im Rahmen der Weiterentwicklung ebenso wie das Neuproduktentwicklungsrisiko auf Grund von Fehleinschätzungen zu senken. Auf diese Weise können Erfolgsraten von Innovationen erheblich gesteigert werden.

2.5.2 Kundenintegration in den Innovationsprozess

Von der Kundenorientierung im Innovationsmanagement hat sich in den letzten Jahren eine Orientierung hin zur aktiven Integration von Kunden in die Innovationsaktivitäten von Unternehmen vollzogen. Die Ursache dieses Wandels ist im System des kundenorientierten Innovationsmanagements selbst zu finden. So ermittelt der Hersteller im Rahmen des kundenorientierten Innovationsmanagements unter dem Einsatz geeigneter Methoden und Praktiken die Bedürfnisinformationen der Kunden, transferiert diese in den frühen Phasen des Innovationsprozesses in eigens entwickelte Lösungsideen und testet deren Akzeptanz und Potenzial iterativ in den späten Phasen des Prozesses (Reichwald/Piller 2009, 135). Der Kunde wird dabei nur als repräsentative, statistische Größe gesehen, dem die Aufgabe zufällt, lediglich seine Bedürfnisse zu artikulieren. Kunden verfügen aber in der Regel über sehr viel mehr Innovationspotenzial. Das Innovationspotenzial von Kunden manifestiert sich dabei in der Produkterfahrung und im Produktwissen. Diese Erfahrung und dieses Wissen gewinnen die Kunden durch die Nutzung oder Anwendung des Produktes. Aus der Produktverwendung erwachsen dann konkrete Bedürfnisse und Wünsche (die bereits erwähnten Bedürfnisinformationen) auf der Grundlage von festgestellten Defiziten und Mängeln oder Eigenschaften, die das Produkt nicht erfüllt. Aus der Produktverwendung erwachsen aber auch so genannte Lösungsinformationen. Lösungsinformationen manifestieren sich in konkreten Vorschlägen oder Aussagen darüber, wie die Bedürfnisinformationen unter dem Einsatz von Wissen, Technologien oder Fertigungstechniken umgesetzt werden können (Specht/Schmelzer 1992; von Hippel 1978). Dadurch, dass Kunden im Prozess des kundenorientierten Innovationsmanagements nur die Gelegenheit geboten wird, ihre Bedürfnisinformationen zu äußern, wird ihnen nur eine passive Rolle zugedacht (Reichwald/Piller 2009, 135), in der die Äußerung von Lösungsinformationen und damit die Nutzung der vollständigen Kundenpotenziale und -kompetenzen nicht vorgesehen ist.

Hinzu kommt ein weiteres Problem: Das kundenorientierte Innovationsmanagement behandelt den Kunden nur als repräsentative, statistische Durchschnittsgröße. Kunden mit besonderen, gänzlich neuartigen Bedürfnissen verlieren an Bedeutung. Untersuchungen aus der Lead-User-Forschung belegen jedoch, dass diese besonderen Kundenbedürfnisse häufig sehr wertvoll sind, da sie sich erst später auf die Mehrheit der Kunden übertragen (von Hippel 1988, 2005). Auch so wird also wertvolles Innovationspotenzial vergeudet (Reichwald/Piller 2009, 135).

Und noch ein Problem ist in diesem Zusammenhang zu nennen: Oftmals sind Kunden gar nicht in der Lage, ihre Bedürfnisse und Wünsche zu äußern, da es sich gelegentlich um implizite, unbewusste Bedürfnisse und Wünsche handelt. Diese sind, ähnlich wie es auch für das aus der Domäne des Wissensmanagements bekannte implizite Wissen[2] zutrifft (Krcmar 2010, 626), nur schwer explizierbar. Von Hippel hat für diese Art von Bedürfnisinformationen den Begriff der „sticky information" geprägt (von Hippel 1994). „Sticky" Bedürfnisinformationen fallen im Rahmen des kundenorientierten Innovationsmanagements ebenfalls durch das Raster, da die Methoden und Praktiken zur Erhebung der Bedürfnisinformationen durchweg auf standardisierte Verfahren, wie zum Beispiel der standardisierten Fragebogentechnik, beruhen.

Diesen Problemen Rechnung tragend entwickelte sich das kundenorientierte Innovationsmanagement immer mehr in Richtung einer Kundenintegration, in der die Kunden eine aktivere Rolle zugesprochen bekommen. Reichwald und Piller sprechen in diesem Zusammenhang von einer interaktiven Wertschöpfung mit dem Kunden (Reichwald/Piller 2009, 115ff.). Reichwald und Piller definieren damit einen im Vergleich zu Chesbrough (2003) sehr viel enger gefassten Open-Innovation-Ansatz. Mit

---

[2] In der Domäne des Wissensmanagements wird das implizite Wissen häufig auch als tazites Wissen bezeichnet (Krcmar 2010, 626).

ihrem Verständnis von Open Innovation definieren sie „… eine interaktive Wertschöpfung im Innovationsprozess, indem ein Herstellerunternehmen mit ausgewählten Kunden bzw. Nutzern gemeinschaftlich Innovationen generiert. Dies erfolgt durch gezielte, jedoch relativ informale und vor allem partizipative Koordination des Interaktionsprozesses zwischen Herstellern und einer Vielzahl an Kunden und Nutzern. Dabei kommt es zu einer systematischen Integration von Kundenaktivitäten und Kundenwissen in die Ideengenerierung, die Entwicklung erster konzeptioneller technischer Lösungen, Design und Fertigung erster Prototypen und die Diffusion der Innovation" (Reichwald /Piller 2006, 132).

Auch von Hippel begegnet durch sein Konzept der „Demokratisierung der Innovation" den oben genannten Problemen und fordert deshalb im Rahmen dieses Konzeptes, die Innovationsgrenzen des Unternehmens zu öffnen und Kunden aktiver in die Innovationstätigkeiten zu integrieren (von Hippel 2005).

Für diese aktive Kundenintegration haben sich Methoden und Ansätze etabliert, die einen im Vergleich zu Methoden und Praktiken des herkömmlichen kundenorientierten Innovationsmanagements besseren Zugang zu Bedürfnisinformationen und darüber hinaus auch zu Lösungsinformationen ermöglichen.

2.6 Methoden und Praktiken der Kundenorientierung und Kundenintegration im Rahmen des Innovationsmanagements

Im Laufe der Jahre etablierten sich in der Unternehmenspraxis verschiedene Methoden und Praktiken sowohl für eine Kundenorientierung als auch eine Kundenintegration im Rahmen des Innovationsmanagements. Dabei existieren eigene Praktiken und Methoden für jede Phase des Innovationsprozesses. In diesem Kapitel werden diese getrennt für die frühen, mittleren und späten Phasen des Innovationsprozesses vorgestellt.

2.6.1 Methoden der frühen Phasen des Innovationsprozesses

Ideenwettbewerbe

Ideenwettbewerbe stellen ein in jüngster Zeit sowohl in der Praxis als auch in der Literatur häufiger zu beobachtendes Instrument zur aktiven Kundenintegration dar (Walcher 2007, 38). In Erweiterung der Definition von Walcher kann ein Ideenwettbewerb als eine Aufforderung eines Unternehmens an seine Kunden beschrieben werden, innovative Ideen aus dem Produkt- oder direkten Unternehmensumfeld innerhalb eines bestimmten Zeitraums einzureichen (Walcher 2007, 38). Die Einsendungen werden dann nach Ablauf der Wettbewerbslaufzeit von einer Expertengruppe anhand von verschiedenen Beurteilungsdimensionen bewertet und leistungsorientiert prämiert. In diesem Sinne verfolgen Ideenwettbewerbe das Ziel, Kunden zur Unterstützung bei der Generierung von Innovationsideen heranzuziehen. Dabei kann der Wettbewerb offen für ganz allgemeine Innovationsideen aus dem Produkt- und Unternehmensumfeld, zum Beispiel in Bezug auf die strategische Unternehmensausrichtung oder

-führung etc., gestaltet oder mit einer konkreten Aufgabenstellung verbunden sein (Bretschneider et al. 2007; Ebner 2008).

Aus der Sicht des veranstaltenden Unternehmens erweitern Ideenwettbewerbe also den Ideenraum für die Innovationsentwicklung. Der dabei immanente Wettbewerbscharakter, der durch die Ausschreibung von Prämierungen für die besten Beiträge forciert wird, soll die Kreativität und Qualität der Beiträge anregen und den Teilnehmern einen Anreiz zur Teilnahme bieten (Reichwald/Piller 2006, 173). Die so gewonnenen Kundenideen enthalten neben den widergespiegelten Bedürfnisinformationen häufig auch konkrete Informationen darüber, wie diese Ideen umgesetzt werden können, also Lösungsinformationen. Da der Gegenstand eines solchen Wettbewerbes die Innovationsidee an sich ist, stellt der Ideenwettbewerb ein typisches Instrument zur Unterstützung der frühen Phasen des Innovationsprozesses dar. Da Kunden von Unternehmen dazu aufgefordert werden, aktiv Innovationsideen zu generieren, stellt der Ideenwettbewerb darüber hinaus eine Methode dar, die der Kundenintegration in den Innovationsprozess zugerechnet werden kann.

Am häufigsten wird für die Durchführung eines Ideenwettbewerbes auf das Internet zurückgegriffen, da es eine rasche und große Verbreitung des Wettbewerbes erlaubt und so die Teilnahme sowie die Organisation wesentlich erleichtert wird (Piller/Walcher 2006; Ebner 2008). Für die Durchführung von Ideenwettbewerben über das Internet werden in der Regel eigens dafür ausgelegte und entworfene Internet-Plattformen verwendet, die das Eingeben, Sammeln und Darstellen ermöglichen (Leimeister et al. 2009; Ebner 2008). Die nachfolgende Tabelle stellt einige Beispiele für Ideenwettbewerbe dar, die über das Internet ausgerichtet wurden.

Swarovski, Swarovski Design Contest URL: http://www.swarovski.at		
Aufgabe:	Schmuckdesigns entwerfen	Füller, Mühlbacher und Riedler (2003, 45)
Laufzeit:	4 Wochen	
Teilnehmer:	über 300	
Eingereichte Ideen:	260 Ideen für Designentwürfe	
Besonderheit:	Die Teilnehmer mussten Ideen in der Form von konkreten Schmuckdesigns einreichen. Auf der Internet-Plattform dieses Ideenwettbewerbes stand ihnen dafür ein spezielles Toolkit auf der Basis eines Java-Applets zur Verfügung, was es diesen ermöglichte, entsprechende Designentwürfe anzufertigen.	

Adidas, miadidas URL: http://www.miadidas.com		
Aufgabe: Laufzeit: Teilnehmer: Eingereichte Ideen:	Ideen in Bezug auf Sportschuhe entwerfen mehrere Wochen 57 82 Ideen	Piller und Walcher (2006, 313)
Fujitsu Siemens, Innovation Contest URL: http://innovation-contest.fujitsu-siemens.com		
Aufgabe: Laufzeit: Teilnehmer: Eingereichte Ideen:	Ideen zu zukünftigen IT-Services für Rechenzentrum von morgen entwickeln mehrere Wochen mehrere Hundert über 160	Reichwald und Piller (2009, 199f.)
Schneider Weisse, „Deine ideale Schneider Weisse-Verpackung" URL: http://www.schneider-weisse.de		
Aufgabe: Laufzeit: Teilnehmer: Eingereichte Ideen:	Ideen für die Verpackung des Schneider Weissbiers 2 Monate k.A. rund 60 Ideen	Belz et al. (2009, 24ff.)
Cisco Systems; "I-Prize" URL: http://www.led-emotionalize.com		
Aufgabe: Laufzeit: Teilnehmer: Eingereichte Ideen:	Ideen zu neuen Produkten und Geschäftsmodellen 9 Wochen 2500 1200	Jouret (2009, 43ff.)

Tabelle 2-1: Beispiele für Internet-basierte Ideenwettbewerbe zur Kundenintegration in den Innovationsprozess; Quelle: Eigene Darstellung

Trotz der Vorteile, die das Internet für die Durchführung von Ideenwettbewerben bietet, werden diese in der Praxis auch über den Postweg realisiert. Beispielsweise führte der Speiseölhersteller Teutoburger Ölmühle im Jahr 2008 einen offenen Ideenwettbewerb zum Thema Raps-Speiseöl durch, indem die Teilnehmer ihre Ideen auf den Postweg einreichen mussten (Belz et al. 2009, 29f.).

Von Ideenwettbewerben zur Integration der Kunden in das Innovationsmanagement sind von Unternehmen initiierte Ideenwettbewerbe abzugrenzen, die alleine Marketingziele verfolgen. Beispielsweise führte die österreichische Supermarktkette Spar im Sommer 2009 einen Ideenwettbewerb durch, in dessen Rahmen die Kunden das Design der Spar-Einkaufstüte entwerfen sollten. Derartige Ideenwettbewerbe dienen als

Instrument zur Kundenbindung oder zum Aufbau eines Markenvertrauens, aber weniger als Instrument zur Kundenintegration in den Innovationsprozess.

Community-Based-Innovation-Ansatz

Im Internet sind immer häufiger virtuelle, verbraucherinitiierte Produkt- bzw. Kundengemeinschaften zu beobachten. Diese Art von virtuellen Communities thematisieren bestimmte Produkte oder Produktgruppen eines einzelnen Herstellers oder sogar einer ganzen Branche. Innerhalb einer solchen Gemeinschaft tauschen sich die Mitglieder, denen ein hohes Verwendungswissen und Interesse an neuen Entwicklungen bescheinigt werden kann (Bagozzi/Dholakia 2002, 6), über Erfahrungen oder Zufriedenheit mit dem zu Grunde liegenden Produkt aus. Die dort in Foren hinterlassenen Gesprächsbeiträge manifestieren sich in Ideen oder sogar Designentwürfen und Konzepten, welche häufig einen hohen Innovationsgrad aufweisen. Dies konnte in verschiedenen Analysen belegt werden (Chan/Lee 2004; Franke/Shah 2003; Henkel/Sandner 2007; Jawecki/Füller/Mühlbacher 2005). Unternehmen machen sich dieses Innovationspotenzial zu Nutze, indem sie versuchen, diese Beiträge systematisch zu analysieren und für die eigene Innovationsentwicklung heranzuziehen.

Als Systematik zur Hebung dieses Innovationspotenzials wird in der Literatur der so genannte Community-Based-Innovation-Ansatz diskutiert (Bartl/Ernst/Füller 2004, 143). Konkret beschreibt dieser Ansatz das Verfahren zur Anbahnung, Gestaltung und Durchführung der dafür notwendigen Interaktion zwischen Unternehmen und Community bzw. deren Mitglieder (Bartl/Ernst/Füller 2004; Füller et al. 2006). So geschieht diese Interaktion von Seiten des Unternehmens unaufdringlich und unbeeinflussend. Das Unternehmen nimmt dabei eher die Rolle eines Beobachters ein und tritt der identifizierten Community nicht aktiv bei.

Die Beiträge, die für das Unternehmen im Mittelpunkt des Interesses stehen, enthalten sowohl Bedürfnis- als auch Lösungsinformationen und befinden sich in einem oftmals fortgeschrittenen Ideenstadium, weshalb diese Methode die frühen Phasen des Innovationsprozesses unterstützt. Da diese Methode gezielt versucht, insbesondere auch außergewöhnliche Kundenideen inklusive der dahinter verborgenen Lösungsinformationen aufzugreifen und nicht nur das breite Kundenmeinungsbild einzufangen, der Kunde also bewusst nicht als Durchschnittsgröße aufgefasst wird, kann der Community-Based-Innovation-Ansatz als Methode der Kundenintegration zugeordnet werden, auch wenn keine aktive und bewusste Zusammenarbeit zwischen Kunden und Unternehmen im eigentlichen Sinne erfolgt.

Fokusgruppen

Bei Fokusgruppen handelt es sich um unternehmensinitiierte Gruppendiskussionen, in denen in der Regel jeweils sechs bis zwölf Kunden involviert sind (Lüthje 2007, 45). Ein Moderator leitet diese Diskussionen, die je nach Themenstellung relativ offen gehalten werden oder sich an einen Themenkatalog ausrichten. Ziel ist es, Meinungen, Urteile und Ideen zu generieren, die unter Einfluss von gruppendynamischen Effekten entstehen. So sollen sich die Beteiligten im Idealfall wechselseitig stimulieren, indem sie die Wortbeiträge anderer Teilnehmer aufgreifen und weiterdenken (Bristol/Fern 1996, 186). Fokusgruppen werden in der Praxis des Innovationsmanagements dazu genutzt, Innovationsideen generieren zu lassen (Fern 1982). Im Vordergrund dieser Methode stehen Innovationsideen, in denen sich die Bedürfnisse der Teilnehmer widerspiegeln. Die Methode „Fokusgruppe" unterstützt somit die frühen Phasen des Innovationsprozesses.

In der Praxis werden Fokusgruppen sehr häufig genutzt. Insbesondere Konsumgüterhersteller, wie Motorola, Coca-Cola oder General Mills nutzen verstärkt das Internet, um ausgewählte Kunden auf diese Art in Fokusgruppen zusammenzubringen (Dahan/ Hauser 2002).

In der Forschung wurden Fokusgruppen bereits seit Anfang der 1980er Jahre als Methode des Produktmarketings in der Literatur zur Marketingwissenschaft thematisiert, beispielsweise bei Fern (1982) oder Tynan und Drayton (1988). Da die Ergebnisse aus Fokusgruppen, nämlich die daraus resultierenden Innovationsideen, aber vornehmlich der Innovationsentwicklung eines Unternehmens dienlich sind, wird diese Methode heute im Bereich der Innovationsforschung vor dem Hintergrund einer aktiven Kundenintegration in den Innovationsprozess neu aufgegriffen und wieder verstärkt thematisiert.

Quality Function Deployment (QFD)

Die QFD-Methode wurde ursprünglich 1966 von Akao (1992) als Instrument für die klassische Produktentwicklung konzipiert. In der Praxis sowie in der Forschung im Bereich des Innovationsmanagements gilt das QFD nach einer intensiven Beforschung, vgl. beispielsweise Daetz, Barnard und Norman (1995), Engelhardt und Freiling (1997), Hauser und Clausing (1988), ReVelle, Moran und Cox (1998) oder Tottie und Lager (1995), die ihren Höhepunkt in den 1990er Jahren fand, heute als ausgereifte Methode.

Dabei handelt es sich bei der QFD um ein Konzept zur konsequent kundenorientierten Gestaltung des Innovationsprozesses. Das Konzept geht davon aus, dass das Unternehmen bereits eine Innovationsidee vorzuweisen hat und dass sich bei der evolutionären Weiterentwicklung dieser Idee strikt an den Bedürfnissen der Kunden orientiert wird (Lüthje 2007, 53ff.; Wildemann 1999, 56ff.). Die Kundenbedürfnisse stellen sozusagen das Richtmaß für die Weiterentwicklung dar. In einem ersten Schritt im Vorgehen zur QFD werden Kunden hinsichtlich ihrer Bedürfnisse und Anforderungen bezüglich der zu Grunde liegenden Innovationsidee quantitativ befragt. Dabei geht man davon aus, dass die Innovationsidee ein entsprechendes Abstraktionsniveau hat, so dass Kunden auch in der Lage sind, ihre spezifischen Anforderungen und Bedürfnisse zu artikulieren. Die Kunden müssen zu jeder denkbaren Ausprägung der Eigenschaften der Innovationsidee bzw. seines in Zukunft daraus zu entwickelnden Produktes entsprechende Urteile abgeben. Mittels einer Conjoint-Analyse wird dann der Beitrag der unterschiedlichen Merkmalsausprägungen zum Gesamturteil ermittelt. Im weiteren Verlauf werden dann die so ermittelten Kundenanforderungen in technische Spezifikationen transformiert.

Im Ergebnis liefert der Einsatz der QFD auf der Grundlage sehr detaillierter Kundenanforderungen und -bedürfnisse qualifizierte Erkenntnisse über die kundenorientierte Gestaltung eines Produktes. Da Kunden aber lediglich auf einen vorgefertigten Fragebogen Werturteile durch Ankreuzen abzugeben haben, enthalten diese Kundenbeiträge keine Lösungsinformationen. Die Ergebnisse des Fragebogens spiegeln alleine Bedürfnisinformationen wider. Somit ist die QFD in die Gruppe derjenigen Methoden einzuordnen, die zum einen der frühen Innovationsphasen dienlich sind und zum anderen eher eine Kundenorientierung als eine aktive Kundenintegration darstellen.

Boundary-Spanner-Ansatz

Der Boundary-Spanner-Ansatz hat sich ursprünglich als systematische Methode zur Erfassung von marketingrelevanten Kundeninformationen, die an unterschiedlichen Stellen im Unternehmen durch Mitarbeiter im direkten Kundenkontakt erhoben und dokumentiert werden (zum Beispiel im Kundendienst oder im Vertrieb), etabliert (Aldrich 1977; Tushman 1977). Ziel ist es dabei, beispielsweise von Außendienstmitarbeitern im Rahmen von Kundengesprächen relevante Kundendaten oder -gewohnheiten zu beobachten und systematisch zu dokumentieren, um auf der Grundlage dieser gewonnenen Erkenntnisse spezifische Verkaufsmaßnahmen zu entwickeln.

Reid und Brentani (2004) sowie Neumann und Holzmüller (2007) erkannten, dass sich auf diese Weise ebenfalls innovationsrelevante Kundeninformationen einfangen lassen. So untersuchten sie diesen Ansatz hinsichtlich der Nutzung für das Innovationsmanagement. Sie zeigten Systematiken auf, wie aus konkreten Kundenäußerungen Bedürfnisinformationen der Kunden herausgefiltert werden können, um diese für die Produktentwicklung und -weiterentwicklung in den frühen Phasen des Innovationsprozesses nutzbar zu machen. Seit den Untersuchungen von Reid und Brentani (2004) sowie Neumann und Holzmüller (2007) gilt der Boundary-Spanner-Ansatz in der Forschung ebenso wie in der Praxis als anerkannte Methode des kundenorientierten Innovationsmanagements.

Beschwerdemanagement

Ähnlich wie im beschriebenen Boundary-Spanner-Ansatz wird auch das aus dem Kundenbeziehungsmanagement bekannte Beschwerdemanagement in der Literatur als Informationsquelle zur Gewinnung von Bedürfnisinformationen und Nutzbarmachung dieser für die Innovationsentwicklung beschrieben, so beispielsweise bei Brockhoff (2003), Bruhn (2001), Günter und Huber (1996) oder Stauss und Seidl (2007). So werden systematisch erhobene Kundenbeschwerden, die sich beispielsweise in Unzufriedenheiten über bestehende Produkte manifestieren, in konkrete Kundenbedürfnisse übersetzt (Brockhoff 2003). Diese Bedürfnisinformationen kommen dann der Entwicklung von Innovationsideen in den frühen Phasen des Innovationsprozesses zu Gute, und so gilt auch das Beschwerdemanagement als kundenorientierte Methode des Innovationsmanagement.

2.6.2 Methoden der mittleren Phasen des Innovationsprozesses

Lead-User-Workshops

Die Lead-User-Methode stellt aus heutiger Sicht ein äußerst etabliertes Instrument zur aktiven Kundenintegration in das Innovationsmanagement dar und geht auf Von Hippel (1988) zurück. Diese Methode zielt in ihrer modernen Ausprägungsform darauf ab, innovative Kunden bzw. Nutzer, so genannte Lead-User (von Hippel 1986), systematisch zu identifizieren und in vom Unternehmen veranstaltete Innovationsworkshops zu integrieren. Innerhalb dieser Workshops werden dann gemeinsam von Lead-Usern und Unternehmensmitarbeitern Ideen generiert sowie Konzepte zu deren Umsetzung entwickelt. Aus diesem Grund bringen Lead-User-Workshops sowohl Bedürfnis- als auch Lösungsinformationen hervor. Da der Fokus dieser Methode auf der Entwicklung der Lösungskonzepte liegt, kann sie am ehesten der Gruppe der Methoden zugeordnet werden, die die mittleren Phasen des Innovationsprozesses unterstützen.

Von Hippel (1988) konzipierte eine erste Systematik zur Durchführung der Lead-User-Methode, die im Laufe der Jahre durch andere Autoren detailliert und weiterentwickelt wurde, beispielsweise von Ernst, Soll und Spann (2004), Herstatt und von Hippel (1992), Herstatt, Lüthje und Lettl (2002), Lilien, Morrison und Searls (2002), Lüthje und Herstatt (2004), Morrison et al. (2001) sowie Urban und von Hippel (Urban/Von Hippel 1988). Die nachfolgende Abbildung zeigt eine Vorgehensweise zur Durchführung eines Lead-User-Workshops, bei der die eigentliche Kundenintegration ab Schritt 4 erfolgt:

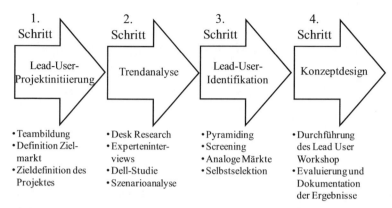

Abbildung 2-3: Vorgehen zur Durchführung eines Lead-User-Workshops, Quelle: Reichwald und Piller (2006, 157)

Auch in der Praxis hat sich der Lead-User-Ansatz erfolgreich durchgesetzt, insbesondere innovative Technologieunternehmen wie 3M oder Hilti setzen auf diese Art der Zusammenarbeit mit Lead-Usern. Zahlreiche Praxisbeispiele sind darüber hinaus in Herstatt, Lüthje und Lettl (2007) dokumentiert.

Toolkit

Der Toolkit-Ansatz sieht vor, dass Kunden mittels eines vom Unternehmen bereitgestellten Instrumentariums, dem „Toolkit", Produkte selbständig innovieren (von Hippel/Katz 2002). Mit diesen Werkzeugen wird es dem Kunden ermöglicht, Entwürfe von neuen Produktinnovationen oder Produktvariationen nach seinen individuellen Bedürfnissen im Trial-and-Error-Verfahren selber zu erschaffen. Bei dem Toolkit handelt es sich in der Regel um eine vom Hersteller bereitgestellte Internet-Plattform oder Softwareapplikation. Die bereitgestellten Instrumente können sich aber auch in Form von verschiedenen Roh- und Inhaltsstoffen oder Hintergrundwissen (Reichwald/Piller 2006, 168) darstellen.

Die Ergebnisse des Kundenwirkens werden am Ende als Basis für die vom Hersteller durchgeführte weitere Produktentwicklung herangezogen. So lassen sich aus diesen Ergebnissen sehr spezifische Bedürfnis- und Lösungsinformationen der Kunden ablesen, nach denen die Herstellung des Produktes kundenindividuell erfolgt. Aus diesem Grund stellt der Toolkit-Ansatz eine Methode der aktiven Kundenintegration vor allem für den Investitionsgüterbereich und dort insbesondere für den Maschinenbau dar, die die mittleren Phasen des Innovationsprozesses unterstützt.

Toolkits for User Innovation sind von so genannten Toolkits for User Co-Design (Produktkonfiguratoren) zu unterscheiden, die weniger der Neuentwicklung von Produkten als vielmehr einer Individualisierung von spezifischen Kundenwünschen bei der Produktherstellung im Sinne des Mass-Customization-Ansatzes dienen (Franke/ Schreier 2002; Reichwald/Piller 2006, 169ff.).

Toolkits for User Innovation tauchten in primitiver Form schon Ende des letzten Jahrhunderts in der Innovationsforschung auf (von Hippel/Katz 2002). Seit Anfang des Jahrhunderts werden sie wieder in elaborierter Ausprägung diskutiert und gehen in dieser Form zurück auf Von Hippel (2001b) sowie Von Hippel und Katz (2002).

2.6.3 Methoden der späten Phasen des Innovationsprozesses

Beobachtung

Die Beobachtung von Kunden stellt in der Marktforschung eine gängige Methode dar. Ziel dieser Methode ist es, wahrnehmbare Sachverhalte, Verhaltensweisen und Eigenschaften von Kunden zu beobachten. Aus diesen Erkenntnissen werden dann konkrete Kundenbedürfnisse und -anforderungen, also Bedürfnisinformationen, für die Produktentwicklung abgeleitet. Die Beobachtungsformen „Empathic Design" und „Produktklinik", die als spezifische Ausprägungsformen der Kundenbeobachtung anzusehen sind, finden ihren Ursprung in der dem Marketingbereich zurechenbaren Produktentwicklung, stellen heute aber in ihrer aktuellen Form auch im Bereich des kundenorientierten Innovationsmanagements etablierte Praktiken dar. Da Kundenbeobachtungen immer ein fertiger Prototyp, welcher von den Kunden im Rahmen der Beobachtung genutzt wird, zu Grunde liegt, sind „Empathic Design" und „Produktkliniken" als Methoden der späten Innovationsphasen einzuordnen.

Beim **Empathic Design** werden Kunden bei der Produktverwendung in einer natürlichen Umgebung beobachtet (Evans/Burns/Barrett 2002; Leonard/Rayport 1997). Als Pendant zur Beobachtungform im natürlichen Umfeld hat sich das Konzept der **Produktklinik** als Laborbeobachtungsmethode etabliert (Wildemann 1999). Diese Beobachtungsmethode kommt insbesondere in der Automobilindustrie zur Anwendung (Erdmann 1996; Schuh 1991). Kennzeichnend für die Labormethode ist, dass die Probanden statt in ihrem natürlichem Umfeld im künstlichen Laborumfeld beobachtet werden. Als Nachteil dieser Laborbeobachtung gegenüber der Kundenbeobachtung im natürlichen Umfeld gilt, dass viele Informationen in der künstlichen Laborumgebung unentdeckt bleiben. Beispielsweise ist es im Labor nicht möglich, alternative Produktverwendungen oder Interaktionen des betreffenden Produktes mit der Nutzungsumwelt des Verwenders zu ermitteln (Lüthje 2007, 47).

Produkttest

Eine weitere Methode der Kundenorientierung sind Produkttests. Im Rahmen von Produkttests werden Prototypen, Designentwürfe oder Konzepte ausgewählten Kunden zur Beurteilung vorgelegt. Die Urteilsabgabe erfolgt auf der Basis einer bloßen Betrachtung oder auf der Basis eines Ge- oder Verbrauchs des Testobjektes. Produkttests gehören wie die Kundenbeobachtungen eigentlich zum Repertoire des traditionellen, produktorientierten Marketing, werden heute aber auch im kundenorientierten Innovationsmanagement diskutiert, denn die dabei gewonnenen Testurteile, die sich als Bedürfnisinformationen interpretieren lassen, kommen letztlich den späten Phasen der Innovationsentwicklung zu Gute.

Typischerweise wird die Methode „Produkttest" in der Softwareentwicklung verwendet. Hier werden bestimmten User-Gruppen verschiedene Beta-Software-Prototypen zu Testzwecken vorgelegt (Leimeister/Böhmann/Krcmar 2005, 333; Prahalad/ Ramaswamy 2000).

Seit jüngster Zeit werden Produkttests zunehmend über das Internet durchgeführt. Dabei werden elektronische Abbilder der Testobjekte auf einer Internet-Plattform präsentiert und von Kunden bewertet. In der Literatur werden dazu verschiedene Ausprägungsformen diskutiert (Nambisan 2002). So sprechen Dahan und Hauser (2002) sowie Dahan und Srinivasan (2000) beispielsweise vom so genannten Virtual Concept Testing, wobei es darum geht, Testobjekte mit einer Reihe von Konkurrenzprodukten nach bestimmten Merkmalen zu vergleichen und zu beurteilen. Beispielsweise nutzt der Automobilbauer Volvo Virtual Concept Tests im Rahmen der Entwicklung neuer Automobile (Füller et al. 2006, 60).

2.6.4 Zusammenfassung

Die meisten der hier beschriebenen Methoden der Kundenintegration finden ihren Ursprung im produktpolitischen Marketing sowie in der ingenieurwissenschaftlich geprägten Produktentwicklung. Mit dem Aufkeimen des kundenorientierten Innovationsmanagements rückten diese Methoden jedoch verstärkt in das Interesse der Innovationsforschung und werden seitdem verstärkt als Methoden des kundenorientierten Innovationsmanagements begriffen und unter dieser Flagge beforscht.

Die vorgestellten Methoden „Ideenwettbewerb", „Community based Innovation" sowie „Toolkits" stellen dagegen noch relativ junge Praktiken dar und dienten von Anfang an der aktiven Kundenintegration in den Innovationsprozess, also der Open-Innovation-Strategie. Die Lead-User-Methode, die traditionell der Innovationsforschung zuzurechnen ist und ebenfalls dem Gedanken einer aktiven Kundenintegration folgt, hat aber eine Sonderstellung inne. So etablierte sich diese Methode bereits weit vor dem Aufkeimen der aktiven Kundenintegration. Dies liegt darin begründet, dass dieser Ansatz ursprünglich als Methode für den Investitionsgüterbereich mit einer etwas anderen Zielstellung konzipiert wurde. So wurden Lead-User-Workshops damals dazu genutzt, um gemeinsam mit Kunden aus dem Investitionsgütersektor Produktspezifikationen zu erarbeiten. Seit dem Aufkommen der aktiven Kundenintegration in den Innovationsprozess erfuhr der Lead-User-Ansatz ein erneutes Aufkeimen und wurde vor dem Open-Innovation-Hintergrund als Methode für den Konsumgüterbereich entsprechend neu interpretiert und weiterentwickelt (Lüthje/Herstatt 2004).

Die nachfolgende Tabelle listet die vorgestellten Methoden entsprechend ihrer Zugehörigkeiten zusammenfassend auf.

	Frühe Innovations-phasen	Mittlere Innovationsphasen	Späte Innovationsphasen
Kundenorientierung des Innovationsmanagements	• Quality Function Deployment • Boundary-Spanner-Ansatz • Beschwerdemanagement		• Empathic Design • Produktklinik • Produkttest
Aktive Kundenintegration in das Innovationsmanagement	• Ideenwettbewerb • Community-based-Innovation-Ansatz • Fokusgruppe	• Lead-User-Methode • Toolkits	

Tabelle 2-2: Praktiken und Methoden der Kundenorientierung und Kundenintegration im Innovationsmanagement, Quelle: Eigene Darstellung

3 Ideen-Communities

Wie dargelegt, stellen Ideen-Communities zur Kundenintegration in den Innovationsprozess von Unternehmen ein aus wissenschaftlicher Perspektive bislang nicht erfasstes Phänomen dar. Aus diesem Grund empfiehlt es sich, sich diesem realexistierenden Praxisphänomen zunächst im Rahmen einer Exploration zu nähern. Das daraus gewonnene Grundlagenverständnis wird die Basis für die Beantwortung der weiteren Forschungsfragen darstellen. So können anhand dieser Erkenntnisse konkrete Untersuchungshypothesen, die den Rahmen für die weiteren quantitativen Untersuchungen bieten, aufgestellt werden.

Zentraler Gegenstand dieses Kapitels ist daher die explorative Untersuchung des Phänomens der Ideen-Community, die gleichzeitig die Beantwortung der Forschungsfrage I darstellt. Das erste Unterkapitel 3.1 thematisiert eine umfangreiche Fallstudienuntersuchung, mittels derer die Exploration erfolgt. Auf der Basis der daraus resultierenden Ergebnisse erfolgt eine Ableitung eines wissenschaftlichen Definitionsansatzes zum Phänomen Ideen-Community im Unterkapitel 3.2. Das abschließende Unterkapitel 3.3 dient der Vorstellung der SAPiens-Ideen-Community, die im Verlauf der weiteren quantitativen Untersuchungen als Forschungsfeld dient.

3.1 Fallstudienuntersuchung zur Exploration des Phänomens der Ideen-Community

3.1.1 Fallstudien als Forschungsmethodik

Der Begriff Fallstudie wird synonym zu den Bezeichnungen Einzelfallstudien, Kasuistik oder Case Study verwendet. Oberstes Ziel ist dabei die „komplexe, ganzheitliche Analyse einer bestimmten Untersuchungseinheit" (Häder 2006, 348). Nach Stake stellt die Fallstudie eine Untersuchungsmethode dar, "in which the researcher explores in depth a program, an event, an activity, process, or one or more individuals. The case(s) are bounded by time and activity, and researcher collect detailed information using a variety of data collection procedures over a sustained period of time" (Stake 1995, 14). In Abhängigkeit des Forschungszieles und -gegenstandes kann eine Untersuchungseinheit dabei also eine einzelne Person, eine Personengruppe, eine soziale Organisation, eine Gesellschaft oder sogar eine Kultur sein (Babbie 2002, 285f.).

Die wichtigsten, durch Fallstudien erzielbaren Funktionen sind nach Häder (2006, 350) sowie Yin (2003, 15) die folgenden:

- Die Erforschung unklarer und neuartiger Sachverhalte zur Zeichnung eines ganzheitlichen und realistischen Bildes der sozialen Welt im Sinne einer Voruntersuchung, um darauf aufbauend weitere Detailuntersuchungen bezüglich dieses Sachverhaltes durchführen zu können.

- Ein Einsatz als Hauptmethode bei der Analyse typischer oder sehr spezifischer Fälle.
- Die Illustration komplexer Zusammenhänge bestimmter Ereignisse.

Im ersten Fall, der auch für die vorliegende Arbeit von Relevanz ist, folgt die Fallstudie bei der Erforschung unklarer oder neuartiger Sachverhalte einer wissenschaftlich qualitativen Forschungsausrichtung. Im Rahmen dieser qualitativen Ausrichtung beruft sich die Fallstudie auf das interpretative Paradigma, also die hermeneutischen und phänomenologischen Strömungen der qualitativen Sozialforschung (Atteslander 2008, 70). Die zentrale Annahme dieser Forschung ist es, dass der Forscher dem Forschungsgegenstand eine interpretierte Bedeutung zuschreibt. Soziale Phänomene werden also erfasst und interpretiert, es wird somit prozesshaft soziale Wirklichkeit konstituiert (Atteslander 2008, 70).

Die durch die Fallstudie gewonnenen Erkenntnisse können sodann beispielsweise als Ausgangsbasis für weitere, quantitative Forschungsbemühungen herangezogen werden, im Rahmen dessen empirische Daten systematisch erhoben werden und zur Überprüfung von vorangestellten Hypothesen dienlich sind. Dieses Vorgehen entspricht dann zusammengenommen einer Methodentriangulation, welche die Kombination unterschiedlicher Methodologien bei der Untersuchung desselben Phänomens bezeichnet (Denzin 1978, 291) und die ja auch für den Untersuchungsablauf der vorliegenden Arbeit angestrebt wird (vgl. Kapitel 1.3.1).

Im Gegensatz zu beispielsweise Befragungen oder Beobachtungen stellen Fallstudien darüber hinaus keine eigene Erhebungsmethode an sich dar, sondern bezeichnen eine Forschungsstrategie, die sich verschiedener Techniken, wie beispielsweise der Befragung, der Beobachtung oder der Inhaltsanalyse, bedienen kann (Roth/Holling 1999, 270f.). Der Einsatz der Techniken hängt im hohen Maße von Untersuchungsgegenstand und der zu beantwortenden Fragestellung ab.

3.1.2 Vorgehen im Rahmen der Fallstudienuntersuchung

Wie in Kapitel 1 bereits erläutert, ist es das Ziel der Forschungsfrage I, einen grundlegenden Erkenntnisgewinn über das Phänomen „Ideen-Community" zu erlangen, da es wegen des Neuheitsgrades des Untersuchungsgegenstandes sowohl der Forschung zu diesem Thema als auch dem Verfasser dieser Arbeit an einem solchen ermangelt. Zur explorativen Erlangung dieses Erkenntnisstandes wird eine Fallstudienuntersuchung mit der Zielausrichtung einer Erforschung unklarer und neuartiger Sachverhalte gewählt (vgl. erste Variante im obigen Unterkapitel 3.1.1). Wie oben bereits dargelegt, handelt es sich bei dieser Zielausrichtung von Fallstudien um einen qualitativ geprägten Forschungsansatz. Im Rahmen der qualitativen Forschung wird typischerweise nicht starr nach Normen und Regeln vorgegangen. Vielmehr werden soziale Phänomene interpretiert und so prozesshaft soziale Wirklichkeit konstituiert (Atteslander 2008, 70). Für qualitative Fallstudien bedeutet dies den Verzicht auf vorab konstruierte Untersuchungsschemata und standardisierte Verfahren. Vielmehr verläuft der Forschungsablauf interpretativ, reflexiv und flexibel (Friedrichs 1990, 275). Ein typisches, qualitativ-geprägtes Forschungsvorgehen und somit auch eine qualitativ geprägte Fallstudie zeichnet sich durch die beiden elementaren Schritte „Erhebung grundlegender Erkenntnisse" sowie „Interpretation der gewonnenen Erkenntnisse" aus (Atteslander 2008, 90; Yin 2003, 21ff.).

Der erste Schritt umfasst das eigentliche Erfassen oder Aufnehmen der Wirklichkeit durch den Forscher, der zweite Schritt beinhaltet die Interpretation der gefundenen Wirklichkeit sowie deren Einordnung in bestehende wissenschaftliche Theorien und Erkenntnisse. Der Ablauf dieser beiden Schritte erfolgt dabei nicht zwingend unilinear, sondern häufig reflexiv und vielfach rückkoppelnd (Atteslander 2008, 90).

Diesem grundlegenden, zweigeteilten Forschungsvorgehen wurde auch in der vorliegenden Arbeit gefolgt, wie der Abbildung 3-1 zu entnehmen ist. So wurde in einem ersten Schritt das Phänomen der Ideen-Community zunächst grundlegend erfasst. Wie bereits in der Einleitung dieser Arbeit dargelegt, betreiben verschiedene Unternehmen Ideen-Communities, die in ihrer Art scheinbar einem einheitlichen Muster folgen. Es kann also nicht von einem Einzelfall in Bezug auf das Phänomen Ideen-Community gesprochen werden. Vielmehr stellt sich das Phänomen in vielfacher Ausprägung dar. Um das Phänomen allgemeingültig erfassen zu können, wurde im Rahmen dieser Arbeit deshalb nicht ein einzelner Fall betrachtet, sondern mehrere Fälle parallel. Das vorrangige Ziel dieses Vorgehens mit multiplen Fallstudien war es dabei, das Wesen jeder untersuchten Ideen-Community zu erfassen, um auf der Basis dieser Einzelerkenntnisse grundlegende Gemeinsamkeiten in Bezug auf alle untersuchten Communities herausarbeiten zu können. Es wurde also einem „multiple case-design" gefolgt (Yin 2003, 46ff.), bei dem mehrere Fälle mit dem Ziel einer Herausarbeitung von Gemeinsamkeiten miteinander verglichen werden. Insgesamt wurden dabei acht Ideen-Communities einer jeweiligen Fallstudie unterzogen. Die nachfolgende Tabelle listet die einzelnen Untersuchungsobjekte auf.

Name der Ideen-Community	betreibendes Unternehmen	URL
Ideastorm	Dell	http://www.ideastorm.com/
Ideajam	IBM Lotus Notes	http://ideajam.net/
Idea Zone	Intel	http://ideazone.software.intel.com/communities/root/ideas/recent
My Starbucks Idea	Starbucks	http://mystarbucksidea.force.com
Google product ideas	Google	http://productideas.appspot.com/
Brainstorm	Software AG	http://brainstorm.softwareag.com/ideas/ideaList.apexp
Adobe Labs Ideas	Adobe	http://ideas.adobe.com/
SaraLee Open Innovation	Sara Lee	http://www.openinnovationsaralee.com/

Tabelle 3-1: Auflistung der untersuchten Ideen-Communities; Quelle: Eigene Darstellung

Die Gewinnung von Erkenntnissen in diesem ersten Schritt teilte sich wiederum in zwei Unterschritte auf (vgl. Abbildung 3-1). So erfolgte zunächst das bloße Erfassen der Wirklichkeit innerhalb der acht Ideen-Communities. Die jeweiligen Beobachtungseinheiten, also der konkrete Gegenstand der Beobachtung, stellten zum einen soziale Aspekte und zum anderen technische Aspekte dar. Zu den sozialen Aspekten gehörten die Mitglieder, deren jeweilige soziale Interaktionen und die daraus resultierenden Artefakte, also die zu Grunde liegenden Innovationsideen. Zu den technischen Aspekten gehörten die Internet-Plattformen der untersuchten Communities als solche.

Dafür wurde sich vorwiegend der Erhebungstechnik der Beobachtung bedient. Unter dem wissenschaftlichen Verständnis des Beobachtens begreift man die Beschreibung bzw. Rekonstruktion der sozialen Wirklichkeit vor dem Hintergrund einer leitenden Forschungsfrage (Atteslander 2008, 67). Mittels Beobachtungen können komplexe sowie schwer zugängliche Forschungsfelder erschlossen werden. Da durch Beobachtung auch nicht-verbalisiertes soziales Handeln erfasst werden kann, kommt diese Untersuchungsmethode vor allem bei der Untersuchung unbekannter, komplexer Kulturen und Lebenswelten zur Anwendung (Atteslander 2008, 73). Die Analyse der verbalisierten Innovationsideen wurde darüber hinaus anhand von Inhaltsanalysen vollzogen. Die Inhaltsanalyse ist eine klassische sozialwissenschaftliche Forschungsmethodik, mittels derer sich im Allgemeinen festgehaltene Kommunikationsinhalte, vorzugsweise Texte, analysieren lassen (Atteslander 2008, 181).

Der Zugang zu den einzelnen Ideen-Communities erfolgte über den jeweiligen Internetauftritt mittels der in der obigen Tabelle angegebenen URL. Alle der untersuchten

Ideen-Communities verfügten über einen geschlossenen Mitgliederbereich, der nur nach erfolgter Registrierung betretbar war. Um den Mitgliederbereich der einzelnen Communities einsehen zu können, wurde daher für jede Community eine entsprechende Mitgliedsregistrierung vorgenommen.

Auf der Grundlage der so gewonnenen Erkenntnisse wurden dann im zweiten Unterschritt durch einen Vergleich der einzelnen Beobachtungsergebnisse gemeinsame Merkmale herausgearbeitet. Die Erfassung der Wirklichkeit (Unterschritt 1) und die Herausarbeitung der gemeinsamen Merkmale (Unterschritt 2) erfolgten dabei in einem wechselseitigen, zyklischen Erkenntnisgewinnungsprozess. Die Ergebnisse aus diesem ersten Schritt der Fallstudienuntersuchung sind in den Kapiteln 3.1.3.1 und 3.1.3.2 protokolliert.

In einem zweiten Hauptschritt der Untersuchung (vgl. Abbildung 3-1) wurden sodann die im Rahmen des ersten Untersuchungsschrittes gewonnenen Erkenntnisse kontextualisiert. Dafür erfolgte zunächst eine Interpretation der gewonnenen Erkenntnisse. Anschließend wurden die Erkenntnisse in bestehende Theorien sowie Wissensstrukturen und -bestände aus zugehörigen Forschungsfeldern eingeordnet bzw. mit diesen verknüpft. Die Ergebnisse dieses Kontextualisierungsprozesses sind in Kapitel 3.1.4 dargestellt.

Der Gesamtprozess der Fallstudienuntersuchung in der Form der beiden dargestellten Hauptschritte erfolgte dabei nicht aufeinanderfolgend-linear, sondern reflexiv-rückkoppelnd. Auf diese Weise konnten beispielsweise zu interpretierende Erkenntnisse durch nochmaliges Beobachten verifiziert werden oder einzelne Erkenntnisse, die sich erst im Rahmen der Kontextualisierung einstellten, durch wiederholte Beobachtung bestätigt werden. Die nachfolgende Abbildung illustriert das Vorgehen im Rahmen der durchgeführten, qualitativ geprägten Fallstudienuntersuchung.

Abbildung 3-1: Ablauf der Fallstudienuntersuchung, Quelle: Eigene Darstellung

3.1.3 Ergebnisse aus Schritt I

3.1.3.1 Ergebnisprotokoll der acht Fallstudien

In diesem Unterkapitel werden die wichtigsten Erkenntnisse aus den acht Einzelfallstudien in einer zusammenfassenden Darstellung wiedergegeben. Diese Erkenntnisse lassen sich grob in technische, organisationale und soziale Aspekte trennen.

3.1.3.1.1 Technische Aspekte

Es fällt sofort ins Auge, dass einige der untersuchten Communities über eine sehr große Anzahl an Ideen verfügen. So sind es im Falle von Dells oder Starbucks' Communities jeweils Tausende Ideen. Andere Communities, wie zum Beispiel die „Ideazone"-Community von Intel, verfügen dagegen über Ideensammlungen, die im Vergleich dazu lediglich im Bereich von einigen Hundert liegen. In den untersuchten Fällen werden die eingereichten Ideen jeweils in einer Kurzdarstellung entweder in einem separaten Bereich oder direkt auf der Homepage der Community-Plattform gesammelt. Die folgende Abbildung zeigt einen Screenshot der „IdeaZone"-Community von Intel, in der die Kurzdarstellungen der eingereichten Ideen direkt auf der Homepage dargestellt werden.

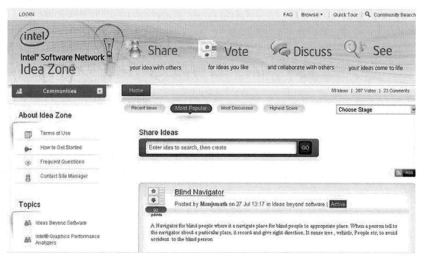

Abbildung 3-2: Screenshot der „Idea Zone"-Community von Intel, in der die eingereichten Ideen direkt auf der Homepage dargestellt werden; Quelle: Eigene Darstellung

Jede Idee kann darüber hinaus in ausnahmslos allen untersuchten Ideen-Communities in einer Detailansicht auf einer separaten Seite angezeigt werden. Für jede so dargestellte Idee wird in allen untersuchten Fällen zudem ein Punktestand angezeigt, der sich aus einer Bewertungsfunktionalität ergibt. So kann in allen untersuchten Communities jeder Besucher jede nicht selbst eingereichte Idee durch ein spezifisches Ratingsystem bewerten. Beispielsweise stellt sich die Bewertungsfunktionalität der Ideen-Community „Ideastorm" der Firma Dell wie folgt dar: Jede dort präsentierte Idee kann von jedem Besucher einmalig entweder als positiv oder negativ beurteilt werden. Durch jede positive Bewertung enthält die entsprechende Idee zehn Punkte auf dem Punktekonto gutgeschrieben, bei negativer Bewertung entsprechend zehn Punkte abgezogen. In dieser oder zumindest in sehr ähnlichen Formen werden auch in allen anderen Ideen-Communities Bewertungsfunktionalitäten angeboten.

Neben dieser Bewertungsfunktion haben die registrierten User in allen untersuchten Ideen-Communities die Möglichkeit, durch eine Kommentarfunktion jede Idee zu kommentieren. Kommentare werden in einer Kommunikationsverlaufsanzeige in der Detailansicht einer Idee separat dargestellt. Die nachfolgende Abbildung zeigt exemplarisch eine Idee in der Detailansicht aus der Ideastorm-Community von Dell, inklusive von drei Kommentaren und dem Punktestand aus der Bewertungsfunktionalität für diese Idee.

Abbildung 3-3: Ausschnitt aus der Detailansicht einer Idee aus der Ideastorm-Community von Dell, in der die Idee (oben) inklusive ihres Punktestandes (oben links) und drei ihrer Kommentare (unten) angezeigt werden; Quelle: Eigene Darstellung

In allen untersuchten Ideen-Communities können registrierte User Ideen über ein zentrales Ideeneingabeformular auf die Plattform hochladen. In der Regel müssen dafür ein Titel und eine Beschreibung der Idee in entsprechende Texteditoren-Felder eingeben werden. Darüber hinaus sind in allen untersuchten Communities über entsprechende Eingabefelder weitere Angaben zur Idee zu machen, wie zum Beispiel die Kategorisierung und Vergabe von so genannten Tags. Ideen können in den meisten Communities ausschließlich von Einzelpersonen eingereicht werden. In einigen untersuchten Communities, wie zum Beispiel bei der Google-Community, können Ideen aber auch von Teams eingegeben werden. Im Falle einer Teameinreichung sind dann bei der Ideeneingabe in der Eingabemaske weitere registrierte Mitglieder zu benennen.

Ein weiterer, zentraler Bereich auf den Internet-Plattformen aller untersuchten Communities ist ein persönlicher Mitgliederbereich, in dem registrierte User ihr Mitgliederprofil verwalten oder andere personalisierte Informationen abrufen können.

3.1.3.1.2 Soziale und organisationale Aspekte

Interaktionen zwischen den Usern

Es fällt sofort ins Auge, dass das Kommentieren von Ideen mittels der oben beschriebenen Kommentarfunktionalität die zentrale Interaktionshandlung zwischen den Mitgliedern in allen untersuchten Ideen-Communities darstellt. Die Kommentarfunktion wird in der Regel auch häufig genutzt. So verfügen die einzelnen Ideen in fast allen untersuchten Ideen-Communities über jeweils eine größere Anzahl von Kommentaren. Im Rahmen der Fallstudien wurden solche Kommentare stichprobenartig einer Inhaltsanalyse unterzogen, um ein tiefergehendes Verständnis darüber gewinnen zu können, zu welchem Zweck dieses Interaktionsmedium von den Mitgliedern genutzt wird. Es wurde aus jeder untersuchten Community eine zufällig ausgewählte Stichprobe an Kommentarverläufen zu einer Idee, also den Threads in Bezug auf eine Idee, untersucht. So konnten die analysierten Kommentare in die groben Kategorien „Kommentare mit fachlichen Inhalten bezüglich der ihnen zu Grunde liegenden Ideen", „Kommentare mit sozio-emotionalen Inhalten bezüglich der ihnen zu Grunde liegenden Ideen" sowie „Kommentare mit sonstigen Inhalten" eingeteilt werden.

Kommentare mit fachlichen Inhalten bezogen sich direkt auf die ihnen zu Grunde liegenden Ideen und thematisieren Verbesserungen und Erweiterungen in Bezug auf diese Ideen. Beispielsweise manifestieren sich diese Kommentare in konkreten Ideenverbesserungen oder Ideenergänzungen. Gemein ist dieser Art von Kommentaren, dass sie dazu geeignet sind, die ihnen zu Grunde liegenden Ideen aufzuwerten und zu verbessern. Derartige Kommentare können also als Weiterentwicklungen der ursprünglichen Ideen aufgefasst werden. Das bedeutet, dass ursprüngliche Ideen durch solche Kommentare an Gehalt gewinnen. Ideen inklusive ihrer inhaltlich-fachlichen Kommentare stellen also im Vergleich zu bloßen, ursprünglich eingereichten Ideen zusammengenommen Ideenweiterentwicklungen dar. Da diese Ideenweiterentwicklungen (Ideen inklusive ihrer Kommentare) gemeinschaftliche, von verschiedenen Teilnehmern einer Ideen-Community erbrachte Ergebnisse darstellen, können sie auch als Kollaborationsideen bezeichnet werden. Ideen, die über solche Kommentare nicht verfügen und die ebenfalls in allen untersuchten Communities zu beobachten sind, können dagegen als Einzelideen bezeichnet werden. Es kann also zwischen Einzelideen und Kollaborationsideen unterschieden werden.

Im Gegensatz zu Kommentaren mit fachlichen Inhalten charakterisieren Kommentare mit sozio-emotionalen Inhalten rein zwischenmenschliche Interaktionen. Zwar thematisieren diese auch die ihnen zu Grunde liegenden Ideen, haben aber keinerlei fachlichen Bezug. So manifestieren sich die Inhalte beispielsweise im Lob („finde ich gut"), im Herausstellen der Stärken oder Schwächen („das gibt es schon") der zu Grunde liegenden Ideen, im Zeigen von Solidarität und Unterstützung gegenüber der Kritik anderer Mitglieder, Zustimmung oder Ablehnung gegenüber anderen Kommentaren oder in Bitten um nähere Erläuterungen etc. In die Kategorie „Kommentare mit sonstigen Inhalten" fallen solche Kommentare, die nicht die ihnen zu Grunde liegenden Ideen thematisieren, sondern gänzlich andere Aspekte.

Eine zweite, zentrale Interaktionshandlung besteht im Bewerten von Ideen mittels der oben bereits erwähnten Bewertungsfunktionalität. In ausnahmslos allen untersuchten Ideen-Communities wird diese auch rege genutzt. Dies belegen die sehr häufig zu beobachtenden hohen Bewertungsscores der einzelnen Ideen.

Regeln und Teilnahmebedingungen

Allen untersuchten Ideen-Communities ist gemein, dass sie für die Mitwirkung auf der jeweiligen Ideenplattform explizite Regeln und Teilnahmebedingungen definieren, die in allen Fällen auf einer eigenen Seite einsehbar sind aber auch an anderen Stellen auf der Internet-Plattform sichtbar gemacht werden. Diesen Regeln und Teilnahmebedingungen muss jeder User im Rahmen seiner Registrierung auch explizit zustimmen.

Die Inhalte dieser Regularien gleichen sich in wesentlichen Punkten in allen untersuchten Fällen. So richten sich die Ideen-Communities vorrangig an die Zielgruppe der Kunden des betreibenden Unternehmens. Diesen wird das Forum der Ideen-Communities zur Äußerung und Diskussion von Innovationsideen kostenlos zur Verfügung gestellt.

Ein weiterer, zentraler Bestandteil dieser Regeln und Teilnahmebedingungen ist, dass jeder Ideeneinreicher dem hinter der jeweiligen Ideen-Community stehenden Unternehmen ein Nutzungsrecht an seinen eingereichten Ideen einräumt. Die Unternehmen erklären in allen Fällen auch ganz offen, dass sie geeignete Ideen nutzen wollen, indem sie diese an die firmeneigene Forschungs- und Entwicklungsabteilung zur weiteren Verwertung weitergeben. Um geeignete Ideen für diese Zwecke auszuwählen, werden in der Regel spezifische Auswahlprozesse von den Unternehmen definiert und in einigen Fällen auch offen kommuniziert. So wird zum Beispiel in der „MyStarbucksidea"- oder der „Dell IdeaStorm"-Community in regelmäßigen Abständen eine Auswahl an eingereichten Ideen von einer vom jeweiligen Unternehmen bereitgestellten Jury systematisch analysiert. Anhand dieser Analyse wird dann entschieden, welche Ideen genutzt werden. Die Beurteilung, welche Ideen in eine entsprechende Vorauswahl gelangen, erfolgt nach bestimmten Kriterien, wie zum Beispiel die Anzahl der positiven Kommentare zu einer Idee, die Ideenscores aus den Teilnehmerbewertungen oder unternehmensrelevante und -strategische Dimensionen.

Ein dritter zentraler Bestandteil dieser Regeln und Teilnahmebedingungen ist, dass User, die eine oder mehrere Ideen eingereicht haben, hierfür keine Entlohnung in der Form von finanzieller oder sonstiger Vergütung erhalten.

Moderation

Die operative Leitung und Führung der Ideen-Communities wird in ausnahmslos allen untersuchten Fällen von den betreibenden Unternehmen übernommen. In der Regel wird dafür von den Unternehmen eigens ein Moderatorenteam bereitgestellt, das verschiedene Steuerungsaufgaben wahrnimmt. Dazu gehört beispielsweise, die registrierten User über aktuelle Neuigkeiten in Bezug auf die jeweilige Ideen-Community zu informieren. Entsprechende Nachrichten werden in den meisten Fällen auf der Homepage in einem separaten „News"-Bereich zur Verfügung gestellt. Darüber hinaus versenden beispielsweise die Moderatoren der Dell- und Starbucks-Community in regelmäßigen Abständen Newsletter per E-Mail.

Ferner geben die Moderatoren auch Tipps und Feedback zu den eingereichten Ideen oder leisten technische Supportdienstleistungen und stehen für Fragen der User zur Verfügung. Darüber hinaus werden auch verschiedene Maßnahmen zur Mitgliederpflege und Anregung der Interaktion unter den Mitgliedern umgesetzt.

3.1.3.2 Merkmale von Ideen-Communities

Aus den Erkenntnissen der acht Einzelfallstudien, die im obigen Ergebnisprotokoll zusammenfassend festgehalten wurden, wurden durch Vergleich und entsprechende Plausibilitätsrückschlüsse gemeinsame und allgemeingültige Merkmale für den Untersuchungsgegenstand abgeleitet. Diese werden in folgender Tabelle dargestellt.

Merkmal	Erläuterung
Merkmal #1: Kunden eines bestimmten Unternehmens als Akteure in Ideen-Communities	Bei den Teilnehmern in Ideen-Communities handelt es sich um Kunden eines bestimmten Unternehmens.
Merkmal #2: Innovationsideen aus dem Produktumfeld eines bestimmten Unternehmens als thematischer Bezugspunkt	Innovationsideen aus dem Produktumfeld eines bestimmten Unternehmens stellen den thematischen Bezugspunkt in Ideen-Communities dar.
Merkmal #3: Ideenentwicklung, -kollaboration und -bewertung als Schlüsselinteraktionen	Das Entwickeln von Innovationsideen, das Kollaborieren in Bezug auf Innovationsideen, welches sich im Kommentieren von Ideen manifestiert, sowie das Bewerten dieser Innovationsideen stellen die Schlüsselhandlungen der Teilnehmer an Ideen-Communities dar.
Merkmal #4: Einzelnes Unternehmen als Initiator und Betreiber einer Ideen-Community	Einzelne Unternehmen stellen die Initiatoren und Betreiber einer Ideen-Community sowohl aus technischer (durch die Bereitstellung und den technischen Betrieb einer Internet-Plattform) als auch aus organisatorischer Sicht (durch die operative Moderation) dar.
Merkmal #5: Unternehmen als Nutznießer der Innovationsideen	Die Unternehmen stellen die direkten Nutznießer der Innovationsideen dar, indem sie ausgewählte Ideen für die eigene Innovationsentwicklung heranziehen.
Merkmal #6: Keine Vergütung der Ideengeber	Für das Einreichen von Innovationsideen werden die Ideengeber nicht entgolten.
Merkmal #7: Soziale Beziehungen unter den Teilnehmern	Die Teilnehmer an Ideen-Communities weisen Merkmale einer sozialen Beziehung untereinander auf, die aus den verschiedenen Interaktionen zwischen den Teilnehmer resultiert.

Tabelle 3-2: Merkmale von Ideen-Communities; Quelle: Eigene Darstellung

3.1.4 Ergebnisse aus Schritt II

Im Rahmen dieses Unterkapitels erfolgt eine Interpretation und Einordnung der zuvor gewonnenen Erkenntnisse in bestehende Theorien sowie Wissensstrukturen und -bestände aus anverwandten Forschungsfeldern.

3.1.4.1 Der Untersuchungsgegenstand im Kontext der Virtual-Community-Forschung

3.1.4.1.1 Ideen-Communities als virtuelle Community

Auf Grund der aus den Fallstudien resultierenden Erkenntnisse kann naheliegenderweise eine Brücke zur Virtual-Community-Forschung geschlagen werden. So kann befunden werden, dass die oben herausgearbeiteten Merkmale einer Ideen-Community den klassischen Definitionsmerkmalen einer virtuellen Community[3] genügen.

Aus den gängigen Definitionen für das Phänomen der virtuellen Community, welche den Gegenstand aus einer allgemeingültigen Perspektive zu beschreiben versuchen (vgl. Tabelle 3-3), können zusammenfassend folgende Definitionsmerkmale herausgestellt werden:

- gemeinsamer thematischer Bezug und Zweck;
- interagierende und kommunizierende Individuen;
- Individuen weisen soziale Beziehung auf;
- technische Internet-Plattform.

Diese Definitionsmerkmale finden sich sinngemäß auch in den oben abgeleiteten, allgemeingültigen Merkmalen von Ideen-Communities wieder, wie die Gegenüberstellung in der Tabelle 3-4 zeigt. Somit können Ideen-Communities als virtuelle Communities bezeichnet werden.

Autor	Definition	Definitionsmerkmale
(Hagel III/Armstrong 1997, 143)	„Virtual communities are groups of people with common interests and needs who come together on line. Most are drawn by the opportunity to share a sense of community with like-minded strangers, regardless of where they live. But virtual communities are more than just a social phenomenon. What starts off with a group drawn together by common interests end up with a group with a critical mass of purchasing power, partly thanks to the fact that communities allow members to exchange information on such things as a product's price and quality"	• Spezifischer Interessensschwer-punkt • Informationsaustausch durch Kommunikations-möglichkeiten • Internet-Plattform • Gruppe mit sozialer Beziehung

---

[3] Synonym zu dem Begriff „Virtuelle Community" werden in der Literatur die Bezeichnungen Online Community, Cyber Community, virtuelle Gemeinschaft oder ähnliche Begriffe verwandt.

(Döring 2001)	„Eine virtuelle Gemeinschaft ist ein Zusammenschluss von Menschen mit gemeinsamen Interessen, die untereinander mit gewisser Regelmäßigkeit und Verbindlichkeit auf computervermitteltem Wege Informationen austauschen und Kontakte knüpfen."	• interagierende soziale Gruppe • gemeinsamer Interessensschwerpunkt • Computer-unterstützt
(Lee/Vogel/ Limayem 2002)	A virtual community is "a technology-supported cyberspace, centered upon communication and interaction of participants, resulting in a relationship being built up."	• technische Internet-Plattform • interagierende und kommunizierende Menschen • Interaktion führt zu sozialer Beziehung unter den Menschen
(Preece 2000, 10)	"An online community consists of: • People, who interact socially as they strive to satisfy their own needs or perform special roles, such as leading or moderating. • A shared purpose, such as an interest, need, information exchange, or service that provides a reason for the community. • Computer systems, to support and mediate social interaction and facilitate a sense of togetherness."	• interagierende Menschen mit sozialer Beziehung/Wir-Gefühl • gemeinsamer Zweck • technische Internet-Plattform
(Rheingold 1993)	Virtual communities are social aggregations that emerge from the Net when enough people carry on those public discussions long enough, with sufficient human feeling, to form webs of personal relationships in cyber-space."	• Internetforum • Interaktion durch Diskussion • durch Interaktion entstehende soziale Beziehung

Tabelle 3-3: Definitionen und Definitionsmerkmale von virtuellen Communities; Quelle: Eigene Darstellung

Virtuelle Communities werden oftmals hinsichtlich ihrer inhaltlichen Ausrichtung beziehungsweise ihres thematischen Bezugs und Zwecks kategorisiert, so zum Beispiel bei Markus (2002) oder Schubert (1999, 30f.). Aus diesem Kategorisierungsansatz resultieren für virtuelle Communities eigene Bezeichnungen, wie zum Beispiel

Gesundheits-Communities, Produkt-Communities oder Spiele-Communities. In Analogie hierzu kann der Untersuchungsgegenstand auch allgemein als eine **Innovation Community** oder eben als **Ideen-Community** bezeichnet werden.

Definitionsmerkmale einer virtuellen Community	Analoge Merkmale aus der Fallstudienuntersuchung
gemeinsamer thematischer Bezug und Zweck	• Merkmal #2: Innovationsideen aus dem Produktumfeld eines bestimmten Unternehmens als thematischer Bezugspunkt • Merkmal #3: Ideenentwicklung, -kollaboration und -bewertung als Schlüsselinteraktionen
Interagierende und kommunizierende Individuen	• Merkmal #1: Kunden eines bestimmten Unternehmens als Akteure in Ideen-Communities • Merkmal #3: Ideenentwicklung, -kollaboration und -bewertung als Schlüsselinteraktionen
Individuen weisen soziale Beziehungen/Zusammengehörigkeitsgefühl auf	• Merkmal #7: Soziale Beziehungen unter den Teilnehmern
Technische Internet-Plattform	• Merkmal #4: Einzelnes Unternehmen als Initiator und Betreiber einer Ideen-Community (aus organisationaler und technischer Sicht)

Tabelle 3-4: Gegenüberstellung der Definitionsmerkmale von virtuellen Communities und der Merkmale aus den Fallstudien; Quelle: Eigene Darstellung

3.1.4.1.2 Ideen-Communities als fremdgesteuerte virtuelle Communities

Mit dem Aufkommen des Internets entstanden in den 1980er Jahren die ersten Ausprägungen von virtuellen Communities. Dabei handelte es sich um einfache Kommunikationsforen oder Newsgroups (Preece 2000). Als eine der ersten virtuellen Communities, die häufig sogar als die Ur-Community bezeichnet wird, wird die 1985 als virtueller Debattierclub gegründete Community „The Well" hervorgehoben (Rheingold 1993). Seit diesen Anfängen entwickelten sich zahlreiche Communities zu den unterschiedlichsten Themen. Kennzeichnend für die Entstehung von virtuellen Communities war dabei, dass diese immer aus ihrem Mitgliederstamm selbst erwuchsen. So wurde beispielsweise die Community „The Well" von ihren Gründern vor dem Hintergrund einer persönlichen Zielsetzung initiiert. Der weitere Betrieb war dabei dem Zufall überlassen und folgte einer gewissen Eigendynamik, da sich weder bestimmte Mitglieder noch die Initiatoren im weiteren Entwicklungsverlauf verantwortlich fühlten (Rheingold 1993). Diesem Muster entsprechend folgt der typische Entwicklungsprozess einer virtuellen Community. Es liegt also quasi ein „natürlicher" Steuerungsprozess zu Grunde, der die Entstehung und den Betrieb einer virtuellen Community antreibt („Community als Wildblume") (Reinmann-Rothmeier 2000, 19).

Mitte der 1990er Jahre erkannte man, dass sich der Community-Gedanke und die damit verbundenen natürlichen Wachstumskräfte wirtschaftlich nutzen lassen (Hagel III/Armstrong 1997). So entwickelte sich der Ansatz, virtuelle Communities gezielt durch Intermediäre zu initiieren und zu steuern. Dahinter verbergen sich dann Betreiber, die mit dem Betrieb einer virtuellen Community bestimmte geschäftliche Interessen verfolgen und deshalb diese Communities nach einem definierten Geschäftsmodell steuern und lenken (Leimeister/Krcmar 2004). In diesen Fällen werden Communities gemäß den Zielen oder Geschäftsmodellen ihrer Intermediäre fremdgesteuert und sich nicht selbst überlassen. Wegen dieser Fremdsteuerung spricht man in der Community-Forschung auch von einem Top-Down-Ansatz der Community-Initiierung und -Steuerung; im anderen Fall wegen des „natürlichen" Entstehungs- und Steuerungsprozesses („Community als Wildblume") vom Bottom-Up-Ansatz (Reinmann-Rothmeier 2000, 19).

Dem Top-Down-Ansatz unterliegen auch Ideen-Communities. So werden diese nicht aus dem Mitgliederstamm heraus gesteuert, sondern von Unternehmen gezielt fremdgesteuert. Dabei betreiben diese eine systematische Steuerung der Ideen-Communities, was die intensiven Moderatorenaktivitäten in den untersuchten Fällen belegen (vgl. Merkmal #4). Das wesentliche Ziel dieser Moderationsaktivitäten ist es, die Ideen-Community gemäß den Vorstellungen und Zielen des Unternehmens zu führen und der oben beschriebenen Eigendynamik entgegenzuwirken. In der wissenschaftlichen Auseinandersetzung mit dem Thema der Fremdsteuerung von virtuellen Communities hat sich in diesem Zusammenhang der Fachbegriff des Community-Management durchgesetzt (Leimeister 2005; Leimeister/Krcmar 2006). Als zentraler Erfolgsfaktor für das Community-Management wird dabei häufig die Herausforderung gesehen, eine „blühende" Community am Leben zu erhalten, also die Mitglieder dazu zu bringen, interaktiv zu bleiben. Dieser Aspekt wird unter dem Stichwort der Mitgliederbindung diskutiert und beforscht (Hagel III/Armstrong 1997; Preece 2000, 228 f.). Zusammenfassend können die Moderatorenaktivitäten in Ideen-Communities also als entsprechende Maßnahmen im Rahmen eines aktiven Community-Managements interpretiert werden. Sie dienen dem Zweck der Anregung der Interaktionen unter den Ideengebern, also der Ideeneingabe, -kommentierung, und -bewertung, sowie der langfristigen Bindung der Mitglieder an die jeweilige Ideen-Community.

3.1.4.2 Der Untersuchungsgegenstand im Kontext der Innovationsforschung

3.1.4.2.1 Ideen-Communities als Innovation Community

Virtuelle Communities, deren Mitglieder sich thematisch mit der Entwicklung von Innovationen auseinandersetzen, werden in Literatur und Praxis häufig unter diesem Oberbegriff „Innovation Community" diskutiert. Synonym werden auch die Begriffe „Community of Innovation", „Community for Innovation" oder „Innovationsgemeinschaften" benutzt. Unter diesen Sammelbegriffen verbergen sich vor allem zwei unterschiedliche Ausprägungsformen. Franke und Shah (2003) untersuchten beispielsweise virtuelle Communities, in denen enthusiastische Hobbysportler Innovationen im Umfeld ihrer Sportgeräte entwickeln. Auch Shah (2000), von Hippel (2001a), Lüthje (2000a) sowie Füller et al. (2007) beschreiben Communities aus dem Sportbereich, deren Mitglieder sich mit der innovativen Entwicklung ihrer Sportgeräte befassen. Diesen in der Literatur behandelten und in der Praxis häufig zu beobachtenden Innovation Communities ist gemein, dass sie von Produktnutzern initiiert und betrieben werden. Sie entstammen also aus dem Anwenderumfeld. Aus diesem Grund setzten sich für dieses Phänomen insbesondere im englischen Sprachraum auch die Bezeichnungen „User Innovation Community" und „User-Community" durch.

Kennzeichnend für diese User Innovation Communities ist, dass sie von den Mitgliedern selbst aus einem spezifischen Bedarf heraus gegründet wurden. Die Ausrichtung und weitere Entwicklung der Community entwächst dabei aus dem Mitgliederstamm. Auch der laufende Betrieb dieser Art von Innovation Communities wird von den Mitgliedern selbst in die Hand genommen. In diesem Kontext ist auch das Phänomen der Open Source Communities einzuordnen (Lerner/Tirole 2000; Brügge et al. 2004).

Eine andere Ausprägungsform der Bezeichnung „Innovation Communities" stellt sich durch Intermediäre betriebene Innovationsbörsen dar, in denen diese Innovationssuchende und Innovationsanbieter zusammenbringen. Bei den Innovationssuchenden handelt es sich in der Regel um Unternehmen, die im Sinne des Open-Innovation-Paradigmas das Innovationspotenzial von Kunden zu heben suchen, also Kundenwissen und Kundenaktivitäten in die eigene Innovationstätigkeiten integrieren wollen. Bei den Innovationsanbietern handelt es sich in der Regel um innovative Produktnutzer bzw. -anwender. Das Funktionsprinzip dieser Ausprägungsform von Innovation Communities ist, dass Unternehmen gezielt Anfragen zu bestimmten oder gänzlich offenen Innovationsideen und -konzepten aus ihrem Produktumfeld an Produktanwender und -kunden stellen, die bei Interesse diese Anfragen aufgreifen und daraufhin innovativ tätig werden. Aber auch der umgekehrte Fall ist möglich. So können innovative Produktnutzer in diesen Foren ihre Ideen ausstellen, die dann von Unternehmen aufgegriffen werden.

Ein prominentes Beispiel für ein solches Innovationsforum stellt die Internet-Plattform „Ideenreich" dar, die vom österreichischen Bundesministerium für Verkehr, Innovation und Technologie betrieben wird. In der Ideenreich-Community können innovative

Nutzer unterschiedlichster Produkte ihre persönlichen Innovationsideen ausstellen, die dann in einem Ideenpool angezeigt werden. Unternehmen können diesen Ideenpool einsehen und für sich interessante Ideen aufgreifen, indem sie Kontakt mit den entsprechenden Ideengebern aufnehmen. Ein weiteres Beispiel stellt die „InnoCentive"-Community dar. Auf diesem „Marktplatz für Innovationen" – wie die Betreiber diese Community selber nennen – können Unternehmen sogar spezifische Innovationsgesuche bzw. -ausschreibungen platzieren.

Die Betreiber der Ideenreich-Community sowie der InnoCentive-Community bieten das Ausschreiben von Innovationsgesuchen oder das Ausstellen von Innovationsideen als konkrete Dienstleistung an und treten dabei als Intermediäre auf. Andere Innovation Communities dieser Art gehen sogar noch einen Schritt weiter und bieten darüber hinaus weitere Dienstleistungen speziell für Unternehmen an. So richten beispielsweise die Betreiber der Communities Brainfloor.com, Atizo.com oder Brightidea.com spezielle Innovations- oder Ideenwettbewerbe im Namen von Unternehmen auf ihren Internet-Plattformen aus. Das Angebot der beschriebenen Dienstleistungen stellt für die Betreiber dieser Art von Innovation Communities also ein Geschäftsmodell dar.

Im Unterschied zu den beiden erstgenannten Ausprägungsformen von Innovation Communities, bei denen die Mitglieder selbst oder Intermediäre die Initiatoren und Betreiber darstellen, handelt es sich bei Ideen-Communties also um eine dritte, gänzlich neue Ausprägungsform von Innovation Communities. Kennzeichnend für diese dritte Ausprägungsform ist, dass es sich hierbei um eine von einem Unternehmen in Eigenverantwortung initiierte und betriebene Community handelt. Die nachfolgende Tabelle zeigt Ideen-Communities in Abgrenzung zu den bekannten Ausprägungsformen von Innovation Communities.

Mitgliedergesteuerte Innovation Community	Intermediär gesteuerte Innovation Community	Unternehmensgesteuerte Innovation Community
Mitglieder selbst sind Initiatoren und Betreiber dieser Art von Innovation Community	Intermediäre sind Initiatoren und Betreiber dieser Innovation Community	ein Unternehmen ist Initiator und Betreiber dieser Art von Innovation Community
Beispiel: • Open Source Community um den Internetbrowser „Firefox"; URL: http://www.mozilla-europe.org	*Beispiele:* • Ideenreich; URL: http://www.ideenreich.at • InnoCentive; URL: http://www.innocentive.com • Brainfloor; URL: http://www.brainfloor.com • Atizo; URL: http://www.atizo.com • Bright Idea; URL: http://www.brightidea.com	*Beispiele:* • Ideastorm; URL: http://www.ideastorm.com/ • Ideajam; URL: http://ideajam.net/ • Idea Zone; URL: http://ideazone.software.intel.com/communities/root/ideas/recent • Adobe Labs Ideas; URL: http://ideas.adobe.com/ • My Starbucks Idea; URL: http://mystarbucksidea.force.com

Tabelle 3-5: Die SAPiens-Ideen-Community in Abgrenzung zu anderen Ausprägungsformen von Innovation Communities; Quelle: Eigene Darstellung

3.1.4.2.2 Ideen-Communities als Instrument zur aktiven Kundenintegration in den Innovationsprozess

Aus den obigen Erkenntnissen lässt sich schließen, dass es sich bei Ideen-Communities ganz offensichtlich um ein Instrument zur Kundeneinbindung in den Innovationsprozess, vergleichbar den in Kapitel 2.6 vorgestellten Methoden und Praktiken, handelt. Ideen-Communities stellen dabei genauso wie Ideenwettbewerbe und Lead-User-Workshops ein Instrument zur aktiven Kundenintegration dar und nicht eine Methode der bloßen Kundenorientierung, wie beispielsweise Befragungen oder Produktkliniken. Das bedeutet, dass Kunden in Ideen-Communities eine aktive Rolle zukommt, und nicht wie bei der konventionellen Kundenorientierung eine eher passive Rolle, im Rahmen derer durch den Einsatz geeigneter Methoden, wie zum Beispiel der Befragung, lediglich auf das Verstehen der Kundenbedürfnisse und -wünsche abgezielt wird, also lediglich Bedürfnisinformationen erhoben werden.

Durch den Einsatz von Ideen-Communities und der dem Kunden zugedachten aktiven Rolle, im Rahmen derer Kunden Innovationsideen entwickeln, können Unternehmen Bedürfnisinformationen und darüber hinaus auch Lösungsinformationen, die sich in den Innovationsideen widerspiegeln, erheben. Ideen-Communities erlauben also den Zugang sowohl zu Bedürfnis- als auch Lösungsinformationen, wodurch die Kundenpotenziale und -kompetenzen für das Unternehmen besser nutzbar gemacht werden.

Ideen-Communities stellen so verstanden also eine Methode der interaktiven Wertschöpfung im Sinne des Open-Innovation-Verständnisses von Reichwald/Piller dar, wonach „… ein Herstellerunternehmen mit ausgewählten Kunden bzw. Nutzern gemeinschaftlich Innovationen generiert" (Reichwald/Piller 2006). Diese interaktive Wertschöpfung „…erfolgt durch gezielte, jedoch relativ informale und vor allem partizipative Koordination des Interaktionsprozesses zwischen Herstellern und einer Vielzahl an Kunden und Nutzern. Dabei kommt es zu einer systematischen Integration von Kundenaktivitäten und Kundenwissen in die Ideengenerierung (…)" (Reichwald /Piller 2006).

Ideen-Communities lassen sich damit auch als eine Methodik des Outside-In-Strategie des Open-Innovation-Paradigmas von Chesbrough (2003) sowie Gassmann und Enkel (2004, 2006) interpretieren, wonach Unternehmen im Rahmen ihrer Innovationsentwicklung ihr internes Wissen um externe Quellen, in diesem Falle also Kunden, anzureichern versuchen.

Mit dieser Zielsetzung sind Ideen-Communities darüber hinaus auch eindeutig abgrenzbar gegenüber so genannten Produkt- oder Marken-Communities, die zwar ebenfalls von Unternehmen initiiert und betrieben werden, aber nicht zum Zweck der aktiven Kundenintegration in den Innovationsprozess. Mit dem Betrieb von Produkt- oder Marken-Communities verfolgen Unternehmen ausschließlich Marketingziele. So sollen durch diese beispielsweise die Markenloyalität und die Kundenbindung gestärkt werden (Butscher/Müller 2006).

3.1.4.2.3 Ideen-Communities in Abgrenzung zur Kundenintegrationsmethode „Ideenwettbewerb"

Auf den ersten Blick weisen Ideen-Communities gewisse Ähnlichkeiten zu Ideenwettbewerben auf. Sowohl Ideen-Communities als auch Ideenwettbewerbe stellen aktive Instrumente zur Integration von Kunden in die frühen Ideengenerierungsphasen des Innovationsprozesses von Unternehmen dar. Hinsichtlich ihrer Funktionsprinzipien weisen beide Instrumente aber elementare Unterschiede auf. So sind Ideenwettbewerbe durch ein kompetitives Umfeld geprägt. Im Rahmen eines Wettbewerbes werden nach Beendigung der Wettbewerbslaufzeit die eingereichten Ideen von einer Jury bewertet. Die besten Ideen, die aus diesem Bewertungsprozess resultieren, werden mit Preisen ausgezeichnet. Den Grund, warum die Ideenabgabe als Wettbewerb organisiert wird, beschreiben Reichwald und Piller wie folgt: „Der Wettbewerbscharakter soll die Kreativität und Qualität der Beiträge der Teilnehmer anregen […]." (Reichwald/Piller 2006, 173). Dabei wird durch die Aussicht auf Preise der Wettbewerbscharakter noch verschärft. Die Beweggründe für Unternehmen, ein kompetitives Setting in Ideenwettbewerben zu implementieren, beruhen auf denjenigen Erkenntnissen aus der Sozialforschung, in deren Rahmen der Wettbewerb als ein Naturprinzip angesehen wird. Dieses Naturprinzip ist Gegenstand der neoklassischen Wettbewerbstheorie, innerhalb derer Schumpeter (1934b) und von Hayek (von Hayek/Kerber 1996) zentrale Positionen einnehmen. Schumpeter (1934b) sieht im Wettbewerb den Motor für technischen Fortschritt und somit für die gesamte wirtschaftliche Entwicklung. Ähnlich fasst von Hayek den Begriff Wettbewerb auf, der diesen als Methode zur Entdeckung von neuem Wissen begreift. Aufbauend auf seine Forschungen im makroökonomischen Bereich kommt von Hayek zu der Erkenntnis, dass Wettbewerb ein alle Bereiche des Lebens durchziehendes Grundprinzip darstelle, welches seinen Ursprung im evolutionstheoretischen Wettbewerb um das Dasein der Menschen findet. „So verhalten wir uns nicht nur in der Ökonomie, sondern auch im Sport, bei Prüfungen, beim Vergeben von Regierungsaufträgen oder in der wissenschaftlichen Forschung." (von Hayek/Kerber 1996, 250) Dieser Wettbewerb treibe den Menschen zu Höchstleistungen und besonderer Kreativität an und stelle somit die Grundlage zur Schaffung von Neuem dar. So heißt es bei von Hayek und Kerber (1996, 250) weiter: „Nur der Wettbewerb schafft mit seinen Gewinnmöglichkeiten und Verlustrisiken jenes Anreizsystem, das Höchstleistungen hervorbringt. Ohne Wettbewerb in Wirtschaft und Kultur wäre eine Gesellschaft statisch. Jeder Fortschritt beruht darauf, dass in einer wettbewerblichen Auseinandersetzung verschiedene Lösungsvorschläge erprobt werden. [...]. Der Wettbewerb ist daher der Motor der gesellschaftlichen Evolution." Von Hayek sowie die auf seinen Arbeiten aufbauenden Forschungen gehen sogar davon aus, dass, wenn der natürliche, gesellschaftsimmanente Wettbewerb durch künstliche Regeln intensiviert wird, dies einen verstärkenden Effekt hervorruft. So verursache dieser künstliche Wettbewerb, dass die Menschen noch selbständiger und kreativer werden. „Die Menschen werden umso selbständiger und kreativer sein, je mehr Wettbewerb gegeben ist." (von Hayek/Kerber 1996, 250)

Kritiker dieser neoklassischen Wettbewerbstheorie argumentieren gegen die Erkenntnis, die Wettbewerb als ein Naturprinzip darstellt. So stellen beispielsweise Tutko und Bruns (1976, zitiert in Kohn 1992, 25) fest: "Competition is a learned phenomenon ... people are not born with a motivation to win or to be competitive. We inherit a potential for a degree of activity, and we all have an instinct to survive. But the will to win comes through training and the influence of one's family and environment." Auch der Sozialpsychologe Morton Deutsch kommt zu dieser Erkenntnis: "It would be unreasonable to assume there is an innately determined human tendency for everyone to be 'top dog'" (Deutsch 1973). Das innewohnende Selbstinteresse der Teilnehmer an Wettbewerben führt sogar zu schlechteren Ergebnissen (Deutsch 1973). In seinem viel beachteten Werk „No competition" führt Alfie Kohn, der als einer der führenden Kritiker der neoklassischen Wettbewerbstheorie gehandelt wird, mehrere Studienergebnisse als Beleg hierfür an (Kohn 1992) und kommt daraus resultierend zu der Erkenntnis: "Competitors can't exchange ideas or share skills: Let me in your office for a few days and I can destroy your employee's ability to communicate effectively. I can replace their trust in each other with hostility. I can make sure their work is redundant, with each one tackling problems that someone else already solved. How can I do all this? By making them compete against each other." (Kohn 1992, 24ff.)

Diese Kritik gegenüber einem kompetitiven Umfeld manifestiert sich darin, dass in Wettbewerbssituationen das Selbstinteresse von Individuen hervorgerufen wird, wodurch Individuen zu Einzelkämpfern werden (Kohn 1992, 45ff.). Wegen der Aussicht auf Gewinnmöglichkeit besteht für Individuen gar kein Anreiz, mit anderen Individuen, die in solchen Situationen als Konkurrenten betrachtet werden, zusammenzuarbeiten oder sich auszutauschen. Dadurch wird aber das Aufkommen von Emergenzeffekten unterdrückt. Das Emergenzprinzip besagt, dass durch Zusammenarbeit von Individuen, im Rahmen derer jedes Individuum seine persönlichen Stärken, Erfahrungen und Wissen einbringt, Ergebnisse höherer Qualität, als dies eine individuelle Problemlösung vermag, hervorbringt (Schrage 1995, 33). Dabei ist dieser Emergenzeffekt umso ausgeprägter, je stärker sich die einzelnen Akteure in ihren Fähigkeiten gegenseitig ergänzen (Schrage 1995, 33) und je mehr Kompetenzen sie in ihren jeweiligen Disziplinen besitzen (Stoller-Shai 2003, 43). Emergenz stellt ein wesentliches Eigenschaftsmerkmal von Kollaboration dar und wird aus diesem Grund in Definitionsansätzen des Phänomens entsprechend hervorgehoben. So definiert beispielsweise Schrage (1995, 33) den Begriff Kollaboration wie folgt: "Collaboration is the purpose of shared creation: Two or more individuals with complementary skills interacting to create a shared understanding that non had previously possessed or could have come to on their own. Collaboration creates a shared meaning about a process, a product, or an event. [...] Collaboration can occur by mail, over the phone lines, an in person. But the true medium of collaboration is other people" (Schrage 1995, 33).

Ein solches, durch Kollaboration und Emergenz geprägtes Umfeld ist auch in Ideen-Communities vorzufinden. So konnte im Rahmen der obigen Fallstudienuntersuchung festgestellt werden, dass ein Großteil der Ideen aus Kollaborationsprozessen der Mitglieder resultieren, und zwar immer dann, wenn ursprüngliche Ideen mit einer bestimmten Art von Kommentaren anderer Community-Mitglieder angereichert wurden (vgl. Kapitel 3.1.3.1.2). Dabei handelte es sich um solche Kommentare, die konkrete Ideenverbesserungen oder Ideenergänzungen darstellten und die damit dazu geeignet sind, die ihnen zu Grunde liegenden Ideen aufzuwerten und zu verbessern. Derartige Kommentare können also als Weiterentwicklungen der ursprünglichen Ideen aufgefasst werden. Das bedeutet, dass ursprüngliche Ideen durch solche Kommentare an Gehalt gewinnen. Ideen inklusive ihrer inhaltlich-fachlichen Kommentare stellen also im Vergleich zur bloßen, ursprünglich eingereichten Ideen zusammengenommen Ideenweiterentwicklungen dar. Da diese Ideenweiterentwicklungen (Ideen inklusive ihrer Kommentare) gemeinschaftliche, von verschiedenen Teilnehmern einer Ideen-Community erbrachte Ergebnisse darstellen, können sie auch als Kollaborationsideen bezeichnet werden.

Dabei ist davon auszugehen, dass diese Kollaborationsideen die wesentlichen Voraussetzungen des Kollaborationsprinzips erfüllen. So kann davon ausgegangen werden, dass die Beteiligten der kollaborativen Handlungen ein gemeinsames Verständnis bezüglich der Problemstellung der zu Grunde liegenden gemeinsam erarbeiteten Idee hatten (Stoller-Shai 2003, 42). Auch kann davon ausgegangen werden, dass ein gewisses Maß an Kommunikation unter den beteiligten Kollaborateuren erfolgte (Arvaja et al. 2003, 49).

So kann zusammenfassend davon ausgegangen werden, dass die Betreiber von Ideen-Communities bewusst auf die Implementierung eines kollaborativen Settings mit den einhergehenden Emergenzeffekten abzielen. Das kollaborative Setting soll den selbstverstärkenden Effekt des Zusammenwirkens verschiedener Community-Mitglieder mit unterschiedlichen Wissen, Stärken und Erfahrungen bewirken und so die Kreativität und Qualität der Beiträge anregen. Der elementare Unterschied von Ideenwettbewerben und Ideen-Communities liegt also in ihrem jeweiligen Funktionsprinzip: Während Ideenwettbewerbe auf dem Wettbewerbsprinzip aufbauen, fußen Ideen-Communities auf dem Kollaborationsprinzip.

3.1.4.2.4 „Collaborative Filtering" in Ideen-Communities

Wie im Rahmen der obigen Fallstudien herausgefunden wurde, zählen einige der untersuchten Ideen-Communities über eine Fülle von Kundenideen. Insbesondere im Falle von Dell's oder Starbucks' Ideen-Communities sind es jeweils mehrere Tausend Ideen. Andere Communities, wie zum Beispiel die „Ideazone"-Community von Intel, verfügen immerhin noch über Ideensammlungen, die im Bereich von einigen Hundert liegen. Dies stellt die Unternehmen vor die Herausforderung, aus einer großen Ideenmenge brauchbare Ideen zu identifizieren. Das Screening der Ideen bedeutet einen hohen administrativen Aufwand und bindet im hohen Maße Unternehmensressourcen. In der Praxis spricht man deshalb sogar von dem Problem, „in Ideen zu ertrinken" (Gillies 2009). Häufig wird für dieses Problem sogar der Begriff „Kontamination" gebraucht (Gillies 2009).

Aus diesem Grund greifen Unternehmen als Betreiber der Ideen-Communities auf die oben beschriebene Bewertungsfunktionalität (vgl. Merkmal #3) als Hilfsmittel zurück. So begreift man die Gesamtheit an Ideen mit einer hohen Teilnehmerbewertung als eine von der Community durchgeführte Vorauswahl, welche dann wiederum einer vom Unternehmen durchgeführten detaillierten Analyse zur Auswahl geeigneter Ideen unterzogen wird. Beispielsweise greifen die Betreiber der „MyStarbucksidea"- oder der „Dell IdeaStorm"-Community auf diesen Auswahlalgorithmus zurück. Dabei geht man davon aus, dass eine hohe Bewertung einer Idee ein gewisses positives Meinungsbild der Community widerspiegelt und die entsprechende Idee deshalb vielversprechend zu sein scheint.

Solche Bewertungsmechanismen mit demselben Zielhintergrund werden häufig auch in Internet-basierten Ideenwettbewerben eingesetzt, wie beispielsweise bei Ebner (2008), Leimeister et al. (2009) oder Walcher (2007) beschrieben. Auch in den oben beschriebenen Ausprägungen der Innovation Communities, in denen Ideen im Sinne einer Art Innovationsbörse gehandelt werden, stellen diese Bewertungsmechanismen ein häufig genutztes Instrument dar. Wegen der Bedeutung dieses Ratingmechanismus in diesem Bereich ist dieser inzwischen auch zum Gegenstand der Forschungsbemühungen auf dem Gebiet des Innovationsmanagements geworden. Hier wird das Prinzip unter der Bezeichnung „Collaborative Idea Filtering" gehandelt (Blohm et al. 2009).

3.2 Ableitung eines Definitionsansatzes für Ideen-Communities

Ein Ziel der vorliegenden Arbeit ist es, das Phänomen der Ideen-Community allgemeingültig zu definieren. Mit der begrifflichen Präzisierung durch eine allgemeingültige Definition kann das Phänomen als neuer Erkenntnisgewinn in den Wissensbestand der Innovationsforschung aufgenommen werden. Für eine allgemeingültige Nominaldefinition soll daher die Ideen-Community als Definiendum, also der Bestandteil einer Definition, der den zu definierenden Begriff selbst darstellt, aufgegriffen werden. Als Definiens, also der Bestandteil der Definition, der den Inhalt des Definiendums ausmacht, werden die im Rahmen der obigen Fallstudien herausgestellten Merkmale herangezogen. Somit kann eine Ideen-Community wie folgt beschrieben werden:

Eine Ideen-Community ist ein von einem Unternehmen eingesetztes Instrument zur aktiven Integration von Kundenwissen in die frühen Phasen des Innovationsentwicklungsprozesses im Sinne des Open-Innovation-Paradigmas. Auf einer vom Unternehmen bereitgestellten und betriebenen virtuellen Community-Plattform können Kunden dieses Unternehmens Innovationsideen aus dem Produkt- oder Unternehmensumfeld hochladen und zur Diskussion stellen. Andere Kunden können dann die eingestellten Ideen mittels geeigneter Funktionalitäten aufgreifen und kommentieren oder weiterentwickeln. Im Idealfall sollen so ursprünglich eingereichte Ideen durch die kollaborative Unterstützung anderer Community-Mitglieder an Gehalt gewinnen. So soll die Kreativität und Qualität der Ideenbeiträge durch den selbstverstärkenden Emergenzeffekt des kollaborativen Zusammenwirkens verschiedener Kunden bzw. Produktanwender mit unterschiedlichen Wissen, Stärken und Erfahrungen anregt werden.

Dieses kollaborativ geprägte Umfeld soll durch den immanenten Community-Charakter, wie er typischerweise in virtuellen Communities vorzufinden ist, forciert werden. Um die Entwicklung eines solchen Community-Charakters zielgerecht beeinflussen zu können, übernimmt das Unternehmen die organisatorische Steuerung der Community. Im Rahmen dieses Community-Managements werden zur Forcierung des Community-Gedankens geeignete Maßnahmen durchgesetzt. Als eine solche Maßnahme kann die Tatsache verstanden werden, dass die Ideeneinreicher in der Regel keine direkte Entlohnung für ihre eingereichten Ideen erhalten.

Unternehmen ziehen dabei einen direkten Nutzen aus dem Betrieb von Ideen-Communities, indem sie geeignete Ideen für die eigene Innovationsentwicklung mit der Hilfe von systematischen Auswahlprozessen aufgreifen. Auf diese Weise erweitern Unternehmen nicht nur den eigenen Ideenraum bei der Generierung von Innovationsideen in den frühen Phasen ihrer Innovationsprozesse, sondern können darüber hinaus noch auf Ideen zurückgreifen, die wegen der kollaborativen Ideenentwicklungsprozesse der Community-Mitglieder prinzipiell einen höheren Gütegrad aufweisen können als Ideen, die beispielsweise aus Ideenwettbewerben resultieren. Dabei können die von den Kunden eingereichten und weiterentwickelten Ideen auf der einen Seite Bedürfnisinformationen widerspiegeln, also die Bedarfe und Wünsche der Kunden in Bezug auf zukünftige und bestehende Produkte. Auf der anderen Seite können die Ideen aber auch konkrete Informationen darüber enthalten, wie die Ideen umgesetzt werden können. Es können also auch konkrete Lösungsinformationen durch die Ideen erhoben werden.

In diesem Sinne lassen sich Ideen-Communities als eine Methode im Verständnis des Outside-In-Prozesses des Open-Innovation-Paradigmas von Chesbrough (2003) sowie Gassmann und Enkel (2004, 2006) interpretieren, wonach Unternehmen ihr internes Wissen um externe Quellen im Rahmen ihrer Innovationsaktivitäten anzureichern versuchen. Bei der Verfolgung der Outside-In-Strategie hält man also Ausschau nach externen Wissensträgern, in diesem Falle also Kunden, die bei der Entwicklung von Innovationen integriert werden.

Deshalb lassen sich Ideen-Communities auch als Methoden im enger gefassten Open-Innovation-Verständnis von Reichwald und Piller auffassen, welches Reichwald und Piller begreifen als „…eine interaktive Wertschöpfung im Innovationsprozess, indem ein Herstellerunternehmen mit ausgewählten Kunden bzw. Nutzern gemeinschaftlich Innovationen generiert. Dies erfolgt durch gezielte, jedoch relativ informale und vor allem partizipative Koordination des Interaktionsprozesses zwischen Herstellern und einer Vielzahl an Kunden und Nutzern. Dabei kommt es zu einer systematischen Integration von Kundenaktivitäten und Kundenwissen in die Ideengenerierung (…)" (Reichwald/Piller 2006, 132).

3.3 Die SAPiens-Ideen-Community als Forschungsfeld für die weiteren Untersuchungen

Wie in Kapitel 1 dargelegt, bedarf es zur Beantwortung der weiteren, oben aufgestellten Forschungsfragen eines Feldzuganges. Dieser wurde mit dem Zugang zur „SAPiens-Ideen-Community" sichergestellt. Bei dieser Community handelt es sich um eine Ideen-Community nach oben beschriebenem Muster. Im Rahmen dieses Unterkapitels soll überblicksartig auf die wichtigsten Hintergrundinformationen zu dieser Ideen-Community eingegangen werden.

3.3.1 Einbettung der SAPiens-Ideen-Community

Die SAPiens-Ideen-Community wird unter der Federführung des Center for Very Large Business Applications (CVLBA) in München betrieben. Das CVLBA stellt eine Forschungseinrichtung dar, die sich mit unterschiedlichen wissenschaftlichen Themenstellungen auf dem Gebiet von so genannten Very Large Business Applications (VLBA), also sehr großen Geschäftsanwendungen wie zum Beispiel ERP-Systemen, auseinandersetzt. Das Münchner Center ist eines von zwei Forschungseinrichtungen dieser Art in Deutschland und ist an der Technischen Universität München und dort am Lehrstuhl für Wirtschaftsinformatik angesiedelt.

Auf Grund der großen Bedeutung von VLBAs für den Softwarehersteller SAP fördert dieser unter anderem das CVLBA in München durch eine Forschungsfinanzierung. Mit der Unterstützung sollen wichtige und langfristig relevante Forschungsthemen zu SAP und ERP-Systemen adressiert werden. Die unterschiedlichen Forschungsthemen am CVLBA in München werden in Form verschiedener Forschungsprojekte adressiert. Eines dieser Forschungsprojekte ist das Forschungsvorhaben „SAPiens", welches sich mit der Integration von Benutzern der SAP-Anwendungen und -Lösungen in das Innovationsmanagement von SAP im Sinne des Open-Innovation-Gedankens befasst. Das Forschungsvorhaben SAPiens begreift sich dabei als Aktionsforschungsprojekt, in dessen Rahmen anfangs Ideenwettbewerbe als Methode für die Entwicklung und Einführung einer virtuellen Innovation Community beforscht wurden (Ebner 2008). Ergebnisse aus diesen Forschungsbemühungen sind in den Arbeiten von Ebner (2008) sowie Ebner, Leimeister und Krcmar (2009) dokumentiert.

In einer aktuellen Ausrichtung stehen Ideen-Communities im Mittelpunkt der Forschungsbemühungen des Projektes SAPiens. Im Rahmen dieser Forschungsaktivitäten begründen sich die Initiierung und der Betrieb der gleichnamigen Ideen-Community „SAPiens". Durch den prototypischen Betrieb der SAPiens-Ideen-Community werden zwei Forschungsschwerpunkte realisiert. So befasst sich der eine Schwerpunkt mit Fragestellungen des Software Engineerings, in dessen Rahmen man sich auf die technische Entwicklung der Internet-Plattform der SAPiens-Ideen-Community fokussiert. Der zweite Forschungsschwerpunkt befasst sich mit den im Rahmen dieser Arbeit aufgestellten Forschungsfragen (vgl. Kapitel 1) und deckt thematisch somit das vorliegende Dissertationsprojekt ab.

Der Betrieb der SAPiens-Community erfolgt gänzlich unter Realbedingungen. So bietet die Internet-basierte SAPiens-Community SAP-Anwendern ein Forum, in dem sie Innovationsideen aus dem Umfeld der SAP-Anwendungen und -Lösungen einstellen und gemeinschaftlich weiterentwickeln können. Das Community-Management, also der laufende Betrieb, erfolgt durch Mitarbeiter des CVLBAs in München sowie unter maßgeblicher Beteiligung von SAP. Darüber hinaus entsprechen die organisationalen sowie technischen Merkmale der SAPiens-Ideen-Community exakt den oben aufgestellten Definitionsmerkmalen einer Ideen-Community. Die SAPiens-Ideen-Community kann also prinzipiell als ein Exemplar einer realexistierenden Ideen-Community aufgefasst werden. Dies ist für das Forschungsvorhaben dieser Arbeit von hoher Relevanz, da so von gänzlich realistischen und nicht von experimentellkünstlichen Bedingungen ausgegangen werden kann, welche die Untersuchungsergebnisse verfälschen würden und somit die Beantwortung der gestellten Forschungsfragen in Frage gestellt werden müssten.

3.3.2 Vorstellung der SAPiens-Ideen-Community

Die Homepage der SAPiens-Ideenplattform

Der Zugang zur SAPiens-Ideen-Community erschloss sich über ihre Homepage. Von dieser zentralen Einstiegsseite gelang man durch entsprechende Verlinkungen zu den einzelnen Seiten der Internet-Plattform. Dazu gehörten die Seiten „Ideen eingeben", „Ideenpool", „MySAPiens" sowie „News-Blog". Die nachfolgende Abbildung zeigt die Homepage der SAPiens-Internet-Plattform in der Ansicht, die sich dem Besucher nach dem Einloggen darstellt.

Abbildung 3-4: Screenshot der Homepage der SAPiens-Ideen-Community; Quelle: Eigene Darstellung

Die Seite „Ideen eingeben"

Ein zentraler Bereich auf der SAPiens-Plattform stellte die Seite „Ideen eingeben" dar. Diese Seite, die nur für registrierte Mitglieder zugänglich war, zeigte eine Ideeneingabe-Maske. Hier konnten registrierte Mitglieder Ideen hochladen. Dafür mussten ein Titel und eine Beschreibung der Idee in zwei separate Texteditoren-Felder eingegeben werden und darüber hinaus über entsprechende Eingabefelder weitere Angaben zur Idee, wie zum Beispiel die Kategorisierung und Vergabe von so genannten Tags, gemacht werden. Die nachfolgende Abbildung stellt die Seite „Ideen eingeben" dar.

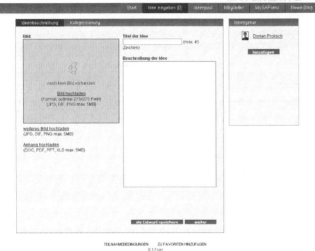

Abbildung 3-5: Screenshot der Seite „Ideen eingeben"; Quelle: Eigene Darstellung

Die Seite „Ideenpool"

In einem weiteren zentralen Seitenbereich der SAPiens-Ideen-Community, dem „Ideenpool", wurden alle Ideen aufgelistet, die von den registrierten Mitgliedern hochgeladen wurden. Pro Idee wurden eine Kurzdarstellung sowie ein Foto des Ideengebers angezeigt. Innerhalb eines Zeitraumes von 18 Monaten nach dem offiziellen Launch der Community wurden insgesamt 118 Ideen, die sich sowohl als Einzel- als auch Kollaborationsideen im oben erläuterten Sinne (vgl. Kapitel 3.1.3.1.2) darstellten, eingegeben. Die nachfolgende Abbildung zeigt die Seite „Ideenpool".

Abbildung 3-6: Screenshot der Seite „Ideenpool", hier in der beispielhaften Darstellung mit drei Ideen; Quelle: Eigene Darstellung

In Bezug auf die eingereichten Ideen wurden auf der SAPiens-Plattform zwei Funktionalitäten angeboten. So konnte jedes registrierte Mitglied zum einen jede Idee durch eine dichotome Bewertungsfunktionalität einmalig entweder als positiv oder negativ bewerten. Durch jede positive Bewertung enthielt die entsprechende Idee zehn Punkte auf einem Punktekonto gutgeschrieben, bei negativer Bewertung entsprechend zehn Punkte abgezogen. Diese Bewertungsfunktionalität wurde exakt nach dem Vorbild der im Rahmen der obigen Fallstudien untersuchten „IdeaStorm"-Community von Dell implementiert.

Neben dieser Bewertungsfunktion hatten die Besucher die Möglichkeit, durch eine Kommentarfunktion jede Idee zu kommentieren. Kommentare von Mitgliedern wurden in einer Kommunikationsverlaufsanzeige in der Detailansicht einer Idee separat dargestellt. Für die 118 im erwähnten Zeitraum eingegebenen Ideen wurden eine Vielzahl an Kommentaren mit sowohl fachlichen als auch sozio-emotionalen Inhalten von den registrierten Mitgliedern verfasst.

Die Seite „News-Blog" und „MySAPiens"

Auf der Seite „MySAPiens" wurde den registrierten Mitgliedern der SAPiens-Ideen-Community die Möglichkeit eingeräumt, ihre Mitgliederprofile zu verwalten. Außerdem wurden hier die von einem Mitglied eingereichten Ideen aufgelistet. Innerhalb der erwähnten ersten 18 Monate nach dem offiziellen Start der Community registrierten sich insgesamt 178 SAP-Anwender.

Im so genannten „News-Blog" der SAPiens-Plattform wurden aktuelle Neuigkeiten und Informationen veröffentlicht. So wurden beispielsweise über aktuelle technische Neuerungen auf der SAPiens-Plattform berichtet oder interessante Veranstaltungstipps gegeben. Mit diesem Medium wurde es den Mitgliedern der SAPiens-Ideenplattform ermöglicht, Nachrichten aktiv nach dem Pull-Prinzip abzurufen.

Abbildung 3-7: Screenshot eines „MySAPiens"-Bereiches eines Teilnehmers, Quelle: Eigene Darstellung

Moderation als Instrument der Community-Steuerung

Das Community-Management, also die operative Steuerung der SAPiens-Ideen-Community, wurde von Moderatoren (Mitarbeiter des CVLBA in München) übernommen. Diese nahmen verschiedenste Aufgaben wahr. Dazu gehörte vorrangig, aktuelle Neuigkeiten und Informationen über die SAPiens-Ideen-Community im oben erwähnten News-Blog zu veröffentlichen. Darüber hinaus versandten die Moderatoren im zweiwöchigen Turnus an alle registrierten Mitglieder einen Newsletter per E-Mail.

In diesem Newsletter wurden die Nachrichten, die auch im News-Blog zu finden waren, über einen zweiten Kanal nach dem Push-Prinzip veröffentlicht.

Zu den Moderatorenaufgaben gehörte aber auch die Beziehungs- und Interaktionspflege zu bzw. mit den Community-Mitgliedern. Hierfür wurden verschiedene Maßnahmen durchgeführt: So lud man zum Beispiel die Mitglieder in die SAP-Firmenzentrale nach Walldorf ein, damit sich diese im Rahmen eines von SAP organisierten Arrangements persönlich kennen lernen konnten. Darüber hinaus gaben die Moderatoren Tipps zur Ideeneingabe oder -weiterentwicklung, organisierten Gastkommentare im News-Blog etc. Ferner leisteten die Moderatoren technische Supportdienstleistungen und standen für Fragen der Mitglieder zur Verfügung.

4 Die Ideenqualität

4.1 Theoretische Grundlagen

4.1.1 Der Begriff „Idee" und die Idee im Kontext der Kreativitätsforschung

Der Begriff „Idee" stammt von dem altgriechischen Begriff „eidos" ab, der mit dem Verb „sehen" übersetzt wird. Der Begriff „Idee" bezeichnete ursprünglich eine geistige Vorstellung (Ries 2007, 38). Diese ursprüngliche Bedeutung des Begriffs stammt aus der antiken Philosophie. So wurde der Begriff „Idee" beispielsweise als Zentralbegriff von Platon verwandt, der über das Verhältnis der Einzeldinge der Sinnenwelt (Abbild) zu ihren Ideen (Urbild) nachdachte (Menkhaus 2003).

Heute ist der Begriff im wissenschaftlichen und alltäglichen Sprachgebrauch allgegenwärtig und wird beispielsweise wie folgt definiert: „Eine Idee ist vielerlei unscharf ineinander Fließendes: Begriff, Gedanke, Vorstellung, Leitgedanke, Ahnung." (Kapriev/Mensching 2007) Auch hielt der Begriff heute Einzug in unterschiedlichste Domänen, in denen er jeweils eine zentrale Rolle spielt. Ausgehend von der antiken griechischen Schule setzten sich beispielsweise eine Vielzahl namhafter Philosophen der Neuzeit, darunter Descartes, Nietzsche, Kant oder Hegel, mit dem „Konzept der Idee" auseinander. Auch wenn sich die unterschiedlichen Ansichten und Auffassungen im Detail unterscheiden, erfüllen Ideen bei allen Philosophen im Wesentlichen denselben Zweck. So fungieren Ideen als Repräsentation, als etwas sinnfältig von der Realität abgehobenes (Kapriev/Mensching 2007, 7).

In der volkswirtschaftlichen Betrachtung wird das Phänomen „Idee" wegen seiner Eigenschaft als immaterielles Informationsgut in spieltheoretischen Fragestellungen thematisiert (Romer 1992). In der Rechtswissenschaft und -praxis ist das Phänomen „Idee" wegen seiner urheberrechtlichen Eigenschaften zum Gegenstand geworden (Schack 2005). Im heutigen umgangssprachlichen Gebrauch versteht man unter dem Begriff „Idee" einen spontanen Einfall (Eisler 1903, 465).

Darüber hinaus ist das Phänomen „Idee" eng verbunden mit dem Konstrukt „Kreativität". Bis in die 50er Jahre des vergangenen Jahrhunderts hielt man Kreativität „… für etwas, das wie ein Blitz über die Person kommt und keine weitere Erklärung erlaubte." (Funke 2000, 284). Gemäß dieser Ansicht war Kreativität eine Art Eingabe und dem Zufall geschuldet (von Stamm 2005). In dieser, zum damaligen Zeitpunkt noch unausgereiften Minimaldefinition kommt der Begriff „Kreativität" dem Begriff der Idee gleich.

Nach den 50er Jahren des vergangenen Jahrhunderts erfuhr das Konstrukt „Kreativität" eine intensive Beforschung. Auf Grund seiner Komplexität und Vielschichtigkeit entstanden in dieser Zeit viele verschiedene Definitionen und Ansichten von Kreativität, was Plucker, Beghetto und Dow (2004) in ihrer Inhaltsanalyse von mehr als 90 wissenschaftlichen Arbeiten zum Thema Kreativität belegen. Eine erste grundlegende Ordnung brachte Rhodes (1961) in die aufgekommene Definitionsvielfalt. Rhodes unterteilte den Begriff Kreativität in die vier Grunddimensionen Person, Prozess, Produkt und Umfeld (im Original „press"), die heute als die so genannten vier „Ps" der Kreativität bezeichnet werden (Rhodes 1961).

So definiert das **personenbezogene** Verständnis Kreativität in erster Linie als individuelle, menschliche Eigenschaft bzw. als Eigenschaft kreativer Personen: "In its narrow sense, creativity refers to the abilities that are most characteristic of creative people" (Guilford 1950, 444). Erforscht wurde daher zum Beispiel der Einfluss demografischer Eigenschaften, der Personalität oder des Wissens auf die Kreativität einer Person (MacCrimmon/Wagner 1994, 1515).

Das **umfeldbezogene** Kreativitätsverständnis thematisiert die Wechselwirkung von Kreativität und ihrem Umfeld. Es konnte beispielsweise festgestellt werden, dass Autonomie sowie Freiheit einen positiven und Zwang einen negativen Einfluss auf die kreative Leistungsfähigkeit von Menschen ausüben (Amabile et al. 1996, 1174f.; von Stamm 2005, 2).

Während die Dimensionen Person und Umfeld weniger in Verbindung mit dem Begriff der Idee zu bringen sind, lässt sich eine Verknüpfung mit den Dimensionen Prozess und Produkt sehr wohl herstellen. So werden in der **prozessualen** Kreativitätssicht die mit Kreativität verbundenen kognitiven Prozesse in einem Menschen thematisiert. Man fokussierte sich in der prozessualen Ausrichtung der Kreativitätsforschung vor allem auf eine Beschreibung des kreativen Denkprozesses. Eine grundlegende Beschreibung des Kreativitätsprozesses wurde bereits in den 1920er Jahren von Wallas (1926) vorgelegt. Sie hat heute noch seine Gültigkeit, da die Beschreibungen von Kreativitätsprozessen anderer Autoren an der von Wallas angelehnt sind. So lässt sich ein Kreativitätsprozess in Anlehnung an Wallas (1926) wie folgt beschreiben:

1. Die **Vorbereitungsphase** beinhaltet Identifikation und Definition des zu lösenden Problems sowie eine Vorbereitung der Problemlösung im Sinne von Lernen, Beobachten und einem intensiven Auseinandersetzen mit dem fraglichen Gebiet.
2. Nach der gedanklichen Infektion erfolgt in der **Inkubationsphase** eine unbewusste, mentale Weiterentwicklung des Problems. In dieser Phase verblassen assoziative Verbindungen zwischen Ideen und Vorstellungen und werden durch neu hinzukommende Informationen überlagert und verändert (Funke 2000, 288f.).
3. In der **Illuminationsphase** dringt diese unbewusste, überarbeitete Problemlösung wieder in das Bewusstsein. Von Stamm (2005) spricht vom „… flash of inspiration out of nowhere…". In diesem Zusammenhang wird auch vom Aha-Effekt gesprochen (Wertheimer 1945).
4. In der **Verifikationsphase** erfolgt eine Beurteilung der Angemessenheit der erarbeiteten Lösung im Hinblick auf das ursprünglich beobachtete Problem.

Ein solcher kreativer Prozess in einem Menschen wird beim Erzeugen von Ideen ausgelöst. Die Ideengenerierung als gezieltes, prozesshaftes Vorgehen wird in der Literatur zur Kreativitätsforschung thematisiert. So wird die Ideengenerierung als gezielte Schaffung von Ideen zu einem definierten Zeitpunkt definiert, wobei der Ausgangspunkt der Ideengenerierung eine bestimmte Problemstellung ist (Schlicksupp 1999).

Für die Ideenfindung wurden zahlreiche Methoden entwickelt, die den kreativen Prozess in einem Menschen auslösen. Da diese Methoden als Auslöser für den kognitiven Kreativitätsprozess fungieren, werden sie auch als Kreativitätstechniken bezeichnet. Bei diesen Methoden bzw. Kreativitätstechniken handelt es sich um Heuristiken, also Verfahrensschritte, die sich in der Praxis als zielführend erwiesen haben und bei jeder Anwendung wieder unterschiedliche Ergebnisse liefern. Zu der bekanntesten Methode zur Ideengenerierung zählt das Brainstorming, das in den 1950er Jahren in den USA von Osborn entwickelt wurde und seither als Inbegriff der Ideenfindung verstanden wird (Osborn 1953). Beispiele für weitere, prominente Methoden sind Morphologischer Kasten, Mindmaps oder Denkhüte (Nölke 2004).

Die **produktbezogene** Kreativitätssicht beschäftigt sich hingegen mit dem Output eines kreativen Prozesses. Das Ergebnis eines kreativen Schaffensprozesses kann beispielsweise ein Musikstück, Gedicht oder ein Bild sein. Aber auch die Idee wird in diesem Sinne als ein Ergebnis eines kreativen Prozesses gesehen. Beispielsweise gehen Csikszentmihalyi und Wolfe (2000, 81) in ihrem Definitionsansatz zum produktbezogenen Kreativitätsbegriff darauf ein, dass eine Idee als ein kreatives Ergebnis angesehen werden kann: "Creativity can be defined as an idea or product that is original, valued and implemented." Auch MacKinnon (1962) begreift Kreativität aus einer produktbezogenen Sichtweise als eine Antwort oder Idee, die neu oder im statistischen Sinne selten ist. Darüber hinaus gibt es in der wissenschaftlichen Literatur zahlreiche weitere Belege dafür, dass eine Idee das Ergebnis eines kreativen Prozesses sein kann, beispielsweise in Arbeiten von Amabile (1996), Csikszentmihalyi (1996), Kasof (1995), Mumford und Gustafson (1988) sowie Sternberg und Lubart (1995).

4.1.2 Messung und Bewertung von Kreativität

In der Literatur werden verschiedene Ansätze zur Messung und Bewertung von Kreativität beschrieben. Grundsätzlich lassen sich drei Klassen unterscheiden. Diese sind Kreativitätstest, die objektive Analyse kreativer Produkte sowie die subjektive Kreativitätsbewertung durch Experten (Amabile 1996, 22).

Kreativitätstests entsprechen in ihrer Art und ihrem Aufbau weitestgehend Intelligenztests. Nach Amabile (1996, 22) lassen sich wiederum persönliche Inventare, biografische Inventare und Verhaltenstests unterscheiden. Während mit persönlichen Inventaren bestimmte Einstellungen und Eigenschaften von Personen erfasst werden, analysieren biografische Inventare Hintergrundinformationen, wie zum Beispiel Ausbildung, Erziehung, Jugend etc. In Verhaltenstests müssen im Gegensatz dazu bestimmte Kreativitätsaufgaben gelöst werden. Hier ist zwischen sprachbasierten und sprachfreien Tests zu unterscheiden. Bei sprachbasierten Tests erfolgt die Kreativitätsbewertung auf Basis verbaler Leistungen der Probanden. Beispielsweise müssen im so genannten Unusual-Uses-Test für einen beliebigen Gegenstand möglichst viele unterschiedliche und artfremde Verwendungszwecke gefunden werden, beispielsweise für einen Ziegelstein die Verwendungszwecke Wurfgeschoss oder Briefbeschwerer. Sprachfreie Tests, wie beispielsweise der Torrance Test of Creative Thinking, basieren dagegen auf einer zeichnerischen Lösung vorgegebener Kreativitätsprobleme (Funke 2000, 285).

In der Regel messen Kreativitätstests die oben beschriebenen Kreativitätsdimensionen „Person" und „Umfeld", also die Kreativität von Individuen und deren Umfeldbedingungen. Kreativitätstests fragen also danach, wie kreativ eine Person ist und wie die personenbezogenen Umstände dieser Person mit dieser Kreativität ins Verhältnis zu setzen sind.

Das Ziel **objektiver Verfahren** ist die Analyse der Qualität von Ergebnissen kreativer Leistungen, also der oben beschriebenen Dimension „Produkt". So versucht man im Rahmen objektiver Bewertungsverfahren, die Ergebnisse kreativer Leistungen anhand objektiv messbarer, kreativitätsbezogener und skalierbarer Eigenschaften bewertbar zu machen. In Praxis und Theorie ist dieser Ansatz jedoch kaum verbreitet. Als einer der wenigen Anwendungsfälle lässt sich eine Studie anführen, in deren Rahmen Musikstücke hinsichtlich kreativ wahrnehmbarer Merkmale untersucht wurden (Amabile 1996, 29). Grund für die geringe Verbreitung objektiver Bewertungsverfahren ist wohl das Wesen von Kreativität an sich. So lassen sich Bewertungsdimensionen wie Originalität und Überraschung kaum durch objektive Messinstrumente fassen, da diese stets subjektiv, auf Basis individuell gemachter Erfahrungen und Eindrücke neu definiert werden (Christiaans 2002, 41).

Mit der Hilfe von **subjektiven Verfahren** erfolgt eine Bewertung von Personen und kreativen Leistungen, also der oben beschriebenen Dimensionen „Person" und „Produkt". Die Bewertung erfolgt durch außenstehende Experten. Grundsätzliche Annahme dieser Bewertungsverfahren ist, dass fachkundige Beobachter in der Lage sind, kreative Leistungen oder Personen als kreativ einschätzen zu können: "A product or response is creative to the extent that appropriate observers independently agree it is creative" (Amabile 1996, 33). Die Expertenbewertung an sich erfolgt dabei in der Regel anhand verschiedener, fest vorgegebener Beurteilungsdimensionen. In der Praxis und Theorie gehören die subjektiven Verfahren zu den am weitesten verbreiteten Kreativitätsbewertungsverfahren (Plucker/Renzulli 1999, 45).

4.2 Ideenqualität in Ideen-Communities

Wie im Rahmen der obigen Fallstudien herausgearbeitet, zielen Unternehmen als Betreiber von Ideen-Communities darauf ab, aus den Kundenideen einen konkreten Nutzen für die Innovationsentwicklung zu ziehen. Um diesen Nutzen beurteilen zu können, stellt sich die naheliegende Frage (Forschungsfrage IIa), welches Qualitätsniveau die Ideen einer Ideen-Community aufweisen.

Schwerpunkt dieses Kapitels 4.2 ist es daher, eine Auswahl an Ideen aus der SAPiens-Ideen-Community anhand eines geeigneten Instrumentariums einer Qualitätsbewertung zu unterziehen. Das folgende Unterkapitel widmet sich zunächst der Auswahl von Ideen aus der SAPiens-Ideen-Community. Im Anschluss daran wird in zwei weiteren Unterkapiteln ein geeignetes Verfahren zur Ideenbewertung ausgewählt und auf den vorliegenden Untersuchungskontext adaptiert. Das daran anschließende Unterkapitel widmet sich der notwendigen Operationalisierung des Konstrukts Ideenqualität. Die Ergebnisse der Ideenbewertung, die die Beantwortung der Forschungsfrage IIa darstellen, werden im letzten Abschnitt dieses Kapitels präsentiert.

4.2.1 Auswahl von Ideen aus der SAPiens-Community

Wie oben dargestellt (vgl. Kapitel 3.3.2), wurden innerhalb eines Zeitraums von 18 Monaten nach dem offiziellen Launch der SAPiens-Ideen-Community insgesamt 118 Ideen eingereicht. Von diesen Ideen konnten 90 Ideen als „wirkliche" Ideen bezeichnet werden. Die übrigen 28 Ideen waren wegen ihrer mangelnden Ausformulierung nicht verständlich, enthielten keine sinnvollen Inhalte oder erfüllten sonstige Merkmale, die eine Idee auszeichnet, nicht. Aus diesen Gründen kamen diese 28 Ideen für eine Bewertung erst gar nicht in Frage und wurden entsprechend aussortiert.

Die übrigen 90 Ideen stellten sich sowohl als Einzelideen als auch als Kollaborationsideen dar. So verfügten 75 dieser 90 Ideen über Kommentare mit fachlichen, auf die jeweilige Idee bezogenen Inhalten. Diese Kommentare von jeweils anderen Teilnehmern beinhalteten konkrete Verbesserungen und Erweiterungen in Bezug auf eine Idee. Gemein ist dieser Art von Kommentaren, dass sie dazu geeignet sind, die ihnen zu Grunde liegenden Ideen aufzuwerten und zu verbessern. Derartige Kommentare können also als direkte Erweiterungen der (ursprünglichen) Ideen aufgefasst werden. Das bedeutet, dass die ihnen zu Grunde liegenden ursprünglichen Ideen durch solche Kommentare an Gehalt gewinnen. Eine Idee inklusive ihrer inhaltlich-fachlichen Kommentare stellt also zusammengenommen im Vergleich zur bloßen, ursprünglich eingereichten Idee verbesserte Ideenweiterentwicklungen dar. Da diese 75 Ideenweiterentwicklungen (Ideen inklusive ihrer Kommentare) gemeinschaftlich, von verschiedenen Teilnehmern der SAPiens-Ideen-Community erbrachte Ergebnisse darstellen, sollen sie im Folgenden als Kollaborationsideen bezeichnet werden. Die übrigen 15 Ideen verfügen nicht über derartige fachlich-inhaltliche Kommentare von Dritten und können deshalb als Einzelideen verstanden werden.

Da die 75 Kollaborationsideen Ergebnisse der kollaborativen Ideenentwicklungsprozesse der Mitglieder der SAPiens-Ideen-Community darstellen und das Kollaborationsprinzip ein Charaktermerkmal einer Ideen-Community ist und es darüber hinaus das erklärte Ziel ist, typische Ideen, die aus einer solchen Ideen-Community resultieren, zu untersuchen, sollen diese 75 Ideen für die folgende Bewertung herangezogen werden. Gegenstand der folgenden Ideenbewertung stellen also diese 75 Ideen mit ihren jeweiligen zugehörigen fachlich-inhaltlichen Kommentaren dar.

4.2.2 Auswahl eines subjektiven Kreativitätsbewertungsverfahrens

Wie oben dargestellt, kann eine Idee als eine kreative Leistung bzw. im Sinne der Terminologie der Kreativitätsforschung als ein kreatives Produkt angesehen werden. Es wurde ebenfalls aufgezeigt, dass kreative Leistungen – in diesem Sinne also auch Ideen – durch subjektive Kreativitätsverfahren gemessen werden. So bietet es sich an, zur Bewertung der Qualität der Ideen aus der SAPiens-Ideen-Community auf entsprechende Verfahren und Messinstrumente aus der Kreativitätsforschung zurückzugreifen. Im Folgenden werden daher mögliche Verfahren aus der Kategorie der subjektiven Kreativitätsbewertungsverfahren vorgestellt und auf ihre Eignung zur Anwendung für die Ideenqualitätsbeurteilung im Allgemeinen sowie für den vorliegenden Untersuchungsfall im Speziellen überprüft.

Die in Praxis und Wissenschaft verwendeten, subjektiven Bewertungsinstrumente reichen von einfachen, direkten Bewertungsskalen bis hin zu komplexen, wissenschaftlich fundierten Bewertungsmethoden (Plucker/Renzulli 1999, 45). Zu den einfachen Bewertungsskalen können **Checklisten und Scoring-Modelle** gezählt werden. Checklisten umfassen zur Beurteilung einer kreativen Leistung lediglich wenige, essentielle Bewertungskriterien. Diese Kriterien werden häufig nur in Ja/Nein-Form beantwortet, stellen sich also als dichotome Ausprägungsformate dar (Darkow 2007, 134; Rochford 1991, 291; Schachtner 2001, 47).

Als etwas aufwendiger stellen sich Scoring-Modelle dar. Bei diesen werden kreative Leistungen zwar anhand ebenfalls weniger und einfacher Beurteilungsdimensionen, dafür aber in der Regel auf einer metrisch skalierten Skala bewertet (Darkow 2007, 134; Rochford 1991, 291; Schachtner 2001, 47). Wegen ihrer Einfachheit und der daraus resultierenden einfachen Anwendbarkeit, Flexibilität und Transparenz werden Checklisten und Scoring-Modelle häufig in der Praxis für den Einsatz in Ideenwettbewerben, also zur Beurteilung von Ideenqualität, verwendet (Reichwald/Piller 2006, 175). So wurden beispielsweise im Ideenwettbewerb „MOTOFWD" von Motorola sowie im Ideenwettbewerb „Innovation Challenge" der University of Virginia Scoring-Modelle zur Beurteilung der eingegangenen Ideen verwendet (o.V. 2005, 2007).

Dem Vorteil der Einfachheit von Checklisten und Scoring-Modellen muss allerdings das Fehlen einer wissenschaftlichen Validierung und theoretischen Fundierung kritisch gegengehalten werden. Dieses Manko manifestiert sich beispielsweise darin, dass in verschiedenen Anwendungen dieser Verfahren häufig gänzlich unterschiedliche Gewichtungen für dieselben Bewertungskriterien verwendet werden. Während zum Beispiel beim Motorola-Ideenwettbewerb das Bewertungskriterium „Depictation" 80 Prozent der Gesamtbewertung ausmachte, waren dies beim Ideenwettbewerb der University of Virginia in der vergleichbaren Kategorie „Presentation" nur 10 Prozent (o.V.

2005, 2007). Hinzu kommt, dass Bewertungskriterien nicht einheitlich, sondern nach jeweiligem Ermessen der Anwender eingesetzt werden. Wegen des fehlenden wissenschaftlichen Anspruchs von Checklisten und Scoring-Modellen sollen diese Verfahren für den vorliegenden Untersuchungsfall nicht zur Anwendung kommen.

Das Kriterium der theoretischen Fundierung und der empirischen Validierung erfüllt die **Creative Product Semantic Scale (CPSS)**. Theoretische Grundlage für die CPSS bildet das von Besemer und Treffinger (1991) entwickelte Creative Product Analysis Model (CPAM). Beim CPSS wird Kreativität anhand der drei Dimensionen „Novelty", „Resolution" und „Elaboration & Synthesis" bewertet. Die Dimension „Novelty" beschreibt in erster Linie die wahrgenommene Neuartigkeit und Originalität einer zu bewertenden, kreativen Leistung, während „Resolution" Punkte wie Angemessenheit und Nützlichkeit erfasst. „Elaboration & Synthesis" erfasst die stilistische Beschaffenheit und technische Qualität des Bewertungsobjektes. In neueren Studien wurde „Elaboration & Synthesis" in „Style" umbenannt (Besemer 1998, 334; Besemer/O'Quin 1999, 287f.; O'Quin/Besemer 2006, 25f.). Operationalisiert wurden die drei Dimensionen in der CPSS durch insgesamt elf Subkategorien und 70 bipolare Adjektivpaare, die in einem siebenstufigen semantischen Differential[4] bewertet werden. Die nachfolgende Abbildung zeigt das operationalisierte CPSS-Modell.

---

[4] Bei dem semantischen Differential wird die konnotative Bedeutung von Objekten mittels eines Satzes von bipolaren Adjektivpaaren, wie z.B. arm – reich, erfasst. Zwischen den Adjektiven befindet sich eine Rating-Skala, mit der das Beurteilungsobjekt hinsichtlich der Ausprägung dieser Eigenschaften beurteilt werden kann. Die Beurteilung ergibt sich aus den mit den Adjektiven verbundenen Assoziationen (Bortz/Döring 2002, 184ff.).

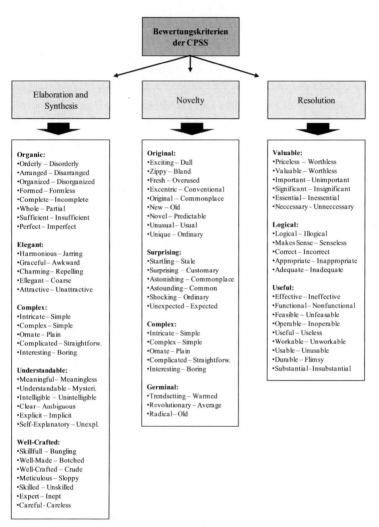

Abbildung 4-1: Bewertungskriterien der CPSS; Quelle: In Anlehnung an Besemer und O'Quin (1986, 118ff.)

Im Laufe der Zeit wurde das Messinstrument durch eine Reihe von Studien validiert (Besemer 1998, 333ff.; Besemer/O'Quin 1999, 287f.; White/Smith 2001, 30), denn der Grundgedanke der CPSS ist, durch die genaue Vorgabe empirisch getesteter Bewertungskriterien ein standardisiertes Kreativitätsbewertungsverfahren zu bieten (Besemer/O'Quin 1999, 288). Eingesetzt wurde die CPSS unter anderem zur Bewertung von Marketingprogrammen, Werbekampagnen, Produktdesigns und -neuentwicklungen sowie zur Vorhersage von Kaufabsichten (O'Quin/Besemer 2006, 36). Grundsätzlich würde die CPSS auch ein geeignetes Instrument zur Bewertung von Ideen darstellen. Erkenntnisse darüber, ob die CPSS bislang zu diesem Zweck herangezogen worden ist, liegen jedoch nicht vor.

Ein Einsatz der CPSS im Falle einer Vielzahl von zu messenden Bewertungsobjekten ist aber grundsätzlich als problematisch einzustufen. Der durch die vielen Bewertungskriterien bedingte hohe Bewertungsaufwand wäre für die Beurteiler nicht zumutbar und würde bei diesen zudem sehr schnell Ermüdungserscheinungen hervorrufen. Wegen der Vielzahl der zu bewertenden Ideen aus der SAPiens-Ideen-Community würde dieses Problem auch für den vorliegenden Untersuchungsfall zutreffen. Die Anwendbarkeit ließe sich zwar durch Verwendung einer verkürzten Version erhöhen, jedoch müsste die 70 Adjektivpaare umfassende Skala entscheidend modifiziert werden, um allen Aspekten der zu bewertenden Ideen gerecht zu werden. Es ist daher fraglich, ob durch diese Modifikation die Validität des Instrumentes weiterhin gewährleistet wäre. Die Validität der CPSS wird ohnehin von einigen Forschern in Zweifel gezogen (Christiaans 2002, 54; Horn/Salvendy 2006, 396). Aus diesem Grund eignet sich die CPSS also weniger für das Untersuchungsvorhaben.

Die **Consensual Assessment Technique (CAT)** wurde Anfang der 1980er Jahre ursprünglich zur Bewertung der Kreativität von Kindern durch Amabile (1983) entwickelt. Seitdem wurde die CAT kontinuierlich weiterentwickelt und validiert, wobei sie heute als allgemeingültiges Verfahren zur Bewertung kreativer Leistungen gilt (Amabile 1996). Grundsätzlich basiert das Verfahren auf den subjektiven Urteilen einer Jury, die sich im Gegensatz zur oben beschriebenen CPSS, bei der die Beurteilenden auch Laien sein dürfen, explizit aus ausgewiesenen Experten zusammensetzen muss. Die Expertenjury beurteilt das Bewertungsobjekt anhand mehrerer Dimensionen. Für einen reliablen Einsatz der CAT müssen darüber hinaus strenge Anforderungen erfüllt sein, was die CAT zu einer sehr genauen und deshalb viel eingesetzten Kreativitätsbewertungsmethode werden ließ. So wurde die CAT schon sehr häufig zur Bewertung sprachlich und künstlerisch-gestalterischer Kreativleistungen herangezogen.[5] In jüngerer Vergangenheit wurde die CAT zunehmend auch zur Bewertung von Innovationsideen erfolgreich genutzt, beispielsweise im Rahmen von Ideenwettbewerben oder virtuellen, anwenderinitiierten Innovation Communities (Blohm et al. 2009; Franke/Hienerth 2006, 53; Kristensson/Gustafsson/Archer 2004, 10; Matthing et al. 2006, 293; Walcher 2007, 50).

Hauptvorteil neben der wissenschaftlich nachgewiesenen Validität und Robustheit der CAT ist die Möglichkeit, durch Berechnung der Reliabilität der Experten Rückschlüsse auf die Güte der jeweiligen Kreativitätsbeurteilung zu ziehen. Dieses Instrument erfüllt somit in vielerlei Hinsicht einen wissenschaftlichen Anspruch. Wie oben be-

---

[5] Für eine detaillierte Auflistung des Einsatzes der CAT in diesem Bereichen sei auf Amabile (Amabile 1996, 77ff.) verwiesen.

schrieben, hat sich die CAT zudem in zahlreichen Ideenbewertungsprozessen, insbesondere im Innovationsumfeld, als nützliches Instrument bewährt. Aus diesen Gründen soll die CAT für das vorliegende Untersuchungsvorhaben eingesetzt werden. Der Nachteil, dass die strikten Anwendungsvoraussetzungen einen hohen Aufwand bedingen, wird dabei in Kauf genommen.

4.2.3 Die CAT zur Bewertung der Ideenqualität

Wie im vorangegangenen Kapitel dargelegt, soll zur Bestimmung der Qualität der 75 ausgewählten Ideen aus der SAPiens-Ideen-Community auf die Consensual Assessment Technique (CAT) zurückgegriffen werden. Aus methodischer Perspektive beruht die CAT darauf, eine kreative Leistung, die sich im vorliegenden Fall durch die 75 Ideen darstellt, von unabhängigen Experten anhand mehrerer, zu definierender Bewertungsdimensionen subjektiv beurteilen zu lassen. Die Anwendung der CAT ist dabei an strenge Voraussetzungen hinsichtlich der zu bewertenden Leistung, der Jury sowie ihrer Durchführung geknüpft. Im Folgenden werden diese Anforderungen beschrieben und es wird zugleich hinsichtlich jeder Anforderung erläutert, wie diese im vorliegenden Fall umgesetzt worden sind. Diese Ausführungen implizieren zugleich eine Beschreibung des methodischen Vorgehens für den vorliegenden Untersuchungsprozess.

Die erste Anforderung der CAT besteht darin, dass die zu bewertende Kreativitätsleistung derart gestaltet sein muss, dass sie ein eindeutig **interpretierbares Ergebnis**, beispielsweise in der Form einer Skizze, einer Antwort oder eines Textes, darstellt, welches dann der Expertengruppe zur Bewertung vorgelegt werden kann (Amabile 1996, 60). Im vorliegenden Fall lagen die zu bewertenden 75 Kollaborationsideen, also Ideen inklusive ihrer zugehörigen Kommentare, in Textform auf der Internet-Plattform der SAPiens-Ideen-Community vor. Diese schriftlich ausformulierten Ideen inklusive ihrer Kommentare stellten eindeutig interpretierbare Ergebnisse dar, womit davon ausgegangen werden konnte, dass dieses Kriterium für das vorliegende Untersuchungsvorhaben erfüllt war.

Ein weiteres Anforderungskriterium stellt die Erfordernis dar, dass den Personen, die die vorliegende, kreative Aufgabe zu bewältigen haben, **keine besonderen Kenntnisse zur Aufgabenbewältigung** abverlangt werden dürfen (Amabile 1996, 60). Damit die zu Grunde liegende kreative Aufgabe rein funktional erfüllbar ist, sollten beispielsweise keine überdurchschnittlichen Sprach-, Zeichen- oder Computerkenntnisse vorausgesetzt werden. Auf der Internet-Plattform der SAPiens-Ideen-Community wurde Teilnehmern, die schon einmal mit verschiedenen SAP-Anwendungen gearbeitet haben, angeboten, auf der Grundlage ihrer individuellen Erfahrungen und Kenntnisse mit bzw. über die SAP-Lösungen Ideen ohne besonderen Ausarbeitungsgrad einzureichen. So waren wegen dieser Minimalanforderung auch SAP-Anwender zur Ideenabgabe eingeladen, die keine ausgeprägten, sondern nur geringe Produktkenntnisse oder -erfahrungen aufwiesen. Somit konnte im Rahmen der vorliegenden Untersuchung diesem Kriterium Rechnung getragen werden.

Weiter fordert die Anwendung der CAT, dass den Probanden im Rahmen ihrer kreativen Aufgabenlösung ein **Höchstmaß an freier Ideenentfaltung** zugesichert wird (Amabile 1996, 60). Den Teilnehmern der SAPiens-Ideen-Community wurden keinerlei Vorgaben für ihre Ideen gemacht. Es konnte sowohl Ideen zu den verschiedenen SAP-Softwarelösungen als auch zu SAP-Geschäftsstrategien oder zum weiteren SAP-Umfeld eingereicht werden. Somit war die Ideenabgabe für die Mitglieder der SAPiens-Ideen-Community völlig offen gestaltet. Wie bereits oben dargelegt, bedurften die Ideen darüber hinaus keiner vorgegebenen Form. Die Ideen konnten gänzlich frei formuliert ohne die Beachtung irgendwelcher Restriktionen eingereicht werden. Aus diesen Gründen ist davon auszugehen, dass das Kriterium der freien Ideenentfaltung im vorliegenden Untersuchungsfall erfüllt war.

Neben diesen Anforderungen, die vornehmlich das zu Grunde liegende kreative Produkt und seinen Ersteller betreffen, gibt es auch zwei wesentliche Anforderungen, die an die Expertengruppe zu stellen sind. So sollte es sich zum einen bei allen Mitgliedern des Bewertungsgremiums um Experten handeln, denen eine **hohe Vertrautheit mit dem zu Grunde liegenden Untersuchungsgebiet** bescheinigt werden kann, wobei es allerdings nicht notwendig ist, dass alle Mitglieder das gleiche individuelle Kenntnisniveau besitzen (Amabile 1996, 60). Zum anderen muss die **Anzahl der Mitglieder des Bewertungsgremiums zwischen drei und zehn Experten** liegen (Amabile 1996, 41f.). Für die Bewertung der Ideen aus der SAPiens-Ideen-Community konnten sechs Experten gewonnen werden. Alle arbeiten im direkten oder indirekten Umfeld von SAP und können als Experten mit hohem Sachverstand in Bezug auf die verschiedenen SAP-Anwendungen und -Lösungen angesehen werden, was in der nachfolgenden Tabelle durch die Beschreibungen ihrer jeweiligen Positionen und die zugehörigen Erläuterungen belegt werden soll.

Nr.	Position bei SAP	Erläuterung zur Position
Experte #1	Leitender Mitarbeiter im SAP University Competence Center (UCC) in Magdeburg	Mit dem University Alliances Programm fördert SAP die Ausbildung an Hochschulen und Berufsschulen, indem sie Lehrenden sowie Studierenden und Schülern Zugang zu SAP-Lösungen und -Anwendungen ermöglicht. Die UCC in Magdeburg und München fungieren dabei als Application-Service-Provider (ASP) für die Hochschulen und Berufsschulen, die die SAP-Systeme in diesem Sinne nutzen.
Experte #2	Mitarbeiter im SAP University Competence Center in Magdeburg	
Experte #3	Mitarbeiter im SAP University Competence Center in München	
Experte #4	Mitarbeiter im SAP University Competence Center in München	
Experte #5	Leitender Mitarbeiter in der Abteilung „Demo Services and Marketing Innovation" bei SAP	Die Abteilung „Demo Services and Marketing Innovation" ist eine von mehreren Produktentwicklungsgruppen bei SAP. Diese Abteilung arbeitet an neuen Funktionen und Visionen für das SAP-Produktumfeld.
Experte #6	Leitender Mitarbeiter bei SAP RESEARCH	SAP RESEARCH ist die globale Forschungsorganisation von SAP. SAP RESEARCH forscht auf wissenschaftlichem Niveau an zukunftsweisenden Themen, um die bestehenden SAP-Anwendungen und -Lösungen zu erweitern, aber auch komplett neue Lösungen vorzubereiten.

Tabelle 4-1: Zusammensetzung der Expertenjury; Quelle: Eigene Darstellung

Bezüglich des Bewertungsablaufes sind fünf Anforderungen zu erfüllen, auf die im Folgenden eingegangen wird: Wie bereits im Grundlagenteil dieses Kapitels beschrieben, können kreative Leistungen anhand einer Reihe von Attributen bzw. Dimensionen beschrieben werden. Auch Amabile (1996, 43ff.) fordert im Rahmen der Entwicklung der CAT, dass eine Bewertung kreativer Ergebnisse anhand mehrerer Dimensionen erfolgen sollte. Bei der Aufstellung einer entsprechenden **Bewertungsskala sollten mindestens die Dimensionen „Neuigkeitsgrad", „Angemessenheit" und „Umsetzung" vertreten sein**, um die vielen Facetten dieses Konstrukts mindestens halbwegs zu berücksichtigen. Diese Bewertungskriterien wurden auch im Rahmen der vorliegenden Ideenqualitätsbewertung berücksichtigt. So wurde das benutzte Konstrukt Ideenqualität im Vorfeld der Expertenbewertung anhand mehrerer Dimensionen, die wiederum jeweils durch mehrere Items operationalisiert wurden, beschrieben. Dabei wurden auch die von Amabile (1996, 43ff.) geforderten Dimensionen berücksichtigt. Die nachfolgende Tabelle zeigt die für den vorliegenden Untersuchungsfall verwendeten Dimensionen des Konstrukts Ideenqualität. Für eine ausführliche Erläuterung zur Herleitung, Beschreibung und Operationalisierung der Dimensionen sei auf das Kapitel 4.2.4 verwiesen.

Dimensionen des Konstrukts Ideenqualität	
Neuheitsgrad	Originalität
Radikalität	Technische Umsetzbarkeit
Wirtschaftliche Umsetzbarkeit	Benutzerakzeptanz
Effektivität der Problemlösung	Ausarbeitungsgrad

Tabelle 4-2: Für die Untersuchung genutzte Dimensionen des Konstrukts Ideenqualität; Quelle: Eigene Darstellung

Für die Durchführbarkeit der CAT wird weiter gefordert, dass die Bewertungsobjekte den einzelnen Experten aus dem Bewertungsgremium in jeweils **zufällig arrangierter und dadurch unterschiedlicher Reihenfolge** vorliegen (Amabile 1996, 60). Im vorliegenden Untersuchungsfall wurden alle zu bewertenden Kollaborationsideen, also Ideen inklusive ihrer Kommentare, für jedes Gremiummitglied einzeln für eine separate Bewertung aufbereitet. So wurden zunächst die auf der SAPiens-Plattform eingereichten Ideen und ihre jeweils zugehörigen Kommentare in ein papierbasiertes, DIN A4 großes Formular wortwörtlich übertragen. Ein solches Formular findet sich im Anhang (vgl. Anhang). Dieses Formular enthielt neben dem Abdruck der jeweiligen Idee, inklusive zugehöriger Kommentare, ein Bewertungsfeld, in dem die Gremiummitglieder ihre persönlichen Bewertungen anhand der oben erwähnten Items vornehmen konnten. So lag für jede zu bewertende Idee ein entsprechendes, DIN-A4-basiertes Ideenformular vor, auf dem ein Scoring für jedes Item mittels einer fünfstufigen Skala (0 für „trifft gar nicht zu" bis 4 für „trifft voll zu") vorgenommen werden konnte. Da auf diese Weise insgesamt 75 Ideen beurteilt werden sollten, erhielt jedes Jurymitglied entsprechend 75 Ideenformulare, die für jedes Jurymitglied in einer unterschiedlichen, zufällig arrangierten Reihenfolge in einem Aktenordner abgeheftet worden waren, zur Bewertung.

Darüber hinaus ist die Anforderung zu berücksichtigen, dass die Juroren die Bewertung nach **subjektiven Einschätzungen**, alleine auf Basis ihrer persönlichen Auffassung von den Beurteilungsdimensionen, vornehmen (Amabile 1996, 60). Diesem Kriterium wurde dadurch Rechnung getragen, dass den Juroren im vorliegenden Untersuchungsfall keine weiteren Erklärungen oder vereinheitlichte Definitionen zu den Bewertungsdimensionen respektive ihrer Items unterbreitet wurden. Darüber hinaus wurden die Juroren im Vorfeld ausdrücklich aufgefordert, die Bewertungsitems nach eigenem, subjektivem Verständnis aufzufassen und auszulegen.

Ferner ist es im Rahmen der CAT wichtig, dass sich die Juroren während der Bewertung **nicht untereinander absprechen** (Amabile 1996, 60). Dieses Kriterium wurde schon alleine deshalb erfüllt, weil sich die Juroren untereinander nicht kannten und die Jurorenbewertungen zu unterschiedlichen Zeiten und an unterschiedlichen Orten vorgenommen wurden. So wurde jedem Mitglied des Bewertungsgremiums sein Ordner mit allen Ideenformularen per Post persönlich zugesandt. Jeder Juror musste dann alle Ideen anhand der Formulare innerhalb eines Zeitraumes von zwei Wochen bewerten und anschließend den Ordner zurücksenden. Durch dieses Verfahren konnte gleichzeitig eine weitere Anforderung der CAT realisiert werden, nämlich das Kriterium, während der Bewertung **keinerlei beeinflussende Handlungsanweisungen** gegenüber dem Expertengremium auszusprechen. So wurde der subjektive Bewertungsprozess der einzelnen Juroren nicht durch den Testleiter gestört (Amabile 1996, 60).

Ein weiteres Anforderungskriterium der CAT ist eine **akzeptable Beurteilerreliabilität** (Amabile 1996, 45ff.). Durch die Berechnung der Beurteilerreliabilität und der Festsetzung eines Mindestwertes für diese soll die Güte der Kreativitätsbeurteilung sichergestellt werden. Im Allgemeinen wird unter Reliabilität die Zuverlässigkeit einer Messung bezeichnet (Bortz/Döring 2002, 195ff.). Übertragen auf den Untersuchungsgegenstand bedeutet dies, dass die Bewertung einer Idee durch das Expertengremium dann als reliabel bezeichnet werden kann, wenn alle Mitglieder des Gremiums zu einem ähnlichen Urteil kommen. Um diese Beurteilerreliabilität zu messen, gibt es verschiedene statistische Verfahren. Dabei werden die Reliabilitätswerte in der Regel mit einfachen, lesbaren Maßzahlen, die in einer Spanne von 0 bis 1 (wobei der Wert von 1 auf eine hohe Reliabilität schließen lässt) rangieren, ausgedrückt. Der von Amabile (1996, 60f.) empfohlene Mindestwert für die Beurteilerreliabilität ist ein Wert von 0,7 oder höher. Im vorliegenden Fall wurde für alle bereits oben kurz dargestellten und im Kapitel 4.2.4 ausführlich hergeleiteten und operationalisierten Ideenbewertungsdimensionen ein eigener Reliabilitätswert, der die Bewertungen jeder der sechs Experten für jede Idee pro jeweiliger Dimension berücksichtigt, berechnet. Alle acht Werte lagen über dem von Amabile (1996, 60f.) empfohlenem Wert oder erreichten zumindest ein noch akzeptables Niveau, so dass eine ausreichende Beurteilerreliabilität angenommen werden konnte. Für eine ausführliche Darstellung zur Berechnung der Beurteilerreliabilität sowie weiterer Gütebetrachtungen zum verwendeten Messinstrument sei auf das Kapitel 4.2.5.1 verwiesen.

4.2.4 Operationalisierung des Konstrukts Ideenqualität

Das Messen von Ideenqualität ist ein typischer Gegenstand der Kreativitätsforschung. So setzen sich mehrere wissenschaftliche Untersuchungen mit dieser Fragestellung auseinander. Beispielsweise werden in den Arbeiten von Cooper et al. (1998) sowie Hender et al. (2002) Ideenbeiträge aus Brainstorming-Sitzungen einer wissenschaftlichen Bewertung unterzogen. Dabei erfuhr das Konstrukt im Laufe der Jahre eine immer feinere und detailliertere Operationalisierung.

In der anfänglichen Forschung in diesem Bereich nutzte man die bloße Quantität als Maß für die Qualität von Ideen (Briggs et al. 1997; Dean et al. 2006, 648). Dabei ging man von der Wahrscheinlichkeit aus, dass bei der Produktion einer gewissen Menge an Ideen die so entstehende Menge an Ideen sehr wahrscheinlich auch eine gewisse Anzahl an hochqualitativen Ideen enthält (Osborn 1953). Zwar konnte diese positive Korrelation in einigen Studien nachgewiesen werden, beispielsweise bei Diehl und Stroebe (1987), Gallupe et al. (1992) oder Valacich et al. (1993), zugleich wurde im Rahmen anderer Untersuchungen der Zusammenhang zwischen Quantität und Qualität aber als sehr schwach nachgewiesen (MacCrimmon/Wagner 1994). In wiederum anderen Studien wurde dieser Zusammenhang sogar als negativ validiert (Connolly/Jessup/Valacich 1990; Graham 1977; Gryskiewicz 1980).

Neuere Untersuchungen erfassten das Konstrukt Ideenqualität dann anhand einer Dimension (Dean et al. 2006, 652f.). Allerdings greift eine eindimensionale Beschreibung des Konstrukts Ideenqualität aus heutiger Sicht viel zu kurz. Man erkannte, dass sich die Qualität einer Idee beispielsweise sowohl durch einen gewissen Neuheitsgrad als auch durch ihre Realisierbarkeit definieren kann. So ist man sich heute einig, dass sich das Phänomen Ideenqualität über eine mehrdimensionale Operationalisierung wesentlich genauer erfassen lässt.

Für die Untersuchung der Qualität der Ideen aus der SAPiens-Ideen-Community ist deshalb ebenfalls eine mehrdimensionale Operationalisierung des Konstrukts Ideenqualität zweckmäßig. Ohnehin wird für die Anwendung der CAT nach Amabile (1996) eine mehrdimensionale Operationalisierung, bei der mindestens die Dimensionen „Neuigkeitsgrad", „Angemessenheit" und „Umsetzung" vertreten sein sollten, vorausgesetzt (vgl. Kapitel 4.2.3).

Um das Konstrukt für den vorliegenden Untersuchungskontext operationalisieren zu können, wurde zunächst eine Literaturrecherche durchgeführt. Es wurden jüngere Arbeiten aus dem Gebiet der Kreativitätsforschung analysiert, die sich thematisch mit einer mehrdimensionalen Ideenbewertung befassen. Ziel dieser Analyse war die Identifizierung üblicher Ideendimensionen, die dann für eine spätere Operationalisierung möglicherweise adaptiert werden konnten. Die identifizierten Dimensionen werden im folgenden Unterkapitel vorgestellt. Im darauffolgenden Unterkapitel wird dann im Rahmen der eigentlichen Operationalisierung für jede identifizierte Dimension überprüft, ob sie für den vorliegenden Untersuchungskontext adaptierbar ist oder ob es zuvor einer entsprechenden Modifizierung bedarf.

4.2.4.1 Identifizierung von Ideendimensionen aus der Kreativitätsforschung

Wie dargestellt, stellt die Ideenqualität ein zentrales Konstrukt in der Kreativitätsforschung dar. Zur Identifikation geeigneter Dimensionen des Konstrukts Ideenqualität wurde daher eine umfangreiche Recherche nach empirischen Arbeiten aus diesem Bereich – in deren Rahmen das mehrdimensionale Konstrukt „Ideenqualität" einen wesentlichen Bestandteil darstellte – durchgeführt. Dabei wurde nur nach Arbeiten gesucht, die ab dem Jahr 1994 veröffentlicht wurden, da sich erst ab dieser Zeit die Mehrdimensionalität von Ideenqualität etablierte. Die Recherche ergab 18 Veröffentlichungen, die diesen Suchkriterien entsprachen. Die nachfolgende Tabelle zeigt für jede gefundene Veröffentlichung die zur Beschreibung des Konstrukts Ideenqualität verwandten Dimensionen.

Mac Crimmon und Wagner (1994)

Novelty	Non-obviousness		Workability		Relevance	Thoroughness

Straus und McGrath (1994)

			Feasibility		Impact	

Shaley (1995)

Novelty					Appropriateness	

Valacich et al. (1995)

			Implementability		Ability to solve the problem	

Massetti (1996)

Novelty					Value	

Kramer und Kuo (1997)

	Creativity		Feasibility		Effectiveness	

Sosik, Avolio und Kahai (1997)

	Originality, Imaginativeness, Innovativeness				Value addition	

Cooper et al. (1998)

				Social acceptability		

Barki und Pinsonneault (2001)

Originality		Feasibility			Effectiveness	

Eisenberger und Rhoades (2001)

Novelty					How well it dealt with problem	

Garfield et al. (2001)

Novelty		Paradigm related				

Mumford (2001b)

Novelty	Unusualness		Logical workability		Potential plausibility	

Hender et al. (2002)

	Originality	Paradigm Relatedness				

Faure (2004)

	Originality		Practicality		Effectiveness	

Miura und Hida (2004)

Novelty	Originality				Utility	

Potter und Balthazard (2004)

	Creativity		Feasibility		Relevance	

Dean et al. (2006)

Originality	Paradigm relatedness	Implement-ability	Accept-ability	Appli-cability, Effective-ness	Completeness, Implicational explicitness

Binnewies, Ohly und Niessen (2008)

Novelty	Creativity			Usefulness	

zusammenfassende Bezeichnung					
Neuheits-grad	Origina-lität	Paradigm Related-ness	Umsetz-barkeit	Soziale Akzeptanz	Problembezug und Problem-nützlich-keit	Ausarbei-tungsgrad

Tabelle 4-3: Ergebnis der Literaturrecherche zur Identifizierung von Ideendimensionen aus der Kreativitätsforschung; Quelle: Eigene Darstellung

Zusammenfassend kann festgestellt werden, dass in den gefundenen Arbeiten auf den ersten Blick zwar viele verschiedene Dimensionen zur Beschreibung der Ideenqualität benutzt werden, diese sich aber in vielen Fällen inhaltlich nicht grundsätzlich voneinander unterscheiden. Vielmehr werden lediglich unterschiedliche Begrifflichkeiten gebraucht. Die Mehrzahl der unterschiedlich bezeichneten Dimensionen meint eigentlich ein und denselben Sachverhalt. So lassen sich nach einer inhaltlichen Analyse der verschiedenen Arbeiten die unterschiedlich bezeichneten Dimensionen zu insgesamt sieben Dimensionen konsolidieren. Diese konsolidierten Dimensionen zur Beschreibung der Ideenqualität sind in der letzten Zeile der Tabelle 4-3 dargestellt. Um die Nachvollziehbarkeit des hier erfolgten Konsolidierungsprozesses sichtbar zu machen, wurden die unterschiedlichen Originalbezeichnungen in dieser Tabelle jeweils in der entsprechenden Spalte aufgeführt.

4.2.4.2 Operationalisierung der Ideendimensionen
Neuheitsgrad

In den oben identifizierten Arbeiten wird eine Idee als neu bezeichnet, wenn sie zuvor noch nicht geäußert wurde (MacCrimmon/Wagner 1994, 1516). Ausschlaggebend ist dabei nicht die absolute Neuheit einer Idee, sondern die relative Neuheit aus Sicht des Betrachters. Das heißt, eine Idee muss im Hinblick auf das zu Grunde liegende Problem außerhalb des vom Betrachter bekannten Lösungsraumes liegen.

Für den vorliegenden Untersuchungsfall ist in diesem Zusammenhang der Lösungsraum des Unternehmens das ausschlaggebende Bestimmungsmaß für den Neuheitsgrad der auf der SAPiens-Plattform eingereichten Innovationsideen. Es können also solche Ideen als neu bezeichnet werden, die den Lösungsraum auf ein zu Grunde liegendes Problem mit den SAP-Lösungen und –Anwendungen erweitern. Für die geplante Ideenbewertung soll daher die Dimension unverändert übernommen und wie folgt operationalisiert werden:

Ideendimension
Neuheitsgrad
Operationalisierung
NEU   Die Idee liefert für SAP einen noch nicht dagewesenen, neuen Lösungsansatz bezüglich ihres zu Grunde liegenden Problems.

Tabelle 4-4: Operationalisierung der Ideendimension Neuheitsgrad; Quelle: Eigene Darstellung

Originalität

Ideen, die in den oben identifizierten Arbeiten als originell bezeichnet werden, sind solche Ideen, die ungewöhnlich, fantasievoll, überraschend oder unerwartet sind (Dean et al. 2006, 659; MacCrimmon/Wagner 1994, 1516; Mumford 2001b). Auch für den vorliegenden Untersuchungsfall ist die Dimension Originalität von Relevanz. Daher soll diese Qualitätsdimension ebenfalls herangezogen werden. Sie wird wie folgt operationalisiert:

Ideendimension
Originalität
Operationalisierung
ORIG   Die Idee ist ungewöhnlich, fantasievoll, originell und überraschend.

Tabelle 4-5: Operationalisierung der Ideendimension Originalität; Quelle: Eigene Darstellung

Paradigm Relatedness

Unter Paradigm Relatedness wird in einigen der oben identifizierten Arbeiten der Grad verstanden, in dem eine Idee einen transformellen Charakter innehat. Transformelle Ideen erzwingen dabei eine Veränderung der Realitätswahrnehmung des Betrachters, wie es bereits in der konzeptionellen Arbeit von Nagasundaram und Bostrom (1994, 93) beschrieben wird. Ideen mit transformationellem Charakter entstehen nur dann, wenn in einen bestehenden Problemlösungskontext neue Elemente eingebracht werden und/oder die Beziehungen zwischen den Elementen eines Problems verändert werden (Dean et al. 2006, 660). In diesem Zusammenhang wird daher auch von „paradigmenverändernd" bzw. von „paradigmenerhaltend" gesprochen (Dean et al. 2006, 660).

Mit zwei Beispielen aus der Anfangszeit des Personal Computers lässt sich diese Ideendimension sehr schön illustrieren. Die Entwicklung einer grafischen Benutzeroberfläche durch Apple stellt zur damaligen Zeit eine paradigmenverändernde Idee dar. Mit Icons, Fenstern und der Maus als Steuerungsgerät unterschied sich diese Idee vollkommen von bestehenden Benutzeroberflächen und veränderte die Bedienung eines Computers grundlegend. Im Gegensatz dazu war die Einführung einer hierarchischen Dateiorganisation innerhalb von MS-DOS eine paradigmenerhaltende Idee. Während nämlich im Falle der grafischen Benutzeroberfläche neue Elemente in den Problemlösungsprozess einbezogen wurden, wurden im zweiten Fall lediglich die bereits vorhandenen Elemente in einem neuen Zusammenhang gebracht (Nagasundaram/ Bostrom 1994, 93).

Der in der Kreativitätsforschung verankerte Aspekt der Paradigm Relatedness ist in dieser Form auch in der Innovationsforschung zu finden. So spricht man im Rahmen wissenschaftlicher Diskussionen in Bezug auf Innovationen von radikaler und inkrementeller Innovation bzw. Innovationsidee) (Hauschild 2005, 29). Radikale Innovationsideen verändern vorhandene Problemlösungsstrukturen, wohingegen inkrementelle diese erhalten bzw. nur im geringen Umfang verändern.

Für das vorliegende Untersuchungsvorhaben soll der Aspekt „Paradigm Relatedness" ebenfalls übernommen werden, da anzunehmen ist, dass die Ideen auf der SAPiens-Plattform durchaus einen transformellen bzw. radikalen Charakter innehaben können. Allerdings soll diese Dimension nicht als Paradigm Relatedness bezeichnet werden, sondern mit dem Vokabular betitelt werden, das sich in der Innovationsforschung für diesen Sachverhalt durchgesetzt hat. So wird diese Dimension als „Radikalität" bezeichnet und wie folgt operationalisiert:

Ideendimension
Radikalität
Operationalisierung
RADIK Die Idee ist radikal und revolutionär.

Tabelle 4-6: Operationalisierung der Ideendimension Radikalität; Quelle: Eigene Darstellung

Umsetzbarkeit

Die Umsetzbarkeit stellt in den oben identifizierten Arbeiten aus der Kreativitätsforschung eine weitere, wesentliche Dimension der Ideenqualität dar. Dabei meint Umsetzbarkeit vor allem die leichte Implementierbarkeit der Idee (MacCrimmon/Wagner 1994; Valacich et al. 1995). Darüber hinaus wird unter dem Aspekt der Umsetzbarkeit in einigen identifizierten Arbeiten verstanden, inwieweit eine Idee innerhalb sozialer oder politischer Grenzen realisierbar ist, also beispielsweise nicht sozial akzeptierte Normen überschreitet (MacCrimmon/Wagner 1994; Potter/Balthazard 2004). Allerdings müssen sich diese Arbeiten den Vorwurf nicht genügender Trennschärfe gefallen lassen, insbesondere von solchen Autoren, die den zweiten Aspekt der sozialen Akzeptanz explizit als eigene Dimension von Ideenqualität begreifen (Cooper et al. 1998; Dean et al. 2006).

Beide hier beschriebenen Aspekte haben ihre Relevanz für die geplante Bewertung der Ideen aus der SAPiens-Ideen-Community. Aus diesem Grund sollen sie auch in die geplante Untersuchung einfließen. Allerdings soll dabei der erwähnten Kritik Rechnung getragen und beide Aspekte in zwei getrennten Dimensionen berücksichtigt werden. So sei für eine weitere Auseinandersetzung mit dem Aspekt der sozialen Akzeptanz auf den nächsten Absatz verwiesen.

Die Relevanz der Umsetzbarkeit im Sinne einer leichten Implementierbarkeit der Ideen aus der SAPiens-Ideen-Community ist aus der Perspektive von SAP deshalb gegeben, da sie die Einfachheit beschreibt, mit der eine SAPiens-Idee in ein SAP-Produkt überführt werden kann. Diese Umsetzbarkeit ist sowohl aus einer technischen als auch einer wirtschaftlichen Sicht zu betrachten. Aus technischer Sicht ist dabei die Frage zu beantworten, ob SAP technisch in der Lage ist, die Idee umzusetzen, also über ausreichend Know-how verfügt, die Idee innerhalb gegebener organisationaler Prozesse und Strukturen umzusetzen. Die wirtschaftliche Sicht fragt danach, ob die Entwicklungskosten den Rahmen der Wirtschaftlichkeit einhalten und ob darauf bezogen von einer rentablen Investition gesprochen werden kann. Diese Aspekte berücksichtigend wird die Dimension Umsetzbarkeit für den vorliegenden Untersuchungsfall wie folgt operationalisiert:

Ideendimension	
Umsetzbarkeit	
Operationalisierung	
UMSETZ_TECH	Die Idee ist für SAP aus technischer Sicht (im Rahmen verfügbaren Know-hows und organisationaler Gegebenheiten) leicht implementierbar.
UMSETZ_WIRT	Die Idee ist für SAP aus wirtschaftlicher Sicht (im Rahmen eines akzeptablen Kostenrahmens) leicht implementierbar.

Tabelle 4-7: Operationalisierung der Ideendimension Umsetzbarkeit; Quelle: Eigene Darstellung

Soziale Akzeptanz

Wie die zuvor behandelte Dimension Umsetzbarkeit durchblicken ließ, stellt die soziale Akzeptanz eine weitere, allerdings seltener berücksichtigte Dimension von Ideenqualität dar. Dabei wird unter sozialer Akzeptanz verstanden, inwieweit eine Idee innerhalb sozialer und politischer Grenzen bleibt, also sozial nicht akzeptierte Normen überschreitet (Cooper et al. 1998; Dean et al. 2006). In ihrer konzeptionellen Arbeit beschreiben Plucker et al. (2004), dass „… creative ideas are initially considered novel but must ultimately become accepted in a particular cultural setting to have an impact." (Plucker/Beghetto/Dow 2004, zitiert nach; Dean et al. 2006). Es geht in diesem Zusammenhang also darum, wie eine Idee auf das soziale Umfeld wirkt und von diesem Umfeld gewollt oder akzeptiert wird.

Dieser Aspekt scheint in der Kreativitätsforschung für die Bewertung von Ideen offenbar eine untergeordnete Rolle zu spielen. So wurde die „soziale Akzeptanz" in den oben identifizierten Arbeiten lediglich in zwei empirischen Untersuchungen als eigene Dimension (Cooper et al. 1998; Dean et al. 2006) und in nur zwei weiteren Arbeiten als Teilaspekt der Dimension Umsetzbarkeit berücksichtigt (MacCrimmon/Wagner 1994; Valacich et al. 1995). Dagegen ist zu vermuten, dass der Aspekt der sozialen Akzeptanz im Falle einer Innovationsidee eine sehr viel größere Bedeutung haben wird. So ist es für ein Unternehmen im hohen Maße entscheidend, zu wissen, ob eine Innovationsidee von seinem unmittelbaren sozialen Umfeld, also seinen Kunden, innerhalb sozialer und politischer Grenzen überhaupt akzeptiert wird. So lässt sich aus dieser Erkenntnis abschätzen, ob es sich lohnt, eine Idee in die Produktentwicklung zu übergeben oder nicht. Auch konzeptionelle Arbeiten aus der Innovationsforschung, die sich mit der Bewertung von Innovationsideen auseinandersetzen, heben die Relevanz dieses Aspektes hervor, beispielsweise (Lilien et al. 2002, 1051; Weissenberger-Eibl/Speith 2005, 169).

Eine wichtige Teildimension für den vorliegenden Untersuchungskontext sollte also auch die soziale Akzeptanz sein. Allerdings bietet es sich hier an, diesen Sachverhalt mit einem Terminus aus dem Sprachgebrauch der Innovationsforschung zu belegen, ihn also als „Benutzerakzeptanz" zu bezeichnen. Die Teildimension Benutzerakzeptanz wird wie folgt operationalisiert:

Ideendimension
Benutzerakzeptanz
Operationalisierung
BENUTZERAKZEP Die Idee hat das Potenzial, von der breiten Masse der SAP-Nutzer auf Wohlwollen zu stoßen.

Tabelle 4-8: Operationalisierung der Ideendimension Benutzerakzeptanz; Quelle: Eigene Darstellung

Problembezug und Problemnützlichkeit

Unter dieser Dimension verstehen die oben identifizierten Arbeiten zusammenfassend, inwieweit eine Idee einem zu Grunde liegenden Problem zuzurechnen ist und wie effektiv sie dieses Problem löst. Es werden also zwei Aspekte mit dieser Dimension in Verbindung gebracht. Für den vorliegenden Untersuchungsfall soll ein gewisser Problembezug der Ideen aus der SAPiens-Ideen-Community vorausgesetzt werden. Entsprechend soll dieser Aspekt für die geplante Ideenbewertung keine Berücksichtigung finden. Der Aspekt „Problemeffektivität" scheint dagegen relevant. Somit wird im vorliegenden Untersuchungsfall unter der Dimension „Effektivität der Problemlösung" das Maß verstanden, inwieweit eine Innovationsidee das zu Grunde liegende Problem effektiv lösen kann. Diese Dimension wird wie folgt operationalisiert:

Ideendimension
Effektivität der Problemlösung
Operationalisierung
PROBLÖSEFFEKT Die Idee löst das ihr zu Grunde liegende Problem auf einfache Art und Weise.

Tabelle 4-9: Operationalisierung der Ideendimension „Effektivität der Problemlösung"; Quelle: Eigene Darstellung

Ausarbeitungsgrad

Die Dimension Ausarbeitungsgrad wurde lediglich in den Arbeiten von Dean et al. (2006) und MacCrimmon und Wagner (1994) verwandt. Diese Dimension bezieht sich darauf, wie gut eine Idee ausgearbeitet ist, also ob sie komplett und ausgereift ist. MacCrimmon und Wagner (1994) entwickelten diese Dimension auf der Basis der Spezifikationen des US-amerikanischen Patentamtes, wonach eine Patentidee, bevor sie in ein Patentierungsverfahren aufgenommen werden kann, die Kriterien „full, clear, concise, and exact" erfüllen muss. Dean et al. (2006) lehnen sich bei der Operationalisierung ihrer Dimension „Ausarbeitungsgrad" an die Arbeit von MacCrimmon und Wagner (1994) an.

Auch für den vorliegenden Untersuchungsgegenstand scheint die Dimension Ausarbeitungsgrad von Relevanz zu sein. Sie kann ohne Modifikationen übernommen werden und wird wie folgt operationalisiert:

Ideendimension
Ausarbeitungsgrad
Operationalisierung
AUSARBEIT   Die Idee ist vollständig und ausgereift.

Tabelle 4-10: Operationalisierung der Ideendimension Ausarbeitungsgrad; Quelle: Eigene Darstellung

4.2.5 Ergebnisse der Ideenbewertung

4.2.5.1 Beurteilung der Güte

Zur Ermittlung der Güte der Ideenbewertungen sollen im Folgenden entsprechende Gütekriterien diskutiert werden. Im Allgemeinen stellen Reliabilität und Validität zentrale Gütekriterien einer empirischen Untersuchung dar. Die Zuverlässigkeit eines Messinstrumentes beziehungsweise einer Messung wird im Allgemeinen als Reliabilität bezeichnet (Bortz/Döring 2002, 195 ff.). Ein Messinstrument kann dann als reliabel bezeichnet werden, wenn unterschiedliche Testanwender ein Merkmal hinsichtlich seiner tatsächlichen Eigenschaften genau bewerten, also zum selben Ergebnis kommen. Übertragen auf den Untersuchungsgegenstand bedeutet dies, dass die Bewertung einer Idee durch das Expertengremium dann als reliabel bezeichnet werden kann, wenn alle Mitglieder des Gremiums zu einem zumindest ähnlichen Urteil kommen (Wirtz/Caspar 2002, 15).

Die Validität gibt darüber Auskunft, wie gut ein Messinstrument in der Lage ist, genau das objektiv zu messen, was es zu messen vorgibt (Bortz/Döring 2002, 199). Übertragen auf den Untersuchungsgegenstand stellt sich also die Frage, ob das verwandte Messinstrument überhaupt die Ideenqualität misst. Da aber der Grad bzw. die Beurteilung der Qualität einer kreativen Idee wie auch der von kreativen Produkten im Allgemeinen immer im Auge des Betrachters liegt, also höchst subjektiv ist und nicht an objektiven Maßstäben gemessen werden kann, hängt die Validität von den Einzelurteilen der Urteiler ab. Validität liegt in einem solchen Fall dann vor, wenn die Urteiler im Rahmen ihrer Bewertungen zu ähnlichen Ergebnissen kommen, wenn also alle Urteiler die Bewertungskriterien gleich ansetzen und das gleiche subjektive Empfinden aufweisen.

Von dieser Annahme geht auch die CAT von Amabile aus (Amabile 1996, 45 ff.). Dieser Annahme wird durch die oben diskutierte Anwendungsvoraussetzung der „subjektiven Einschätzungen" (vgl. die oben diskutierten Voraussetzungen zur Anwendung der CAT) Rechnung getragen. Die CAT wird also letztlich dann als valide angesehen, wenn die Mitglieder des Expertengremiums im Rahmen ihrer Bewertungen zu ähnlichen Ergebnissen kommen, wenn also alle Jurymitglieder die zu Grunde liegenden Bewertungsdimensionen gleich interpretiert haben (Amabile 1996, 45 ff.). "If appropriate judges independently agree that a given product is highly creative, then it can and must be accepted as such" (Amabile 1996, 43).

Im Fall der CAT setzt Amabile also Validität mit Reliabilität gleich. Dies ist für Kreativitäts- und Ideenbewertungen nicht unüblich. So gehen beispielsweise Amelang und Zielinski (2001) davon aus, dass dann von einer Erfassung desselben Merkmals durch verschiedene Juroren und damit einer Validität ausgegangen werden kann, wenn die Juroren sehr ähnliche Urteile innerhalb derselben Bewertungsdimension abgeben. Da im vorliegenden Untersuchungsfall das Messinstrument zur Bestimmung der Ideenqualität aus der SAPiens-Ideen-Community eine Anwendung der CAT darstellt, soll dieser Argumentation von Amabile (1996, 45 ff.) gefolgt werden. Die Güte der Ideenbewertung im vorliegenden Untersuchungsfall wird also alleine durch die Reliabilität beschrieben.

Wie oben angedeutet, besagt die Reliabilität üblicherweise die Zuverlässigkeit eines Messinstrumentes hinsichtlich der Messung eines zu Grunde liegenden Testobjektes, wenn also beispielsweise Probanden einen Fragebogen hinsichtlich eines zu bewertenden Objektes zuverlässig ausfüllen. Im vorliegenden Untersuchungskontext, in dem mehrere Ideen als Testobjekte mit demselben Messinstrument von Probanden, also den Experten, beurteilt werden, spricht man von Beurteilerreliabilität oder auch Interraterreliabilität. Hier stellt sich also die Frage, ob sich alle Beurteiler an denselben Ideendimensionen bei der Einschätzung der zu bewertenden Ideen orientieren und diese präzise erfassen (Wirtz/Caspar 2002, 17 ff.).

Es gibt verschiedene Vorgehensweisen, um die Beurteilerreliabilität zu messen und durch eine einfache, lesbare Messzahl auszudrücken. Für den vorliegenden Untersuchungsfall wird auf den so genannten Intraklassenkorrelationskoeffizienten (ICC) zurückgegriffen. Der ICC wird häufig bei intervallskalierten Ratingwerten, wie sie auch in diesem Fall vorliegen, verwendet (McGraw/Wong 1996). Der ICC basiert auf einem varianzanalytischen Modell und kann ähnlich dem aus der Statistik bekannten und gängigen Korrelationskoeffizienten interpretiert werden. Er wird mit Werten zwischen -1 und 1, in der Regel aber innerhalb eines Wertebereiches zwischen 0 und 1 ausgedrückt. Ein Wert von 0 indiziert, dass kein Zusammenhang zwischen den Urteilen der Beurteiler besteht. Je mehr sich die Ausprägung des Koeffizienten dem Wert 1 nähert, desto besser ist der Zusammenhang und desto höher die Reliabilität der Urteile (Wirtz/Caspar 2002, 157).

Der ICC beruht auf der Annahme der klassischen Testtheorie, dass jeder untersuchte Befragte eine wahre Merkmalsausprägung besitzt, die empirisch nicht zugänglich ist, sondern nur geschätzt werden kann (McGraw/Wong 1996). Dieser Sachverhalt lässt sich auf den vorliegenden Untersuchungsfall übertragen. Befragt man verschiedene Rater, wie hoch sie die Merkmalsausprägung eines Objektes, wie beispielsweise Originalität, einschätzen, so werden sich die Beurteiler dem „wahren" Wert durch ihre subjektiven Urteile lediglich nähern. Von guter Reliabilität kann dann gesprochen werden, wenn die Urteile der verschiedenen Experten nahe um dem „wahren" Wert liegen und wenn die Werteverteilungen für die verschiedenen zu bewertenden Ideen beziehungsweise Personen klar voneinander getrennt sind, was durch große Unterschiede zwischen den Mittelwerten gemessen wird (Wirtz/Caspar 2002, 167). Es kann also festgehalten werden, dass Unstimmigkeiten zwischen den Urteilen der Juroren in Bezug auf die einzelnen zu beurteilenden Ideen bestehen dürfen. Die Unterschiede der Urteile für eine bestimmte Idee sollten jedoch im Vergleich zu den Unterschieden zwischen den Mittelwerten der Beurteiler gering sein. Je deutlicher sich die Werteverteilungen voneinander unterscheiden, desto reliabler sind die Beurteilungen.

Es kann zwischen der Anwendung einer einfaktoriellen und zweifaktoriellen ICC unterschieden werden (Wirtz/Caspar 2002, 169). Eine Anwendung des einfaktoriellen Modells ist dann vorzunehmen, wenn die kreativen Leistungen von jeweils unterschiedlichen Expertengruppen beurteilt werden. Dies tritt besonders bei einer großen Menge von zu beurteilenden Objekten auf, bei der sich mehrere Expertengruppen die Aufgabe teilen. Beim zweifaktoriellen Modell müssen alle Objekte von denselben Ratern beurteilt werden. Dieser Anwendungsfall liegt hier vor, weshalb die **zweifaktorielle** ICC-Berechnung benutzt wurde.

Darüber hinaus muss bei der Anwendung des ICC dahingehend unterschieden werden, ob die Beurteiler als fest oder zufällig angesehen werden sollen. Die Ausprägung zufällig tritt dann ein, wenn die untersuchten Beurteiler eine repräsentative Stichprobe aller Rater darstellen, für die die Reliabilitätsaussage Gültigkeit haben soll. Als Orientierung kann gelten, dass die Methode zufällig dann gewählt werden sollte, wenn sich durch Austauschen der Experten an der Forschungsfragestellung nichts ändern würde. Betrachtet man dagegen die Ausprägung fest, so charakterisiert die Reliabilitätsschätzung lediglich eine Eigenschaft der tatsächlich untersuchten Beurteilerstichprobe und die Ergebnisse können nicht auf andere Beurteiler übertragen werden. In Bezug auf die in dieser Arbeit durchgeführte Ideenbewertung lässt sich sagen, dass die eingesetzten Experten tatsächlich nur eine Auswahl aus einer größeren Anzahl von potenziellen Kandidaten darstellen und dass der Einsatz anderer Experten mit hoher Wahrscheinlichkeit nicht zu anderen Ergebnissen geführt hätte (Wirtz/Caspar 2002, 168 ff.). Der Faktor Beurteiler kann also als **zufällig** angesehen werden und soll für den vorliegenden Untersuchungsfall angewandt werden.

Die Berechnung der ICC-Koeffizienten erfolgte für jeweils jede Ideendimension über alle Ideen mit den jeweiligen Bewertungen aller sechs Experten. Dafür wurde das Statistiksoftwareprogramm SPSS 17.0 bemüht. Die Ergebnisse sind in der nachfolgenden Tabelle aufgelistet.

Ideendimension	IC-Koeffizient (zweifaktoriell, zufällig)
Neuheitsgrad	0.708
Originalität	0.834
Radikalität	0.746
Technische Umsetzbarkeit	0.621
Wirtschaftliche Umsetzbarkeit	0.599
Benutzerakzeptanz	0.654
Effektivität der Problemlösung	0.571
Ausarbeitungsgrad	0.671

Tabelle 4-11: ICC-Koeffizienten für die einzelnen Ideendimensionen; Quelle: Eigene Darstellung

Es zeigt sich, dass nicht alle Dimensionen die von Amabile (1996, 60f.) empfohlenen Mindestwerte für die Beurteilerreliabilität von 0,7 aufweisen. Es fällt vor allem auf, dass die Ideendimensionen Umsetzbarkeit (technische und wirtschaftliche) und Effektivität der Problemlösung niedrigere ICC-Koeffizienten aufweisen. Dies deckt sich mit Ergebnissen anderer empirischer Arbeiten, wie zum Beispiel von Franke und Hienerth (2006). Die niedrigen Werte können damit erklärt werden, dass die betreffenden Dimensionen stark von den persönlichen Ansichtsweisen der Beurteiler abhängen, die in ihren Bewertungen offensichtlich unterschiedliche Beurteilungsfacetten einbrachten. Wie oben im Hinblick auf die Subjektivität und dem damit einhergehenden Zusammenfall von Reliabilität und Validität bereits angedeutet, weist auf diesen Sachverhalt ja auch Amabile (1996, 75) hin. Niedrigere Beurteilerreliabilitäten bei hoch subjektiven Ideenbewertungsdimensionen sind also nicht außergewöhnlich.

Da in allen Fällen, in denen der Wert von 0,7 unterschritten wurde, zumindest noch von einer akzeptablen Annäherung an den Wert von 0,7 gesprochen werden kann, soll in dieser Arbeit für jede Dimension eine akzeptable Beurteilerreliabilität befunden werden, zumal die hier ermittelten Werte zudem immerhin noch deutlich über denen vergleichbarer Arbeiten liegen. Beispielsweise konnten Franke und Hienerth (2006, 54) für die in ihrer Arbeit verwandte Dimension „Marktpotenzial", die mit der hier benutzten Dimension Benutzerakzeptanz vergleichbar ist, nur einen Wert von 0,422 ermitteln, was sie wiederum mit dem subjektiven Charakter dieser Dimension begründeten.

4.2.5.2 Befunde

Um die Qualität der Ideen beschreiben zu können, wurde für jede Idee ein Qualitätsindex aus den Bewertungen der Expertenjury gebildet. Hierzu wurden zunächst die einzelnen Qualitätsbewertungen der sechs Jurymitglieder zu einem Gesamtindex für jeden Ideenbeitrag aufaddiert. Da jeder Experte jede Idee hinsichtlich 8 Qualitätsdimensionen auf jeweils einer Ratingskala, die von 0 bis 4 reichte, zu beurteilen hatte, ergab sich eine Maximalausprägung des Qualitätsindexes pro Idee und Experte von 4 x 8 = 32 sowie eine entsprechende Minimalausprägung von 0 x 8 = 0. Entsprechend ergab sich eine über alle sechs Experten aufaddierte Maximalausprägung des Qualitätsindexes pro Idee von 32 x 6 = 192 beziehungsweise eine Minimalausprägung von 0 x 6 = 0. Auf der Basis dieses Gesamtindexes, dessen Spanne von 0 bis 192 reichte, konnte für jede der 75 Ideen ein individueller Qualitätsindex bestimmt werden. Die nachfolgende Abbildung zeigt den Qualitätsindex jeder bewerteten Idee.

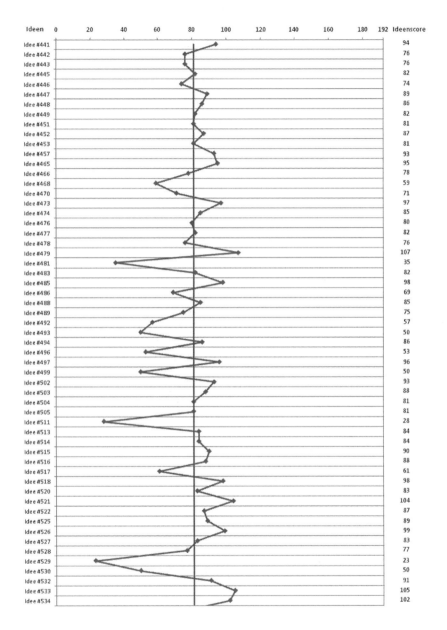

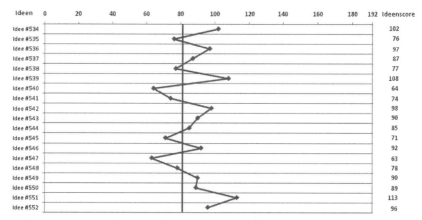

Abbildung 4-2: Qualitätsindizes der Ideen aus der SAPiens-Ideen-Community; Quelle: Eigene Darstellung

Die Auswertungen aller Ideen ergaben einen Minimalindex von 19 und einen Maximalindex von 113 (vgl. Tabelle 4-12). Der Mittelwert liegt bei 81,12 (vgl. Tabelle 4-12) und wird in Abbildung 4-2 durch die Vertikallinie gekennzeichnet. Zur Überprüfung, ob die Werte einer Normalverteilung entsprechen, wurde ein Kolmogorov-Smirnov-Test mit Hilfe der Statistiksoftware SPSS 17.0 durchgeführt. Da laut Bühl (2008, 338) bei p < 0,05 von einer signifikanten Abweichung von einer Normalverteilung auszugehen ist, kann im vorliegenden Fall mit einem nicht signifikanten Wert p = 0,088 (vgl. Tabelle 4-12) davon ausgegangen werden, dass die Ergebnisse der Qualitätsbewertung normalverteilt sind.

Statistische Werte	
N	75
Mittelwert	81,12
Standardabweichung	17,409
Minimum	23
Maximum	113
Kolmogorov-Smirnov-Anpassungstest	
Kolmogorov-Smirnov-Z	1,250
Asymptotische Signifikanz (2-seitig) (p)	0,088

Tabelle 4-12: Statistische Werte in Bezug auf die Ergebnisse zur Ideenqualität und Ergebnisse des Kolmogorov-Smirnov-Tests; Quelle: Eigene Darstellung

Die Ergebnisse zeigen, dass die Ideen im Durchschnitt ein mittleres Qualitätsniveau aufweisen. Auf den ersten Blick mag dieses Ergebnis wenig zufriedenstellend erscheinen. Vergleicht man diese Resultate jedoch mit Ergebnissen aus anderen empirischen Arbeiten, in denen Kundenideen einer Bewertung unterzogen wurden, ergibt sich ein anderes Bild. Beispielsweise bewerteten Kristensson, Gustafsson und Archer (2004) Kundenideen aus einem Ideenwettbewerb. Lediglich ein Bruchteil der beurteilten Ideen in ihrer Arbeit erreichten oder kamen auf einer Skala von 1 bis 10 über ein einen Wert von fünf hinaus. Ein etwas besseres Ergebnis offenbart die Untersuchung von Blohm et al. (2010), in der ebenfalls Kundenideen aus einem Ideenwettbewerb analysiert wurden. Hier wiesen auf einer Skala von 0 bis 100 lediglich 6 von insgesamt 57 Ideen (ca. 10 %) ein höheres als das mittlere Niveau von 50 auf. Im Vergleich dazu sind es im vorliegenden Untersuchungsfall immerhin 20 Prozent (n = 15) der Ideen, die auf der obigen Skala über dem mittleren Niveau von 96 liegen. Die Ergebnisse der vorliegenden Ideenbewertung stellen also deutlich bessere Resultate dar. Diese Erkenntnis vermittelt einen ersten Eindruck im Hinblick auf die im Folgenden zu beantwortende Forschungsfrage, ob Ideen-Communities im Vergleich zu Ideenwettbewerben die bessere Kundenintegrationsmethode darstellen.

Bei der Betrachtung dieser Ergebnisse muss allerdings beachtet werden, dass diese eher einen objektiven Charakter aufweisen. So sagen die hier präsentierten Resultate noch nichts darüber aus, ob die Ideen auch tatsächlich einen Nutzen für SAP stiften. Schließlich ist es ja aus Sicht eines Unternehmens der Zweck einer eigens betriebenen Ideen-Community, konkretes Kundenwissen in der Form von Innovationsideen für die eigene Innovationsentwicklung heranziehen zu können. Zur Klärung dieser Frage wurde jedes Mitglied der Expertenjury um eine entsprechende Einschätzung für jede der 75 Ideen gebeten.

In eine erste Gruppe wurden dabei im Ergebnis solche Ideen von den Jurymitgliedern einsortiert, die einen wirklich neuen Impuls für die Innovationsentwicklung von SAP erbringen und deshalb als besonders attraktiv befunden wurden. Im Durchschnitt (gemessen über alle Jurymitglieder) waren dies 12 Ideen (16 % von N = 75). In eine zweite Gruppe von Ideen, die immerhin noch wertvolle Verbesserungsvorschläge repräsentierten, kategorisierten die Mitglieder der Expertenjury im Durchschnitt 58 Ideen (77 % von N = 75). Die restlichen Ideen wurden als unbrauchbare Ideenbeiträge eingestuft. Alle so eingestuften Ideen repräsentierten einen ihrer Gruppenzugehörigkeit entsprechenden Qualitätsindex.

Auch diese Ergebnisse spiegeln annähernd die Erkenntnisse aus anderen empirischen Arbeiten wider. So wurden im Rahmen einer Untersuchung von Walcher (2007, 253) zehn Prozent der Ideen aus einem Ideenwettbewerb vom initiierenden Unternehmen als gänzlich neue Ideen eingestuft, was im vorliegenden Fall der ersten Gruppe entspricht. Bartl, Ernst und Füller (2004, 160f.) kommen in einer Studie, in der sie die Mitgliederbeiträge in einer Innovation Community für Modelleisenbahnen analysierten, zu einem vergleichbaren Ergebnis. Drei bis 15% der dort entwickelten Ideen sind aus der Sicht des betreffenden Herstellers als neu und attraktiv einzuschätzen.

In Beantwortung der im Rahmen dieser Arbeit gestellten Forschungsfrage IIa kann zusammenfassend befunden werden, dass der Großteil der hier untersuchten Ideen für SAP einen konkreten Nutzen stiften würde, und zwar in der Form von sowohl gänzlich neuen Impulsen als auch inkrementellen Verbesserungsvorschlägen. Es kann also davon ausgegangen werden, dass Ideen-Communities hinsichtlich der resultierenden Ideenbeiträge eine durchaus lohnenswerte Methode der Kundenintegration in den Innovationsprozess darstellen.

4.3 Vergleich der Ideenqualität aus Ideen-Communities und Ideenwettbewerben im Rahmen eines Methodenexperiments

Geht man davon aus, dass Unternehmen aus den Ideen einer Ideen-Community einen konkreten Nutzen für die eigene Innovationsentwicklung ziehen möchten, sind diese natürlich daran interessiert, nach Möglichkeit qualitativ gehaltvolle Ideen von ihren Kunden zu bekommen. Wie die vorangegangenen Untersuchungen der Ideenqualität gezeigt haben, sind Ideen-Communities grundsätzlich dazu geeignet, für Unternehmen qualitativ gute Kundenideen hervorzubringen. Verschiedene Untersuchungen, allen voran die empirischen Analysen von Walcher (2007) sowie von Ebner (2008), belegen jedoch, dass Ideenwettbewerbe ebenso geeignet sind, Kundenideen von einer gewissen Güte hervorzubringen. Insofern ist das Untersuchungsziel im Rahmen der Forschungsfrage IIb, herauszufinden, ob Ideen-Communities im Vergleich zu Ideenwettbewerben qualitativ bessere Ideen hervorbringen und sich somit als das geeignetere Instrument der Kundenintegration in den Innovationsprozess empfehlen.

Im Rahmen eines Methodenexperimentes soll eine vergleichende Analyse auf der Grundlage empirischen Datenmaterials durchgeführt werden. Entsprechende Daten liefert zum einen die im Rahmen der obigen CAT durchgeführte Bewertung der Ideen aus der SAPiens-Ideen-Community. Das Vergleichsmaterial stammt zum anderen aus der Bewertung von Ideen, die aus einem im Jahr 2008 im Rahmen des Forschungsprojektes „SAPiens" (vgl. Kapitel 3.3.1) durchgeführten, gleichnamigen Ideenwettbewerb resultieren.

Im folgenden Unterkapitel (4.3.1) werden zunächst die Grundlagen zum Experiment als Forschungsmethodik erläutert. Im Anschluss daran wird eine Experimenthypothese aufgestellt (Unterkapitel 4.3.2). Das darauffolgende Unterkapitel 4.3.3 liefert Hintergrundinformationen zum Ideenwettbewerb SAPiens und befasst sich darüber hinaus mit der Bewertung der daraus resultierenden Ideen. In Unterkapitel 4.3.4 werden methodische Aspekte des zu Grunde liegenden Experiments erläutert und im abschließenden Unterkapitel 4.3.5 die Ergebnisses des Experimentes aufbereitet und präsentiert.

4.3.1 Methodische Grundlagen: das Experiment als Forschungsmethode

Das Experiment ist keine besondere Art der Erhebung oder des Messens von Daten, sondern eine bestimmte Untersuchungsanordnung (Atteslander 2008, 165). In einer experimentellen Untersuchungsanordnung wird die Überprüfung von bereits vorher theoretisch festgelegten Aussagen gemessen (Atteslander 2008, 165). In diesem Sinne wird von einem Experiment erwartet, dass es eine Hypothesenüberprüfung darstellt. Das methodische Grundprinzip eines Experiments ist es dabei, einen Effekt, der durch das Variieren von bestimmten, unabhängigen Faktoren zu Stande kommt, auf eine zu beobachtende, abhängige Variable zu messen. Dabei kommt es darauf an, nach Möglichkeit alle übrigen, unerwünschten Faktoren, die einen Einfluss auf die zu beobachtende Variable ausüben könnten, auszuschalten, also ein kontrolliertes Untersuchungsumfeld zu schaffen. So definiert Zimmermann ein Experiment als eine wiederholbare Versuchsanordnung unter kontrollierten Bedingungen, wobei eine oder mehrere unabhängige Variablen so manipuliert werden, dass eine Überprüfungsmöglichkeit der zu Grunde liegenden Hypothese, also der Behauptung eines Kausalzusammenhanges, in unterschiedlichen Situationen gegeben ist (Zimmermann 1972, 37). Formal wird zur Überprüfung der Kausalhypothese also eine unabhängige Variable X (auch Experimentiervariable oder experimenteller Faktor genannt) systematisch variiert und die Änderung der abhängigen Variablen Y (auch Messgröße genannt) gemessen, um die Kausalhypothese zu überprüfen (Hammann/Erichson 2000, 181). Die unterschiedlichen Ausprägungsmöglichkeiten eines Faktors werden dabei als Faktorstufen bezeichnet.

Zur Anwendung eines Experimentes müssen also zusammenfassend folgende Grundsätze beachtet werden (Atteslander 2008, 167):

1. Zur Bildung von Hypothesen müssen die dem Forschungsproblem entsprechenden Variablen beziehungsweise Faktoren identifiziert sein.
2. Es muss eine Hypothese aufgestellt werden, die eine Kausalbeziehung über einen Zusammenhang zwischen verursachenden Faktoren (unabhängige Variable) und bewirkenden Faktoren (abhängige Variable) enthält.
3. Die zu betrachtenden Variablen müssen weitestgehend von anderen Variablen, die auf die abhängige Variable zusätzlich wirken könnten, isolierbar sein, damit das Experiment kontrollierbar bleibt und so interne Validität sichergestellt werden kann.
4. Die unabhängige Variable muss variierbar sein.
5. Es muss gewährleistet sein, solche Manipulationen wiederholen zu können.

Da sich in der Realität der dritte Grundsatz nie vollständig einhalten lässt, bezeichnen Hammann und Erichson (2000, 182) ein Experiment, das diese Bedingung erfüllt, auch als ideales Experiment.

Eine einfache Kategorisierung von Experimenten kann nach der Anzahl der variierten Faktoren vorgenommen werden: So spricht man von einem einfaktoriellen Experiment, wenn die Wirkung genau einer Experimentalvariable gemessen wird, beispielsweise die Wirkung einer Werbemaßnahme (mit beispielsweise den Faktorstufen Werbespot im Fernsehen und Annonce in Zeitschrift) auf den Absatz. Von einem mehrfaktoriellen Experiment spricht man dagegen, wenn die Wirkung mindestens zweier Experimentalvariablen auf eine Messgröße beobachtet wird.

Weiterhin unterscheidet man zwischen Labor- und Feldexperimenten. Ein Laborexperiment findet in einer künstlich erzeugten Umgebung statt (Atteslander 2008, 168). Dies gestattet die Erzeugung einer Experimentsituation unter genau spezifizierten und kontrollierten Bedingungen. Durch diese „reine" Experimentsituation kann sichergegangen werden, dass kein anderen, so genannte Störfaktoren, als die zu untersuchenden Faktoren wirken. Neben diesem Vorteil spricht weiterhin für ein Laborexperiment, dass es relativ kostengünstig durchführbar und seine Abwicklung relativ einfach ist. Diesen Vorteilen steht der Nachteil des so genannten Hawthorne-Effektes gegenüber. Dieser Effekt beschreibt, dass sich Probanden in der künstlichen Experimentsituation häufig anders verhalten als in einer gewohnten Umgebung (Granberg/Holmberg 1992, 240 f.).

Demgegenüber findet ein Feldexperiment in einer natürlichen Umgebung statt und ist für die Probanden als solches nicht erkennbar. So werden aus den Nachteilen eines Laborexperimentes die Vorteile eines Feldexperimentes et vice versa. Beispielsweise ergibt sich so für ein Feldexperiment, dass Umwelteinflüsse, die als die erwähnten Störfaktoren auftreten, schwerer kontrollierbar sind.

Neben Labor- und Feldexperimenten gibt es eine dritte Form von Experimenten. So ergeben sich in der realen Wirklichkeit gelegentlich Situationen, wie zum Beispiel die Einführung eines neuen Schultyps, der Erlass von Geschwindigkeitsbegrenzungen oder die Implementierung zusätzlicher Fernsehprogramme, die als experimentelles Design angesehen werden können, da sie der Manipulation einer unabhängigen Experimentvariablen gleichkommen. Im Gegensatz zu Labor- und Feldexperiment erfolgt die Zuteilung der Versuchspersonen zur Kontroll- und Versuchsgruppe nicht randomisiert oder parallelisiert, sondern selbstselektiv. Dadurch lassen sich nur Zusammenhänge zwischen den Messgrößen finden, jedoch keine Kausalzusammenhänge, da eine Kontrolle über Störfaktoren nicht möglich ist. Beim Labor- oder Feldexperiment wird dieses Problem durch die Randomisierung gelöst. Hier ist die Einteilung in die Gruppen zufällig und die Resultate sind durch die experimentelle Änderung der unabhängigen Variablen vollständig erklärbar, da die übrigen Einflüsse nicht verändert wurden (Schnell/Hill/Esser 2008, 229). Da wegen dieses Unterschiedes nicht von einem „echten" Experiment gesprochen werden kann, werden solche Untersuchungsanordnungen auch als Quasiexperimente bezeichnet (Schnell/Hill/Esser 2008, 229).

4.3.2 Ableitung der Experimenthypothese

Zur Formulierung einer Hypothese für das Experiment kann auf die Erkenntnisse aus der obigen Fallstudienuntersuchung zurückgegriffen werden. So wurden als essentielles Unterscheidungsmerkmal von Ideen-Communities und Ideenwettbewerben die den beiden Kundenintegrationsmethoden zu Grunde liegenden, differierenden organisationalen Rahmenbedingungen herausgearbeitet. In Ideenwettbewerben ist ein kompetitives Setting, in dem die Teilnehmer gegeneinander als Konkurrenten auftreten und deshalb für sich alleine arbeiten, arrangiert. Der Wettbewerbscharakter soll die Kreativität und Qualität der Beiträge der einzelnen Teilnehmer anregen. Im Gegensatz dazu ist in Ideen-Communities ein kollaboratives Setting, in dem die Mitglieder miteinander arbeiten, vorherrschend. Wie dargelegt, fußen die methodischen Prinzipien von Ideenwettbewerben und Ideen-Communities auf unterschiedlichen, sogar konträren sozialwissenschaftlichen Ansätzen beziehungsweise Denkmodellen, die sich auf der einen Seite durch das Wettbewerbsprinzip und auf der anderen Seite durch das Kollaborationsprinzip manifestieren.

Als zentrale Frage ließe sich nun formulieren, welches Prinzip zu einem besseren Ergebnis, also zu qualitativ besseren Ideen führt. So resultieren aus Ideenwettbewerben Ideen von Einzelpersonen. Wie im Grundlagenteil dieser Arbeit erläutert (vgl. Kapitel 2.6.1), werden im Rahmen von Ideenwettbewerben von einzelnen Kunden Ideenbeiträge in der Regel auf eine Internet-Plattform hochgeladen, wo sie dann bis zur Bewertung nach Ablauf der Wettbewerbslaufzeit in unveränderter Form verbleiben. Aus Ideen-Communities resultierend dagegen hauptsächlich Ideen, die aus kollaborativen Kreativitätsprozessen der Community-Mitglieder entstehen. So konnte anhand der obigen Fallstudienuntersuchung festgestellt werden, dass aus Ideen-Communities so genannte Kollaborationsideen resultieren. Dabei handelt es sich um Ideen, die von anderen Community-Mitgliedern mit Kommentaren angereichert wurden, welche inhaltliche Verbesserungen und Erweiterungen in Bezug auf diese Ideen enthalten (vgl. Kapitel 3.1.3.1). Durch diese Kommentare werden die ihnen zu Grunde liegenden Ideen aufgewertet und verbessert. Derartige Kommentare können also als direkte Erweiterungen der ursprünglichen Ideen aufgefasst werden. Das bedeutet, dass ursprüngliche Ideen durch solche Kommentare an Gehalt gewinnen. Ideen inklusive ihrer inhaltlichfachlichen Kommentare stellen also im Vergleich zur bloßen, ursprünglich eingereichten Idee zusammengenommen Ideenweiterentwicklungen dar. Da diese Ideenweiterentwicklungen (Ideen inklusive ihrer Kommentare) gemeinschaftlich, von verschiedenen Teilnehmern einer Ideen-Community erbrachte Ergebnisse darstellen, wurden sie oben als Kollaborationsideen bezeichnet.

So ließe sich hypothetisch hinterfragen, ob derartige Kollaborationen einen positiven Einfluss auf die Ideenqualität ausüben. Als hypothetisch postulierte Gründe dafür könnten die in solchen Kollaborationen immanenten Emergenzeffekte benannt werden. Das Emergenzprinzip besagt, dass durch die Zusammenarbeit von Individuen, in deren Rahmen jedes Individuum seine persönlichen Stärken, Erfahrungen und Wissen einbringt, Ergebnisse höherer Qualität als im Vergleich zu einer individuellen Problemlösung hervorgebracht werden (Schrage 1995, 33). Dabei ist dieser Emergenzeffekt umso ausgeprägter, je stärker sich die einzelnen Akteure in ihren Fähigkeiten gegenseitig ergänzen (Schrage 1995, 33) und je mehr Kompetenzen sie in ihren jeweiligen Disziplinen besitzen (Stoller-Shai 2003, 43).

Im Rahmen verschiedener wissenschaftlicher Arbeiten aus der Innovationsforschung wurde der Einfluss kollaborativer Tätigkeiten auf das Hervorbringen von Innovationen untersucht und beschrieben. Darin wurde nachgewiesen, dass Innovationen häufig nicht das Ergebnis der kreativen Schaffenskraft eines Einzelnen sind, sondern vielmehr auf der Zusammenarbeit vieler Beteiligter beruht (Reichwald/Piller 2009, 206). Beispielsweise untersuchten Franke und Shah (2003) die kollaborativen Innovationstätigkeiten von Mitgliedern vierer User-Communities, in denen Anhänger unterschiedlicher Extremsportarten in Bezug auf die Verbesserung und Erweiterung ihrer Sportgeräte zusammenwirkten. In Rahmen von Beobachtungsreihen, in denen sie verschiedene Erhebungen vornahmen, kamen Franke und Shah zu dem Ergebnis, dass die kollaborativen Tätigkeiten in diesen Communities Prototypen höchst innovativer Sportgeräte hervorbrachten. Zu ähnlichen Ergebnissen, in denen Kollaborationen als positiver Einflussfaktor auf die Ideenqualität herausgestellt wurden, kommen auch die Untersuchungen von Gascó-Hernández und Torres-Coronas (2004), Gerybadze (2003), Nemiro (2001), Sawhney und Prandelli (2000) sowie von Hippel und Tyre (1995).

In Anbetracht dieser Argumentationen ist davon auszugehen, dass die durchschnittliche Qualität der aus der SAPiens-Ideen-Community resultierenden Kollaborationsideen höher ist als die durchschnittliche Qualität der Einzelideen, die aus dem SAPiens-Ideenwettbewerb resultieren. Es wird also erwartet, dass Kollaboration einen positiven Einfluss auf die Ideenqualität hat. Daraus lässt sich folgende Hypothese für das geplante Experiment formulieren:

Experimenthypothese:

Von den Mitgliedern aus der SAPiens-Ideen-Community, gemeinschaftlich entwickelte Kollaborationsideen haben eine durchschnittlich höhere Ideenqualität als die Ideen einzelner Teilnehmer am SAPiens-Ideenwettbewerb.

4.3.3 Exkurs: Der SAPiens-Ideenwettbewerb

4.3.3.1 Hintergrund

Der Ideenwettbewerb SAPiens ist in das gleichnamige Forschungsprojekt „SAPiens", welches am CVLBA in München angesiedelt ist, eingebettet (vgl. Kapitel 3.3.1). Das langfristig angelegte Aktionsforschungsprojekt befasst sich mit der Integration von Benutzern der SAP-Anwendungen und –Lösungen in das Innovationsmanagement von SAP im Sinne des Open-Innovation-Gedankens. Im Jahr 2008 standen Ideenwettbewerbe im Mittelpunkt der Forschungsbemühungen. Im Rahmen dieser Forschungsaktivitäten wurde ein internetbasierter Ideenwettbewerb, der ebenfalls den Namen „SAPiens" trug, durchgeführt. Durch die prototypische Durchführung des SAPiens-

Ideenwettbewerbs wurden zwei Forschungsschwerpunkte realisiert. So befasste sich der eine Schwerpunkt mit Fragestellungen des Software-Engineerings, in dessen Rahmen man sich auf die technische Entwicklung der Internet-Plattform des SAPiens-Ideenwettbewerbes fokussierte. Ergebnisse aus diesen Forschungsbemühungen sind in den Arbeiten von Huber (2009) sowie Leimeister et al. (2009) dokumentiert. Der zweite Forschungsschwerpunkt befasste sich mit methodischen Aspekten von Ideenwettbewerben, deren Ergebnisse unter anderem in der Arbeit von Bretschneider (2009) dokumentiert sind.

Hierfür erfolgte die Durchführung des SAPiens-Ideenwettbewerbes gänzlich unter Realbedingungen. So bot dieser internetbasierte Ideenwettbewerb SAP-Anwendern ein Forum, in dem diese Innovationsideen aus dem Umfeld der SAP-Anwendungen und – Lösungen einstellen konnten. Die Wettbewerbsleitung erfolgte durch Mitarbeiter des CVLBA in München sowie unter maßgeblicher Beteiligung von SAP. Darüber hinaus entsprachen die organisationalen sowie technischen Merkmale des SAPiens-Ideenwettbewerbs exakt den für Ideenwettbewerbe zum Zwecke der Kundenintegration in das Innovationsmanagement üblichen Rahmenbedingungen, wie sie in Kapitel 2.6.1 dieser Arbeit beschrieben sind. Der Wettbewerb konnte also als ein exaktes Abbild eines realexistierenden Ideenwettbewerbes aufgefasst werden. Das war für das damalige Forschungsvorhaben von hoher Relevanz, da so von gänzlich realistischen und nicht von experimentell-künstlichen Bedingungen, welche die Untersuchungsergebnisse verfälscht hätten, ausgegangen werden konnte.

Der SAPiens-Ideenwettbewerb wurde von Mitte Mai bis Ende August 2008 über einen Zeitraum von 15 Wochen ausgerichtet. Der Wettbewerb wurde über eine einfache Internet-Plattform ausgerichtet. Für eine Teilnahme am Wettbewerb mussten sich die Teilnehmer auf dieser Online-Plattform zunächst registrieren. Die nachfolgende Abbildung zeigt die Homepage der Internet-Plattform.

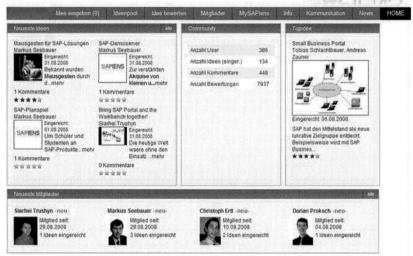

Abbildung 4-3: Screenshot der Hompepage zum SAPiens-Ideenwettbewerb; Quelle: Eigene Darstellung

Nach erfolgter Registrierung war es den Teilnehmern möglich, ihre Ideen über die Plattform einzureichen. Zur Ideeneinreichung stand den Teilnehmern eine entsprechende Eingabemaske zur Verfügung. Alle eingereichten Ideen wurden dann in einem „Ideenpool" gesammelt und dargestellt.

Insgesamt registrierten sich für diesen Wettbewerb 127 SAP-Anwender. Davon reichten 39 mindestens eine Idee ein. Insgesamt wurden 61 Ideen eingereicht. Nach Ablauf der Wettbewerbslaufzeit wurden die 61 eingegangenen Ideen von einer Expertenjury bewertet. Die besten Ideen wurden dann im Rahmen einer offiziellen Preisverleihung mit Geld- und Sachpreisen ausgezeichnet.

4.3.3.2 Qualitätsbewertung der Ideen aus dem SAPiens-Ideenwettbewerb

Die Ideen aus dem SAPiens-Ideenwettbewerb wurden im Rahmen dieses Experimentes genau wie die Ideen aus der SAPiens-Ideen-Community von derselben sechsköpfigen Expertenjury nach dem Vorgehen der CAT bewertet. Dafür wurde dasselbe Bewertungsinstrument mit seinen acht Bewertungsdimensionen verwendet.[6] In das Bewertungsverfahren konnten allerdings nicht alle 61 aus dem Wettbewerb hervorgegangenen Ideen aufgenommen werden. Vier Ideen mussten ausgeschlossen werden, da sie

---

[6] Für eine Erläuterung der dem Bewertungsinstrument zu Grunde liegenden acht Bewertungsdimensionen sowie der CAT selbst und deren Anwendungsvoraussetzungen sei auf Kapitel 4.2.3 verwiesen.

unvollständig oder unverständlich waren. In das Bewertungsverfahren der sechs Experten wurden also insgesamt 57 Ideen einbezogen.

Gütemaße

Um die Güte des Messinstrumentes für den Datensatz aus dem Ideenwettbewerb bestimmen zu können, wurde wiederum der obigen Argumentation folgend alleine auf die Reliabilität zurückgegriffen, da wegen der Sachzusammenhänge im vorliegenden Messinstrument Validität mit Reliabilität gleichzusetzen ist.[7]

Wie oben schon einmal erläutert, besagt die Reliabilität üblicherweise die Zuverlässigkeit eines Messinstrumentes hinsichtlich der Messung eines zu Grunde liegenden Testobjektes. Im vorliegenden Untersuchungskontext, in dem mehrere Ideen als Testobjekte mit demselben Messinstrument von den Experten beurteilt werden, spricht man von Beurteilerreliabilität oder auch Interraterreliabilität (Wirtz/Caspar 2002, 17 ff.). Hier stellt sich also die Frage, ob sich alle Beurteiler an denselben Ideendimensionen bei der Einschätzung der zu bewertenden Ideen orientieren und diese präzise erfassen. Analog zum obigen Fall wurde zur Bestimmung der Beurteilerreliabilität auf den so genannten Intraklassenkorrelationskoeffizienten (ICC) zurückgegriffen. Die Berechnung der ICC-Koeffizienten erfolgte wiederum für jeweils jede Ideendimension über alle Ideen mit den jeweiligen Bewertungen der sechs Experten. Dafür wurde das Statistiksoftwareprogramm SPSS 17.0 verwendet. Die Ergebnisse sind in der nachfolgenden Tabelle aufgelistet.

Ideendimension	IC-Koeffizient (zweifaktoriell, zufällig)
Neuheitsgrad	0.741
Originalität	0.653
Radikalität	0.734
Technische Umsetzbarkeit	0.751
Wirtschaftliche Umsetzbarkeit	0.565
Benutzerakzeptanz	0.685
Effektivität der Problemlösung	0.555
Ausarbeitungsgrad	0.722

Tabelle 4-13: ICC-Werte im Rahmen der Bewertung der Ideen aus dem SAPiens-Ideenwettbewerb; Quelle: Eigene Darstellung

---

[7] Vgl. hierzu die ausführliche Begründung in Kapitel 4.2.5.1.

Auch in diesen Ergebnissen zeigt sich, dass nicht alle Dimensionen den von Amabile (1996, 60f.) empfohlenen Mindestwert für die Beurteilerreliabilität von 0,7 aufweisen. Es fällt vor allem auf, dass die Ideendimensionen „Wirtschaftliche Umsetzbarkeit" und „Effektivität der Problemlösung" niedrigere IC-Koeffizienten aufweisen. Diese Ergebnisse decken sich mit Ergebnissen anderer empirischer Arbeiten, wie zum Beispiel von Franke und Hienerth (2006). Die Unterschreitung der ICC-Werte kann damit erklärt werden, dass die betreffenden Dimensionen stark von den persönlichen Ansichtsweisen der Beurteiler abhängen, die in ihre Bewertungen offensichtlich unterschiedliche Beurteilungsfacetten einbrachten. Wie oben im Hinblick auf die Subjektivität und dem damit einhergehenden Zusammenfall von Reliabilität und Validität bereits angedeutet, weist auf diesen Sachverhalt ja auch Amabile (1996, 75) hin. Niedrigere Beurteilerreliabilitäten bei hoch subjektiven Ideenbewertungsdimensionen sind also nicht außergewöhnlich.

Da in allen Fällen, in denen der Wert von 0,7 unterschritten wurde, zumindest noch von einer akzeptablen Annäherung an den Referenzwert gesprochen werden kann, wird in dieser Arbeit für diese betreffenden Fälle dennoch eine akzeptable Beurteilerreliabilität befunden, zumal die ermittelten Werte immerhin noch deutlich über denen vergleichbarer Arbeiten liegen. Beispielsweise konnten Franke und Hienerth (2006, 54) für die in ihrer Arbeit verwandte Dimension „Marktpotenzial", die mit der hier benutzten Dimension „Benutzerakzeptanz" vergleichbar ist, nur einen ICC-Wert von 0,422 ermitteln. Dieses Ergebnis begründen sie wiederum mit dem subjektiven Charakter dieser Dimension. Insgesamt kann bei den hier vorliegenden Ergebnissen zusammenfassend von einer noch akzeptablen Reliabilität und damit einhergehend einer akzeptablen Validität ausgegangen werden.

Befunde

Um die Qualität der Ideen aus dem Ideenwettbewerb auszudrücken, wurde wie im obigen Fall für jede Idee ein Qualitätsindex aus den Bewertungen der Expertenjury gebildet. Hierzu wurden zunächst die einzelnen Qualitätsbewertungen der sechs Jurymitglieder zu einem Gesamtindex für jeden Beitrag aufaddiert. Da jeder Experte jede Idee hinsichtlich 8 Qualitätsdimensionen auf jeweils einer Ratingskala, die von 0 bis 4 reichte, zu beurteilen hatte, ergab sich eine Maximalausprägung des Qualitätsindexes pro Idee und Experte von 4 x 8 = 32 sowie eine entsprechende Minimalausprägung von 0 x 8 = 0. Entsprechend ergab sich eine über alle sechs Experten aufaddierte Maximalausprägung des Qualitätsindexes pro Idee von 32 x 6 = 192 beziehungsweise eine Minimalausprägung von 0 x 6 = 0. Auf der Basis dieses Gesamtindexes, dessen Spanne also von 0 bis 192 reichte, konnte für jede der 57 Ideen ein Qualitätsindex bestimmt werden. Die nachfolgende Abbildung zeigt den Qualitätsindex (Ideenscore) jeder bewerteten Idee.

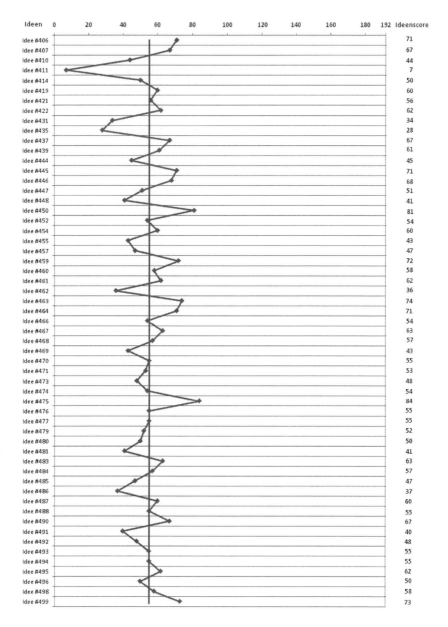

Abbildung 4-4: Qualitätsindizes der Ideen aus dem SAPiens-Ideenwettbewerb; Quelle: Eigene Darstellung

Die Auswertungen ergaben einen Minimalindex von 7 und einen Maximalindex von 84 (vgl. Tabelle 4-14). Der Mittelwert liegt bei ca. 55 und wird in Abbildung 4-4 durch die Vertikallinie gekennzeichnet. Zur Überprüfung, ob die Werte einer Normalverteilung entsprechen, wurde ein Kolmogorov-Smirnov-Test mit Hilfe der Statistiksoftware SPSS 17.0 durchgeführt. Da laut Bühl (2008, 338) bei $p < 0{,}05$ von einer signifikanten Abweichung von einer Normalverteilung auszugehen ist, kann im vorliegenden Fall mit einem deutlich nicht signifikanten Wert $p = 0{,}798$ (vgl. Tabelle 4-14) davon ausgegangen werden, dass die Ergebnisse der Qualitätsbewertung normalverteilt sind.

Statistische Werte	
N	57
Mittelwert	54,95
Standardabweichung	13,290
Minimum	7
Maximum	84
Kolmogorov-Smirnov-Anpassungstest	
Kolmogorov-Smirnov-Z	0,646
Asymptotische Signifikanz (2-seitig) (p)	0,798

Tabelle 4-14: Statistische Werte zur Ideenqualität und Ergebnis des Kolmogorov-Smirnov-Tests; Quelle: Eigene Darstellung

Auffallend ist die geringe durchschnittliche Qualität der eingereichten Ideen. Diese Ergebnisse decken sich jedoch mit anderen empirischen Arbeiten. Kristensson, Gustafsson und Archer (2004, 13) vertreten die Meinung, dass Konsumenten im Rahmen von Ideenwettbewerben durchaus originelle und wertvolle Ideen entwickeln können, deren durchschnittliche Qualität aber als gering anzusehen ist. Sie kamen im Rahmen einer empirischen Untersuchung zu dem Ergebnis, dass auf einer Skala von eins bis zehn ein Großteil der von ihnen untersuchten Ideen aus einem Ideenwettbewerb nicht über einen Wert von fünf hinauskommt. Etwas positiver fällt das Ergebnis in dem von Walcher (2007, 253) untersuchten Ideenwettbewerb aus: Zehn Prozent der eingereichten Ideen wurden hier als neu und innovativ eingestuft, während die restlichen Ideen als bereits bekannt oder als inkrementelle Verbesserungen klassifiziert wurden.

4.3.4 Versuchsanordnung für das Experiment

Wie oben angedeutet, gilt es im Rahmen des Experimentes, den Effekt, den kollaborativ entwickelte Ideen aus der SAPiens-Ideen-Community im Vergleich zu Einzelideen, also Ideen von einzelnen Personen, aus dem SAPiens-Ideenwettbewerb auf die Ideenqualität ausüben, zu messen. Die Ideenqualität stellt dabei die abhängige Messgröße Y, die metrisch skaliert ist, dar. Als Experimentvariable oder unabhängiger Faktor X wird dabei die Kollaboration angesehen. Die unabhängige Variable X ist dabei nominal skaliert. Somit ergibt sich nachfolgend abgebildetes einfaktorielles Design für das Experiment:

Faktor X (unabhängige Variable) *nominal skaliert*	Messgröße Y (abhängige Variable) *Metrisch skaliert*
Kollaboration (ja/nein)	Ideenqualität

Tabelle 4-15: Einfaktorielles Design des Experimentes; Quelle: Eigene Darstellung

Dieses Design ist dabei als Quasiexperiment zu deuten. Durch den SAPiens-Ideenwettbewerb im Jahr 2008 sowie durch die im darauffolgenden Jahr erfolgte Initiierung der SAPiens-Ideen-Community ergibt sich eine Situation, die einem experimentellen Design gleichkommt, da sich im Zusammenspiel beider Ereignisse die in Experimenten übliche Manipulation der unabhängigen Experimentvariablen (hier „Kollaboration") auf natürliche Weise darstellt. Die vorzunehmende Manipulation oder Veränderung der Experimentalvariable spiegelt sich dabei in der Tatsache wider, dass in der SAPiens-Ideen-Community, die hier als die Experimentalgruppe anzusehen ist, Kollaboration stattgefunden hat, dagegen im SAPiens-Ideenwettbewerb, der hier die Kontrollgruppe darstellt, keine Kollaboration stattfand. Auf diese Weise ergibt sich also ein natürlich angeordnetes Versuchsdesign.

Allerdings erfolgt wegen des quasiexperimentellen Designs im Gegensatz zu Labor- und Feldexperiment die Zuteilung der Versuchspersonen zur Experimental- und Kontrollgruppe nicht randomisiert, sondern selbstselektiv. Dadurch kann nicht gänzlich ausgeschlossen werden, dass ausschließlich die im Rahmen des Experimentes kontrollierte Variable „Kollaboration" auf die Ideenqualität wirkt, sondern auch andere, nicht vorhersehbare Variablen, so genannte Störvariablen, die Ideenqualität beeinflussen. Diese Situation geht also zu Lasten der internen Validität der hier gewählten Versuchsanordnung. So kann von hoher Validität gesprochen werden, wenn die Messergebnisse auch wirklich auf die Veränderung der Experimentalvariablen zurückzuführen sind und damit der korrekte Sachverhalt gemessen wird (Aaker/Kumar/Day 2001, 360). Da es sich hierbei aber um einen Nachteil des Quasiexperiments handelt, der systembedingt und deshalb als unvermeidbar anzusehen ist, soll dieser für die geplante Untersuchung in Kauf genommen werden.

Dieser Nachteil ist auch deshalb nicht weiter gravierend, da quasiexperimentelle Untersuchungen wegen ihres Rückgriffs auf „natürlich konstruierte" Designanordnungen automatisch eine hohe externe Validität mit sich bringen (Aaker/Kumar/Day 2001, 360). Letztere ist in diesem Fall gegeben, weil aufgrund der realen Designanordnung davon ausgegangen werden kann, dass sich die Untersuchungsergebnisse auf die reale Umgebung wieder zurückspiegeln oder übertragen lassen, also eine hohe Übertragbarkeit gegeben ist.

Im vorliegenden Untersuchungskontext ergeben sich dabei für die einfaktorielle Versuchsanordnung zwei Versuche, die wegen des quasiexperimentellen Designsettings als bereits in der Vergangenheit durchgeführt angesehen werden können. Die so unterstellbare Versuchsanordnung des Experimentes fasst die folgende Abbildung zusammen.

Versuch	Kollaboration	Erfasst durch...
1	ja	SAPiens-Ideen-Community (Experimentalgruppe)
2	nein	SAPiens-Ideenwettbewerb (Kontrollgruppe)

Tabelle 4-16: Versuchsplan für das Experiment; Quelle: Eigene Darstellung

So manifestiert sich der Versuch 1 im nichtkollaborativen Verhalten der Teilnehmer des SAPiens-Ideenwettbewerbes, aus dem Ideen von Einzelpersonen hervorgingen. Der Versuch 2 spiegelt entsprechend das kollaborative Verhalten der Mitglieder der SAPiens-Ideen-Community wider, welches in kollaborativ entwickelten Ideen resultierte.

4.3.5 Auswertung und Ergebnis

4.3.5.1 Methodik zur Auswertung des Experiments

Wie dargelegt, stellt der Kern eines Experimentes die Untersuchung eines Kausalzusammenhanges zwischen unabhängiger Experimentalvariablen und abhängiger Messgröße dar. Um das Vorliegen oder Nicht-Vorliegen solcher Ursache-Wirkungs-Zusammenhänge nachzuweisen, wird im Rahmen von Experimenten auf verschiedene statistische Analysemethoden zurückgegriffen. Gemein ist allen Methoden, dass sie die Stärke eines statistischen Zusammenhangs zwischen unabhängiger und abhängiger Variable messen.

Die Auswahl eines geeigneten statistischen Verfahrens hängt entscheidend vom Forschungsziel, vom Untersuchungsdesign und von den vorliegenden Untersuchungsdaten des Experimentes ab. Das wichtigste Analyseverfahren zur Auswertung von Experimenten stellt die Varianzanalyse dar, die häufig auch mit dem Akronym ANOVA (Analysis of Variance) bezeichnet wird (Herrmann/Landwehr 2008). Mit Hilfe der Varianzanalyse können im Allgemeinen die Wirkungen einer oder mehrerer unabhängiger Faktoren auf eine oder mehrere abhängige Variablen untersucht werden. Je nach Anzahl der untersuchten Faktoren spricht man von einfaktorieller oder mehrfaktorieller und in Anhängigkeit der Anzahl der abhängigen Variablen von eindimensionaler oder mehrdimensionaler Varianzanalyse.

Der Grund, warum Varianzanalysen ein sehr häufig verwandtes statistisches Auswertungsverfahren darstellen, ist die Tatsache, dass die unabhängigen Faktoren oder Variablen lediglich nominal skaliert sein müssen (Backhaus et al. 2008, 152). Dies entspricht einem Sachverhalt, der vielen Experimentdesigns zu Grunde liegt. Die abhängige Variable muss dagegen wie auch bei den meisten anderen statistischen Analyseverfahren metrisches Skalenniveau aufweisen (Backhaus et al. 2008, 152).

Im vorliegenden Untersuchungsfall ist die unabhängige Variable in ihren beiden Ausprägungsformen „Kollaboration ja/nein" nominal und die abhängige Variable Ideenqualität metrisch skaliert. Aus diesem Grund wird auf die Varianzanalyse zur Auswertung des Quasiexperimentes zurückgegriffen. Mit der erwähnten Versuchsanordnung liegt dann eine einfaktorielle, eindimensionale Varianzanalyse zu Grunde.

Durch die Varianzanalyse lässt sich also feststellen, welchen Effekt Kollaboration auf die Ideenqualität ausübt. So kann überprüft werden, ob Kollaboration in Ideen-Communities zu einer besseren Ideenqualität als Nicht-Kollaboration in Ideenwettbewerben führt. Operativ geschieht dies durch einen Test, ob die Mittelwerte der abhängigen Variable, also der Ideenqualität, zwischen den beiden Ausprägungen „Kollaboration ja/nein" signifikant unterschiedlich sind (Backhaus et al. 2008, 159; Iversen/ Norpoth 1976, 17 ff.).

Als Datengrundlage für die abhängige Variable „Ideenqualität" werden im Falle von Versuchsdurchlauf 1 gemäß dem oben beschriebenen Versuchsplan (vgl. Tabelle 4-16) die Ergebnisse der Bewertung der 75 Ideen aus der SAPiens-Ideen-Community herangezogen, die ja nachweislich Kollaborationsideen darstellen, also durch kollaborative Tätigkeiten der Mitglieder entstanden. Für Versuch 2 wurde entsprechend als Datengrundlage auf die Ergebnisse der Bewertung der 57 Ideen aus dem SAPiens-Ideenwettbewerb zurückgegriffen.

4.3.5.2 Durchführung der Varianzanalyse zur Auswertung des Experiments

Die Varianzanalyse wurde mit Hilfe der Statistiksoftware SPSS 17.0 durchgeführt. Dafür wurden die Ergebnisse der Ideenbewertung für die Experiment- und Kontrollgruppe, also der Ergebnisse aus dem SAPiens-Ideenwettbewerb sowie der SAPiens-Ideen-Community, eingegeben und miteinander verglichen.

Um herauszufinden, ob Kollaboration einen signifikanten Einfluss auf die Ideenqualität ausübt, gilt es prinzipiell, die Mittelwerte der Ideenqualität beider Gruppen miteinander zu vergleichen. So dürften, wenn kein Einfluss von Kollaboration auf die Ideenqualität bestünde, auch keine größeren Unterschiede zwischen den Mittelwerten der Ideen aus dem SAPiens-Ideenwettbewerb und der SAPiens-Ideen-Community auftreten. Umgekehrt kann bei Vorliegen von Mittelwertunterschieden auf das Wirksamwerden des Einflusses von Kollaboration auf die Ideenqualität geschlossen werden. Dieser Untersuchung der Mittelwerte nimmt sich die Varianzanalyse an. Das Verfahren untersucht, ob sich die Mittelwerte der metrischen Variablen signifikant unterscheiden. Die Prüfung eines signifikanten Unterschiedes wird im Rahmen der Varianzanalyse durch einen F-Test vorgenommen (Backhaus et al. 2008, 159; Iversen/Norpoth 1976, 17 ff.). Ausgangspunkt bei der Durchführung eines F-Testes ist die Nullhypothese. Diese besagt, dass die unabhängigen Faktorenausprägungen, also im vorliegenden Fall das Vorliegen beziehungsweise das Nicht-Vorliegen von Kollaboration, keinen Einfluss auf die abhängige Variable, also die Ideenqualität, hat, was wiederum bedeutet, dass die Mittelwerte in jeder Experimentvariante gleich sind (in Anlehnung anGreen/Tull 1982, 324). Entsprechend geht die Alternativhypothese davon aus, dass ein Einfluss besteht beziehungsweise die Mittelwerte unterschiedlich sind. Die Prüfung erfolgt dann anhand eines Vergleichs des empirischen F-Wertes, der aus den Berechnungen im Rahmen der Varianzanalyse resultiert, mit dem theoretischen F-Wert, der einen theoretischen Prüf- oder Referenzwert darstellt. Ist der empirische Wert größer als der theoretische, kann die Nullhypothese verworfen werden, es kann also ein signifikanter Einfluss der Kollaboration gefolgert werden.

Die Varianzanalyse wurde in SPSS mit der Berechnungsfunktion für eine einfaktorielle ANOVA durchgeführt. Dabei wurden folgende Werte berechnet.

	Quadratsumme	Freiheitsgrade	Mittel der Quadrate	F-Wert	Signifikanz
Zwischen der Gruppen	22184,874	df1=1	22184,874	89,237	0,000
Innerhalb der Gruppen	32318,762	df2=130	248,606		
Gesamt	54503,636	131			

Tabelle 4-17: Ergebnisse der einfaktoriellen ANOVA; Quelle: Eigene Darstellung

Für einen Vergleich des empirischen F-Werts, der im vorliegenden Experiment einen Wert von 89,237 hat, mit dem theoretischen Prüfwert, muss dieser zunächst aus einer Referenztabelle der theoretischen F-Verteilung ermittelt werden. Diese so genannten F-Tabellen gibt es für unterschiedliche Vertrauenswahrscheinlichkeiten. Im vorliegenden Fall wurde mit einer Vertrauenswahrscheinlichkeit von 0,95 gerechnet. Die Auswahl des theoretischen F-Wertes aus der entsprechenden Tabelle hängt von der Zahl der Freiheitsgrade für df1 (Spalten der Tabelle) und für df2 (Zeilen der Tabelle) (vgl. Tabelle 4-17), die der Berechnung zu Grunde liegen, ab. So lässt sich ein theoretischer F-Wert von 1,5 ermitteln.

Im vorliegenden Untersuchungsfall überschreitet der empirische F-Wert von 89,237 den theoretischen F-Wert von 1,5 erheblich, so dass im Rahmen der gesetzten Annahmen die Nullhypothese verworfen werden kann. Es kann also statistisch belegt werden, dass Kollaboration einen signifikanten Einfluss auf die Ideenqualität hat.

Neben dem F-Test kann zur Hypothesenprüfung laut Backhaus et al. (2008, 173) auch der in Tabelle 4-17 aufgeführte Signifikanzwert von 0,000 herangezogen werden. Ist dieser kleiner als das der Varianzberechnung zu Grunde liegende Signifikanzniveau, so kann die Nullhypothese verworfen werden. Das Nachschlagen in der entsprechenden F-Tabelle kann so umgangen werden. Im vorliegenden Untersuchungsfall ist der

Signifikanzwert von 0,000 kleiner als das zu Grunde liegende Signifikanzniveau von 0,5, womit ebenfalls bestätigt wird, dass die Nullhypothese verworfen werden kann beziehungsweise dass Kollaboration einen signifikanten Einfluss auf die Ideenqualität hat.

4.3.5.3 Ergebnis des Experiments

Im Rahmen der obigen ANOVA konnte empirisch nachgewiesen werden, dass Kollaboration einen signifikanten Einfluss auf die Qualität der Ideen hat. Die anfangs aufgestellte Experimenthypothese, die besagte, dass von mehreren Ideengebern kollaborativ entwickelte Ideen aus Ideen-Communities eine durchschnittlich höhere Ideenqualität als Ideen von Einzelpersonen aus Ideenwettbewerben aufweisen, konnte somit bestätigt werden.

Es zeigte sich also, dass das im Durchschnitt deutlich höhere Qualitätsniveau der Ideen aus der SAPiens-Ideen-Community auf die Kollaborationsaktivitäten der Mitglieder und den damit verbundenen Emergenzeffekt zurückzuführen ist. Kollaboration stellt also nicht nur ein im Rahmen der obigen Fallstudien befundenes Merkmal von Ideen-Communities dar, sondern übt darüber hinaus noch einen entscheidenden Einfluss auf die Qualität der Ideen aus. Da unterstellt werden kann, dass die Ideenqualität für Unternehmen eine entscheidende Zielgröße darstellt, kann somit abschließend als Beantwortung der im Rahmen dieser Arbeit aufgestellten Forschungsfrage IIb befunden werden, dass Ideen-Communities im Vergleich zu Ideenwettbewerben hinsichtlich der Qualität der Ideenbeiträge ein überlegeneres Instrument der Kundenintegration in den Innovationsprozess darstellen.

5 Motive der Teilnehmer an virtuellen Ideen-Communities

5.1 Theoretische Grundlagen: Motive und Motivation

In der Motivationspsychologie wird zwischen den Begriffen Motiv und Motivation unterschieden (von Rosenstiel 2003, 225). Bei Motiven handelt es sich um zeitlich relativ stabile, unterschiedlich intensiv ausgebildete und inhaltlich spezifische, psychische Disposition eines Menschen (Heckhausen 1989; von Rosenstiel 2003). Diese Disposition beschreibt, wie wichtig einer Person eine bestimmte Art von Zielen ist. Motive sind zum Teil angeboren. Sie können aber auch im Zuge des Sozialisationsprozesses eines Menschen zu einer individuellen Motivmenge heranreifen. Diese Motivmenge bildet ein kognitives und wertgerichtetes Teilsystem einer Person (Heckhausen 1989; Nerdinger 1995; von Rosenstiel 1975).

Motive können nach unterschiedlichen Aspekten klassifiziert werden. Eine sehr gängige und anerkannte Klassifizierung ist die Einteilung in primäre und sekundäre Motive (Hilgard/Bower 1975; Krais 1971). Primäre Motive, umgangssprachlich auch als niedere Motive bezeichnet, sind innere, angeborene Motive und beziehen sich auf physiologische Vorgänge eines Menschen, wie beispielsweise die Nahrungsaufnahme oder die Kältevermeidung. Entsprechend stellen Hunger und Durst primäre Motive zur Regulierung der Nahrungsaufnahme dar. Sekundäre Motive sind dagegen durch Sozialisierung erworbene Handlungsantriebe, die aus primären Motiven hervorgegangen sind (Felser 1999, 635 ff.). Murray (1938) erforschte einen umfassenden Katalog an sekundären Standardmotiven, aus dem jeder Mensch eine individuelle Motivmenge in spezifischer Hierarchie und Ausprägung nach seiner subjektiven Bedeutung ausbildet. Diesen Katalog an sekundären Standardmotiven gibt die nachfolgende Tabelle wieder.

Abasement (Unterwerfung)	Harm avoidance (Vermeidung von Schmerz)
Achievement (Leistung)	Inavoidance (Vermeiden von Misserfolg)
Affiliation (soziale Kontakte)	Nurturance (Helfen, Fürsorge)
Aggression (Aggression)	Order (Ordnung)
Autonomy (Autonomie)	Play (Spieltrieb)
Counteraction (Widerstand)	Rejection (Rückzug)
Defense (Verteidigung)	Sentience (Gefühlsbetonung)
Deference (Bewunderung)	Sex (Sexualität)
Dominance (Kontrolle)	Succorance (Bedürfnis und Zuneigung)
Exhibition (Beeindrucken)	Understanding (Wissbegierde)

Tabelle 5-1: Sekundäre Standardmotive; Quelle: Murray (1938)

Als Motivation wird dagegen der Prozess bezeichnet, der diese Motive in einem Menschen aktiviert und diese Aktivierung ihn wiederum zu einem bestimmten Verhalten bewegt. „Motivation entsteht dann, wenn eine Person mit Anregungsbedingungen der umgebenen Situation konfrontiert wird, die in ihr ganz bestimmte Motive aktivieren, die wiederum Verhaltensintentionen auslösen." (von Rosenstiel 2003, 226; in Anlehnung an; Nerdinger 1995; Rüttinger/von Rosenstiel/Molt 1974). Motivation entsteht also anders ausgedrückt aus dem Zusammenspiel einer Person mit einer Situation, die diese als Anreize wahrnimmt, welche wiederum die innewohnenden Motive aktiviert und daraus letztlich ein Verhalten entsteht. Motive können also als die inneren Beweggründe menschlichen Handelns und Verhaltens aufgefasst werden (Schiefele 1978, 45 f.).

Im Motivationsprozess werden nur die oben erwähnten sekundären Motive durch diese Umweltreize aktiviert, die primären Motive werden dagegen aus einem inneren Grundbedürfnis eines Menschen heraus aktiviert, beispielsweise aus einem Hungergefühl heraus (Rheinberg 2004).

Dieses in der Motivationspsychologie etablierte Grundkonzept des Motivationsprozesses führte im Laufe der Jahre zu vielen unterschiedlichen Ausprägungsformen, so dass hierfür inzwischen eigene Klassifizierungen vorgenommen wurden. Madsen (1968), Weiner (1996) sowie von Rosenstiel (2003) ordnen die Ansätze in vier Gruppen ein. In der ersten Gruppe fassen sie homöostatische Ansätze zusammen, die sich auf die primären Motive fokussieren. Die Ansätze gehen von einem inneren Ungleichgewicht im menschlichen Organismus aus, etwa einem Hungergefühl, welches schließlich zu einer Reaktion in der Form führt, die dieses Gleichgewicht wieder herzustellen sucht. Der Motivationsprozess wird hier also als eine Defizit-Motivation gesehen. Die Gruppe der anreiztheoretischen Ansätze erklärt Motivation dadurch, dass das Verhalten eines Menschen die Folge von zu erwartenden Lustzuständen des Organismus darstellt. In der Gruppe der kognitiven Motivationsansätze sind solche Konzepte zusammengefasst, die Motivation als Bewältigung von kognitiven Herausforderungen, aus der menschliches Verhalten resultiert, begreifen. Humanistische Ansätze finden ihr Erklärungsprinzip für Motivation darin, dass das menschliche Verhalten aus dem Sinn zu verstehen ist, den es im Zuge individueller Selbstverwirklichung gewinnt. Selbstverwirklichung ist damit das vorgegebene Ziel, womit typisch menschliche Motivation zugleich Wachstumsmotivation ist.

Überträgt man das Konzept der Motivation auf den Untersuchungsgegenstand, so kann dies zur Erklärung dafür herhalten, warum die Mitglieder in der SAPiens-Ideen-Community Innovationsideen entwickeln und einreichen. So kann die Motivation als Auslöser für die Ingangsetzung des kreativen Ideenentwicklungsprozesses der Mitglieder der SAPiens-Ideen-Community, welches im Rahmen des Kapitels 4.1.1 erläutert wurde, sowie die Abgabe einer Idee aufgefasst werden. Die SAPiens-Ideen-Community wirkt dabei als eine oben beschriebene Anregungsbedingung bzw. als eine situative Umfeldbedingung auf die Mitglieder. Gerät die SAPiens-Ideen-Community in die Wahrnehmung eines Teilnehmers, so kann diese selbst oder bestimmte Artefakte von ihr, wie zum Beispiel ein per E-Mail versandter Newsletter, als Anreiz zur Aktivierung bestimmter Motive aus dem individuellen Motivsystem dieses Teilnehmers wirken. Durch die kognitive Verarbeitung der wahrgenommenen, äußeren Stimuli werden entsprechend ausgeprägte Motive aktiviert. Die Aktivierung versetzt die betroffene Person in einen Zustand des „Motiviertseins" und mündet wiederum in einem Verhalten. Das Verhalten manifestiert sich in diesem Fall in der Entwicklung und Abgabe einer Idee. Person und situative Gegebenheit stehen dabei im Verhältnis psychologischer Wechselseitigkeit (Heckhausen 1989). Die nachfolgende Abbildung illustriert diesen Wirkungszusammenhang.

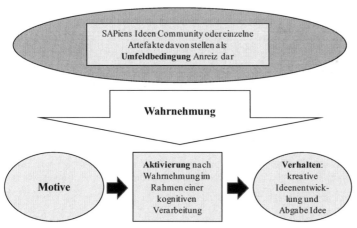

Abbildung 5-1: Prozesshafte Darstellung der Motivation; Quelle: Eigene Darstellung in Anlehnung an Heckhausen (1989), Nerdinger (1995) sowie von Rosenstiel (2003)

5.2 Untersuchung der Motive

Vor dem Hintergrund, dass Unternehmen als Betreiber von Ideen-Communities Kunden kein direktes Entgelt für die Nutzung ihrer Ideen bieten, wird im Rahmen der Forschungsfrage IIIa dieser Arbeit danach gefragt, was die Kunden als Mitglieder von Ideen-Communities dazu motiviert, Ideen zu entwickeln und einzureichen. Der zentrale Untersuchungsgegenstand dieses Kapitels sind daher die Motive der aktiven Teilnehmer an Ideen-Communities. Wenn man die Motivstrukturen versteht, wird dies einen Erklärungsbeitrag für das Phänomen der Ideen-Community liefern.

Für die im Rahmen dieses Kapitels thematisierte Motivuntersuchung wird im folgenden Unterkapitel (5.2.1) zunächst die gewählte Untersuchungsmethodik diskutiert und erläutert. Im darauffolgenden Unterkapitel (5.2.2) werden dann im Rahmen einer Vorstudie mögliche Motive identifiziert, die dann später durch eine Fragebogenkampagne unter den Ideengebern abgefragt werden. Die dafür notwendige Operationalisierung der identifizierten Motive greift das Unterkapitel 5.2.3 auf. Auf Aspekte der Empirie dieser Motivuntersuchung geht das Unterkapitel 5.2.4 ein und im abschließenden Unterkapitel 5.2.5 werden notwendige Validitäts- und Reliabilitätsüberprüfungen des gewonnenen Datenmaterials thematisiert sowie die Ergebnisse der Motivuntersuchung präsentiert.

5.2.1 Methodik zur Erfassung der Motive

Um die Motive der Ideengeber zu erfassen, wird im Rahmen dieser Untersuchung auf die Fragebogentechnik zurückgegriffen. Dabei wird den Ideengebern aus der SAPiens-Ideen-Community eine Batterie von Fragen in einem Fragenkatalog vorgelegt. Die Fragen umschreiben dabei operationalisierte, mögliche Motive und müssen von den Ideengebern nach dem Selbsteinschätzungsprinzip anhand einer jeweiligen zu Grunde liegenden Ratingskala beantwortet werden.

Zur Erfassung der Motive eignen sich prinzipiell auch Beobachtungen oder Interviewmethoden. Diese Verfahren entgehen der zentralen Kritik, die gegenüber dem Fragebogenverfahren geäußert wird, nämlich dem Kritikpunkt der Probandenmanipulation. So lassen sich durch die operationalisierten Fragen fast immer die dahinter stehenden Motive erkennen. Selbst wenn durch geschickte Kontrollfragen versucht wird, die Kohärenz des Antwortverhaltens, also die innere Stimmigkeit, zu gewährleisten, bleibt das Problem bestehen.

Diesem Vorteil aus Beobachtungen und Interviews stehen aber zwei wesentliche Nachteile gegenüber, die wiederum für die Fragebogentechnik sprechen. Angesichts der Tatsache, dass für die geplante Motivuntersuchung alle Ideengeber aus der SAPiens-Ideen-Community als Zielgruppe anvisiert werden und diese Zielgruppe aus einer Vielzahl an Personen (> 100) besteht, erweisen sich Beobachtungen oder Interviewmethoden als unzweckmäßig. Hinzu kommt, dass mittels des Fragebogenverfahrens standardisiertes Datenmaterial gewonnen wird, für das sich wesentlich exakter und zuverlässiger eine notwendige Validitäts- und Reliabilitätsüberprüfung, welche Auskunft über die Zuverlässigkeit und Güte der Erhebung geben (Bortz/Döring 2002, 195 und 199) und somit einem wissenschaftlichen Anspruch Genüge getan wird, durchführen lässt. Die Validitäts- und Reliabilitätsüberprüfung von qualitativem Datenmaterial, welches aus Beobachtungen oder Interviews resultiert, ist dagegen als wesentlich ungenauer und unzuverlässiger einzustufen, da dieses Material nicht in standardisierter Form vorliegt und somit schwieriger oder sogar gar nicht statistischen Tests und multivariaten Analysemethoden unterzogen werden kann.

Für die geplante Untersuchung sollen die im Rahmen der geplanten Fragebogenkampagne abzufragenden Motive zunächst durch eine Vorstudie identifiziert werden. Auf die Einzelheiten zur Identifizierung möglicher Motive wird im folgenden Unterkapitel eingegangen.

5.2.2 Vorstudie zur Identifizierung geeigneter Motive

Wie im Grundlagenteil dieser Arbeit dargelegt, können Open Source Communities in die Kategorie der Innovation Communities eingeordnet werden. Dennoch gibt es natürlich Unterschiede zu Ideen-Communities. Diese bestehen zum einen darin, dass Open Source Communities anwenderinitiiert sind; sie stellen also typische User Communities dar. Zum anderen decken Open Source Communities in der Regel den gesamten Innovations- und Entwicklungsprozess der aus ihnen resultierenden Softwareprodukte ab, während sich Ideen-Communities ausschließlich auf die frühen Phasen der Ideengenerierung beschränken.

Trotz dieser wesentlichen, rein organisationalen Unterschiede lassen sich Open Source Communities im Hinblick auf die Motive der Teilnehmer an beiden Community-Arten vergleichen. Aus diesem Grund sollen im Rahmen einer Vorstudie wissenschaftliche Arbeiten näher untersucht werden, die sich mit der Motivforschung in Open Source Communities befassen. Ziel dieser Analyse ist es, aus diesen Forschungsarbeiten die jeweils auf den Untersuchungskontext übertragbaren Motive herauszuarbeiten, um diese dann für die spätere quantitative Untersuchung – nach einer entsprechenden Operationalisierung – heranzuziehen.

Für diese Vorstudie wurden zunächst im Rahmen einer Literaturrecherche entsprechende wissenschaftliche Arbeiten, deren Veröffentlichungsdatum nicht länger als 10 Jahre zurück liegt, identifiziert. Aus dieser Recherche resultierten insgesamt fünf Arbeiten, die sich allesamt mit den verschiedenen Motiven von Teilnehmern an Open-Source-Software-Projekten befassen. Auf jede dieser Arbeiten wird im Folgenden kurz eingegangen, um die darin behandelten Motive herauszustellen.

5.2.2.1 Die Studie von Hars und Ou

Hars und Ou (2002) untersuchten Motive von Teilnehmern an verschiedenen Open Source Communities. Dazu wurden 79 Teilnehmer der Linux-, Perl- sowie weiterer kleiner Open Source Communities befragt. Methodisch gingen Hars und Ou (2002) so vor, dass sie zunächst eine Batterie von in Frage kommenden Motiven aus der Theorie ableiteten. Diese identifizierten Motive wurden dann mit der Hilfe einer Onlinebefragung abgefragt. Die Auswertung der so gewonnen Daten ergab eine aggregierte Rangfolge der Motive. Die in der folgenden Tabelle aufgeführten Motive flossen in die Umfrage ein:

Motive	Beschreibung
Self-determination	Mit diesem Motiv bezeichnen Hars und Ou den Spaß, den die Befragten in der Praktizierung des Programmierens an sich empfinden.
Altruism	Das Altruismus-Motiv erklären Hars und Ou mit einem uneigennützigen und unvergüteten Beitrag für die Gesellschaft, den die Befragten mit der Teilnahme an ihrer Open Source Community leisten möchten.
Community Identification	Ein Großteil der Befragten gaben als Motiv an, dass sie sich mit den Zielen ihrer Community identifizieren können und sich deshalb als Teil der Community begreifen.
Selling products	Teilnehmer aus der Befragung von Hars und Ou, die dieses Motiv angaben, waren deshalb an einer Community-Teilnahme motiviert, weil sie sich mit der Teilnahme die Schaffung von Geschäftsmöglichkeiten durch den Verkauf von Leistungen auf der Basis der Community-Ergebnisse erhofften.
Human capital	Hinter diesem Motiv verbirgt sich die Absicht, etwas durch die Teilnahme in der Community zu lernen und durch die Teilnahme seine Fähigkeiten zu erweitern.
Self-marketing	Mit „Self-marketing" bezeichnen Hars und Ou das Motiv der Befragten, durch die Teilnahme an einer Community seine Fähigkeiten und Kenntnisse Dritten gegenüber zum Zwecke der eigenen Karriereförderung kenntlich zu machen.
Peer recognition	„Peer recognition" bezeichnet hier die Anerkennung, die sich die Befragten durch die Community-Teilnahme von Dritten zu bekommen erhofften.
Personal need	Auch die Absicht, den persönlichen Bedarf nach bestimmten Software-Produkten, Programmcodes, Add-ons etc. in der Community gezielt stillen zu können, stellte ein Motiv der Befragten dar.

Tabelle 5-2: In der Studie von Hars und Ou untersuchte Motive; Quelle: Hars und Ou (2002)

5.2.2.2 Die Studie von Hertel, Niedner und Herrmann

Hertel, Niedner und Herrmann (2003) befragten die Teilnehmer der Linux-Kernel-Entwickler-Community zu möglichen Teilnahmemotiven. Insgesamt nahmen 141 Mitglieder dieser Open Source Community an der Onlinebefragung teil. Methodisch gingen Hertel, Niedner und Herrmann (2003) dabei so vor, dass sie zunächst mögliche Motive vor allem aus der Literatur ableiteten. Dabei orientierten sie sich an sozialpsychologischen Studien, die die Teilnahmemotive von Partizipanten an sozialen Bewegungen, wie beispielsweise Menschenrechtsorganisationen oder spezifische soziale Gruppen, wie ältere Menschen etc., untersuchten. Hertel, Niedner und Herrmann sahen insofern eine Vergleichbarkeit von Open-Source-Gemeinschaften und diesen sozialen Bewegungen gegeben, als dass die Teilnehmer von Open Source Communities ähnlich wie Teilnehmer an sozialen Bewegungen ideologische Werte vertreten. Diese ideologischen Werte äußerten sich bei Open Source Communities in der Ablehnung von proprietärer Software (2003). Zudem könne der Aspekt der freiwilligen Teilnahme in beiden Fällen als Gemeinsamkeit herausgestellt werden (Hertel/Niedner/Herrmann 2003, 1162).

Die auf diese Weise theoretisch hergeleiteten Einzelmotive wurden dann in einer Onlinebefragung abgefragt. Die Ergebnisse aus der Befragung wurden mit Hilfe einer Faktoren- und Clusteranalyse ausgewertet. Diese Untersuchungen ergaben, dass die in nachfolgender Tabelle aufgelisteten Einzelmotive eine Relevanz für Open Source Communities besitzen und diese zu den in der Tabelle aufgelisteten Motivklassen zusammengefasst werden können:

Einzelmotive	Motivklassen	Beschreibung
Identifikation als Linux-Entwickler	Spezifische Identifikation	Die Gruppe der Befragten, die dieses Motiv in der Befragung angaben, identifizieren sich mit der Entwicklergemeinschaft des Linux-Kernel und sind deshalb motiviert, an der Linux Open Source Community teilzunehmen.
Identifikation als Linux-Anwender	Generelle Identifikation	Dieses Motiv manifestiert sich darin, dass die entsprechenden Befragten überzeugte Benutzer des Linux-Betriebssystems sind und deshalb motiviert sind, an der Linux Open Source Community teilzunehmen.
Wunsch, die Qualität von Linux zu verbessern		
Wunsch, eine Erleichterung der täglichen Arbeit mit Linux zu erreichen	Pragmatische Motive	Pragmatische Teilnahmemotive, die die Befragten dazu bewogen, an der Community teilzunehmen, äußern sich vor allem im Eigenbedarf sowie in der Chance der Befragten, ihre Karriere zu fördern.
Karrierevorteile durch die Verbesserung der persönlichen Linux-Erfahrung		
Norm-Motive	Norm-Motive	Befragte, die dieses Motiv angaben, fühlten sich auf Grund positiver Reaktionen von Bekannten, Freunden oder sogar Familienmitgliedern, die die Teilnehmer wegen ihrer Mitgliedschaft an der Linux-Community von ihnen erwarteten, motiviert.
Spaß am Programmieren	Hedonistische Motive	Dieses Motiv spiegelt den Spaß der befragten Linux-Community-Teilnehmer wider, den diese beim Programmieren am Linux Kernel empfinden und als Auslöser für ihre Teilnahme an der Community angaben.

Persönlicher Austausch mit anderen Softwareentwicklern	Soziale und politische Motive	In diesem Motiv vereinigen sich die vier unterschiedlichen Einzelmotive.
Reputation in der Linux-Gemeinde		
Verbesserung der eigenen Programmierfähigkeiten		
ideologische Überzeugung, dass Software nicht proprietär sein darf		

Tabelle 5-3: In der Studie von Hertel, Niedner und Herrmann untersuchte Motive; Quelle: Hertel, Niedner und Herrmann (2003)

5.2.2.3 Die Studie von Lakhani und Wolf

In ihrer Studie untersuchten Lakhani und Wolf (2005) die Motive, die Mitglieder von Open Source Communities zu einer Teilnahme bewegen. Im Rahmen einer Literaturrecherche relevanter motivationspsychologischer Arbeiten sowie früherer Arbeiten zum Thema Motivation in Open Source Communities leiteten Lakhani und Wolf auf der Basis der dort dokumentierten Erkenntnisse zunächst eine Batterie an in Frage kommender Motive ab. Diese wurden dann in einer Onlinebefragung unter 684 Teilnehmern von 287 Open-Source-Projekten abgefragt. Die Auswertung der so gewonnenen Daten ergab eine spezifische Rangfolge der Motive. Die in der folgenden Tabelle aufgeführten Motive flossen in die Umfrage ein:

Motive	Beschreibung
Code for project is intellectually stimulating to write	Die Befragten, die dieses Motiv angaben, fühlten sich durch die zu bewältigenden Aufgaben innerhalb der Community intellektuell herausgefordert.
Like working with this development team	Befragte, die dieses Motiv hervorhoben, empfanden Spaß beim Programmieren und in der Zusammenarbeit mit Gleichgesinnten.
Improve programming skills	In diesem Aspekt drückte sich die Motivation der Teilnehmer aus, durch die Mitwirkung in Open Source Communities die eigenen Programmierfähigkeiten verbessern zu können.
user need	Auch die Absicht, den persönlichen Bedarf nach bestimmten Software-Produkten, Programmcodes, Addons etc. in der Community gezielt stillen zu können, stellte ein Motiv der Befragten dar.
Believe that source code should be open	Ein Großteil der Befragten fühlte sich auch deshalb motiviert, an einer Open Source Community teilzunehmen, da sie der Überzeugung sind, dass Software keinen proprietären Rechtsstatus haben darf.
Feel personal obligation to contribute because use F/OSS	Befragte, die dieses Motiv angaben, fühlten sich gegenüber der Open Source Community verpflichtet, durch ihre Mitwirkung dieser etwas zurückgeben zu müssen (in Gegenzug dafür, dass die Software frei nutzbar ist).
Dislike proprietary software and want to defeat them	In diesem Aspekt drückt sich die ideologische Überzeugung einiger Teilnehmer darüber aus, dass Software keinen proprietären Status innehaben darf. Diese Überzeugung resultierte bei diesen Befragten letztlich darin, dass sie sich für eine Community-Teilnahme motivieren.
Enhance reputation in F/OSS community	Auch die Tatsache, dass durch die Teilnahme eine gewisse Reputation innerhalb der Community aufgebaut werden kann, führte dazu, dass einige Mitglieder in einer Open Source Community mitwirken.

Tabelle 5-4: In der Studie von Lakhani und Wolf untersuchte Motive; Quelle: Lakhani und Wolf (2005)

5.2.2.4 Die FLOSS-Studie

Im Rahmen des europäischen Forschungsprojektes FLOSS (Free Libre Open Source Software) bestand im Jahr 2002 ein Teilprojekt darin, eine groß angelegte Studie zur Untersuchung der Motivation von Teilnehmern an Open- und Free-Software-Projekten durchzuführen (Ghosh et al. 2002). Die Zielgruppe der Studie waren aktive Teilnehmer in unterschiedlichen Open Source Communities. Insgesamt konnten 2.784 Open-Source-Community-Teilnehmer erreicht werden.

In einem Onlinefragebogen wurde den Befragten eine Auflistung von möglichen Motiven vorgelegt, von denen die Befragten insgesamt vier angeben durften, die nach dem subjektiven Empfinden dieser am besten ihre Motivation widerspiegelten. In dem Bericht zu dieser Studie wurde allerdings nicht erwähnt, aus welcher Erkenntnisquelle die Autoren der Studie diese Motive im Vorfeld abgeleitet hatten (Ghosh et al. 2002). Die in der folgenden Tabelle aufgeführten 13 Motive flossen in die FLOSS-Studie ein:

Motive	Beschreibung
Make money	Teilnehmer an der FLOSS-Befragung, die dieses Motiv angaben, waren deshalb zur Teilnahme an ihrer Community motiviert, weil sie sich mit der Teilnahme die Schaffung von Geschäftsmöglichkeiten (durch den Verkauf von Leistungen auf der Basis der Community-Ergebnisse) erhofften.
Think that software should not be a proprietary good	In diesem Aspekt drückt sich die ideologische Überzeugung einiger Befragten darüber aus, dass Software keinen proprietären Status innehaben darf. Diese Überzeugung resultierte bei diesen Befragten letztlich dazu, dass sie sich für eine Community-Teilnahme motiviert fühlten.
Limit the power of large software companies	Dieses Motiv resultiert ebenfalls aus der ideologischen Überzeugung einiger Befragten für das Open-Source-Konzept, weshalb diese letztlich motiviert sind, in einer Open Source Community aktiv zu werden.
Solve a problem that could not be solved by proprietary software	Befragte der FLOSS-Studie, die dieses Motiv angaben, suchten deshalb den Kontakt zu einer Open Source Community, weil sie ursprünglich einen spezifischen Bedarf hatten, welcher von existierenden proprietären Softwarelösungen nicht gedeckt wurde.
Get help in realizing a good idea for a software product	Befragte, die dieses Motiv angaben, sind deshalb motivierte Open-Source-Community-Teilnehmer, weil sie unter Gleichgesinnten Hilfestellungen für die Lösung eines Problems mit der zu Grunde liegenden Software suchen.
Distribute not marketable software products	Die Möglichkeit durch die Teilnahme an einer Open Source Community dem zu Grunde liegenden Software-Produkt zu einer Popularität verhelfen zu kön-

	nen, motivierte einen nicht unbedeutenden Teil der Befragten zu einer Open-Source-Community-Teilnahme.
Get a reputation in OS/FS community	Die Aussicht darauf, dass durch die Teilnahme eine Reputation innerhalb der Community aufgebaut werden kann, führte dazu, dass sich einige Befragte für eine Mitgliedschaft in Open Source Communities motiviert fühlten.
Improve OS/FS products of other developers	Ein Teil der Befragten im Rahmen der FLOSS-Studie fühlten sich aus der inneren Verpflichtung heraus motiviert, an eine Open Source Community teilzunehmen, Open-Source-Software-Produkte durch ihr Mitwirken zu verbessern.
Improve my job opportunities	Durch die Karrierechancen, die sich aus einer aktiven und engagierten Teilnahme an einer Open Source Community ergeben können, fühlte sich ein Großteil der Befragten motiviert.
Participate in the OS/FS scene	Befragte, die dieses Motiv angaben, suchten den sozialen Kontakt zu Gleichgesinnten, was sie motivierte, sich in ihrer Open Source Community zu engagieren.
Share knowledge and skills	Einige Befragte fühlen sich verpflichtet, an ihre Open Source Community Wissen und Fähigkeiten weiterzugeben, was sie letztlich zu einer Teilnahme motivierte.
Learn and develop new skills	Fachliches Know-how erlernen und ausbauen zu können, motivierte ebenfalls einige Befragte für eine Teilnahme an Open Source Communities.
Participate in a new form of cooperation	Ein nicht unbedeutender Teil der Befragten der FLOSS-Studie gab an, sich in neuen Formen der Kooperation im Internet ausprobieren zu wollen.

Tabelle 5-5: In der FLOSS-Studie untersuchte Motive; Quelle: Gosh et al. (2002)

5.2.2.5 Die Studie von Shah

Shah (2005) erforschte im Rahmen seiner Studie die Motive von 85 Mitgliedern von zwei Open Source Communities. Dafür interviewte er jeden der 85 Studienteilnehmer in drei verschiedenen Interviewsettings, in denen er die Probanden nach ihren individuellen Motiven befragte.

Die Interviews wurden systematisch nach den Prinzipien der Forschungsmethode „Grounded Theory" ausgewertet (King/Robert/Sidney 1994; Strauss 1987). Innerhalb dieses Auswertungsprozesses bildete Shah in mehreren Iterationen unterschiedliche

Erkenntniskategorien heraus. Als Ergebnis dieses Prozesses gingen schließlich mehrere Einzelmotive hervor, die in der folgenden Tabelle aufgelistet sind:

Motive	Beschreibung
Need	Aus den Interviews ergab sich, dass ein Großteil der Befragten aus der Absicht heraus an einer Open Source Community teilnehmen, weil sie einen persönlichen Bedarf an bestimmten Software-Produkten, Programmcodes, Add-ons etc. haben, die von Anbietern proprietärer Software-Produkte nicht angeboten werden.
Fun and Enjoyment	Einige Interview-Partner gaben an, dass sie sich deshalb motiviert fühlen, an einer Open Source Community teilzunehmen, da sie am Programmieren und der Teilnahme an sich Spaß empfinden.
Reciprocity	Das persönliche Empfinden durch die Mitwirkung in einer Open Source Community etwas für die Nutzung der zu Grunde liegenden Software zurückgeben zu können oder zu müssen, wurde ebenfalls als Motiv benannt.
Future product improvements	Ein Teil der Interviewten fühlte sich aus der inneren Verpflichtung heraus zur Teilnahme motiviert, Open-Source-Software-Produkte durch ihr Mitwirken zu verbessern.
Desire to integrate own code into source code	Der Wunsch, eigene Ergebnisse in die Software-Produkte der Open Source Community zu geben und damit etwas Gutes zu tun, stellte ebenfalls ein Teilnahmemotiv dar.
Career concerns	Auch durch die Karrierechancen, die sich aus einer aktiven und engagierten Teilnahme an einer Open Source Community ergeben können, fühlten sich Interviewte motiviert.
Feedback	Unter „Feedback" kategorisierte Shah die Aussagen derjenigen Interviewten, die nach Anerkennung ihrer Leistung durch andere Open-Source-Community-Teilnehmer suchen.

Tabelle 5-6: In der Studie von Shah untersuchte Motive; Quelle: Shah (2005)

5.2.2.6 Zusammenfassung

Zusammenfassend kann befunden werden, dass sich viele der in den vorgestellten Studien behandelten Motive überschneiden. Sie können inhaltlich als die gleichen Motive interpretiert werden, werden häufig aber differenziert benannt. Wenn man alle behandelten Motive aus allen fünf Studien einer inhaltlichen Analyse unterzieht, lassen sich diese zu insgesamt 15 Einzelmotiven konsolidieren.

Auf Grund der spezifischen Besonderheiten von OSS-Projekten können aber nicht alle dieser 15 identifizierten Motive auf den Untersuchungskontext der vorliegenden Arbeit übertragen werden. Eine Aussortierung von in Bezug auf Ideen-Communities unbrauchbaren Motiven erfolgte daher in einem nächsten Schritt nach sachlogischen Gesichtspunkten. So wurde beispielsweise das Motiv „Selling Products" aus der Studie von Hars und Ou (2002), welches sich in dem Wunsch einiger OS-Teilnehmer manifestiert, durch die Teilnahme Komplementärprodukte veräußern zu können, aussortiert.

Nach diesem Aussortierungsprozess verblieben weitere 11 Motive, welche sich nach einer entsprechenden Adaptierung auf den Untersuchungskontext für die geplante Motivuntersuchung eignen. Die nachfolgende Tabelle fasst diese Motive unter einer einheitlichen deutschsprachigen Bezeichnung zusammen.

Motive	Analoge Motive aus den analysierten Studien
Freude am Programmieren	• Self-determination (Hars/Ou 2002) • Spaß am Programmieren (Hertel/Niedner/Herrmann 2003) • Like working with this development team (Lakhani/Wolf 2005) • Fun and enjoyment (Shah 2005)
Altruismus	• Altruism (Hars/Ou 2002) • Desire to integrate own code into source code (Shah 2005)
Reziprozität	• Feel personal obligation to contribute because use F/OSS (Lakhani/Wolf 2005) • Share knowledge and skills (Ghosh et al. 2002) • Reciprocity (Shah 2005)
Identifikation	• Community Identification (Hars/Ou 2002) • Identifikation als Linux-Anwender (Hertel/Niedner/Herrmann 2003)
Lernen	• Human capital (Hars/Ou 2002) • Verbesserung der eigenen Programmierfähigkeiten (Hertel/Niedner/Herrmann 2003) • Improve programming skills (Lakhani/Wolf 2005) • Learn and develop new skills (Ghosh et al. 2002)
Anerkennung	• Peer recognition (Hars/Ou 2002) • Norm-Motive; Reputation in der Linux-Gemeinde (Hertel/Niedner/Herrmann 2003)

	• Enhance reputation in F/OSS community (Lakhani/Wolf 2005) • Get a reputation in OS/FS community (Ghosh et al. 2002) • Feedback (Shah 2005)
Bedarf	• Personal need (Hars/Ou 2002) • user need (Lakhani/Wolf 2005) • Solve a problem that could not be solved by proprietary software; Get help in realizing a good idea for a software product (Ghosh et al. 2002) • Need (Shah 2005)
Produktverbesserung	• Wunsch, die Qualität von Linux zu verbessern; Wunsch, eine Erleichterung der täglichen Arbeit mit Linux zu erreichen (Hertel/Niedner/Herrmann 2003) • Improve OS/FS products of other developers (Ghosh et al. 2002) • Future product improvements (Shah 2005)
Karrieremöglichkeit	• Self-Marketing (Hars/Ou 2002) • Karrierevorteile durch die Verbesserung der persönlichen Linux-Erfahrung (Hertel/Niedner/Herrmann 2003) • Improve my job opportunities (Ghosh et al. 2002) • Career concerns (Shah 2005)
Kontakt zu Gleichgesinnten	• Persönlicher Austausch mit anderen Softwareentwicklern (Hertel/Niedner/Herrmann 2003) • Participate in the OS/FS scene (Ghosh et al. 2002)
Freude an intellektueller Herausforderung	• Code for project is intellectually stimulating to write (Lakhani/Wolf 2005)

Tabelle 5-7: Aus der Vorstudie resultierende und für die Untersuchung dieser Arbeit relevante Motive; Quelle: Eigene Darstellung

5.2.3 Operationalisierung

Im Folgenden wird für jedes der elf oben identifizierten Motive eine Adaption auf den Untersuchungskontext sowie eine entsprechende Operationalisierung vorgenommen:

Freude am Programmieren

In Open-Source-Projekten ist die Freude am Programmieren ein zentrales Teilnahmemotiv. So beschreibt beispielsweise Brooks (1995): "Programming is fun because it gratifies creative longings built deep within us and delights sensibilities we have in common with all men." (Brooks 1995, 8). Auch in der Kreativitätsforschung wird kreative Tätigkeit, zu der auch das Programmieren von Software gezählt werden kann, als Freude auslösender Faktor begriffen. Die mit kreativer Tätigkeit einhergehenden

Merkmale, sich selbst auszudrücken und zu verwirklichen, vermitteln Freude und führen zu einer tiefen Zufriedenheit (Amabile 1996). Dafür werden in der Kreativitätsforschung zwei Gründe genannt: Zum einen gibt es zur Lösung einer kreativen Aufgabe keinen fest vorgeschriebenen Lösungsweg, weshalb die kreativ tätige Person den Lösungsweg frei entscheiden kann (Amabile 1996, 35). Andererseits besteht das Besondere in der Neuheit der Tätigkeit und in der Herausforderung, eine angemessene Lösung für die Aufgabenstellung zu finden (Amabile 1996, 35).

Übertragen auf den Untersuchungsgegenstand könnten diese Erkenntnisse bedeuten, dass in Ideen-Communities die zentrale Teilnehmertätigkeit, die sich im kreativen Prozess des Ideenentwickelns manifestiert, ebenfalls als Freude einiger Teilnehmer verstanden wird. Im vorliegenden Untersuchungsgegenstand wird daher vermutet, dass die Freude an kreativer Ideenentwicklung ein Motiv von Teilnehmern zur Partizipation an Ideen-Communities darstellt.

Motiv	
Bezeichnung: Freude an kreativer Ideenentwicklung	
Kurzbeschreibung: Freude an der Entwicklung von Ideen empfinden	
Operationalisierung	
MO_S_1	Das Entwickeln von kreativen Lösungen und Ideen macht mir Spaß.
MO_S_2	Ich empfinde das Entwickeln von kreativen Ideen als eine Möglichkeit der Selbstverwirklichung, die mir Freude bereitet.
MO_S_3	Ich habe Freude daran, kreativ tätig zu sein.

Tabelle 5-8: Operationalisierung des Motivs „Freude an kreativer Ideenentwicklung"; Quelle: Eigene Darstellung

Freude an intellektueller Herausforderung

Lakhani und Wolf (2005) untersuchten als Einzige in ihrer Studie die intellektuelle Herausforderung als bedeutendes Motiv. Bei der theoretischen Herleitung dieses Motivs im Vorfeld ihrer Studie lehnten sie sich an Raymond an, der einen engagierten Open-Source-Software-Programmierer als eine Person definiert, „…who enjoys the intellectual challenge of creatively overcoming or circumventing limitations." (Raymond 1996). Die Befragten, die in der Studie dieses Motiv angaben, empfanden die intellektuelle Herausforderung des Programmierens als Freude.

Für den Untersuchungsgegenstand der Ideen-Community wird vermutet, dass ein Teil der Teilnehmer an solchen Communities Freude an der intellektuellen Herausforderung, die die Entwicklung von Ideen erfordert, empfindet und sich aus diesem Grund zur Teilnahme motivieren lässt. Somit soll auch dieses Motiv aus der Open-Source-Motivationsforschung für die vorliegende Motivuntersuchung übertragen werden.

Motiv	
Bezeichnung: Freude an intellektueller Herausforderung	
Kurzbeschreibung: Freude an der intellektuellen Herausforderung, die im Rahmen der Ideenentwicklung entsteht, empfinden	
Operationalisierung	
MO_IH_1	Ich mag die intellektuelle Herausforderung an der Entwicklung von Ideen.
MO_IH_2	Ich sehe das Entwickeln von kreativen Ideen als geistige Herausforderung.

Tabelle 5-9: Operationalisierung des Motivs „Freude an intellektueller Herausforderung"; Quelle: Eigene Darstellung

Altruismus

Als Altruismus versteht man im Allgemeinen uneigennütziges und selbstloses Helfen (Bierhoff/Montada 1988; Harbach 1992). Wichtiger Bestandteil der Definition von Altruismus ist, dass man etwas unter eigenem Aufwand für andere tut, wie es beispielsweise bei Ozinga definiert wird: "... doing something for another at some cost for oneself." (Ozinga 1999). Altruismus wird als gegenteilige Disposition zu Egoismus verstanden (Ozinga 1999). Im Open-Source-Kontext manifestiert sich das Altruismusmotiv darin, dass die Programmierer Zeit und Mühe in die Entwicklung von Softwarecode für ihre Open Source Community stecken und diesen Programmcode dann ohne jegliche Vergütung der Community zur Verfügung stellen. Für den Untersuchungsgegenstand soll Altruismus als Motiv in dieser Form übernommen werden. So wird vermutet, dass das Altruismusmotiv der Teilnehmer an Ideen-Communities sich analog darin äußert, dass Ideengeber ihre Ideen gänzlich selbstlos entwickeln und auf die Community-Plattform einstellen. Empfänger bzw. Nutznießer dieser altruistischen Ideen sind dabei andere SAP-Anwender, die bei Realisierung der Ideen in der Form von verbesserten oder neuen SAP-Anwendungen und -Lösungen profitieren könnten.

Motiv	
Bezeichnung: Altruismus	
Kurzbeschreibung: unentgeltliche Entwicklung und Abgabe von Ideen in der Hoffnung, dass andere SAP-Anwender bei Realisierung dieser Idee hiervon profitieren	
Operationalisierung	
MO_ALT_1	Ich möchte durch das Einstellen meiner Idee auf SAPiens anderen SAP-Anwendern einen Nutzen stiften.
MO_ALT_2	Ich möchte meine Idee ohne Erwartung einer Gegenleistung der Allgemeinheit zur Verfügung stellen.

Tabelle 5-10: Operationalisierung des Motivs „Altruismus"; Quelle: Eigene Darstellung

Reziprozität

Aus der Psychologie stammt die so genannte Reziprozitätsregel. Diese Regel besagt, dass beschenkte Menschen motiviert sind, eine Gegenleistung zu erbringen. Diesen Effekt wies Regan (1971) in einem Experiment nach. In diesem Experiment waren die Teilnehmer einer Besprechung involviert. Die Mitglieder einer Kontrollgruppe bekamen vor Beginn der Besprechung unaufgefordert ein Erfrischungsgetränk ausgehändigt. Die Mitglieder der zweiten Kontrollgruppe erhielten dagegen keine Getränke. Nach der Besprechung wurden die Angehörigen beider Kontrollgruppen gebeten, Lose zu kaufen. Es zeigte sich, dass die Angehörigen der Kontrollgruppe, die zuvor ein Erfrischungsgetränk bekamen, weitaus mehr Lose kauften als die Mitglieder der anderen Kontrollgruppe. Die Motivation zur Gegenleistung resultiert dabei aus einer Verpflichtungsempfindung, die der Beschenkte dem Beschenkten gegenüber aufbringt.

In Open-Source-Projekten wiesen die oben genannten Studien von Lakhani und Wolf (2005), Ghosh et al. (2002) sowie Shah (2005) die Existenz dieser Reziprozitätsregel nach. Im Open-Source-Bereich manifestiert sie sich darin, dass einige Programmierer wegen der Nutzung der zu Grunde liegenden Software eine persönliche Verpflichtung empfinden, etwas an die Community zurückgeben zu müssen, und sich deshalb zur aktiven Teilnahme motiviert fühlen.

Es wird vermutet, dass die Existenz der Reziprozitätsregel auch im Fall der Ideen-Community gegeben ist. So könnten sich einige Teilnehmer der SAPiens-Ideen-Community deshalb zur Partizipation motivieren lassen, weil sie sich gegenüber SAP wegen der Nutzung der Software verpflichtet fühlen. Dies scheint nicht abwegig, da die Nutzer der SAP-Software in der Regel nicht diejenigen sind, die für die Softwarelizenzen zahlen und somit ein entsprechendes Verpflichtungsgefühl analog zum Open-Source-Fall entstehen könnte. Andererseits kann argumentiert werden, dass die Nutzer im Rahmen ihres Angestelltenverhältnisses die SAP-Software nutzen, eine Nutzung somit also nicht gänzlich „freiwillig" erfolgt. Dieser Sachverhalt spricht wiederum dafür, dass das Verpflichtungsempfinden nicht ganz so ausgeprägt sein dürfte. Trotz dieser konträren Positionen soll das Reziprozitätsmotiv in die vorliegende Untersuchung integriert werden.

Ein entsprechendes Verpflichtungsgefühl der SAPiens-Teilnehmer könnte aber auch aus einer Plausibilitätsüberlegung heraus resultieren, dass diese im Rahmen einer universitären oder berufsbildenden Ausbildung oder Weiterbildung SAP-bezogene Qualifikationen erworben haben. Dieser Aspekt soll in die Operationalisierung des zu untersuchenden Motivs einfließen.

Motiv	
Bezeichnung: Reziprozitätsempfinden	
Kurzbeschreibung: Gefühl der Verpflichtung, wegen der Nutzung der SAP-Software oder des Empfangs von SAP-bezogenen Qualifikationen etwas an SAP zurückgeben zu müssen	
Operationalisierung	
MO_REZ_1	Ich denke, dass SAP in die Entwicklung ihrer Softwarelösungen und -anwendungen jede Menge Zeit und Mühen investiert hat, darum möchte ich SAP durch meine Idee etwas zurückgeben.
MO_REZ_2	Da ich für die Lizenzierung der SAP-Anwendungen und -Lösungen nichts bezahlt habe und diese unentgeltlich nutze, möchte ich SAP durch meine Idee etwas dafür zurückgeben.
MO_REZ_3	Da ich im Rahmen meiner Ausbildung und/oder verschiedener Weiterbildungsmaßnahmen eine SAP-bezogene Qualifikation erworben habe, möchte ich durch meine Idee SAP etwas zurückgeben.
MO_REZ_4	Ich habe durch die Teilnahme an verschiedenen SAP-Kursen profitiert und möchte die Gelegenheit nutzen, durch die Eingabe einer Idee auf der SAPiens-Ideenplattform etwas an SAP zurückzugeben.

Tabelle 5-11: Operationalisierung des Motives „Reziprozitätsempfinden"; Quelle: Eigene Darstellung

Identifikation

In jeder virtuellen Community entwickeln sich im Laufe der Zeit gemeinsam geteilte Werte, Ideale und Ziele, die die Community-Mitglieder zusammenschweißen und zu einem Gemeinschaftsgefühl oder Wir-Gefühl verhelfen (Kim 1999; Preece 2000). Die Identität der Community kann für potenzielle oder bestehende Teilnehmer ein Partizipationsmotiv darstellen, wenn sich diese mit der Identität der Community identifizieren können. Aus motivationspsychologischer Sicht kann die Identifikation mit einer Gruppe als Anschlussmotiv bzw. als Verlangen nach Zugehörigkeit verstanden werden.

Wie die obige Analyse gezeigt hat, trifft dieses Phänomen auch für Open Source Communities zu (Hars/Ou 2002; Hertel/Niedner/Herrmann 2003). Im Open-Source-Bereich manifestiert sich eine entsprechende Community Identität häufig in der ideologisch-politischen Überzeugung, dass Software keinen proprietären Rechtsstatus innehaben darf. Häufig sind die Community-Identitäten von Open-Source-Projekten darüber hinaus sogar schriftlich niedergelegt. Ein prominentes Beispiel hierfür ist das GNU-Manifest, in dem die Ideologien, Werte und Ansichten des GNU-Open-Source-Projektes verankert sind.

Für den vorliegenden Untersuchungsgegenstand wird vermutet, dass die SAPiens-Ideen-Community ebenfalls eine eigene Community-Identität aufweist, mit der sich Teilnehmer identifizieren können, und die letztlich einige Teilnehmer zur Partizipation motiviert.

Motiv	
Bezeichnung: Community-Identifikation	
Kurzbeschreibung: Identifikation mit der Identität der SAPiens-Ideen-Community	
Operationalisierung	
MO_CI_1	Ich identifiziere mich mit der SAPiens-Community.
MO_CI_2	Ich finde die Identität der SAPiens-Ideen-Community gut und wirke deshalb bei SAPiens mit.

Tabelle 5-12: Operationalisierung des Motivs „Community-Identifikation"; Quelle: Eigene Darstellung

Karrieremöglichkeiten

Als ein wichtiges Teilnahmemotiv identifizierten vier der oben untersuchten Studien die Karrieremöglichkeit. Dieses Motiv manifestiert sich in der Möglichkeit für Open-Source-Community-Teilnehmer, durch ihre in die Community eingebrachten Beiträge Dritten gegenüber ihre Fähigkeiten sowie ihr Können und Talent unter Beweis zu stellen. Dadurch können sich die Teilnehmer Dritten gegenüber zum Zwecke der Karriereförderung empfehlen. Als Adressaten dieser Empfehlung werden potenzielle Arbeitgeber gesehen. Auch Lerner und Tirole (2000) beschreiben diese Möglichkeit des Selbstmarketings in ihrer theoretischen Arbeit als relevantes Motiv.

Aus informationsökonomischer Sicht stellt dieses Selbstmarketing ein so genanntes Signaling an den Arbeitsmarkt dar (Bauer/Bayón 2001, 646). Unter Signaling versteht man in der Informationsökonomik ein Instrument zum Ausgleich von Informationsasymmetrien zwischen Individuen oder Parteien, indem die besser informierte Partei von sich aus die fehlenden Informationen an die schlechter informierte Partei sendet (Bauer/Bayón 2001). Die Gegebenheiten in Open-Source-Projekten bieten Teilnehmern eine optimale Möglichkeit für dieses Signaling (Franck/Jungwirth 2003), denn die Teilnehmerbeiträge werden in der Regel mit dem Namen des Urhebers markiert, so dass entsprechende Rückschlüsse möglich sind.

Dieser Sachverhalt lässt sich auch auf den vorliegenden Untersuchungsgegenstand übertragen. So wird vermutet, dass sich ein gewisser Teil der Teilnehmer der SAPiens-Ideen-Community deshalb zur Partizipation motivieren lässt, weil dieser sich durch das Einreichen von Ideen erhofft, ein Kompetenz- und Fähigkeitssignal an die Verantwortlichen von SAP, aber genauso an Verantwortungsträger anderer Firmen, wie beispielsweise von SAP-Beratungsunternehmen etc., senden zu können. Auf diese Weise können sich entsprechend motivierte Teilnehmer für mögliche Anstellungen oder Kooperationen empfehlen. Auch im Falle einer Ideen-Community sind die Voraussetzungen für ein entsprechendes Signaling gegeben, da sich die Kompetenzen und Fähigkeiten in den eingereichten und auf der Plattform öffentlich einsehbaren Ideen widerspiegeln und darüber hinaus die eingereichten Ideen mit den Namen ihrer Ideengeber versehen sind. So sind entsprechende Rückschlüsse möglich.

Das Motiv der Karrieremöglichkeit soll auch für die geplante Motivationsuntersuchung übernommen werden, allerdings soll für dieses Motiv die Bezeichnung von Hars und Ou (2002) „Selbstmarketing" übernommen werden, da diese Bezeichnung den damit verbundenen Sachverhalt besser ausdrückt.

Motiv	
Bezeichnung: Selbstmarketing	
Kurzbeschreibung: Kompetenz- und Fähigkeitssignaling	
Operationalisierung	
MO_SM_1	Ich hoffe, durch meine Ideen Verantwortungsträger in anderen Unternehmen auf meine Fähigkeiten und Kompetenzen aufmerksam machen zu können.
MO_SM_2	Durch meine Idee möchte ich SAP-Verantwortliche von meinen Fähigkeiten und Kompetenzen überzeugen.
MO_SM_3	Ich möchte den SAPiens-Kanal nutzen, um zu beweisen, welche Fähigkeiten und Kompetenzen ich habe.

Tabelle 5-13: Operationalisierung des Motivs „Selbstmarketing"; Quelle: Eigene Darstellung

Anerkennung

Anerkennung wird in der Motivationspsychologie als ein Grundbedürfnis des Menschen angesehen, da es Menschen ein Gefühl der Wertschätzung vermittelt (Holmström 1999; Maslow 1987). Im Open-Source-Bereich stellt die Anerkennung für die Beiträge der Programmierer ein wichtiges Teilnahmemotiv dar, das wiesen alle der oben analysierten Studien nach. Raymond (2001, 8ff.) begreift die Möglichkeit, durch Leistungen innerhalb der Open Source Community Reputation und Anerkennung zu bekommen, sogar als wesentlichen Faktor, auf dem das Funktionieren von Open Source Communities basiert. Dieser Anerkennungsmechanismus könne sogar als ein selbstverstärkender Effekt gesehen werden (Raymond 2001, 8ff.). So werden Entwickler höchst motiviert sein, qualitativ gute Ergebnisse zu liefern, da diese wiederum noch mehr positives Feedback zur Folge haben werden (Hars/Ou 2002; Raymond 2001).

Es wird vermutet, dass Anerkennung im Fall der SAPiens-Ideen-Community auch ein relevantes Teilnahmemotiv darstellt. So können die SAPiens-Teilnehmer auf Anerkennung für ihre eingereichten Ideen hoffen. Dabei kann die Anerkennung sogar von zwei verschiedenen Absendern ausgesprochen werden: zum einen von anderen Mitgliedern der SAPiens-Community und zum anderen von Mitarbeitern von SAP.

Motiv	
Bezeichnung: Anerkennung	
Kurzbeschreibung: Anerkennung von anderen Teilnehmern der SAPiens-Ideen-Community sowie von SAP	
Operationalisierung	
MO_ANER_1	Ich hoffe, dass meine Idee ein anerkennendes Feedback von anderen SAPiens bekommt.
MO_ANER_2	Mir würde es schmeicheln, wenn meine Idee von anderen SAPiens gewürdigt wird.
MO_ANER_3	Ich hoffe, dass meine Idee ein anerkennendes Feedback von Verantwortlichen von SAP, zum Beispiel den SAPiens-Mentoren, bekommt.
MO_ANER_4	Mir würde es schmeicheln, wenn meine Idee von Verantwortlichen von SAP, zum Beispiel den SAPiens-Mentoren, gewürdigt wird.

Tabelle 5-14: Operationalisierung des Motivs „Anerkennung"; Quelle: Eigene Darstellung

Bedarf

In vier der oben untersuchten Studien wird der persönliche Bedarf als Motiv für die Teilnahme von Entwicklern an Open-Source-Projekten untersucht. So nehmen einige Entwickler wegen eines konkreten Bedarfs nach beispielsweise einer bestimmten Softwarelösung, die am Markt nicht verfügbar ist, an entsprechenden Open Source Communities in der Hoffnung teil, dass diese Softwarelösung in der Gemeinschaft programmiert wird.

Von einer Übertragung des Bedürfnis-Motivs auf den vorliegenden Untersuchungsfall wird ausgegangen, wenn auch nicht in derselben Bedeutung. So könnten SAP-Anwender ebenfalls im Rahmen ihrer Produktverwendung einen persönlichen Bedarf im Kontext der SAP-Anwendungen und -Lösungen, der von den existierenden Lösungen noch nicht gedeckt wird, feststellen. Diesen könnten sie in der Form einer Idee zum Ausdruck bringen; und zwar in der Hoffnung, dass durch eine Realisierung dieser Idee ihr Bedarf später gedeckt wird. Es geht also nicht um die Verbesserung existierender Anwendungen und Lösungen, sondern um die Schaffung gänzlich neuer Bedarfe im Sinne einer radikalen Innovation. Es wird vermutet, dass unerfüllte Bedarfe in dieser Form ein Motiv für die Teilnahme an der SAPiens-Ideen-Community darstellen können.

Motiv
Bezeichnung: Bedarf
Kurzbeschreibung: konkreter Bedarf im Kontext der existierenden SAP-Softwareanwendungen und -lösungen, der von den existierenden Angeboten noch nicht gedeckt wird
Operationalisierung
MO_BEDA_1   Ich habe bei SAPiens eine Idee eingereicht, weil diese einen konkreten Bedarf von mir, der von den existierenden SAP-Anwendungen und -Lösungen noch nicht gedeckt wird, zum Ausdruck bringt.
MO_BEDA_2   Ich habe bei SAPiens teilgenommen, weil die Realisierung meiner Idee einen konkreten Bedarf, der von den existierenden SAP-Anwendungen und -Lösungen bislang nicht gedeckt wird, von mir befriedigen würde.
MO_BEDA_3   Ich habe einen Bedarf festgestellt, den die SAP-Softwarelösungen und -anwendungen nicht erfüllen.

Tabelle 5-15: Operationalisierung des Motivs „Bedarf"; Quelle: Eigene Darstellung

Produktverbesserung

In einigen der untersuchten Studien wurde der Wunsch, bestehende Open-Source-Softwarelösungen zu verbessern, als Teilnahmemotiv identifiziert. Hertl, Niedner und Herrmann (2003) sowie die Autoren der FLOSS-Studie (Ghosh et al. 2002) stellten fest, dass es der Wunsch dieser Teilnehmer ist, existierende Unzulänglichkeiten und Fehler in der Software auszuräumen oder die Bedienerfreundlichkeit zu erhöhen.

Es wird vermutet, dass dieser Aspekt auch im vorliegenden Untersuchungsfall Relevanz hat. Allerdings wird im Falle der SAPiens-Ideen-Community der Wunsch einer Produktverbesserung nicht in einer aktiven Programmierleistung, sondern einer Ideenäußerung zur Behebung oder Verbesserung existierender Unzulänglichkeiten und Fehler oder sogar zur Verbesserung der Bedienerfreundlichkeit resultieren. Das Motiv „Produktverbesserung" soll auch für den vorliegenden Untersuchungsfall übernommen werden.

Motiv	
Bezeichnung: Produktverbesserung	
Kurzbeschreibung: Wunsch nach Behebung von Softwarefehlern oder Erhöhung der Bedienerfreundlichkeit	
Operationalisierung	
MO_PV_1	Ich habe eine Idee eingereicht, weil ich zur Verbesserung einer existierenden SAP-Lösung oder -Anwendung beitragen möchte.
MO_PV_2	Ich habe eine Idee eingereicht, weil ich zur Behebung eines Fehlers an einer existierenden SAP-Lösung oder -Anwendung beitragen möchte.

Tabelle 5-16: Operationalisierung des Motivs „Produktverbesserung"; Quelle: Eigene Darstellung

Lernen

Die Mitwirkung in Open-Source-Projekten bietet Teilnehmern die Möglichkeit, ihre Fachkenntnisse, persönlichen Fertigkeiten und Erfahrungen zu erweitern. Diese Möglichkeit stellt für viele Teilnehmer an Open-Source-Projekten ein wichtiges Teilnahmemotiv dar, da mit der Erweiterung des eigenen „Human Kapitals" die Aussicht auf bessere Chancen auf dem Arbeitsmarkt und höhere Gehälter verbunden werden (Becker 1962). Die hohe Relevanz dieses Motivs für den Open-Source-Kontext wurde in den oben untersuchten Studien von Lakhani und Wolf (2005), Hars und Ou (2002), Hertel, Niedner und Herrmann (2003) sowie in der FLOSS-Studie (Ghosh et al. 2002) nachgewiesen.

Es wird vermutet, dass das Motiv Lernen auch im vorliegenden Untersuchungszusammenhang eine Bedeutung hat. So wird den Teilnehmern an der SAPiens-Ideen-Community durch ihre Mitwirkung die Möglichkeit geboten, Erfahrungen und Wissen im Zusammenhang mit den SAP-Lösungen zu sammeln, etwa durch den fachlichen Austausch oder das gemeinschaftliche Weiterentwickeln von Ideen mit anderen Teilnehmern. Dass SAP-Kenntnisse im heutigen Berufsleben eine hohe Relevanz haben und von Arbeitnehmern auch aktiv nachgefragt werden, belegen die Ergebnisse der Studien von Mohr (2008) sowie Mohr et al. (2007). Das Motiv Lernen soll daher auch in die vorliegende Untersuchung Einzug erhalten.

Motiv	
Bezeichnung: Lernen	
Kurzbeschreibung: Erweiterung der SAP-Kenntnisse und -Erfahrungen	
Operationalisierung	
MO_L_1	Ich hoffe, durch die Kommentare in Bezug auf meine eingereichte Idee meine SAP-Fachkenntnisse erweitern zu können.
MO_L_2	Ich möchte meine Idee(n) mit SAP-Experten und anderen SAP-Anwendern besprechen und so tiefergehende Einblicke in die SAP-Softwarelösungen und -anwendungen bekommen.

Tabelle 5-17: Operationalisierung des Motivs „Lernen"; Quelle: Eigene Darstellung

Kontakt zu Gleichgesinnten

In der Studie von Hertel, Niedner und Herrmann (2003) sowie in der FLOSS-Studie (Ghosh et al. 2002) wurde der Kontakt zu Gleichgesinnten als Teilnahmemotiv nachgewiesen. Dahinter verbirgt sich der Wunsch, mit anderen Menschen mit gleichem inhaltlich-fachlichen Hintergrund in Kontakt treten zu wollen, um mit diesen eine Beziehung auf inhaltlich-fachlicher Ebene einzugehen, beispielsweise um sich mit diesen über die eigenen Beiträge auszutauschen.

Dieser Effekt kann auch auf den vorliegenden Untersuchungskontext übertragen werden. So ist denkbar, dass die Ideeneinreicher in der SAPiens-Ideen-Community auch den Wunsch hegen könnten, mit anderen Mitgliedern in Kontakt zu kommen. Das Motiv Kontakt zu Gleichgesinnten soll daher ebenfalls in unveränderter Form in die Untersuchung einfließen.

Motiv	
Bezeichnung: Kontakt zu Gleichgesinnten	
Kurzbeschreibung: Wunsch nach Kontakt zu anderen Teilnehmern der SAPiens-Ideen-Community	
Operationalisierung	
MO_KZG_1	Ich bringe mich in die SAPiens-Ideen-Community in der Hoffnung ein, mit anderen SAP-Anwendern über meine Ideen in Kontakt zu kommen.
MO_KZG_2	Ich suche den Kontakt zu anderen Mitgliedern auf SAPiens, um mich mit diesen über meine Idee auszutauschen.

Tabelle 5-18: Operationalisierung des Motivs Kontakt zu Gleichgesinnten; Quelle: Eigene Darstellung

5.2.4 Empirie

Wie zu Beginn des Kapitels 5.2 überblicksartig angedeutet, sollten die im vorangegangenen Unterkapitel operationalisierten Motive im Rahmen einer Umfrage unter den Teilnehmern der SAPiens-Ideen-Community abgefragt werden. Nachfolgend wird auf wichtige Aspekte bezüglich dieser Empirie eingegangen.

Fragebogenkonstruktion

Als Erhebungsinstrument der Umfrage wurde ein standardisierter Fragebogen benutzt. Dieser bestand aus drei Teilen. Der erste Teil widmete sich den Motiven. Hier wurden die im Rahmen der obigen Operationalisierung erstellten 29 Items, welche ja die 11 Motive repräsentieren, in exakt ihrer oben dargestellten Form als vorgegebene Aussagen in einer zufällig arrangierten Reihenfolge dargeboten. Zu jeder dieser 29 Motivitems wurde im Fragebogen eine fünfstufige Ratingskala angeboten, wobei 1 für „trifft gar nicht zu" bis 5 für „trifft voll zu" stand. Die Befragten wurden gebeten, die Aussagen zu lesen und entsprechend dem Selbsteinschätzungsprinzip auf der Ratingskala ehrlich zu bewerten.

Der zweite Teil des Fragebogens enthielt Abfragen zu Persönlichkeitsmerkmalen der Teilnehmer. Das zu erhebende Datenmaterial hieraus ist für die Untersuchungen im Rahmen der Forschungsfrage IV dieser Arbeit relevant. Für ausführliche Erläuterungen hierzu sei auf das Kapitel sechs, insbesondere auf das Kapitel 6.3 verwiesen.

Im dritten Teil wurden abschließend Angaben zur Person abgefragt. Die Abfrage dieser Daten wurde bewusst ans Ende des Fragebogens platziert, da zum einen die Platzierung am Anfang den Befragten zu lange im Unklaren über den eigentlichen Sinn des Fragebogens gelassen hätte und andererseits gegen Ende der Befragung eher Ermüdungserscheinungen aufgetreten wären und das Interesse an den Fragen somit tendenziell nachgelassen hätte (Mayer 2006, 93).

Zur Überprüfung des Fragebogens wurde ein Pre-Test mit fünf Personen durchgeführt. Darunter befanden sich zwei ausgewählte Personen der Umfragezielgruppe sowie drei Experten, denen eine hohe Expertise auf dem Gebiet der Fragebogenerstellung bescheinigt werden kann. Mit den fünf Teilnehmern des Pre-Testes wurde der Fragebogen gemeinsam ausgefüllt. Dabei wurde auf Verständnisprobleme, Fehlinterpretationen und Antwortschwierigkeiten geachtet. Außerdem wurden die Pre-Test-Teilnehmer im Nachgang zu kritischem Feedback aufgefordert.

Die Ergebnisse des Pre-Testes bestätigten größtenteils die Brauchbarkeit des Fragebogens. Die durchschnittliche Beantwortungsdauer von ca. 8 Minuten spiegelte einen zumutbaren Aufwand für die zu befragenden Teilnehmer wider. Die durch den Pre-Test ausgelösten Korrekturen betrafen vor allem missverständliche Formulierungen. Insbesondere musste das Sprachniveau mit Hilfe leichter verständlicherer Formulierungen überarbeitet werden. Auch die Gestaltung einiger Antwortkategorien im letzten Teil des Fragebogens konnte auf Grund der Erkenntnisse aus dem Pre-Test verbessert werden. Der vollständige Fragebogen in seiner endgültigen Version findet sich im Anhang.

Umfragelogistik

Die Befragung wurde als Onlineumfrage mit Hilfe der Internetanwendung des Anbieters „2ask" durchgeführt. Die angestrebte Grundgesamtheit, die so genannte „target population", also alle Elemente, über die Aussagen im Rahmen der Untersuchung getroffen werden sollen (Schnell/Hill/Esser 2008, 271), setzte sich aus allen registrierten Mitgliedern der SAPiens-Ideen-Community zusammen, egal ob diese bis dato eine Idee eingereicht hatten oder nicht. Dies waren zum Zeitpunkt der Erhebung 168 Personen. Es handelte sich also in diesem Sinne um eine Vollerhebung.

Der so definierte Personenkreis wurde in persönlichen E-Mail-Anschreiben zur Teilnahme an der Umfrage aufgerufen. In den E-Mails wurden Internetlinks, mittels welcher die angeschriebenen Personen zu dem Online-Fragebogen gelangten, zusammen mit einem personalisierten Zugangscode versandt. Durch den Zugangscode konnten die Befragten bzw. deren Antworten identifiziert werden, wodurch eine spätere Zuordnung dieser zu den von ihnen eingereichten Ideen möglich war. Eine entsprechende Zuordnung war für die Untersuchungen im Rahmen der Forschungsfragen IIIb und IV nötig.

Die Umfragedauer umfasste vier Wochen und wurde im Herbst 2009 durchgeführt. Während der Laufzeit wurden systemtische Nachfassaktionen durchgeführt. So wurde in jeder Woche an diejenigen Personen, die bis dato noch nicht an der Umfrage teilnahmen, ein Erinnerungsschreiben per E-Mail versandt. Letztendlich wurden 149 Onlinefragebögen beantwortet, was einer Rücklaufquote von 88,7 % entspricht. Diese Quote ist für eine Befragung unter Personen mit einer relativ kleinen Grundgesamt als gut einzustufen. Von den 149 beantworteten Fragebögen mussten neun wegen inkonsistenter oder unvollständiger Angaben aussortiert werden, so dass 140 verwertbare Datensätze für die verschiedenen Analysen im Rahmen der Untersuchungen dieser Arbeit zur Verfügung standen.

Der erste Fragebogenteil, in dem die oben operationalisierten Motive abgefragt werden sollten, richtete sich explizit nur an diejenigen Umfrageteilnehmer, die eine oder sogar mehrere Ideen einreichten. Nicht-Ideeneinreicher durften diesen Teil des Fragebogens überspringen. Da zu den 140 verwertbaren Datensätzen auch Nicht-Ideeneinreicher zählten, war die Anzahl der verwertbaren Datensätze für die Motivuntersuchung entsprechend niedriger. Diese Anzahl lag bei 87. Es befanden sich also unter den 140 Umfrageteilnehmern 87 Personen, die mindestens eine Idee einreichten. Diese 87 Datensätze konnten also für die Auswertung im Rahmen der hier angestrebten Motivuntersuchung herangezogen werden.

Charakteristik der Umfrageteilnehmer

Von den 87 Befragten waren 61 Männer, was einem Prozentanteil von 60,92 % entspricht. Die Altersstruktur der 87 befragten Teilnehmer ist der nachfolgenden Abbildung zu entnehmen.

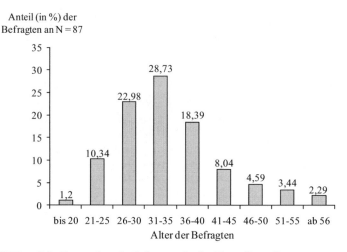

Abbildung 5-2: Altersstruktur der Befragten; Quelle: Eigene Darstellung

Neben der Geschlechter- und Altersabfrage wurde im dritten Teil des Fragebogens auch danach gefragt, inwiefern die Befragten mit den SAP-Anwendungen und -Lösungen in Verbindung stehen. So ist es denkbar, dass die Befragten die SAP-Anwendungen im Rahmen einer beruflichen Anstellung in einem Unternehmen, im Rahmen einer Ausbildung (Studium, Berufsausbildung o.Ä.), im Rahmen einer beruflichen Beratertätigkeit oder im Rahmen einer Lehrtätigkeit (zum Beispiel an einer Universität, Fachhochschule o.Ä.) benutzen. Diese Abfrage ist deshalb von Interesse, um festzustellen, ob die entsprechende Verteilung der Befragten ein realistisches Abbild aller SAP-Anwender wiedergibt. So stellt sich beispielsweise der klassische SAP-Anwender als Angestellter eines Unternehmens dar, der im Rahmen seiner Arbeit mit den SAP-Anwendungen in Berührung kommt. Dieser Typ wird immer wieder durch Erkenntnisse aus repräsentativen Umfragen unter SAP-Anwendern bestätigt, wie zum Beispiel bei Mohr et al. (2007) oder Mohr (2008).

Die Ergebnisse zu der Frage, in welchem Rahmen die Befragten die verschiedenen SAP-Anwendungen nutzen, präsentiert die folgende Abbildung.

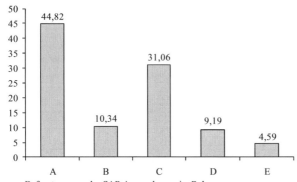

Befragte verwenden SAP-Anwendungen im Rahmen...
• Gruppe A = ...einer Anstellung in einem Unternehmen
• Gruppe B = ...einer beruflichen Tätigkeit als SAP-Berater
• Gruppe C = ...einer Ausbildung, z.B. als Studierender, Berufsschüler o.ä.
• Gruppe D = ...einer Lehrtätigkeit, z.B. an einer Universität, Fachhochschule o.ä.
• Gruppe E = ...sonstiges

Abbildung 5-3: Verteilung bezüglich der Nutzung von SAP-Anwendungen durch die Befragten; Quelle: Eigene Darstellung

Wie der Abbildung zu entnehmen ist, stellen die Befragten, die SAP-Anwendungen im Rahmen einer beruflichen Anstellung in einem Unternehmen verwenden, die größte Gruppe dar. Dies spiegelt die Erkenntnisse aus repräsentativen Umfragen unter SAP-Anwendern wider, wie zum Beispiel bei Mohr et al. (2007) oder Mohr (2008). Somit dürfte dies Ergebnis in Bezug auf diese Gruppe ein reales Abbild der Grundgesamtheit aller SAP-Anwender darstellen. Und auch in Bezug auf die Gruppen B, D und E dürften die vorliegenden Ergebnisse die Verteilung der Grundgesamtheit aller SAP-Anwender zumindest annähernd widerspiegeln. Dies kann allerdings bezüglich der Gruppe C nicht gesagt werden. So ist der Anteil der Befragten an dieser Gruppe als überdurchschnittlich hoch einzuschätzen. Dies soll aber für die geplante Motivuntersuchung dennoch in Kauf genommen werden.

5.2.5 Ergebnisse

Ziel der Motivationsuntersuchung im Rahmen dieser Arbeit ist es, die Motive zur Äußerung einer Idee der Ideengeber aus der SAPiens-Ideen-Community abzufragen. Wie oben beschrieben, können für die Motivationsuntersuchung die Datensätze von 87 Befragten genutzt werden. Bevor diese Datensätze aber für eine statistische Auswertung, die einem wissenschaftlichen Anspruch genügt, herangezogen werden können, müssen sie einer Validitäts- und Reliabilitätsuntersuchung unterzogen werden. Ziel dieser Voruntersuchung ist es zum einen, herauszufinden, ob die mit Hilfe der Vorstudie identifizierten Motive durch die gewählte Operationalisierung auch tatsächlich erfasst werden. Es handelt sich dabei also um die Untersuchung der Konstruktvalidität. Neben der Untersuchung der Validität soll darüber hinaus auch die Verlässlichkeit der Messung, also die Reliabilität, getestet werden.

Eine ausführliche Validitäts- und Reliabilitätsüberprüfung erfolgt in den folgenden beiden Unterkapiteln. Im sich daran anschließenden Unterkapitel werden sodann die deskriptiven Befunde der Motivuntersuchung präsentiert.

5.2.5.1 Befunde einer ersten Validitäts- und Reliabilitätsprüfung

5.2.5.1.1 Explorative Faktorenanalyse zur Überprüfung der Konstruktvalidität

Einführung

Zur Überprüfung der Konstruktvalidität wird im vorliegenden Untersuchungsfall auf eine explorative Faktorenanalyse zurückgegriffen. Mittels der explorativen Faktorenanalyse können Strukturen in großen Variablensets erkannt werden (Backhaus et al. 2008, 324). Große Variablensets, wie sie in der vorliegenden Untersuchung vorliegen, sind oftmals dadurch gekennzeichnet, dass mit steigender Zahl der Variablen davon auszugehen ist, dass sich mehr und mehr Variablen überlappen (Backhaus et al. 2008, 324). Übertragen auf den Untersuchungsfall heißt das, dass sich einige Motivitems auf Grund ihrer Ähnlichkeit überlappen. In der klassischen Testtheorie werden diese Überlappungen auch als Homogenität bezeichnet (Fischer 1974, 22). Statistisch drückt sich diese Homogenität unter den Variablen in hohen Korrelationswerten zwischen den Items aus. Durch die strukturentdeckende Eigenschaft der explorativen Faktorenanalyse können diese Homogenitäten aufgedeckt werden, und zwar indem Gruppen von Items identifiziert werden, die hoch miteinander korrelieren.

Dadurch werden diese korrelierenden Gruppen automatisch von einzelnen, weniger korrelierenden Variablen beziehungsweise Motivitems getrennt. Die Gruppen der jeweils hoch korrelierenden Items bezeichnet man dann als Faktoren. Weil diese multivariate Analysemethode also diese Faktoren entdeckt, wird sie auch explorative Faktorenanalyse genannt.

Die einzelnen Variablen, die nicht mit einer identifizierten Gruppe korrelieren, sind als solche Variablen zu interpretieren, die nicht mehr das messen, was sie zu messen vorgeben, also nicht valide sind (Nichterfüllung der Konstruktvalidität). Um eine Konstruktvalidität zu gewährleisten, sind diese Variablen dann zu eliminieren. Auf diese Weise tragen die strukturprüfenden Eigenschaften der explorativen Faktorenanalyse insgesamt zur Überprüfung und gegebenenfalls zur nachträglichen Herstellung der Konstruktvalidität bei.

Konstruktvalidität beinhaltet dabei sowohl die Konvergenz- als auch die Diskriminanzvalidität (Cambell/Fiske 1959). Von Konvergenzvalidität kann im Rahmen einer explorativen Faktorenanalyse ausgegangen werden, wenn die Items, die einem Faktor zugeordnet sind, untereinander in einer starken Beziehung stehen, sie also als homogen im oben beschriebenen Sinne bezeichnet werden können. Diskriminanzvalidität drückt sich dagegen im Rahmen einer explorativen Faktorenanalyse dadurch aus, dass die Beziehung zwischen Items, die demselben Faktor zugeordnet sind, stärker ist als die Beziehung zwischen Items, die unterschiedliche Faktoren messen.

Die Berechnungen im Rahmen der Faktorenanalyse wurden mit Hilfe der Statistiksoftware SPSS 17.0 durchgeführt. Mit Hilfe dieser Software wurden sowohl die im Rahmen einer Vorabprüfung durchzuführenden und im nachfolgenden Abschnitt beschriebenen Korrelationsberechnungen für die Variablen als auch die weiter unten beschriebene eigentliche Faktorenanalyse durchgeführt.

Prüfung der Anwendungsvoraussetzungen

Die Anwendung einer Faktorenanalyse stellt einige Voraussetzungen an den zu Grunde liegenden Datensatz. So sollten die Daten mindestens intervallskaliert sein (Backhaus et al. 2008, 324 und 383). Im vorliegenden Untersuchungsfall kann auf Grund der verwendeten fünfstufigen Ratingskala eine Intervallskalierung unterstellt werden (Hammann/Erichson 2000, 341). Eine weitere Anwendungsvoraussetzung stellt die Mindestanzahl der zu Grunde liegenden Fälle im Datensatz dar. So sollte die Fallzahl im Idealfall der dreifachen Variablenanzahl entsprechen, mindestens aber größer 50 sein (Backhaus et al. 2008, 383). Mit einer vorliegenden Fallzahl von 87 kann diese Voraussetzung als erfüllt angesehen werden.

Eine weitere Anwendungsvoraussetzung ergibt sich in Bezug auf die Qualität des Datensatzes. So ist die Güte der Ergebnisse einer Faktorenanalyse von der Qualität der ihr zu Grunde liegenden Daten abhängig (Backhaus et al. 2008, 330). Übertragen auf den vorliegenden Untersuchungsfall bedeutet das, dass im Vorfeld der Motiverhebung besondere Sorgfalt auf die Wahl der Motive, also der Untersuchungsmerkmale, gelegt werden muss. Insbesondere muss darauf geachtet werden, dass die erhobenen Motive auch für das Untersuchungsziel relevant und trennscharf sind. Auch bei der Formulierung von Items ist darauf zu achten, dass die Wortwahl der Fragestellung danach fragt, was sie zu erheben gedenkt. Ferner sollte die Wortwahl der Befragungsitems nicht das Antwortverhalten der Befragten und damit die Streuung der Daten negativ beeinflussen. Diese Sachverhalte schlagen sich in den Korrelationen der Variablen nieder (Backhaus et al. 2008, 330). Aus diesem Grund gibt es Prüfkriterien, die es erlauben, im Vorfeld der eigentlichen Faktorenanalyse Variablenzusammenhänge auf ihre Eignung für eine Faktorenanalyse zu überprüfen.

Die Variablenzusammenhänge werden im Rahmen einer Faktorenanalyse üblicherweise durch eine Korrelationsberechnung aufgedeckt und in einer Korrelationsmatrix aufgezeigt. Auf diese Korrelationsmatrix greift der Bartlett-Test zurück, der als einer der oben beschriebenen Prüfgrößen herangezogen wird. Der Bartlett-Test überprüft die Hypothese, dass die Stichprobe aus einer Grundgesamtheit entstammt, in der die Variablen unkorreliert sind (Dziuban/Shirkey 1974, 358 ff.). Gleichbedeutend mit dieser

Aussage ist die Frage, ob die Korrelationsmatrix nur zufällig von einer Einheitsmatrix abweicht, da im Falle der Einheitsmatrix alle Nichtdiagonal-Elemente Null sind, also keine Korrelationen zwischen den Variablen vorliegen (Backhaus et al. 2008, 335). So formuliert die Nullhypothese für diesen Test, dass die Variablen in der Erhebungsgesamtheit unkorreliert sind. Entsprechend unterstellt die Alternativhypothese, dass diese korreliert sind. Im vorliegenden Fall erbrachte der Bartlett-Test bei einer ersten Überprüfung eine von SPSS ermittelte Prüfgröße von 2244,301 bei einem Signifikanzniveau von 0,000. So ist davon auszugehen, dass die Variablen in der Erhebungsgesamtheit korreliert sind. Setzt man als kritische Irrtumswahrscheinlichkeit 5% fest, so wäre die Nullhypothese anzunehmen und folglich die Korrelationsmatrix nur zufällig von der ihr zu Grunde liegenden Einheitsmatrix verschieden. Das lässt den Schluss zu, dass die Ausgangsvariablen im vorliegenden Fall unkorreliert sind.

Variablenzusammenhänge können auch aus der Anti-Image-Korrelationsmatrix abgelesen werden. Dabei handelt es sich um eine Matrix, die die Korrelationen auf Grund der den Variablen zu Grunde liegenden Varianzen aufzeigt. Auf der Grundlage dieser Matrix lässt sich eine zweite Prüfgröße, der so genannte Kaiser-Meyer-Olkin-Wert (KMO-Wert) oder MSA-Wert (measure of sampling adequacy), ermitteln. Das MSA-Kriterium gibt an, in welchem Umfang die Ausgangsvariablen zusammengehören und dient somit als Indikator dafür, ob eine später durchzuführende Faktorenanalyse sinnvoll erscheint oder nicht (Backhaus et al. 2008, 336). Der MSA-Wert erlaubt sowohl eine Beurteilung der Werte der Korrelationsmatrix insgesamt als auch für einzelne Variablen. Die variablenspezifischen MSA-Werte sind auf der Hauptdiagonalen der Anti-Image-Korrelations-Matrix abgetragen. Der Wertebereich liegt sowohl für den globalen als auch für die einzelnen MSA-Größen zwischen 0 und 1. Kaiser und Rice (1974) schlagen folgende Richtwerte vor:

MSA >/= 0,9	Marvelous	„erstaunlich"
MSA >/= 0,8	Meritorious	„verdienstvoll"
MSA >/= 0,7	Middling	„ziemlich gut"
MSA >/= 0,6	Mediocre	„mittelmäßig"
MSA >/= 0,5	Miserable	„kläglich"
MSA < 0,5	Unacceptable	„untragbar"

Tabelle 5-19: Richtwerte für MSA-Werte; Quelle: Kaiser und Rice (1974)

Ist der globale MSA-Wert als beispielsweise „untragbar" einzustufen, kann anhand einer Betrachtung der Einzelwerte nachvollzogen werden, welche einzelnen Variablen dafür ausschlaggebend sind. So führen nämlich schlechte Einzelwerte auch zu einem schlechten Globalwert. Liegen schlechte Einzelfälle vor, so können gemäß den Empfehlungen von Backhaus et al. (2008, 337) die Variablen, die diesen schlechten Einzelwerten zu Grunde liegen, ausgeschlossen und so eine Verbesserung der MSA-

Werte erzielt werden. Dabei empfiehlt es sich laut Backhaus et al. (2008, 337), nicht sofort alle schlechten Variablen, sondern zunächst die Variable mit dem schlechtesten MSA-Wert auszuschließen und dann eine neue Prüfung durchzuführen. Dieser iterative Prüfprozess sollte dann so lange erfolgen, bis keine schlechten Einzelwerte, also laut einer Empfehlung von Kaiser und Rice (1974) Werte < 0,5, mehr vorliegen. Im vorliegenden Fall erwiesen sich die Variablen MO_REZ_2, MO_PV_2, MO_IH_1, MO_REZ_4 sowie MO_REZ_3 im Rahmen dieser Prüfung als für die spätere Faktorenanalyse problematisch, da ihre Werte unterhalb von 0,5 lagen. Diese Variablen wurden in entsprechenden sechs Iterationen ausgeschlossen. Nach der sechsten Iteration lagen alle variablenspezifischen MSA-Werte über dem kritischen Wert von 0,5 und auch der globale MSA-Wert war mit einer Ausprägung von 0,729 als „ziemlich gut" einzustufen. Die nachfolgende Tabelle zeigt die MSA-Werte für die genannten Variablen innerhalb der einzelnen Iterationsstufen.

Iteration	Einbezogene Variablen	Variablen mit MSA > 0,5	Auszuschließende Variable	Globaler MSA-Wert	Prüfgröße Bartlett-Test
1	Alle	MO_BEDA_2 = 0,471 MO_PV_2 = 0,353 MO_REZ_2 = 0,348 MO_REZ_4 = 0,436 MO_IH_1 = 0,397 MO_ANER = 0,465	MO_REZ_2	0,571	2244,301
2	Alle außer MO_REZ_2	MO_BEDA_2 = 0,489 MO_PV_2 = 0,349 MO_REZ_4 = 0,451 MO_IH_1 = 0,371	MO-PV_2	0,606	2135,168
3	Alle außer MO_REZ_2; MO_PV_2	MO_BEDA_2 = 0,452 MO_REZ_4 = 0,444 MO_IH_1 = 0,355	MO_IH_1	0,620	2058,701
4	Alle außer MO_REZ_2; MO_PV_2; MO_IH_1	MO_REZ_4 = 0,427	MO_REZ_4	0,656	1896,551
5	Alle außer MO_REZ_2; MO_PV_2; MO_IH_1; MO_REZ_4	MO_REZ_1 = 0,498 MO_REZ_3 = 0,442	MO_REZ_3	0,699	1724,215
6	Alle außer MO_REZ_2; MO_PV_2; MO_IH_1; MO_REZ_4; MO_REZ_3	Keine Variable mit MSA-Wert > 0,5 mehr vorhanden	Keine	0,729	1543,657

Tabelle 5-20: Ergebnisse des iterativen Prüfprozesses im Rahmen des MSA- und Bartlett-Tests; Quelle: Eigene Darstellung

Auf Grund des positiven Bartlett-Tests, der auch über die sechs Iterationen hinweg stets Positivwerte hervorbrachte (vgl. Tabelle 5-20), sowie der Überprüfung der MSA-Werte und des damit verbunden Ausschlusses von ungeeigneten Variablen kann abschließend befunden werden, dass sich alle verbliebenen Variablen für die anschließende Faktorenanalyse eignen.

Durchführung der explorativen Faktorenanalyse

Wie oben dargelegt, werden im Rahmen der Faktorenanalyse Gruppen von miteinander korrelierenden Variablen gebildet. Die Gruppen der jeweils hoch korrelierenden Variablen bezeichnet man dann als Faktoren. SPSS ermittelt im Rahmen einer Berechnung die Anzahl der zu bildenden Gruppen. Diese Prozedur wird im Rahmen der Faktorenanalyse auch als Faktorenextraktion bezeichnet. Für die Extraktion von Faktoren im Rahmen der Faktorenanalyse stehen dabei unterschiedliche Verfahren zur Auswahl. Grundsätzlich werden das Hauptkomponenten-Verfahren und das Hauptachsen-Verfahren unterschieden (Janssen/Laatz 2007, 467 f.). Die Alternativen unterscheiden sich in dem verwendeten Gütekriterium, das sie benutzen, um mit Hilfe der extrahierten Faktoren einen möglichst hohen Varianzanteil zu erklären (Backhaus et al. 2008, 368). In der Literatur werden unterschiedliche Ansichten darüber vertreten, welches Verfahren besser sei. So konnte beispielsweise Widaman im Rahmen einer Untersuchung feststellen, dass das Hauptachsen-Verfahren dem Hauptkomponenten-Verfahren überlegen ist (Widaman 1993). Russell empfiehlt sogar, ausschließlich die Hauptachsenmethode anzuwenden (Russell 2002). Dieser Empfehlung wird in der vorliegenden Untersuchung gefolgt, weshalb zur Extraktion von Faktoren mittels der Statistiksoftware SPSS das Hauptachsen-Verfahren mit einer Varimax-Rotation angewandt wurde. Die Ergebnisse aus dieser Berechnung werden in der nachfolgenden Tabelle dargestellt.

Variablen	Faktoren					
	1	2	3	4	5	6
MO_BEDA_1	,086	,205	,312	,360	**,670**	-,065
MO_BEDA_2	,141	,120	,444	-,124	**,590**	-,100
MO_BEDA_3	,129	,364	,024	,194	**,578**	,110
MO_PV_1	,042	,069	-,023	,164	**,644**	,183
MO_SM_1	**,624**	,263	-,080	,229	,400	-,040
MO_SM_2	**,762**	,214	-,121	,337	,160	,216
MO_SM_3	**,853**	,003	,125	,003	,164	,126
MO_L_1	,413	,138	,426	-,011	-,102	**,677**
MO_L_2	,244	,158	,041	,202	,131	**,785**
MO_S_1	,065	**,660**	,268	,065	,117	-,039
MO_S_2	,043	**,630**	,026	,209	,325	,176
MO_S_3	,255	**,785**	,203	,170	,118	,030
MO_REZ_1	,024	-,050	,468	,161	,261	,508
MO_IH_2	,190	**,898**	,065	-,023	,082	,135
MO_ALT_1	-,106	,360	**,569**	,203	,300	,141
MO_ALT_2	,058	,106	**,727**	,141	-,020	,162
MO_ANER_1	,423	,236	,048	**,610**	,087	,120
MO_ANER_2	,110	,452	,407	,418	,096	,006
MO_ANER_3	,415	,089	,131	**,710**	,191	,284
MO_ANER_4	,046	,094	,210	**,832**	,253	,071
MO_CI_1	,376	,227	,445	,144	,042	,075
MO_CI_2	,383	,347	**,588**	-,009	,313	,099
MO_KZG_1	**,644**	,107	,285	,124	-,099	,231
MO_KZG_2	,482	,348	,314	,222	-,293	,057

Tabelle 5-21: Faktorladungsmatrix (rotiert), Quelle: Eigene Darstellung

Aus der Tabelle ist zu entnehmen, dass mittels der SPSS-Berechnung sechs Faktoren extrahiert wurden. Die in der Tabelle aufgeführten Werte zeigen die so genannten Faktorladungen an, die auf der Grundlage der Korrelationen zwischen den einzelnen Variablen errechnet wurden und bereits bei der Prüfung der Anwendungsvoraussetzungen eine Rolle spielten. Die Faktorladungen stellen Korrelationen dar, also Maße für die Richtung und Stärke der Zusammenhänge zwischen den Variablen und den extrahierten Faktoren.

Diese Faktorladungsmatrix stellt nun eine Entscheidungsgrundlage für die Zuordnung der einzelnen Variablen zu einem Faktor dar. Die Zuordnung wird nämlich nicht von SPSS im Rahmen der Berechnungen vollzogen, sondern muss intersubjektiv vom Anwender selbst durchgeführt werden (Backhaus et al. 2008, 355 f.). Im Rahmen der vorliegenden Untersuchung erfolgte eine entsprechende Zuordnung einer Variablen zu einem Faktor unter der Bedingung, dass für die Variable ein hoher Ladungswert für den entsprechenden Faktor vorliegt. Ein hoher Ladungswert ist laut Backhaus et al. (2008, 356) dann gegeben, wenn die entsprechende Ladung einen Wert >/= 0,5 aufweist. Bortz und Döring (2002) interpretieren hohe Ladungen sogar ab einem Wert von 0,6. Als Kompromisslösung zwischen diesen beiden differierenden Auffassungen soll für die vorliegende Untersuchung eine hohe Ladung angenommen werden, wenn die Faktorladungen einen Wert >/= 0,55 aufweisen. Ist diese Bedingung erfüllt, kann davon gesprochen werden, dass die entsprechende Variable auf den zu Grunde liegenden Faktor „lädt", also diesem Faktor zuzuordnen ist. Die Variablen, die erst gar keine Ladung >/= 0,55 aufweisen, wurden im Gegenzug gemäß der Empfehlung der Literatur eliminiert, da sie tendenziell zu Ergebnisverzerrungen, also wie oben beschrieben, zur Konstruktvalidität führen (Churchill 1979, 68; Backhaus et al. 2008, 372).

Die vorliegende Faktorladungsmatrix (vgl. Tabelle 5-21) weist dabei eine so genannte Einfachstruktur auf (Backhaus et al. 2008, 355). Das bedeutet, dass diejenigen Variablen, die eine hohe Ladung (Ladung >/= 0,55) aufweisen, immer nur auf einen Faktor hoch laden und auf alle anderen Faktoren im Vergleich dazu deutlich niedrig laden. Da dieser Fall nicht immer gegeben ist,[8] kann davon gesprochen werden, dass die im vorliegenden Untersuchungsfall ergebenden sechs Faktoren insgesamt gut interpretiert werden. Für eine bessere Übersicht und Nachvollziehbarkeit wurden die Faktorladungen in der Faktorladungsmatrix (vgl. Tabelle 5-21) mit Werten >/= 0,55 durch eine Markierung hervorgehoben.

So zeigt sich, dass die Variablen MO_SM_1 bis MO_SM_3 des Motivs „Selbstmarketing" zusammen mit der Variablen MO_KZG_1 auf Faktor 1 laden. Im Motiv „Selbstmarketing" manifestiert sich der Aspekt, durch seine Idee ein Signal bezüglich der eigenen Fähigkeiten und Kompetenzen zu senden, und zwar an Dritte mit ebenbürtigem inhaltlich-fachlichen Sachverstand. Im Motiv „Kontakt zu Gleichgesinnten" manifestiert sich der Wunsch der Kontaktaufnahme, und zwar ebenfalls zu Personen aus denselben Fachkreisen. Eine inhaltliche Verwandtschaft beider Motive kann also attestiert werden, insbesondere vor dem Hintergrund, dass man im Rahmen beider Motive gewissermaßen von einer Bemühung zur Kontaktanbahnung auf inhaltlich-fachlicher Ebene, also gewissermaßen in Fachvertreterkreisen, sprechen kann. Deshalb kann der Faktor 1 insgesamt plausibel erklärt werden. Da aber der Anteil der Variablen

---

[8] Insbesondere bei sehr großen Variablensets ist dies häufig nicht gegeben. Häufig weisen einzelne Variablen mehrere Ladungswerte >/= 0,5 auf, sie laden also auf mehrere Faktoren hoch (Backhaus et al. 2008, 355 f.). In diesem Fall spricht man auch davon, dass diese Variablen auf mehrere Faktoren „quer" laden.

aus dem Motiv „Selbstmarketing" überwiegt, soll er im Folgenden weiterhin mit der Bezeichnung „Selbstmarketing" betitelt werden.

Die Variablen MO_S_1, MO_S_2 und MO_S_3 des Motivs „Freude an der Entwicklung von Ideen" laden auf den Faktor 2 hoch. Es zeigt sich also, dass einige Befragte tatsächlich Spaß an der Entwicklung von Ideen empfinden. Die Kreativitätsforschung nennt für diese Art der Spaßempfindung zwei Gründe. So liegt das Besondere zum einen darin, dass es zur Lösung einer kreativen Aufgabe keinen fest vorgeschriebenen Lösungsweg gibt, weshalb die kreativ tätige Person den Lösungsweg frei entscheiden kann (Amabile 1996, 3). Das Besondere ist also in der kreativen Tätigkeit an sich zu finden. Zum anderen ist es die intellektuelle Herausforderung, eine angemessene Lösung für die Aufgabenstellung zu finden, die dieses Spaßempfinden begründet (Amabile 1996, 35). Das Spaßempfinden manifestiert sich also in der Entwicklung von kreativen Innovationsideen per se und in der damit einhergehenden intellektuellen Herausforderung. Somit lässt sich also plausibel begründen, warum die Variable MO_IH_2, welche zum Motiv „Freude an intellektueller Herausforderung" gehört, ebenfalls auf den Faktor 2 hoch lädt. Der Faktor 2 soll daher zusammenfassend als „Spaß"-Faktor betitelt werden.

Faktor 3 ist durch die Altruismus-Variablen MO_ALT_1 und MO_ALT_2, aber auch durch die Variable MO_CI_2 erklärbar. Dies scheint plausibel, da eine Community-Identifizierungsbereitschaft, welche sich hier durch die Variable MO_CI_2 manifestiert, automatisch mit altruistischen Einstellungen derer, die diese Bereitschaft für eine Community aufbringen, einhergeht und diese sogar bedingen. Dies wird deutlich, wenn man sich Definitionsansätze zum Konstrukt des Identitätsgefühls anschaut. So definiert beispielsweise Sarason (1974) dieses Konzept, welches im englischen Sprachraum als "sense of community" bezeichnet wird, als „perception of similarity to others, an acknowledged interdependence with others, a willingness to maintain this interdependence by giving to or doing for others what one expects from them, and the feeling that one is part of a larger dependable and stable structure." (Sarason 1974). Diesen Sachzusammenhang folgend soll der Faktor 3 im Folgenden den Titel „Altruistisch-geprägte Community-Identifikation" erhalten.

Faktor 4 ist wiederum durch die Variablen MO_ANER_1, MO_ANER_3 sowie MO_ANER_4 erklärbar, weshalb dieser Faktor entsprechend mit der Bezeichnung „Anerkennung" betitelt wird. Auf den Faktor 5 laden die Items MO_BEDA_1 bis MO_BEDA_3 hoch. Auf diesen Faktor lädt auch die Variable MO_PV_1 hoch. Dies ist aber hinnehmbar, da hinter den ihnen stehenden Motiven „Bedarf" und „Produktverbesserung" der Wunsch steht, bestehende SAP-Lösungen weiterentwickeln zu wollen beziehungsweise durch das Einreichen einer Idee Anstöße für eine Weiterentwicklung zu geben. Insofern kann beiden eine starke Ähnlichkeit attestiert werden. Im Grunde unterscheiden sich beide Motive nur dahingehend, woraus dieser Wunsch erwächst. Im Falle des Motives „Bedarf" ist es eben ein festgestellter Bedarf, den die bestehenden SAP-Anwendungen und -Lösungen bislang nicht erfüllen, im Falle des

Motives „Produktverbesserung" resultiert der Wunsch aus einer festgestellten Unzulänglichkeit, eines Fehlers oder Ähnlichem. Somit manifestiert sich dieser neu entstandene Faktor zusammenfassend im Wunsch nach einer Neuentwicklung oder Verbesserung bestehender SAP-Lösungen und -Anwendungen. Der Faktor soll daher zusammenfassend als „Wunsch nach Neuentwicklungen und Produktverbesserungen" betitelt werden. Auf den Faktor 6 laden die beiden Variablen des Motivs „Lernen". So soll der Faktor 6 entsprechend mit dem Titel „Lernen" bezeichnet werden.

Die Variablen MO_REZ_1, MO_ANER_2, MO_CI_1 sowie MO_KZG_2 werden der obigen Argumentation folgend eliminiert, da sie jeweils eine Faktorladung > 0,55 aufweisen. Sie sind also als solche Variablen zu interpretieren, die nicht mehr das messen, was sie zu messen vorgeben, also nicht valide sind (Nichterfüllung der Konstruktvalidität). Durch die Elimination der Variable MO_REZ_1 fällt das dahinter stehende Motiv „Reziprozität" gänzlich aus der Untersuchung heraus, da bereits in der Voruntersuchung eine der beiden Variable zu diesem Motiv entfernt werden musste. Dies soll aber angesichts einer damit einhergehenden Konstruktvalidität bewusst in Kauf genommen werden.

Zusammenfassend zeigt die nachfolgende Tabelle, wie sich die untersuchten Variablen zu den im Rahmen der Faktorenanalyse extrahierten sechs Faktoren konsolidieren. Es kann sowohl von Konvergenz- als auch von Diskriminanzvalidität ausgegangen werden, da sich abschließend alle Variablen einem Faktor zuordnen lassen. Alle übriggebliebenen Variablen laden also auf einen Faktor ausreichend hoch, während sie im Hinblick auf die anderen Faktoren deutlich niedrigere Faktorladungen aufweisen. Da – wie oben bereits beschrieben – bei Vorhandensein sowohl von Konvergenz- als auch von Diskriminanzvalidität insgesamt von Konstruktvalidität gesprochen werden kann (Cambell/Fiske 1959), kann also für diese sechs Faktoren mit ihren zu Grunde liegenden Variablen entsprechende Konstruktvalidität befunden werden.

Faktor „Selbstmarketing"	MO_SM_1
	MO_SM_2
	MO_SM_3
	MO_KZG_1
Faktor „Spaß"	MO_S_1
	MO_S_2
	MO_S_3
	MO_IH_2
Faktor „Altruistisch-geprägte Community-Identifikation"	MO_ALT_1
	MO_ALT_2
	MO_CI_2
Faktor „Anerkennung"	MO_ANER_1
	MO_ANER_3
	MO_ANER_4
Faktor „Wunsch nach Neuentwicklungen und Produktverbesserungen"	MO_BEDA_1
	MO_BEDA_2
	MO_BEDA_3
	MO_PV_1
Faktor „Lernen"	MO_L_1
	MO_L_2

Tabelle 5-22: Aus der explorativen Faktorenanalyse resultierende Motive und deren Items; Quelle: Eigene Darstellung

5.2.5.1.2 Reliabilitätsüberprüfung

Neben der Untersuchung der Validität soll für die ermittelten Faktoren mit ihren entsprechend zugeordneten Items des Weiteren die Verlässlichkeit, also die Reliabilität, getestet werden. Reliabilität beschreibt das Ausmaß, in welchem diese konsistent gleiche Resultate bei wiederholtem Einsatz in einer Befragungen liefern würde. Ein ideal reliabler Test liefert also zu unterschiedlichen Zeitpunkten und unterschiedlichen Umweltbedingungen immer die gleichen Ergebnisse (Wirtz/Caspar 2002, 17 ff.). Zur Untersuchung der Reliabilität wird auf das Reliabilitätsmaß Cronbachs-Alpha zurückgegriffen.

Cronbachs-Alpha misst die Reliabilität einer Gruppe von Variablen, die einen Faktor messen (Cortina 1993; Wirtz/Caspar 2002, 17 ff.). Es ist ein Maß für die interne Konsistenz der Variablen eines Faktors und beruht auf der Überlegung, dass die Zuverlässigkeit eines Faktors umso besser ist, je stärker die Korrelation zwischen den einzelnen Variablen ist und je mehr Variablen es gibt. Der Cronbachs-Alpha-Koeffizient stellt den Mittelwert aller Korrelationen dar, die sich ergeben, wenn die dem Faktor zugeordneten Variablen auf alle möglichen Arten in zwei Hälften geteilt und die Summen der jeweils resultierenden Variablenhälften anschließend miteinander korreliert werden (Carmines/Zeller 1979). Cronbachs-Alpha kann dabei Werte zwischen 0 und 1 annehmen. Ein hoher Wert weist dabei auf eine hohe Reliabilität hin, da in diesem Fall die Korrelationen zwischen den Items hoch ausfallen (Himme 2007, 379).

Ab welchem Wert des Koeffizienten die Reliabilität als akzeptabel anzusehen ist, ist in der Literatur umstritten. Häufig orientiert man sich jedoch an dem von Nunnally vorgeschlagenen und inzwischen etablierten Richtwert, der fordert, dass Cronbachs-Alpha mindestens einen Wert von 0,7 erreichen sollte (Nunnally 1978, 245).

Zur Berechnung der Cronbachs-Alpha-Werte wurde wiederum auf die Statistiksoftware SPSS 17.0 zurückgegriffen. Die Ergebnisse zeigt die nachfolgende Tabelle, in der die Cronbachs-Alpha-Werte für jeden der sechs Faktoren aufgelistet sind.

Faktoren	Cronbachs-Alpha-Werte
Faktor „Selbstmarketing"	0,857
Faktor „Spaß"	0,860
Faktor „Altruistisch-geprägte Community-Identifikation"	0,772
Faktor „Anerkennung"	0,852
Faktor „Wunsch nach Neuentwicklungen und Produktverbesserungen"	0,779
Faktor „Lernen"	0,804

Tabelle 5-23: Cronbachs-Alpha-Werte der Faktoren; Quelle: Eigene Darstellung

Es kann also befunden werden, dass die ermittelten Cronbachs-Alpha-Werte für die sechs Faktoren alle über dem von Nunnally (1978, 245) empfohlenen Wert von 0,7 liegen. Somit kann Reliabilität für alle sechs Faktoren angenommen werden.

5.2.5.1.3 Zusätzliche Konvergenzvaliditätsüberprüfung

Zwar wurde im Rahmen der obigen explorativen Faktorenanalyse die Konvergenzvalidität bereits nachgewiesen, darüber hinaus empfehlen Robinson, Shaver und Wrightsman (1991), im Nachgang der Validitäts- und Reliabilitätsprüfung, bei denen ja bestimmte Variablen ausgeschlossen werden, eine routinemäßige, nochmalige Überprüfung der Konvergenzvalidität. Wie erläutert, kann von Konvergenzvalidität im

Rahmen dieser Untersuchung ausgegangen werden, wenn die Items, die einem Faktor zugeordnet sind, untereinander in einer starken Beziehung stehen, sie also als homogen bezeichnet werden können. Man spricht in diesem Fall auch von Eindimensionalität. Es geht also um die nochmalige Feststellung, ob die neuen Faktoren auch wirklich homogen bzw. eindimensional sind.

Homburg und Giering (1996, 12) empfehlen hierfür, für jeden neu ermittelten Faktor mit seinen jeweiligen Variablen eine separate exploratorische Faktorenanalyse durchzuführen. Falls sich bei diesen Einzelanalysen jeweils eindeutig eine 1-Faktor-Lösung ergibt, kann von einer Zugehörigkeit seiner Variablen zu dem untersuchten Faktor ausgegangen werden. Darüber hinaus sollte dieser Faktor mindestens 50% der Varianzen der zugehörigen Variablen erklären. Falls dies nicht der Fall ist, sind sukzessive die Indikatoren mit den geringsten Faktorladungen zu eliminieren.

Die Einzelanalysen ergaben für jeden Faktor eine einfaktorielle Lösung, mit der sich jeweils über 50 Prozent der ursprünglichen Varianz erklären lässt. Somit kann befunden werden, dass auch nach dieser zusätzlichen Überprüfung von konvergenter Validität der einzelnen Faktoren ausgegangen werden kann. Die Detailergebnisse zeigt die nachfolgende Tabelle.

Faktoren	Faktorenlösung	Erklärte Varianz
Faktor „Selbstmarketing"	einfaktorielle	70,201 %
Faktor „Spaß"	einfaktorielle	71,655 %
Faktor „Altruistisch-geprägte Community-Identifikation"	einfaktorielle	69,069 %
Faktor „Anerkennung"	einfaktorielle	77,242 %
Faktor „Wunsch nach Neuentwicklungen und Produktverbesserungen"	einfaktorielle	61,187 %
Faktor „Lernen"	einfaktorielle	83,695 %

Tabelle 5-24: Ergebnisse aus der zusätzlichen Konvergenzvaliditätsüberprüfung; Quelle: Eigene Darstellung

5.2.5.2 Befunde einer zweiten Validitäts- und Reliabilitätsüberprüfung

5.2.5.2.1 Notwendigkeit einer zweiten Überprüfung

Den obigen Ansätzen, mit denen die erste Beurteilung von Validität und Reliabilität durchgeführt wurde, werden in der Literatur einige Schwachstellen nachgesagt (Bogazzi/Yi/Phillips 1991; Gerbing/Anderson 1988; Homburg/Giering 1996). So unterliegen diese Ansätze teilweise sehr strengen Annahmen. Beispielsweise unterstellt das Cronbachs-Alpha, dass alle Variablen eines Faktors die gleiche Reliabilität aufweisen (Homburg/Giering 1996, 9). Zudem hängt die Höhe des Cronbachs-Alpha-

Koeffizienten positiv von der Anzahl der Variablen ab (Homburg/Giering 1996, 8). Eine differenzierte Untersuchung der einzelnen Variablen in Hinblick auf die jeweils zu Grunde liegenden Messeinflüsse ist mittels Cronbachs-Alpha ebenso wie mittels der anderen Ansätze nicht möglich.

Ein weiterer Schwachpunt bezieht sich auf die Beurteilung von Validitäts- und Reliabilitätsaspekten. So beruht die Beurteilung der Validität ebenso wie die der Reliabilität im Rahmen der oben angewandten Ansätze lediglich auf Faustformeln, die sich auf der Grundlage von Erfahrungswerten etabliert haben. Eine zuverlässigere und die Aussagekraft der jeweiligen Koeffizienten erhöhende inferenzstatistische Beurteilung – das heißt mittels eines objektiven statistischen Tests – ist nicht möglich (Gerbing/ Anderson 1988, 189; Homburg/Giering 1996, 8f.).

Insbesondere wegen dieser Schwachstellen hat man nach leistungsstärkeren Möglichkeiten der Validitäts- und Reliabilitätsbewertung gesucht. Diese fand man in der noch relativ jungen multivariaten Analysemethode der „konfirmatorischen Faktorenanalyse", mit deren Aufkommen solche leistungsstärkeren Verfahren erst ermöglicht wurden. „Die konfirmatorische Faktorenanalyse unterscheidet sich von der exploratorischen Variante dadurch, daß in ihrem Rahmen a priori Hypothesen über die den Variablen zugrunde liegende Faktorenstruktur formuliert werden, die es dann mit Hilfe der erhobenen Daten zu überprüfen gilt" (Homburg/Giering 1996, 9). Dadurch werden eine differenzierte Untersuchung der einzelnen Variablen sowie die Anwendung inferenzstatistischer Tests erst möglich. So etablierten sich eine Reihe von neuen, leistungsstärkeren Verfahren, die nach Homburg und Giering (1996, 8) als Validitäts- und Reliabilitätskriterien der zweiten Generation bezeichnet werden.

Trotz der Überlegenheit der Kriterien der zweiten Generation empfehlen Homburg und Giering (1996, 12) im Rahmen einer Konzeptionalisierung und Operationalisierung eines komplexen Konstrukts ausdrücklich, zum Zwecke einer wissenschaftlich fundierten Validitäts- und Reliabilitätsüberprüfung diese zunächst mittels der traditionellen Verfahren und sodann zusätzlich mittels der Verfahren der zweiten Generation durchzuführen. Mit der Ausnutzung dieses Methodenspektrums kann eine vollständige Validitäts- und Reliabilitätsbewertung sichergestellt werden.

Den Empfehlungen von Homburg und Giering (1996, 12) soll im Rahmen dieser Untersuchung Folge geleistet werden. Aus diesem Grund befasst sich dieses Unterkapitel mit einer zusätzlichen Validitäts- und Reliabilitätsuntersuchung, bei der die leistungsstarken Verfahren der zweiten Generation zur Anwendung kommen.

5.2.5.2.2 Konfirmatorische Faktorenanalyse zur Validitäts- und
Reliabilitätsüberprüfung

Grundlagen zur konfirmatorischen Faktorenanalyse

Die konfirmatorische Faktorenanalyse bezeichnet einen Sonderfall des allgemeinen Modells der Kausalanalyse, die in exakter Formulierung auch Kovarianzstrukturanalyse genannt wird (Homburg 1992, 500). Ein solches kausalanalytisches Modell setzt sich aus zwei Bestandteilen zusammen. Im Messmodell wird mittels der konfirmatorischen Faktorenanalyse die Erfassung der latenten Variablen (Faktoren) durch die Indikatoren (oben als Variablen bezeichnet) beschrieben. Im Strukturmodell wird mit Hilfe der aus der Ökonometrie bekannten Strukturgleichungsanalyse die Erklärung der exogenen durch die endogenen latenten Variablen (Faktoren) ausgedrückt. Ein allgemeines Kausalmodell ermöglicht somit die Analyse komplexer Abhängigkeitsbeziehungen zwischen mehreren durch Indikatoren gemessenen Faktoren (Homburg/Giering 1996, 9).

Übertragen auf den vorliegenden Untersuchungsfall heißt das, dass durch ein entsprechend aufgestelltes Kausalmodell mittels einer konfirmatorischen Faktorenanalyse die Abhängigkeitsbeziehungen zwischen den durch die Motivitems (Variablen) gemessenen Motiven (Faktoren) analysiert werden kann. Während also die obige Anwendung der explorativen Faktorenanalyse die Strukturen der Faktoren und der zugehörigen Variablen aufdeckt und neu arrangiert, sollen bei der konfirmatorischen Faktorenanalyse die Beziehungen zwischen den einzelnen Variablen und den dahinter stehenden Faktoren genau spezifiziert werden. Als Ausgangsbasis für diese Analyse dient die durch die obige explorative Faktorenanalyse hergestellte Faktorenstruktur. Vom Prinzip werden im Rahmen der konfirmatorischen Faktorenanalyse die Abhängigkeitsbeziehungen, die sich durch diese Strukturen ergeben, hypothetisch unterstellt und mittels geeigneter Verfahren überprüft. Im Gegensatz zur explorativen wird bei der konfirmatorischen Faktorenanalyse also keine Strukturermittlung und Datenreduktion angestrebt, sondern im Rahmen einer Hypothesenüberprüfung die Abhängigkeitsbeziehungen in einem schon reduzierten Modell untersucht (Bühner 2008, 236).

Bei der Untersuchung der verschiedenen Abhängigkeitsbeziehungen der Faktoren (die im Rahmen der konfirmatorischen Faktorenanalyse als latente Variablen bezeichnet werden) und Variablen (die im Rahmen der konfirmatorischen Faktorenanalyse als Indikatoren bezeichnet werden) kommen verschiedene hypothesenprüfende Verfahren zur Anwendung, durch die eben gemäß dem eigentlichen Zweck einer Kausalanalyse der Nachweis der unterstellten Beziehungsmuster erfolgt. Durch diese Verfahren beziehungsweise durch ihre Ergebnisse lassen sich hinsichtlich des zu Grunde gelegten Modells aber auch Validitäts- und/oder Reliabilitätsaussagen treffen, weshalb sie im obigen Kontext (vgl. Kapitel 5.2.5.2.1) auch als die oben angesprochenen Verfahren zur Validitäts- und Reliabilitätsüberprüfung der zweiten Generation genutzt werden.

Durchführung der konfirmatorischen Faktorenanalyse

Um die Validitäts- und Reliabilitätsüberprüfung mit Verfahren der zweiten Generation durchführen zu können, wird im Rahmen dieser Arbeit also eine konfirmatorische Faktorenanalyse durchgeführt. Als kausalanalytisches Modell wurde dieser Analyse das aus der explorativen Faktorenanalyse resultierende Modell herangezogen, das sich in den Faktoren Selbstmarketing, Spaß, Altruistisch-geprägte Community-Identifikation, Anerkennung, Wunsch nach Neuentwicklungen und Produktverbesserungen sowie

Lernen und den jeweils zugehörigen Variablen manifestiert und die Beziehungen zwischen Faktoren und Variablen abbildet. Die konfirmatorische Faktorenanalyse wurde dabei mit der Statistiksoftware AMOS 18 nach dem Unweighted-Least-Square-Verfahren durchgeführt.[9] Dabei wurden alle 87 Fälle, die auch im Rahmen der explorativen Faktorenanalyse verwendet wurden, einbezogen.

Von der Richtigkeit des spezifizierten Modells hängt die Genauigkeit ab, mit der die Beziehungen der Faktoren und Indikatoren untereinander im Rahmen der konfirmatorischen Faktorenanalyse bemessen werden kann und somit auch Aussagen über die Validität und Reliabilität getroffen werden können. Deshalb müssen im Rahmen einer konfirmatorischen Faktorenanalyse zunächst Gütebewertungen vorgenommen werden. Diese geben Aufschluss darüber, wie gut die in den Modellhypothesen aufgestellten Beziehungen insgesamt durch die empirischen Daten widergespiegelt werden (Homburg/Giering 1996, 10). Diese globale Anpassungsgüte wurde mittels der folgenden Gütemaße berechnet.

Der Goodness-of-Fit-Index (GFI) beschreibt den Anteil der Varianz an der Gesamtvarianz, der durch das aufgestellte Modell erklärt werden kann (Bühner 2008, 255). Eine Weiterentwicklung des GFI stellt der Adjusted-Goodness-of-Fit-Index (AGFI) dar, der zusätzlich die Komplexität des Modells in Form der Zahl der Freiheitsgrade berücksichtigt (Homburg/Giering 1996, 10). Beide Prüfmaße können Werte zwischen 0 und 1 annehmen, wobei ab Werten von $>/= 0,9$ von einer guten Modellanpassung ausgegangen werden kann. Im vorliegenden Untersuchungsfall ermittelte AMOS einen GFI-Wert von 0,951 und einen AGFI-Wert von 0,933, weshalb von einer hervorragenden Gesamtanpassung des verwendeten Modells ausgegangen werden kann.

Reliabilitätsüberprüfung

Im Nachfolgenden sollen die Beziehungen der Faktoren und Indikatoren untereinander anhand der oben angesprochenen Verfahren bemessen werden, um somit Aussagen über die Validität und Reliabilität treffen zu können. Da es sich hierbei nicht um die Betrachtung des zu Grunde liegenden Gesamtmodells handelt, sondern um eine Untersuchung auf Faktoren- und Indikatorenebene (also Teilstrukturen des Gesamtmodells), werden die nachfolgend behandelten Verfahren auch als lokale Gütemaße bezeichnet.

Die **Indikatorreliabilität** gibt für einen einzelnen Indikator (Variable) den Anteil der durch den zugehörigen Faktor erklärten Varianz an der Gesamtvarianz dieses Indikators an (Himme 2007, 384f.; Homburg/Giering 1996, 10). Die Indikatorreliabilität ist also ein Prüfkriterium zur Reliabilitätsbestimmung der einzelnen Indikatoren eines Faktors. Sie kann Werte zwischen 0 und 1 annehmen. Bei Werten von $>/= 0,4$ wird

---

[9] Für eine ausführliche Darstellung des Berechnungsverfahrens einer konfirmatorischen Faktorenanalyse sei auf die einschlägige Literatur verwiesen, zum Beispiel auf die von Bühner (2008, 235ff.).

von einer qualitativ hochwertigen Messung ausgegangen (Homburg/Baumgartner 1995, 170; Homburg/Giering 1996, 13).

Die **Faktorreliabilität** ebenso wie die **durchschnittlich erfasste Varianz** geben die Eignung eines Faktors zur Erklärung aller ihm zugeordneten Indikatoren (Variablen) an (Himme 2007, 380). Beide Verfahren beziehungsweise Maße zeigen an, wie gut einer der sechs Motivfaktoren durch die Gesamtheit seiner ihm zugeordneten Variablen gemessen wird. Es gilt, je stärker die Indikatoren (Variablen) eines Faktors untereinander in Beziehung zueinander stehen, desto besser.[10] Diese Fragestellung ist als wichtigster Aspekt bezüglich der Reliabilitätsbeurteilung anzusehen (Homburg/ Giering 1996, 10). Beiden Gütemaßen ist gemein, dass sie Werte zwischen null und eins annehmen, wobei ein höherer Wert auf eine bessere Qualität der Messung hindeutet. Als Schwellenwerte werden für die Faktorreliabilität ein Wert von $>/= 0{,}6$ (Homburg/Baumgartner 1995, 170; Homburg/Giering 1996, 13) und für die durchschnittlich erfasste Varianz von $>/= 0{,}5$ genannt (Homburg/Baumgartner 1995, 170; Homburg/Giering 1996, 13).

Die nachfolgende Tabelle gibt die von AMOS berechneten Werte für die Indikatorreliabilität wieder. Die ebenfalls in der Tabelle enthaltenen Werte für die Faktorreliabilität sowie die durchschnittlich erfasste Varianz wurden mit den mathematischen Formeln zur Berechnung dieser Werte[11] mittels des Tabellenkalkulationsprogramms MS-Excel 2007 gesondert errechnet, da AMOS diese Werte nicht ausgibt.

---

[10] Faktorreliabilität und durchschnittlich erfasste Varianz stellen sehr ähnliche Maße dar. Für eine detaillierte Erläuterung der Unterschiede sowie deren Formeln sei auf Homburg und Baumgartner (1995, 170) verwiesen.

[11] Die Formeln zur Berechnung der Faktorreliabilität sowie der durchschnittlich erfassten Varianz können bei Homburg und Baumgartner (1995, 170) eingesehen werden.

Faktor	Indikator (Variable)	Indikatorreliabilität (>/= 0,4)	Faktorreliabilität (>/= 0,6)	Durchschnittlich erfasste Varianz (DeV) (>/= 0,5)
Selbstmarketing	MO_SM_1	0,557		
	MO_SM_2	0,800	0,860	0,608
	MO_SM_3	0,564		
	MO_KZG_1	0,503		
Spaß	MO_S_1	0,433		
	MO_S_2	0,577	0,871	0,639
	MO_S_3	0,828		
	MO_IH_2	0,647		
Altruistisch-geprägte Community-Identifikation	MO_ALT_1	0,490		
	MO_ALT_2	0,293	0,778	0,552
	MO_CI_2	0,881		
Anerkennung	MO_ANER_1	0,677		
	MO_ANER_3	0,927	0,860	0,676
	MO_ANER_4	0,424		
Wunsch nach Neuentwicklungen und Produktverbesserungen	MO_BEDA_1	0,725		
	MO_BEDA_2	0,327	0,781	0,474
	MO_BEDA_3	0,647		
	MO_PV_1	0,318		
Lernen	MO_L_1	0,725	0,698	0,536
	MO_L_2	0,626		

Tabelle 5-25: Ermittelte Werte für die Indikator- und Faktorreliabilität sowie für die durchschnittlich erfasste Varianz, Quelle: Eigene Darstellung

Wie der obigen Tabelle entnommen werden kann, liegen alle Werte für die Indikatorreliabilität bis auf drei überhalb des empfohlenen Grenzwertes von 0,4. Dies ist gemäß Homburg und Giering (1996, 12f.) dennoch als unkritisch einzustufen. Erst wenn mehrere Kriterien im Rahmen der konfirmatorischen Faktorenanalyse deutlich verletzt werden, wäre eine Aussagekraft bezüglich der Reliabilität in Frage zu stellen und es müssten dann entsprechende Maßnahmen zur Herstellung[12] dieser unternommen werden. Auf Grund der Tatsache, dass lediglich drei von insgesamt 20 Indikatoren schlechtere Werte aufweisen und diese zudem nur geringfügig unter dem entsprechenden Schwellenwert liegen, kann für den vorliegenden Fall also insgesamt eine gute Indikatorreliabilität befunden werden. Ferner liegen alle Faktorreliabilitätswerte überhalb des Grenzwertes von 0,6 und auch die durchschnittlich erfasste Varianz ist bei allen bis auf einen Faktor, bei dem ebenfalls von einer sehr geringfügigen Unterschreitung gesprochen werden kann, besser als 0,5. Somit kann auch von akzeptablen Werten für Faktorreliabilität und durchschnittlich erfasste Varianz ausgegangen werden. Insgesamt weist das zu Grunde liegende Modell also auch gemäß den Kriterien und Verfahren der zweiten Generation eine gute Reliabilität auf.

Validitätsüberprüfung

Neben ihrer Funktion der Reliabilitätsbeurteilung können die Faktorreliabilität und die durchschnittlich erfasste Varianz auch als Prüfgrößen für die Konvergenzvalidität herangezogen werden, da von dieser ja dann ausgegangen werden kann, wenn die Indikatoren (Variablen), die einem Faktor zugeordnet sind, untereinander in einer starken Beziehung stehen (Himme 2007, 384f.; Homburg/Giering 1996, 11). Da für den vorliegenden Fall bereits Faktorreliabilität sowie eine ausreichende DeV befunden wurde (vgl. Tabelle 5-25), kann somit auch von einer Konvergenzvalidität ausgegangen werden.

Um eine vollständige Validitätsbetrachtung sicherzustellen, ist es zudem notwendig, die Diskriminanzvalidität der einzelnen Faktoren zu analysieren, da ja – wie bereits oben beschrieben – bei Vorhandensein von sowohl Konvergenz- als auch von Diskriminanzvalidität insgesamt von Konstruktvalidität gesprochen werden kann (Cambell/Fiske 1959). Ein strenges Kriterium zur Untersuchung der diskriminanten Validität ist das Fornell-Larcker-Kriterium, welches fordert, dass die DeV eines Faktors größer sein muss als jede quadrierte Korrelation dieses Faktors mit einem anderen Faktor im Gesamtmodell (Homburg/Giering 1996, 11). Nur wenn diese Bedingung erfüllt ist, kann von Diskriminanzvalidität zwischen den einzelnen Faktoren ausgegangen werden.

---

[12] Eine angemessene Maßnahme bestünde darin, diejenigen Indikatoren mit einer niedrigen Indikatorreliabilität zu eliminieren und die konfirmatorische Faktorenanalyse ohne diese Indikatoren erneut durchzuführen (Homburg/Giering 1996, 12f.).

Faktor	Korrelation mit Faktor...	Quadrierte Korrelation	Fornell-Larcker-Kriterium: DeV > quadrierte Korrelation
Selbstmarketing	Spaß 0,17	0,00289	erfüllt
	Altruistisch-geprägte Community-Identifikation 0,27	0,0729	erfüllt
	Anerkennung 0,49	0,2401	erfüllt
	Wunsch nach Neuentwicklungen und Produktverbesserungen 0,27	0,0729	erfüllt
	Lernen 0,52	0,2704	erfüllt
Spaß	Selbstmarketing 0,17	0,0289	erfüllt
	Altruistisch-geprägte Community-Identifikation 0,18	0,0324	erfüllt
	Anerkennung 0,15	0,0225	erfüllt
	Wunsch nach Neuentwicklungen und Produktverbesserungen 0,17	0,00289	erfüllt
	Lernen 0,18	0,0324	erfüllt
Altruistisch-geprägte Community-Identifikation	Selbstmarketing 0,27	0,0729	erfüllt
	Spaß 0,18	0,0324	erfüllt
	Anerkennung 0,27	0,0729	erfüllt
	Wunsch nach Neuentwicklungen und Produktverbesserungen 0,34	0,1156	erfüllt
	Lernen 0,38	0,1444	erfüllt
Anerkennung	Selbstmarketing 0,49	0,2401	erfüllt
	Spaß 0,15	0,0225	erfüllt
	Altruistisch-geprägte	0,0729	erfüllt

	Community-Identifikation 0,27		
	Wunsch nach Neuentwicklungen und Produktverbesserungen 0,33	0,1089	erfüllt
	Lernen 0,46	0,2116	erfüllt
Wunsch nach Neuentwicklungen und Produktverbesserungen	Selbstmarketing 0,27	0,0729	erfüllt
	Spaß 0,17	0,00289	erfüllt
	Altruistisch-geprägte Community-Identifikation 0,34	0,1156	erfüllt
	Anerkennung 0,33	0,1089	erfüllt
	Lernen 0,21	0,0441	erfüllt
Lernen	Selbstmarketing 0,52	0,2704	erfüllt
	Spaß 0,18	0,0324	erfüllt
	Altruistisch-geprägte Community-Identifikation 0,38	0,1444	erfüllt
	Anerkennung 0,46	0,2116	erfüllt
	Wunsch nach Neuentwicklungen und Produktverbesserungen 0,21	0,0441	erfüllt

Tabelle 5-26: Quadrierte Korrelationen zur Feststellung der Erfüllung des Fornell-Larcker-Kriteriums, Quelle: Eigene Darstellung

Die obige Tabelle gibt die von AMOS im Rahmen der konfirmatorischen Faktorenanalyse ermittelten Korrelationen zwischen den Faktoren wieder, auf dessen Grundlage dann die quadrierten Korrelationen berechnet wurden. Es wird ersichtlich (vgl. Tabelle 5-26), dass bei einem Vergleich der DeV-Werte aus Tabelle 5-25 mit den entsprechenden quadrierten Korrelationen aus Tabelle 5-26 allen sechs Faktoren Diskriminanzvalidität unterstellt werden kann. Da im vorliegenden Fall auch von Konvergenzvalidität ausgegangen werden kann, kann zusammenfassend für das vorliegende Modell auch gemäß den Kriterien der zweiten Generation ein akzeptables Maß an Konstruktvalidität befunden werden.

5.2.5.3 Deskriptive Befunde

Nachdem die Daten der Motivbefragung den notwendigen Voruntersuchungen unterzogen wurden, können nun statistische Auswertungen vorgenommen werden. Wie gezeigt, ergaben sich im Rahmen der Validitätsuntersuchung insgesamt sechs neue Faktoren, die sich durch den Großteil der abgefragten Variablen begründen lassen. Dabei werden die Faktoren jeweils durch mehrere Variablen erklärt. Um nun den einzelnen Faktoren eine Aussagekraft zu verleihen, müssen die jeweils auf ihnen ladenden Variablen im Rahmen einer Indexbildung zusammengefasst werden.

Für eine Zusammenfassung der Variablen eines Faktors werden in der Regel einfach die Ausprägungen, also die Messwerte der Variablen, aufaddiert (Bortz/Döring 2002, 143 ff.). Man spricht in diesem Fall von einer additiven Indexbildung. In einigen Fällen bietet es sich aber an, einige Messwerte mit Berücksichtigung eines Gewichtungsfaktors aufzuaddieren, wie beispielsweise bei der Bewertung eines Schulaufsatzes. So könnte der Inhalt des Aufsatzes beispielsweise mit einem doppelten Gewicht gegenüber der Rechtschreibung in die Gesamtnote einfließen (Bortz/Döring 2002, 143 ff.).

Aufschluss darüber, ob die Variablen der einzelnen Faktoren mit einem entsprechenden Gewicht aufaddiert werden sollten, geben die einzelnen Faktorladungen der Faktoren. Sind die Faktorladungen homogen, also sehr einheitlich, ist die Berechnung eines ungewichteten, additiven Index gerechtfertigt. Variieren die Faktorladungen innerhalb ihres theoretischen Wertebereiches von -1 bis +1 deutlich, so empfiehlt es sich, einen gewichteten additiven Index anzuwenden (Bortz/Döring 2002, 143 ff.). Ein Blick auf die Faktorladungsmatrix (vgl. Tabelle 5-21) verrät, dass die Faktorladungen, die auf die jeweiligen Faktoren hoch laden, sehr homogen sind. Von der Anwendung eines gewichteten Index kann im vorliegenden Fall daher abgesehen werden.

Die nachfolgende Abbildung zeigt für die sechs Faktoren die jeweiligen Ausprägungen, die durch Aufaddieren der Einzelwerte der zu Grunde liegenden Variablen ermittelt wurden.

Motive	Wert	1	2	3	4	5
Selbstmarketing	3,05			•		
Spaß	4,14				•	
Altruistisch-geprägte Community-Identifikation	3,51			•		
Anerkennung	3,48			•		
Wunsch nach Neuentwickl. und Produktverbesserung	3,87				•	
Lernen	3,10			•		

Abbildung 5-4: Ausprägungen der Motive; Quelle: Eigene Darstellung

Wie der obigen Abbildung zu entnehmen ist, weisen alle sechs Motivfaktoren eine mittlere bis hohe Ausprägung auf. Das bedeutet, dass alle sechs Faktoren eine entsprechende Relevanz in der Erklärung dafür besitzen, warum SAP-Anwender bereit sind, in der SAPiens-Ideen-Community Ideenbeiträge zu entwickeln und einzureichen. Diese Ergebnisse stellen also die Antwort auf die im Rahmen dieser Arbeit gestellte Forschungsfrage IIIa dar, die nach den Motiven für die Ideenabgabe der Kunden fragte, insbesondere vor dem Hintergrund, dass keine monetäre Vergütung für die Einreichung einer Idee geboten wird.

So zeigt die Untersuchung zum einen durch die mittlere Ausprägung des Motives „Selbstmarketing" (vgl. Abbildung 5-4), dass die Teilnehmer motiviert sind, durch das Einreichen einer Idee ein Kompetenz- und Fähigkeitssignal an Dritte senden zu können, um sich auf diese Weise beispielsweise für eine berufliche Anstellung in einem Unternehmen empfehlen zu können. Ideen-Communities bieten dafür insofern die Möglichkeiten, dass sich die Kompetenzen und Fähigkeiten in den eingereichten und auf den Plattformen öffentlich einsehbaren Ideen widerspiegeln, wodurch die Kompetenzen und Fähigkeiten also für Dritte auch wahrnehmbar sind. Diese Ergebnisse decken sich mit den Erkenntnissen aus Motivuntersuchungen von Teilnehmern an Open-Source-Software-Projekten. So wird das Engagement der teilnehmenden Programmierer in den empirischen Untersuchungen von Ghosh et al. (2002), Hars und Ou (2002), Hertel, Niedner und Herrmann (2003) sowie Shah (2005) ebenfalls durch das Motiv erklärt, Dritten gegenüber Fähigkeiten sowie Können durch die in die Community eingebrachten Beiträge zu signalisieren.

Hervorzuheben ist aber auch das Motiv Spaß (vgl. Abbildung 5-4). So kann die Ideenabgabe der Teilnehmer der SAPiens-Ideen-Community auch damit erklärt werden, dass diesen das Entwickeln von kreativen Ideen und die damit verbundene intellektuelle Herausforderung schlichtweg Spaß bereitet. Damit decken sich diese Ergebnisse mit Erkenntnissen aus der Kreativitätsforschung, die das Spaßempfinden von kreativ tätigen Menschen auf die gleiche Weise hervorheben. So wird in der Kreativitätsforschung kreative Tätigkeit, zu der auch das Entwickeln von Ideen gezählt werden kann, als Freude auslösender Faktor begriffen. Die mit kreativer Tätigkeit einhergehenden Merkmale, sich selbst auszudrücken und zu verwirklichen, vermitteln Freude und führen zu einer tiefen Zufriedenheit (Amabile 1996, 35).

Ein weiteres Motiv, welches die Teilnehmer der SAPiens-Ideen-Community dazu veranlasst, Ideen einzureichen, ist der Faktor „Altruistisch-geprägte Community-Identifikation" (vgl. Abbildung 5-4). So ist anzunehmen, dass sich wie in jeder virtuellen Community im Laufe der Zeit auch in der SAPiens-Ideen-Community gemeinsam geteilte Werte, Ideale und Ziele entwickelten, die die Mitglieder „zusammenschweißen" und zu einem Gemeinschaftsgefühl verhelfen. Diese Community-Identität stellt für diejenigen Teilnehmer, die sich mit dieser Identität identifizieren können, ein Partizipationsmotiv dar, welches sich in der altruistisch geprägten Bereitschaft zur Abgabe von Ideen manifestiert. Dieses Ergebnis deckt sich mit Erkenntnissen von Smith

(1992), der in seiner empirischen Untersuchung die Motive von Menschen zur Teilnahme an virtuellen Communities analysierte. Smith (1992) identifizierte die Identifikation mit der Identität einer Community als wichtiges Motiv zur Teilnahme, welche sich in der altruistisch geprägten Bereitschaft manifestierte, Beiträge zu verfassen, anderen Teilnehmern Informationen zu geben und zu helfen etc.

Auch die Möglichkeit, im Rahmen der Ideenentwicklung Erfahrungen und Wissen im Zusammenhang mit den SAP-Lösungen zu sammeln (Faktor „Lernen", vgl. Abbildung 5-4), etwa durch den fachlichen Austausch mit anderen Teilnehmern oder das gemeinschaftliche Weiterentwickeln von Ideen, stellt ein relevantes Motiv dar. Ebenso stellt die Anerkennung für eingereichte Ideen ein elementares Motiv dar (vgl. Abbildung 5-4). Diese Erkenntnisse decken sich mit den Ergebnissen von Kollok (1999), der in einer empirischen Untersuchung die Teilnahmemotivation von Mitgliedern verschiedener virtueller Communities analysierte und „Anerkennung" ebenfalls als wichtiges Motiv identifizierte. Den Einfluss von Anerkennung auf die Teilnahmebereitschaft beschreibt er wie folgt: "To the extent this is the concern of an individual, contributions will likely be increased to the degree that the contribution is visible to the community as a whole and to the extent there is some recognition of the person's contributions." (Kollock 1999, 227).

Ein letztes Motiv, das die befragten Teilnehmer der SAPiens-Ideen-Community zur Abgabe einer Idee veranlasst, manifestiert sich im Wunsch nach einer Neuentwicklung oder Verbesserung bestehender SAP-Lösungen und -Anwendungen (vgl. Abbildung 5-4). Auch in diesem Ergebnis spiegeln sich Erkenntnisse aus Motivuntersuchungen von Teilnehmern an Open-Source-Software-Projekten wider. So fanden Ghosh et al. (2002), Hars und Ou (2002), Hertel, Niedner und Herrmann (2003), Lakhani und Wolf (2005) sowie Shah (2005) in empirischen Untersuchungen heraus, dass sich im Rahmen von Open-Source-Projekten Programmierer deshalb zur Teilnahme motivieren lassen, weil sie die dort zu Grunde liegende Software verbessern möchten oder Innovationen für diese bereitstellen möchten.

5.3 Untersuchung des Einflusses der Motive auf die Ideenqualität

Im Rahmen der obigen Ideenbewertung konnte befunden werden, dass die untersuchten Ideen aus der SAPiens-Ideen-Community erhebliche Qualitätsunterschiede aufweisen. So schwankten die Qualitätsindizes auf einem Kontinuum zwischen einem Minimalindex von 19 und einen Maximalindex von 113. Den Eindruck deutlicher Qualitätsunterschiede kann man auch in anderen Ideen-Communities gewinnen. Bei genauerer Betrachtung der Ideen aus den im Rahmen der obigen Fallstudienuntersuchung analysierten Ideen-Communities, fällt sofort auf, dass diese deutliche Unterschiede im Qualitätsniveau aufweisen. So lassen sich sowohl eher „halbherzig" durchdachte und ausgearbeitete Ideen ebenso wie Ideen, die einen äußerst elaborierten Eindruck hinterlassen, identifizieren. Es ist anzunehmen, dass die Qualität der einzelnen Ideenbeiträge von den Motiven ihrer Ideengeber abhängt. So lässt sich beispielsweise vermuten, dass ein SAPiens-Mitglied, das durch seine Ideen Dritte auf seine Kompetenzen oder Fähigkeiten aufmerksam machen möchte, bedacht sein wird, einen qualitativ gehaltvollen Ideenbeitrag auf die SAPiens-Plattform hochzuladen. Umgekehrt wird ein Teilnehmer, der in erster Linie mit seinem Ideenbeitrag Kontakte zu anderen SAP-Anwendern suchen möchte, weniger Wert darauf legen, eine Idee mit einem möglichst hohen Qualitätsniveau beizusteuern.

Dieses Kapitel befasst sich daher mit der Untersuchung des Einflusses der Teilnehmermotive auf die Ideenqualität. Im folgenden Unterkapitel werden für diese Untersuchungen zunächst entsprechende Hypothesen in Bezug auf die vermuteten Einflüsse der oben untersuchten Motive auf die Ideenqualität aufgestellt. Im daran anschließenden Unterkapitel 5.3.2 werden die hypothetischen Zusammenhänge mittels einer regressionsanalytischen Untersuchung gemessen. Das abschließende Unterkapitel 5.3.3 thematisiert die Ergebnisse dieser Untersuchungen.

5.3.1 Modellbildung und Hypothesenformulierung

Aufschluss darüber, ob die unterschiedlichen Motive der Teilnehmer einen Einfluss auf die Ideenqualität ausüben, wird eine Regressionsanalyse geben. So wird im vorliegenden Untersuchungskontext im Rahmen einer Modellannahme davon ausgegangen, dass die oben untersuchten Motive ursächlich Parameter der Ideenqualität darstellen. Ausgedrückt in einer formalen Modellabbildung stellen die Ideenqualität also die abhängige Variable (Y) und die sechs Motive aus der obigen Untersuchung jeweils eine unabhängige Variable (X) dar. Ob dabei jeweils eine positive oder negative Ursache-Wirkungs-Beziehung zwischen den unabhängigen und der abhängigen Variablen zu vermuten ist, soll im Rahmen einer Formulierung von Hypothesen für jedes der sechs Motive nachfolgend geklärt werden.

Selbstmarketing

Das Teilnahmemotiv „Selbstmarketing" drückt sich dadurch aus, durch das Einreichen einer Idee ein Kompetenz- und Fähigkeitssignal an die Verantwortlichen von SAP oder an Verantwortungsträger anderer Firmen, wie beispielsweise von SAP-Beratungsunternehmen etc., senden zu können und sich beispielsweise so für eine mögliche Anstellung empfehlen zu können. Ein entsprechendes Signal wird in der Regel von den Adressaten aber nur dann als ein solches wahrgenommen, wenn die zu Grunde liegenden Ideen ein entsprechendes Qualitätsniveau aufweisen. So werden Teilnehmer der SAPiens-Ideen-Community, die ihre Ideen als Vehikel für ein solches Signal nutzen wollen, bemüht sein, möglichst gute Ideen einzureichen.

> **Hypothese I:**
>
> *Eine hohe Ausprägung des Motives „Selbstmarketing" bei Ideengebern aus der SAPiens Ideen-Community wirkt sich positiv auf die Qualität ihrer Ideen aus.*

Spaß

In der vorliegenden Arbeit wurde die Tätigkeit des Ideenentwickelns sowie die damit einhergehende intellektuelle Herausforderung als relevantes Teilnahmemotiv identifiziert. Erkenntnisse aus der Kreativitätsforschung belegen, dass sich der bei der Ausübung von kreativen Tätigkeiten empfundene Spaß zum einen darin begründet, dass es zur Lösung einer kreativen Aufgabe keinen fest vorgeschriebenen Lösungsweg gibt, weshalb die kreativ tätige Person den Lösungsweg frei entscheiden und sich selbst verwirklichen kann (Amabile 1996, 35). Zum anderen begründet sich das Spaßempfinden in der Neuheit der Tätigkeit und der damit verbundenen intellektuellen Herausforderung, eine angemessene Lösung für die Aufgabenstellung zu finden (Amabile 1996, 35). Diese Sachzusammenhänge dürften auch auf das Entwickeln von Ideen zutreffen, da der Ideenentwicklungsprozess als ein oben beschriebener kreativer Prozess aufgefasst werden kann. Ferner kann angenommen werden, dass der empfundene Spaß einen positiven Einfluss auf das Ergebnis dieser kreativen Tätigkeit, nämlich die Idee, haben wird. So ist anzunehmen, dass der Faktor Spaß sich positiv auf die Ideenqualität auswirkt.

> **Hypothese II:**
>
> *Eine hohe Ausprägung des Motives „Spaß" bei Ideengebern aus der SAPiens-Ideen-Community wirkt sich positiv auf die Qualität ihrer Ideen aus.*

Altruistisch-geprägte Community-Identifikation

Die Identität der SAPiens-Ideen-Community stellt für diejenigen Teilnehmer, die sich mit dieser Identität identifizieren können, ein Partizipationsmotiv dar, welches sich in der altruistisch geprägten Bereitschaft zur Abgabe von Ideen manifestiert. Von diesem Motiv geleitete Teilnehmer werden also Zeit und Mühe in die Entwicklung und Abgabe von Ideen investieren, und zwar mit dem vorrangigen Ziel, damit dem Gemeinschaftssinn der SAPiens-Community dienlich zu sein bzw. diesen zu unterstützen. Entsprechend motivierte Ideengeber lassen sich also weniger aus fachlichen Gesichtspunkten bei der Ideenentwicklung leiten. Es ist deshalb anzunehmen, dass dieses Verhalten unabhängig davon ist, ob daraus eine qualitativ gute Idee resultiert. Aus diesem Grund dürfte das Motiv „Altruistisch-geprägte Community-Identifikation" keinen Einfluss auf die Ideenqualität haben.

> **Hypothese III:**
>
> *Eine hohe Ausprägung des Motives „Altruistisch-geprägte Community-Identifikation" bei Ideengebern aus der SAPiens-Ideen-Community wirkt sich nicht auf die Qualität ihrer Ideen aus.*

Anerkennung

Anerkennung wird in der Motivationspsychologie als ein Grundbedürfnis von Menschen verstanden, da es Menschen ein Gefühl der Wertschätzung vermittelt (Habermeier 1990, 271ff.). In der vorliegenden Untersuchung wird das Motiv Anerkennung als positives Feedback sowohl von anderen Community-Mitgliedern als auch von SAP in Bezug auf eingereichte Ideen untersucht. Da Anerkennung in der Regel nur für Ideenbeiträge ausgesprochen wird, die als qualitativ gut wahrgenommen werden, kann angenommen werden, dass die Ideenqualität auch vom Motiv Anerkennung abhängig ist. So werden Teilnehmer der SAPiens-Ideen-Community, die sich durch das Motiv Anerkennung zur Ideenentwicklung bewegen lassen, bemüht sein, möglichst gute Ideen einzureichen. Dieser Anerkennungsmechanismus kann vermutlich, ähnlich wie es in den oben analysierten Motivationsuntersuchungen von Teilnehmern an Open-Source-Projekten nachgewiesen wurde, sogar als ein sich selbstverstärkender Effekt funktionieren. So sind Ideengeber bei Erhalt eines ersten positiven Feedbacks zu einer Idee wahrscheinlich umso motivierter, beim nächsten Mal eine qualitativ noch hochwertigere Idee einzureichen, da diese wiederum noch mehr positives Feedback zur Folge haben könnte.

> **Hypothese IV:**
>
> *Eine hohe Ausprägung des Motives „Anerkennung" bei Ideengebern aus der SAPiens-Ideen-Community wirkt sich positiv auf die Qualität ihrer Ideen aus.*

Wunsch nach Neuentwicklungen und Produktverbesserungen

Wie in der obigen Motivuntersuchung gezeigt, lassen sich einige Teilnehmer zur Ideenabgabe wegen des Wunsches nach einer Neuentwicklungen oder einer Produktverbesserungen im Umfeld der SAP-Anwendungen und -Lösungen motivieren. Diesen Wunsch werden sie in Form ihrer Idee zum Ausdruck bringen. Diese Ideen werden also Hinweise auf Unzulänglichkeiten oder Fehler in bestehenden SAP-Anwendungen und -Lösungen oder auf gänzlich neue Anwendungsfelder oder Produkte repräsentieren. Es ist anzunehmen, dass sich für SAP auf diese Weise gänzlich neue Hinweise, Anregungen oder Ideen entfalten, wodurch eine entsprechende Idee auch einen gewissen Neuheitsgrad widerspiegelt. In der Qualitätsbeurteilung der Ideen wird sich dies wiederum vor allem in der Ideendimension „Neuheitsgrad" niederschlagen. So ist anzunehmen, dass ein positiver Einfluss dieses Motives auf die Ideenqualität existiert. Im vorliegenden Untersuchungsfall wird also davon ausgegangen, dass der Motivationsfaktor „Wunsch nach Neuentwicklungen und Produktverbesserungen" die Ideenqualität positiv beeinflusst.

> **Hypothese V:**
>
> *Eine hohe Ausprägung des Motives „Wunsch nach Neuentwicklungen und Produktverbesserungen" bei Ideengebern aus der SAPiens Ideen-Community wirkt sich positiv auf die Qualität ihrer Ideen aus.*

Lernen

Die obige Untersuchung belegte, dass Lernen ein relevantes Motiv darstellt. So stellt die Aussicht darauf, durch das Entwickeln von Ideen in der SAPiens-Ideen-Community Erfahrungen und Kenntnisse in Bezug auf die SAP-Lösungen und -Anwendungen zu erlangen, ein Grund für die Bereitschaft zur Teilnahme dar. Erfahrung in der Anwendung eines Produkts gilt aber im Allgemeinen als Voraussetzung dafür, Ideen und Verbesserungsvorschläge für selbiges entwickeln zu können, da davon auszugehen ist, dass Produktverwender mit einem hohen Erfahrungsschatz elementare Wirkungszusammenhänge intellektuell durchdrungen haben (Holmström 1999; Maslow 1987). Zudem besteht ein Zusammenhang zwischen dem Ausmaß der Kreativität eines Produktverwenders und seiner Produkterfahrung. So wirkt sich ein hohes Repertoire an Erfahrung mit einem Produkt positiv auf das Kreativitätsvermögen im Rahmen der Entwicklung von Innovationsideen für dieses Produkt aus (Hirschmann 1980, 286). Diese Erkenntnisse wies auch Lüthje (2004) in seiner Untersuchung zur Kreativität von Kunden aus Konsumgütermärkten nach.

Aus dieser Argumentation wird deutlich, dass das Vorliegen von Produkterfahrung sich positiv auf die Qualität von Innovationsideen auswirkt. Nun kann aber im vorliegenden Untersuchungskontext davon ausgegangen werden, dass die Teilnehmer, die sich durch den Faktor „Lernen" motivieren ließen, nicht über ein ausgeprägtes Maß an Erfahrung in Bezug auf die SAP-Lösungen und -Anwendungen verfügen, da sie ja eben motiviert sind, diese erst noch zu erlangen. Somit wird im Umkehrschluss davon ausgegangen, dass eine hohe Ausprägung des Motives Lernen nicht zur Ideenqualität beiträgt.

> **Hypothese VI:**
>
> *Eine hohe Ausprägung des Motives „Lernen" bei Ideengebern aus der SAPiens-Ideen-Community wirkt sich nicht auf die Qualität ihrer Ideen aus.*

5.3.2 Regressionsanalytische Untersuchung der vermuteten Modellzusammenhänge

5.3.2.1 Grundlagen zur Regressionsanalyse

Die Regressionsanalyse dient der Analyse von Beziehungen zwischen einer abhängigen Variablen und einer oder mehrerer unabhängigen Variablen (Backhaus et al. 2008, 52). Sie wird insbesondere dazu eingesetzt, um Zusammenhänge zwischen solchen Variablen zu beschreiben und diese zu erklären. Zwar vermögen auch einfache Korrelationsanalysen einen Zusammenhang zwischen Variablen festzustellen, die Regressionsanalyse geht aber darüber hinaus. Sie stellt nicht nur fest, ob überhaupt ein Zusammenhang besteht, sondern gibt darüber hinaus mit Hilfe der Regressionskoeffizienten Auskunft über die Stärke des Einflusses. Ferner besteht ein Unterschied der Regressionsanalyse im Vergleich zu einer einfachen Korrelationsanalyse darin, dass sie von einer eindeutigen Richtung des vom Anwender hypothetisch vermuteten Zusammenhanges ausgeht. Diese einmal vom Anwender hypothetisch vermutete Richtung ist im Rahmen der Berechnungen nicht mehr umkehrbar, sondern wird entweder vom Ergebnis der Berechnungen bestätigt oder nicht. Man kann auch sagen, dass die Regressionsanalyse „Je-desto-Beziehungen" (Backhaus et al. 2008, 52), also eine vom Anwender unterstellte Struktur zwischen zwei oder mehreren Variablen untersucht. Eine solche Struktur der Beziehung zweier Variablen, der abhängigen Variablen X und der unabhängigen Variablen Y, lässt sich formal wie folgt ausdrücken:

> Für eine abhängige und eine unabhängige Variable $Y = f(X)$ sowie für eine abhängige und mehrere unabhängige Variablen: $Y = f(X_1, X_2, ...X_j, ...X_J)$

Beziehungen mit einer abhängigen sowie einer unabhängigen Variable lassen sich mittels einer so genannten einfachen Regressionsanalyse untersuchen, Beziehungen mit mehreren unabhängigen Variablen mittels einer multiplen Regressionsanalyse. Für beide Arten der Regressionsanalyse gilt, dass sowohl abhängige als auch unabhängige Variablen metrisches Skalenniveau besitzen müssen.

Die Regressionsanalyse unterstellt dabei, dass zwischen den abhängigen und unabhängigen Variablen eine lineare Beziehung besteht. Dabei bedeutet Linearität, dass sich abhängige und unabhängige Variablen zueinander nur in konstanten Relationen verändern. Das bedeutet, dass im Rahmen der Regressionsanalyse aus den empirischen Werten für abhängige und unabhängige Variablen eine lineare Beziehung errechnet beziehungsweise geschätzt wird, die im Fall der multiplen Regression folgenden, allgemeinen Ausdruck findet:

> $Y = b_0 + b_1 * X_1 + b_2 * X_2 + ... + b_j * X_j + b_J * X_J$

Die empirischen Beobachtungswerte folgen also in einem Koordinatensystem geometrisch gesehen einer Geraden. Dabei stellt b_j einen Regressionskoeffizienten für die entsprechende Variable X_j, also die Steigung der Geraden dar. b_0 gibt den Wert für Y bei X = 0 an, stellt in der Regressionsfunktion also ein konstantes Glied dar.

Zwischen den empirischen Beobachtungswerten und den durch die Regressionsberechnung geschätzten Werten der einzelnen Variablen bestehen in der Regel aber gewisse Abweichungen. Die Beobachtungswerte werden sich nicht als exakte Gerade darstellen lassen. Vielmehr geht es bei der Schätzung der Regressionsgeraden darum, einen Verlauf der zu schätzenden Geraden zu finden, der sich den empirischen Werten möglichst gut anpasst. Ein Grund dafür, dass es zu solchen Abweichungen kommt, ist unter anderem, dass neben den unterstellten Einflussvariablen auf die abhängige Variable noch andere, unbekannte Einflussgrößen wirken, die durch die Modellannahmen nicht erfasst werden. Andere Gründe für Abweichungen sind Fehler, die im Rahmen der Datenerhebung unterlaufen sind. Die Abweichungen zwischen geschätzten und empirischen Werten werden als Residuen bezeichnet (Backhaus et al. 2008, 61).

Der prinzipielle Ablauf einer Regressionsanalyse sieht zunächst vor, das sachlich zu Grunde liegende Ursache-Wirkungs-Modell in Form einer linearen Regressionsbeziehung zu bestimmen. Im Anschluss daran wird die Regressionsfunktion geschätzt, also auf der Basis der empirischen Daten errechnet. In einem dritten Schritt werden dann die Regressionsfunktion, seine Koeffizienten sowie die Modellprämissen im Hinblick auf den Beitrag zur Erreichung des Untersuchungsziels geprüft (Backhaus et al. 2008, 56ff.).

5.3.2.2 Auswahl geeigneter Datensätze

Für eine Regressionsuntersuchung müssen im vorliegenden Fall aus einer sachlogischen Überlegung heraus Datensätze gebildet werden, in die Daten aus der Motivationsbefragung sowie der Ideenbewertung einfließen. Dafür werden zum einen Datensätze aus den 87 Antworten der Teilnehmer an der obigen Motivumfrage und andererseits die Daten der 75 von der Expertenjury bewerteten Ideen herangezogen. Für eine Zusammenstellung entsprechender Datensätze mussten also zunächst die 75 bewerteten Ideen den 87 Teilnehmern der Motivuntersuchung zugeordnet werden. Da im Rahmen der obigen Erhebung jedem eingeladenen Umfrageteilnehmer an der Motivuntersuchung ein personalisierter Zugangscode, aus dem die ihm zuzurechnenden Ideen ablesbar waren, zugewiesen wurde, war dies auch möglich.

Da es auch vorkam, dass in der Gesamtheit der 75 Ideen mehr als eine Idee von ein und demselben Ideengeber enthalten war, wurde darüber hinaus sichergestellt, dass von jedem Ideengeber jeweils nur eine Idee für die Regressionsanalyse berücksichtigt wurde. Auf diese Weise konnten 61 Datensätze zusammengestellt werden, die für einen Ideengeber jeweils die erhobenen Ausprägungen für jedes der sechs Motive sowie den Qualitätsindex für eine von ihm eingereichte Idee enthalten.

5.3.2.3 Prüfung der Anwendungsvoraussetzungen

Die Untersuchung des Einflusses der Motive auf die Ideenqualität wurde im Rahmen einer multiplen Regressionsanalyse durchgeführt. Die Anwendung einer solchen Regressionsanalyse ist an einige Voraussetzungen bezüglich des zu verwendenden Datenmaterials geknüpft. Auf diese Voraussetzungen und darauf, wie diese im Rahmen der Untersuchung erfüllt wurden, soll nachfolgend eingegangen werden.

Fallzahl

Im Allgemeinen hängt die Frage nach den benötigten Fallzahlen maßgeblich von den Umständen der zu Grunde liegenden Untersuchung ab. Genaue Angaben zu einer Mindestfallzahl werden in der Literatur nicht diskutiert. Nach einer Faustformel gilt jedoch, je größer die Zahl der betrachteten Kategorien auf Seiten der abhängigen Variablen, desto größer sollte auch die Zahl der Beobachtungen werden (Rese 2000, 107). Eine andere Faustformel besagt, dass die Zahl der Beobachtungen doppelt so groß wie die Anzahl der Variablen in der Regressionsgleichung sein sollte (Backhaus et al. 2008, 106). Legt man diese Faustformel zu Grunde, kann mit 6 Variablen und 61 Beobachtungsfällen die Anforderung an die Mindestfallzahl in der vorliegenden Untersuchung als erfüllt angesehen werden.

Multikollinearität

Ferner wird im Rahmen einer multiplen Regressionsanalyse die Anforderung gestellt, dass das Datenmaterial keine so genannte Multikollinearität aufweist (Backhaus et al. 2008, 87 ff.). Multikollinearität beschreibt den Zusammenhang der unabhängigen Variablen untereinander. Weisen zwei oder sogar mehrere unabhängige Variablen eine Korrelation auf, so liegt Multikollinearität vor und eine Regressionsanalyse wäre rechnerisch nicht durchführbar (Brosius/Brosius 1995, 494). Zwar liegt bei empirischen Datensätzen immer ein gewisser Grad an Multikollinearität vor, zum Problem wird diese aber erst, wenn eine starke Abhängigkeit zwischen den unabhängigen Variablen besteht. Je stärker die Multikollinearität ist, desto unzuverlässiger wird die Berechnung des zu Grunde liegenden Regressionsmodells. Im Falle totaler Multikollinearität, also bei totaler Abhängigkeit der unabhängigen Variablen, wäre eine Regressionsanalyse sogar nicht durchführbar, da sich die unabhängigen Variablen in diesem Falle als lineare Funktion ihrer selbst darstellen würden (Backhaus et al. 2008, 87).

Um zu überprüfen, ob die unabhängigen Variablen im vorliegenden Untersuchungsfall Multikollinearität aufweisen, wurden die Korrelationskoeffizienten für diese berechnet. Die Berechnung der Korrelationskoeffizienten erfolgte nach der Methode von Pearson, also zweiseitig für alle 61 Fälle. Die nachfolgende Korrelationsmatrix gibt die Ergebnisse wieder.

	(1)	(2)	(3)	(5)	(6)	(7)
Selbstmarketing (1)	1					
Spaß (2)	0,411	1				
Altruist.-gepr. CI (3)	0,359	0,431	1			
Anerkennung (4)	0,623	0,352	0,440	1		
Wunsch nach Neuentwicklungen und Produktverbesserungen (5)	0,382	0,414	0,488	0,489	1	
Lernen (6)	0,544	0,288	0,382	0,415	0,133	1

Tabelle 5-27: Korrelationsmatrix der Motive; Quelle: Eigene Darstellung

Die Korrelationsmatrix gibt die Korrelationskoeffizienten, die Werte zwischen 0 und 1 annehmen können, zwischen den unabhängigen Variablen wieder. Hohe Korrelationskoeffizienten nahe 1 indizieren somit eine hohe Multikollinearität. Richtwerte für das Vorliegen von Korrelation liefert Bühl (2008, 346) gemäß nachfolgender Tabelle.

Wert des Korrelationskoeffizienten	Interpretation
bis 0,2	sehr geringe Korrelation
bis 0,5	geringe Korrelation
bis 0,7	mittlere Korrelation
bis 0,9	hohe Korrelation
über 0,9	sehr hohe Korrelation

Tabelle 5-28: Richtwerte für Korrelationen; Quelle: Bühl (2008, 346)

Mit Blick auf die Korrelationsmatrix (vgl. Tabelle 5-27) und Heranziehung der Richtwerte von Bühl (2008, 346) zeigt sich, dass die Motive „sehr geringe" bis „geringe" Korrelationen aufweisen. Lediglich die Korrelationen zwischen den Motiven „Lernen" und „Selbstmarketing" sowie zwischen „Anerkennung" und „Selbstmarketing" weisen Werte auf, auf Grund welcher eine „mittlere Korrelation" attestiert werden kann. Da der Korrelationswert von 0,544 im ersten Fall aber sehr nahe am unteren Schwellenwert von 0,5 liegt und damit immer noch weit entfernt von einer hohen oder sogar sehr hohen Korrelation ist, kann dieser Ausreißer als unproblematisch angesehen werden. Der zweite Fall ist mit einem Wert von 0,623 dagegen als kritischer einzustufen. Da dieser Wert aber immer noch keine hohe oder sogar sehr hohe Korrelation widerspiegelt, soll er für den vorliegenden Untersuchungsfall hingenommen werden. Somit kann insgesamt davon ausgegangen werden, dass im vorliegenden Untersuchungsfall ein zu vernachlässigendes Ausmaß an Multikollinearität zwischen den unabhängigen Variablen gegeben ist.

Die Korrelationsmatrix kann allerdings nur paarweise Abhängigkeiten, also Korrelation zwischen lediglich jeweils zwei unabhängigen Variablen, aufdecken (Backhaus et al. 2008, 89). Es kann aber theoretisch auch eine Korrelation einer unabhängigen Variablen auf alle übrigen Variablen vorliegen, womit ebenfalls eine Multikollinearität vorliegen würde. Daher empfehlen Backhaus et al. (2008, 89), zur Aufdeckung von Multikollinearität zusätzlich eine Regression jeder einzelnen unabhängigen Variablen auf jeweils alle anderen Variablen durchzuführen. Es sollten also die zugehörigen multiplen Korrelationskoeffizienten, also die Bestimmtheitsmaße R^2 ermittelt werden. R^2 kann Werte zwischen 0 und 1 annehmen, wobei der Wert 1 indiziert, dass absolute Korrelation gegeben und mit abnehmenden Werten die Korrelation entsprechend geringer ist. Für den vorliegenden Untersuchungsfall wurden die Bestimmtheitsmaße für die sechs unabhängigen Variablen berechnet. Die nachfolgende Tabelle gibt die Ergebnisse wieder.

Unabhängige Variable	R^2	$T = 1 - R^2$
Selbstmarketing	0,519	0,481
Spaß	0,291	0,709
Altruistisch geprägte Community-Identifikation	0,384	0,616
Anerkennung	0,486	0,514
Wunsch nach Neuentwicklungen und Produktverbesserungen	0,398	0,602
Lernen	0,377	0,623

Tabelle 5-29: Bestimmtheitsmaße und T-Werte für die Motive; Quelle: Eigene Darstellung

Obwohl anhand der Bestimmtheitsmaße R^2, also der multiplen Korrelationskoeffizienten, eine gewisse Korrelation abzulesen ist und somit in einem Rückschluss auf entsprechende Multikollinearität zu identifizieren wäre, hat sich zur Prüfung der Multikollinearität ein aus dem Bestimmtheitsmaß resultierendes, eigenes Maß etabliert. Dabei handelt es sich um das so genannte Toleranzmaß (T), das sich definiert als $T = 1 - R^2$. T kann Werte zwischen 0 und 1 annehmen, wobei ein kleiner T-Wert auf hohe Multikollinearität schließen lässt (Brosius/Brosius 1995, 495). Laut Brosius und Brosius (1995, 495) ist ab T-Werten < 0,1 der Verdacht auf Multikollinearität gegeben, wogegen Werte < 0,01 gesichert darauf schließen lassen, dass Multikollinearität gegeben ist. Die Toleranzwerte für die sechs unabhängigen Variablen sind ebenfalls in Tabelle 5-29 aufgeführt. Es zeigt sich, dass keine T-Werte die kritischen Werte unterschreiten. Es kann also im gegebenen Untersuchungsfall gesichert davon ausgegangen werden, dass ein unkritisches Maß an Multikollinearität gegeben ist.

5.3.2.4 Durchführung der multiplen Regressionsanalyse

Im Rahmen des mathematischen Rechenverfahrens einer multiplen Regressionsanalyse werden die Koeffizienten der Regressionsgleichung geschätzt. Diese Berechnungen wurden im vorliegenden Fall mit Hilfe der Statistiksoftware SPSS 17.0 durchgeführt. In die Berechnungen flossen die oben erwähnten Datensätze der 61 Ideengeber ein.

Bei den Berechnungen wurden alle Variablen der zu Grunde liegenden Regressionsgleichung gleichzeitig, das heißt mittels der blockweisen Regressionsrechnung analysiert. Nachdem das Regressionsmodell auf diese Weise geschätzt wurde, wurde die Güte des Modells überprüft. Dadurch wurde sichergestellt, dass das geschätzte Modell für den vorliegenden Untersuchungskontext auch tatsächlich geeignet ist. Zur Überprüfung ist gemäß den allgemeinen Anforderungen an eine multiple Regressionsanalyse sowohl die Güte des Gesamtmodells als auch zusätzlich die Güte der einzelnen Regressionskoeffizienten vorzunehmen (Backhaus et al. 2008, 67). Bei der Überprüfung des Gesamtmodells, also der Regressionsfunktion als Ganzes, geht es um die Klärung der Frage, ob und wie gut die abhängige Variable durch das zu Grunde liegende Regressionsmodell erklärt wird. Bei der Überprüfung der Koeffizienten geht es um die Frage, ob und wie gut die einzelnen Variablen zur Erklärung der abhängigen Variable „Ideenqualität" beitragen.

Zur Güteüberprüfung der geschätzten Regressionsfunktion und deren Koeffizienten werden in der Literatur verschiedene Prüfgrößen und -verfahren diskutiert. Nachfolgend wird auf die im Untersuchungskontext durchgeführten Verfahren näher eingegangen.

Bestimmung der Güte des zu Grunde liegenden Regressionsmodells

Zur Bestimmung der Güte der Regressionsfunktion wird in erster Linie das **Bestimmtheitsmaß** herangezogen. Das Bestimmtheitsmaß wird auf der Basis der Residualgrößen berechnet und gibt an, wie gut sich die geschätzte Regressionsfunktion an die beobachteten Werte anpasst (Backhaus et al. 2008, 67). Wie oben dargelegt, bestehen zwischen den Beobachtungswerten und den geschätzten Werten gewisse Abweichungen. Abweichungen manifestieren sich unter anderem darin, dass neben den angenommenen Einflussvariablen auf die abhängige Variable noch andere, unbekannte Einflussgrößen wirken, die durch die Modellvermutungen nicht erfasst werden. Je geringer diese Abweichungen sind, desto besser ist die geschätzte Regressionsfunktion, durch die die vermuteten Modellzusammenhänge erklärt werden. Diese Güte wird durch das Bestimmtheitsmaß R^2, welches eine normierte Größe darstellt und Werte zwischen 0 und 1 annehmen kann, ausgedrückt. Je größer der Wert des Bestimmtheitsmaßes, desto besser ist die Regressionsfunktion, desto geringer also die Abweichungen. Dabei stellt sich das Bestimmtheitsmaß als Verhältniszahl dar, es gibt also an, wie viel Prozent durch die Regressionsfunktion, letztlich also durch die erfassten unabhängigen Variablen, erklärt werden.

In der vorliegenden Untersuchung wurde das Bestimmtheitsmaß R^2 von SPSS mit einem Wert von 0,549 berechnet. Das bedeutet, dass 54,9 Prozent der Variation der Ideenqualität durch die sechs Motive erklärt wird. Allgemeingültige Aussagen darüber, ab welcher Höhe ein R^2 als gut einzustufen ist, lassen sich nicht machen, da dies von der jeweiligen Problemstellung abhängt (Backhaus et al. 2008, 93 f.). Im vorliegenden Fall kann ein R^2 von 0,549 aber als relativ gut eingestuft werden, da aus sachlogischen Überlegungen heraus angenommen werden kann, dass neben den untersuchten Motivfaktoren prinzipiell viele weitere Faktoren die Ideenqualität beeinflussen. Es handelt sich dabei also um einen komplexen Sachzusammenhang. Dabei kann naturbedingt davon ausgegangen werden, dass unmöglich alle Einflussgrößen eines solchen komplexen Sachzusammenhangs komplett durch ein entsprechendes Regressionsmodell erfasst werden.

Mit Hilfe des Bestimmtheitsmaßes konnte beurteilt werden, wie gut sich die geschätzte Regressionsfunktion an die beobachteten Daten anpasst. Darüber hinaus ist es im Rahmen der Gütebestimmung des Regressionsmodells wichtig, seine Signifikanz zu beurteilen (Backhaus et al. 2008, 71). Die dahinter stehende Frage ist, ob das geschätzte Modell auch über die Stichprobe hinaus für die Grundgesamtheit signifikant ist, also Gültigkeit besitzt. Für diese Signifikanzüberprüfung verwendet man in der Regel die so genannte **F-Statistik**. Die Grundsatzannahme im Rahmen dieser Überprüfung ist, dass – wenn zwischen der abhängigen und den unabhängigen Variablen ein kausaler Zusammenhang besteht – die Koeffizienten der Regressionsgleichung ungleich null sind.

Zur Prüfung im Rahmen der F-Statistik wird nun die Nullhypothese formuliert. Diese besagt, dass kein Zusammenhang besteht und somit in der Grundgesamtheit die Regressionskoeffizienten alle Null sind. Die Prüfung dieser Nullhypothese erfolgt mittels eines Hypothesentestes, des so genannten F-Testes, im Rahmen dessen ein empirischer F-Wert ermittelt und dieser mit einem kritischen Wert verglichen wird. Der F-Wert basiert auf dem obigen Bestimmtheitsmaß R^2 und gibt Auskunft über die Wahrscheinlichkeit, mit der sich große Werte für R^2 ergeben können, wenngleich in der Grundgesamtheit, aus der die Variablenwerte stammen, tatsächlich kein Zusammenhang existiert (Brosius/Brosius 1995, 480 f.). Es gilt, je größer der F-Wert ist, desto besser ist R^2 gegen null gesichert. Bei Gültigkeit der Nullhypothese ist zu erwarten, dass der F-Wert null ist. Weicht er dagegen stark von null ab und überschreitet einen kritischen Wert, so ist es unwahrscheinlich, dass die Nullhypothese richtig ist. Folglich ist diese zu verwerfen und zu folgern, dass in der Grundgesamtheit ein Zusammenhang existiert und somit nicht alle Koeffizienten null sind und ein hoher R^2-Wert kein Zufallsprodukt ist.

SPSS berechnete den empirischen F-Wert mit 10,960. Der kritische Wert, der auch als theoretischer F-Wert bezeichnet wird, mit dem dieser empirische Wert im Rahmen des Hypothesentests zu vergleichen und der aus der theoretischen F-Tabelle abzulesen ist, beträgt bei 6 Freiheitsgraden im Zähler, 54 Freiheitsgraden im Nenner sowie einer 95-

prozentigen Vertrauenswahrscheinlichkeit exakt 2,27. Da der empirische F-Wert von 10,960 in diesem Fall höher als der theoretische F-Wert von 2,27 ist, kann die Nullhypothese verworfen werden. Es kann also gefolgert werden, dass nicht alle Koeffizienten Null sind, womit im vorliegenden Untersuchungsfall ein höchst signifikanter Zusammenhang zwischen den sechs Motiven und der Ideenqualität im geschätzten Regressionsmodell befunden werden kann. Es kann also davon ausgegangen werden, dass das geschätzte Regressionsmodell auch über die Stichprobe hinaus für die Grundgesamtheit signifikant ist und somit seine Gültigkeit besitzt.

Zusammenfassend kann ein positiver Befund im Rahmen der Güteprüfung des geschätzten Regressionsmodells gewonnen werden. Auf Grund der Ergebnisse sowohl aus der Berechnung des Bestimmtheitsmaßes sowie der Berechnung der F-Statistik kann befunden werden, dass im vorliegenden Untersuchungsfall die abhängige Variable, also die Ideenqualität, durch das geschätzte Regressionsmodell gut erklärt wird.

Bestimmung der Güte der Regressionskoeffizienten

Im Rahmen der Bestimmung der Güte der Regressionskoeffizienten werden diese einzeln einer genauen Überprüfung unterzogen. Ein geeignetes Prüfverfahren hierfür stellt die so genannte t-Statistik dar (Backhaus et al. 2008, 76). Da die Regressionskoeffizienten die Einflussstärke ihrer entsprechenden unabhängigen Variablen auf die Höhe der Ideenqualität widerspiegeln, wird dabei im Rahmen eines Hypothesentests angenommen, dass – wenn zwischen der abhängigen und den unabhängigen Variablen ein kausaler Zusammenhang besteht – die Koeffizienten der Regressionsgleichung ungleich null sind. Die Nullhypothese besagt also, dass die einzelnen Regressionskoeffizienten gleich null sind.

Die Prüfung der Nullhypothese basiert auf dem so genannten t-Wert. Der t-Werte wird für jede unabhängige Variable von SPSS im Rahmen der Regressionsanalyse auf Basis des zugehörigen Regressionskoeffizienten berechnet. Diese empirischen t-Werte werden anschließend mit den theoretischen t-Werten aus der so genannten t-Tabelle verglichen. Analog zum F-Test gilt, dass bei Gültigkeit der Nullhypothese für die t-Statistik ein Wert von Null zu erwarten ist (Backhaus et al. 2008, 76). Ist also der Absolutbetrag[13] des empirischen t-Wertes größer als der theoretische t-Wert, dann ist die Nullhypothese bei Annahme einer entsprechenden Vertrauens- beziehungsweise Irrtumswahrscheinlichkeit zu verwerfen und es kann gefolgert werden, dass der Koeffizient der untersuchten Variable ungleich null ist. Der Einfluss dieser Variable kann dann also als signifikant erachtet werden (Backhaus et al. 2008, 77).

Der tabellierte t-Wert beträgt bei einer Vertrauenswahrscheinlichkeit von 95% und zu berücksichtigenden 52 Freiheitsgraden 2,007. Die durch SPSS berechneten empiri-

---

[13] Der theoretische t-Wert kann auch negativ werden, es ist aber für die Durchführung eines t-Testes immer der Absolutbetrag heranzuziehen (Backhaus et al. 2008, 77).

schen t-Werte für die unabhängigen Variablen sind der folgenden Tabelle zu entnehmen.

Motiv	Regressionskoeffizient	Standardfehler	Emp. t-Wert	Signifikanz
Selbstmarketing	6,767	2,360	2,867	0,006
Spaß	6,991	2,538	2,754	0,008
Altruistisch geprägte Community-Identifikation	-3,033	2,320	-1,307	0,057
Anerkennung	5,675	2,398	2,366	0,022
Wunsch nach Neuentwicklungen und Produktverbesserungen	4,155	2,761	1,506	0,038
Lernen	-3,927	1,863	-2,109	0,040

Tabelle 5-30: Ergebnisse des t-Testes; Quelle: Eigene Darstellung

Somit kann befunden werden, dass die Koeffizienten der unabhängigen Variablen „Selbstmarketing", „Spaß", „Anerkennung" sowie „Lernen" signifikant von Null verschieden sind. Für diese Variablen lässt sich also schlussfolgern, dass sie einen signifikanten Einfluss auf die Ideenqualität ausüben. Demgegenüber haben die Variablen „Altruistisch geprägte Community-Identifikation" und „Wunsch nach Neuentwicklungen und Produktverbesserungen" keinen signifikanten Einfluss auf die Ideenqualität, da ihre empirischen t-Werte den theoretischen t-Wert nicht übersteigen.

5.3.3 Ergebnisse

Die Resultate aus der vorangegangenen Regressionsanalyse stellen eine Antwort auf die im Rahmen dieser Arbeit formulierte Forschungsfrage IIIb dar, die in den Blick nahm, inwieweit die unterschiedlichen Motive der Teilnehmer die Ideenqualität beeinflussen. So zeigt sich, dass vier der zuvor aufgestellten Hypothesen bestätigt und die übrigen beiden Hypothesen widerlegt werden können (vgl. Tabelle 5-31). Die Analyse zeigte, dass durch den Faktor „Selbstmarketing" motivierte Befragte Ideen mit durchschnittlich höher beurteilter Qualität einreichten. Es kann also geschlossen werden, dass Ideeneinreicher, die gewillt sind, durch ihre Ideenbeiträge ein Kompetenz- und Fähigkeitssignal an Dritte zu senden, auch bessere Ideen einreichen. Ferner konnte die Hypothese bestätigt werden, dass durch den Faktor „Spaß" motivierte Ideeneinreicher im Durchschnitt bessere Ideen einreichten. Auch kann bestätigt werden, dass Ideeneinreicher, die in Bezug auf ihre Ideen nach Anerkennung durch Dritte suchen, Ideen von höherer Qualität einreichen.

Entgegen anfänglicher Vermutung erweist sich zudem der Motivationsfaktor Lernen als ein signifikanter Einflussfaktor auf die Ideenqualität. Somit konnte die Hypothese widerlegt werden, dass Ideeneinreicher, die ihren SAP-Erfahrungs- und Wissensschatz durch ihre aktive Teilnahme und Ideeneinreichung ausbauen wollen, nicht bemüht sind, Ideen von hoher Qualität einzureichen. Somit greift also das Argument, dass in Bezug auf die SAP-Lösungen und Anwendungen unerfahrenere Ideeneinreicher eben auf Grund ihres fehlenden Erfahrungs- und Wissensschatzes gar nicht in der Lage sind, qualitativ hochwertigere Ideen einzureichen, zu kurz. Als Erklärung für die Widerlegung dieser Hypothese können die Ergebnisse der empirischen Untersuchung von Kristensson, Gustafsson und Archer (2004) herangezogen werden. So konnten diese Autoren nachweisen, dass Kunden mit weniger Produktexpertise innovativere und damit qualitativ bessere Ideen vorweisen als Kunden mit hoher Expertise. Den Grund dafür sehen Kristensson, Gustafsson und Archer (2004) darin, dass Kunden mit geringerer Expertise im Rahmen der Ideenentwicklung weniger von Überlegungen bezüglich der technischen Umsetzbarkeit „gehemmt" sind.

Hypothesen	Regressionsanalytisch befundener Zusammenhang
Hypothese I: Eine hohe Ausprägung des Motives „*Selbstmarketing*" bei Ideengebern aus der SAPiens-Ideen-Community wirkt sich positiv auf die Qualität ihrer Ideen aus.	bestätigt
Hypothese II: Eine hohe Ausprägung des Motives „*Spaß*" bei Ideengebern aus der SAPiens-Ideen-Community wirkt sich positiv auf die Qualität ihrer Ideen aus.	bestätigt
Hypothese III: Eine hohe Ausprägung des Motives „*Altruistisch-geprägte Community-Identifikation*" bei Ideengebern aus der SAPiens-Ideen-Community wirkt sich nicht auf die Qualität ihrer Ideen aus.	bestätigt
Hypothese IV: Eine hohe Ausprägung des Motives „*Anerkennung*" bei Ideengebern aus der SAPiens-Ideen-Community wirkt sich positiv auf die Qualität ihrer Ideen aus.	bestätigt
Hypothese V: Eine hohe Ausprägung des Motives „*Wunsch nach Neuentwicklungen und Produktverbesserungen*" bei Ideengebern aus der SAPiens-Ideen-Community wirkt sich positiv auf die Qualität ihrer Ideen aus.	nicht bestätigt
Hypothese VI: Eine hohe Ausprägung des Motives „*Lernen*" bei Ideengebern aus der SAPiens-Ideen-Community wirkt sich nicht auf die Qualität ihrer Ideen aus.	nicht bestätigt

Tabelle 5-31: Hypothesen zur Wirkung der Motive auf die Ideenqualität; Quelle: Eigene Darstellung

Die Motive „Selbstmarketing", „Spaß", „Anerkennung" und „Lernen" üben also einen signifikanten Einfluss auf die Qualität der Ideen aus. Dies trifft für die Motive „Altruistisch-geprägte Community-Identität" und „Wunsch nach Neuentwicklungen und Produktverbesserungen" dagegen nicht zu. Während dies für das erstgenannte Motiv im Rahmen der obigen Hypothesenformulierung ja auch postuliert wurde, musste die Hypothese bezüglich des Motives „Wunsch nach Neuentwicklungen und Produktverbesserungen" widerlegt werden. Es bestätigte sich also nicht, dass Ideeneinreicher, die sich deshalb zur Abgabe einer Idee motivieren lassen, weil sie den Wunsch nach einer

Verbesserung der SAP-Lösungen und -Anwendungen bzw. nach Neuentwicklungen aus diesem Umfeld verspüren, Ideen von durchschnittlich besserer Qualität vorwiesen.

6 Der Einfluss von Persönlichkeitsmerkmalen auf die Ideenabgabe

Wie im Rahmen der obigen Fallstudienuntersuchung festgestellt, können in Ideen-Communities sowohl solche Mitglieder beobachtet werden, die eine oder sogar mehrere Ideen einreichen, aber auch solche Mitglieder, die gar keine Idee einreichen. Eine erklärte Zielgröße im Rahmen des Betriebes von Ideen-Communities ist es für Unternehmen aber, Ideen von möglichst vielen Kunden sammeln zu können, um so letztendlich auf ein breites Kundenwissen zurückgreifen zu können. Daher stellt sich die Frage, was die Ideengeber von den Nicht-Ideengebern unterscheidet. Zur Untersuchung der Frage, was die Ideengeber in Bezug auf die Ideenabgabe beeinflusst, lassen sich Erkenntnisse aus der Kreativitätsforschung heranziehen. So gilt in der Kreativitätsforschung die Erkenntnis, dass das Entwickeln von Ideen von bestimmten Persönlichkeitsfaktoren eines Menschen abhängt (Amabile 1996, 113). Menschen mit beispielsweise ausgeprägtem aufgabenbezogenen Wissen, welches in der Kreativitätsforschung als „domain-relevant skills" bezeichnet wird, sind eher bereit, Ideen zu entwickeln. Diese Korrelationserkenntnisse lassen sich auf den Untersuchungskontext übertragen. So stellt sich die Frage, ob beispielsweise das Ausmaß des Produktwissens oder der Produkterfahrung einen Einflussfaktor für die Bereitschaft der Kunden zur Abgabe einer Idee darstellt. Darüber hinaus spielen womöglich weitere Persönlichkeitsmerkmale eine Rolle.

Das Kapitel 6 befasst sich daher mit der Frage (Forschungsfrage IV dieser Arbeit), welche Persönlichkeitsmerkmale der Kunden die Bereitschaft zur Abgabe einer Idee beeinflusst. Zur Beantwortung dieser Frage werden zunächst relevante Persönlichkeitsmerkmale von Ideengebern und Nicht-Ideengebern der SAPiens-Ideen-Community erhoben und diese sodann im Rahmen einer logistischen Regressionsanalyse dahingehend untersucht, ob sie die Ideenabgabe der Befragten beeinflussen. Im folgenden Unterkapitel 6.1 wird dafür zunächst auf die theoretischen Grundlagen Bezug genommen, indem in der Literatur zur Innovationsforschung diskutierte Persönlichkeitsmerkmale von innovativ tätigen Kunden vorgestellt und erläutert werden. In Unterkapitel 6.2 werden mögliche und für die Erhebung relevante Persönlichkeitsmerkmale operationalisiert. Die darauffolgenden Unterkapitel befassen sich mit Aspekten der Empirie (Kapitel 6.3) sowie der Validitäts- und Reliabilitätsüberprüfung der erhobenen Daten (Kapitel 6.4). Die deskriptiven Ergebnisse bezüglich der erhobenen Persönlichkeitsmerkmale werden in Unterkapitel 6.5 als Zwischenergebnis präsentiert. In den Unterkapiteln 6.6 und 6.7 werden sodann zunächst Hypothesen zu den vermuteten Einflüssen der erhobenen Persönlichkeitsmerkmale auf die Ideenabgabe aufgestellt und diese dann regressionsanalytisch untersucht. Die Ergebnisse aus der logistischen Regressionsanalyse fasst abschließend das Unterkapitel 6.8 zusammen.

6.1 Theoretische Grundlagen: Persönlichkeitsmerkmale innovierender Kunden

In der Innovationsforschung werden verschiedene Persönlichkeitsfaktoren, die Kunden oder Produktanwender, beispielsweise im Rahmen ihrer innovativen Tätigkeiten in User-Communities oder Ideenwettbewerben aufweisen, diskutiert. Zu den prominentesten Persönlichkeitsmerkmalen zählen dabei das **Produkt- oder Objektwissen**. Dieses wird als anwendungsunabhängige Kenntnis über ein Gut definiert (Lüthje 2000b, 34 ff.; Ulrich/Eppinger 1995, 132). Diese Kenntnis umfasst nach Lüthje sowie Ulrich und Eppler vor allem „das Wissen um die Funktions- und Wirkstruktur eins Gutes" (Lüthje 2000b, 34 ff.; Ulrich/Eppinger 1995, 132). Eine Person mit hohem Produktwissen hat detaillierte Kenntnisse darüber, wie ein Produkt aufgebaut ist und wie seine Komponenten zusammenwirken. Darüber hinaus umfasst Produktwissen aber auch Kenntnisse über die Materialbeschaffenheit sowie Verfahrens- und Technologiehintergründe. Ein Mindestmaß an Produkt- beziehungsweise Objektwissen gilt im Allgemeinen als Voraussetzung für die Befähigung zur Entwicklung von Innovationen.

Eng verwandt mit dem Produktwissen ist die **Produkterfahrung**, die häufig auch als Anwendungs- oder Erfahrungswissen bezeichnet wird (Lüthje 2000b, 34 ff.; Sauer 2003). Unter Produkterfahrung wird die praktische Erfahrung verstanden, die eine Person während der Nutzung eines Produktes gewinnt (Lüthje 2000b, 34 ff.). Im Unterschied zum Produktwissen, welches auch angeeignet werden kann, ohne dass das zu Grunde liegende Produkt aktiv angewandt wurde, kann Produkterfahrung nur durch persönliche Anwendung des Produktes erlangt werden. Produkterfahrung gilt allgemein als Voraussetzung dafür, Potenziale für insbesondere Produktverbesserungen, also inkrementelle Produktinnovationen, zu entdecken. So trägt die Produktverwendung dazu bei, elementare Wirkungszusammenhänge oder andere Produktcharakteristika zu erfahren und dadurch entsprechende Innovationspotenziale zu entdecken (Habermeier 1990, 271 ff.).

Das so genannte **Produktinvolvement** wird in der Literatur der Innovationsforschung ebenfalls als relevantes Persönlichkeitsmerkmal innovierender Kunden diskutiert. Ursprünglich ist der Terminus „Involvement" ein Fachausdruck aus der marketingorientierten Konsumforschung, der im Kern die persönliche Wichtigkeit und Bedeutung von Konsumenten bezüglich eines Produktes ausdrückt (Kroeber-Riel/Weinberg 2003, 370; Zaichowsky 1985, 341). In der Marketingforschung wird das Konstrukt Involvement zur Erklärung des Konsumverhaltens verwandt. Piller (2004, 336) sowie Soll (2006, 117) trugen das Konstrukt Involvement in die Innovationsforschung und wiesen nach, dass Involvement eine Voraussetzung für die Bereitschaft von Kunden darstellt, sich an Innovationsprojekten von Unternehmen zu beteiligen. Involvement als Ausdruck für die Wichtigkeit und Bedeutung eines Kunden für ein Produkt oder sein Produktumfeld stellt in diesem Sinne also ein Persönlichkeitsmerkmal eines innovierenden Kunden dar.

In der Literatur zur Innovationsforschung wird innovativ tätigen Kunden auch das Persönlichkeitsmerkmal **Markenvertrauen** bescheinigt (Sawhney/Prandelli 2001, 261;

Soll 2006). Soll (2006, 121) wies in einer Untersuchung nach, dass Teilnehmer eines Ideenwettbewerbes ein überdurchschnittlich hohes Markenvertrauen aufwiesen. So manifestiert sich ein Markenvertrauen des Kunden in der Zuversicht sowie in der Verlässlichkeit in Bezug auf die Produktqualität eines Herstellers. Dabei werden Eigenschaften wie Konsistenz, Kompetenz, Ehrlichkeit, Fairness, Verantwortung etc. mit dieser Zuversicht und Verlässlichkeit in Verbindung gebracht. Soll (2006, 121) leitete in seiner Untersuchung einen zunächst vermuteten und später empirisch nachgewiesenen Zusammenhang zwischen Markenvertrauen und Teilnahme an einem Ideenwettbewerb ab; und zwar aus analogen Erkenntnissen aus der Marketingforschung, wo Markenvertrauen als positiver Einflussfaktor auf die Kunden-Hersteller-Beziehung und damit letztlich auf das Kaufverhalten der Kunden gilt.

Als relevantes Persönlichkeitsmerkmal wird häufig auch die **Trend- und Meinungsführerschaft** diskutiert. Dabei handelt es sich um Begriffe aus der Innovationsforschung, die im Zusammenhang mit der Diffusionstheorie diskutiert werden. Während solche Konsumenten als Trendführer oder auch Innovatoren bezeichnet werden, die an Neuheiten interessiert sind und daher Produkte bereits kurz nach deren Markteinführung erwerben (Rogers 1962; Sawhney/Prandelli 2000), werden Meinungsführer als solche Konsumenten bezeichnet, die als einflussreiche Kommunikatoren positiv über ein innovatives Produkt in ihrem sozialen Umfeld berichten und somit ein Kaufverhalten bei dritten Personen auslösen (Robertson 1971, 184).

Als ein Persönlichkeitsmerkmal von innovativen Kunden wird zudem die Fähigkeit zur Entdeckung von **neuen Bedürfnissen**, die von am Markt existierenden Produkten bislang nicht befriedigt werden, gesehen. Kunden, die dieses Persönlichkeitsmerkmal aufweisen, werden in der Literatur häufig als „front-edge user" oder „Schrittmacherkunden" bezeichnet (Holt 1985, 203). Das Persönlichkeitsmerkmal „neue Bedürfnisse" stellt auch eines der zwei wesentlichen Charakteristika eines Lead User nach von Hippel (1986) dar. In der Innovationsforschung gilt es inzwischen als unbestritten, dass häufig Kunden aus dem Investitionsgüterbereich über dieses Persönlichkeitsmerkmal verfügen. Dies bestätigen vor allem die Ergebnisse der Lead-User-Forschung. Für den Konsumgüterbereich wird dagegen häufig angezweifelt, dass Endverbraucher willens und vor allem in der Lage sind, neue Bedürfnisse zu spezifizieren. Dieser Zweifel wird mit dem Phänomen des so genannten „functional fixedness" begründet. Dabei handelt es sich um ein Phänomen aus der Marketingforschung (Lüthje 2000a). Diesem Argument liegt zu Grunde, dass sich die kundenseitige Formulierung von Anforderungen und Bedarfen stets an bestehenden Problemlösungen ausrichte (Brockhoff 1985, 626). Demnach wird die Antwort eines Kunden, der nach seinen zukünftigen Bedürfnissen gefragt wird, von seiner augenblicklichen Lage und bereits erlebten Erfahrung mit einem Produkt, die wie eine Fessel („functional fixedness") wirkt, bestimmt (Merkle 1984, 10). Diese Auffassung, die vor allem in den 1980er Jahren stark verbreitet war, kann heute als widerlegt bezeichnet werden. Dies wiesen beispielsweise Franke und Shah (2003) in einer umfassenden Untersuchung unter Endverbrauchern von Sportartikeln nach. Ihre Studie hatte zum Ergebnis, dass bestimmte Konsumenten von Sportartikeln eigenständig Innovationen hervorbringen, und zwar aus dem Grund, weil ihre Bedürfnisse und daraus resultierende individuelle Bedarfe an diese Sportgeräte nicht von den Herstellern bzw. vom Marktangebot gedeckt wurden. Auch die Untersuchungen von Füller, Jawecki und Mühlbacher (2007), Lüthje (2000b) sowie von Hippel (2001a, 2005) kommen zu dem Ergebnis, dass Endverbraucher sehr wohl innovative und zukunftsweisende Bedürfnisse entwickeln können.

Neben den neuen Bedürfnissen wird im Rahmen der Untersuchung von Persönlichkeitsfaktoren von innovativen Kunden häufig auch deren Grad der **Unzufriedenheit** untersucht, beispielsweise bei Lüthje (2000b). Das Konstrukt Unzufriedenheit entstammt aus der Marketingforschung und stellt dort im Rahmen von Untersuchungen zur Konsumentenzufriedenheit ein zentrales Schlüsselkonstrukt dar (Bruhn 1982, 17; Stauss/Seidl 2007). Dabei ist das Konstrukt Unzufriedenheit im Zusammenhang mit einem zu Grunde liegenden Produkt zu sehen und resultiert unmittelbar aus seiner Verwendung. Unzufriedenheit entsteht, wenn der Kunde bei der Nutzung eines Produktes eine negative Diskrepanz zwischen seinen Leistungserwartungen und seiner Leistungswahrnehmung feststellt (Bruhn 1982, 17).

6.2 Operationalisierung der zu erhebenden Persönlichkeitsmerkmale

Für die geplante Erhebung der Persönlichkeitsmerkmale der Ideengeber und Nicht-Ideengeber aus der SAPiens-Ideen-Community soll aus dem Fundus der oben vorgestellten, innovationsrelevanten Persönlichkeitsmerkmale geschöpft werden. Es sind aber nicht alle Merkmale für die vorliegende Untersuchung relevant. Es sollen nachfolgend daher nur diejenigen Persönlichkeitsmerkmale operationalisiert werden, die aus einer sachlogischen Überlegung heraus für den Untersuchungskontext relevant erscheinen.

Produkt- oder Objektwissen

In der älteren Literatur zur Innovationsforschung wird häufig davon ausgegangen, dass Kunden aus dem Konsumgüterbereich oftmals, insbesondere über sehr komplexe Produkte, nur sehr wenig oder sogar gar kein Produktwissen verfügen und dass das Produktwissen in der Regel eher beim Hersteller dieser Produkte liegt (Brockhoff 1985, 626; Gemünden 1981, 30 f.). Neuere Untersuchungen belegen dagegen, dass Kunden sehr häufig über detailliertes Produktwissen verfügen. So wiesen beispielsweise Shah (2000) sowie Lüthje (2000b) ein hohes Produktwissen bei Konsumenten von Sportartikeln nach.

Dieser Sachverhalt könnte auch für den vorliegenden Untersuchungsfall zutreffend sein. So offenbart eine erste, grobe Durchsicht der Ideen aus der SAPiens-Ideen-Community im Rahmen der oben durchgeführten Fallstudien, dass ein Großteil der eingereichten Ideen einen hohen Ausarbeitungs- und Detaillierungsgrad aufweist. Deshalb ist anzunehmen, dass im vorliegenden Untersuchungsfall zumindest ein Teil der Ideeneinreicher auf der SAPiens-Plattform ebenfalls über ein hohes Produktwissen bezüglich der SAP-Softwarelösungen verfügen müssen. Aus diesem Grund soll auch für das vorliegende Untersuchungsvorhaben überprüft werden, inwieweit die Teilnehmer der SAPiens-Ideen-Community über Produktwissen, also anwendungsunabhängige Kenntnisse über die SAP-Software, verfügen. Für die Untersuchung wird dieser Sachverhalt mit dem Terminus „Produktwissen" belegt und wie folgt operationalisiert:

Innovationsrelevantes Persönlichkeitsmerkmal
Bezeichnung: Produktwissen
Kurzbeschreibung: Ausmaß der anwendungsunabhängigen Kenntnisse über die SAP-Software
Operationalisierung
LU_PW_1   Ich verfüge über Kenntnisse darüber, wie die einzelnen SAP-Anwendungen und -Lösungen zusammenhängen und -wirken.
LU_PW_2   Ich verfüge über technisches Hintergrundwissen in Bezug auf die SAP-Anwendungen und -Lösungen.
LU_PW_3   Ich habe einen Überblick über die am Markt befindlichen, mit den SAP-Anwendungen und -Lösungen vergleichbaren ERP-Systeme.

Tabelle 6-1: Operationalisierung des Persönlichkeitsmerkmals Produktwissen; Quelle: Eigene Darstellung

Produkterfahrung

Wie oben dargelegt, wird in der Innovationsforschung Produkterfahrung als Voraussetzung dafür gesehen, Produktverbesserungen, also inkrementelle Produktinnovationen, entdecken zu können. Da die Teilnehmer an der SAPiens-Ideen-Community konkrete Ideen zur Verbesserung der SAP-Anwendungen und -Lösungen generiert haben, ist im Umkehrschluss davon auszugehen, dass diese auch über Produkterfahrung verfügen. Aus diesem Grund wird das Konstrukt Produkterfahrung in die vorliegende Untersuchung involviert und wie folgt operationalisiert:

Innovationsrelevantes Persönlichkeitsmerkmal	
Bezeichnung: Produkterfahrung	
Kurzbeschreibung: Ausmaß der Anwendungserfahrung mit der SAP-Software	
Operationalisierung	
LU_PE_1	Ich benutze einzelne SAP-Anwendungen und -Softwarelösungen regelmäßig.
LU_PE_2	Verglichen mit Bekannten und Freunden kenne ich mich mit der Verwendung einzelner SAP-Anwendungen und -Lösungen gut aus.
LU_PE_3	Mit der Verwendung der SAP-Anwendungen und -Softwarelösungen bin ich gut vertraut.
LU_PE_4	Ich habe viel Erfahrung mit der Nutzung einzelner SAP-Anwendungen und -Lösungen.

Tabelle 6-2: Operationalisierung des Persönlichkeitsmerkmals Produkterfahrung; Quelle: Eigene Darstellung

Produktinvolvement

Da, wie Piller (2004, 336) und Soll (2006, 117) in ihren Untersuchungen nachgewiesen haben, Produktinvolvement auch ein Persönlichkeitsmerkmal von Kunden, die an Ideenwettbewerben teilnahmen, darstellt, soll das Konstrukt auch für den vorliegenden Untersuchungsfall berücksichtigt werden. Über die Messung des Konstrukts Produktinvolvement herrscht in der Literatur allerdings Uneinigkeit, da unterschiedliche Meinungen bezüglich der Dimensionalität dieses Konstrukts existieren. So gehen beispielsweise Laurent und Kapferer (1985, 52) von einem mehrdimensionalen Konstrukt aus, Zaichkowsky (1985, 349) dagegen von einem eindimensionalen Konstrukt. Der Grund dafür, dass einige Autoren von mehreren Dimensionen ausgehen, liegt darin, dass in diesen Arbeiten neben dem Involvement selbst auch die Gründe und Ursachen des Involvement untersucht werden. Letzteres ist für die vorliegende Untersuchung aber nicht von Relevanz, da hier alleine der Grad des Produktinvolvements der Teilnehmer an der SAPiens-Ideen-Community interessiert. Daher reicht im vorliegenden Fall eine Konzentration auf eine einzige Involvementdimension aus. Das Konstrukt Produktinvolvement wird wie folgt operationalisiert:

Innovationsrelevantes Persönlichkeitsmerkmal	
Bezeichnung: Produktinvolvement	
Kurzbeschreibung: Ausmaß der von Teilnehmern persönlich empfundenen Wichtigkeit und Bedeutung der SAP-Produkte	
Operationalisierung	
LU_PI_1	Die SAP-Anwendungen und -Lösungen sind für mich reizvoll.
LU_PI_2	Im Vergleich zu anderen Softwarelösungen und -produkten, wie zum Beispiel MS-Word, haben die SAP-Anwendungen und -Lösungen zum jetzigen Zeitpunkt für mich eine hohe Bedeutung.
LU_PI_3	Die SAP-Softwareanwendungen und -lösungen finde ich spannend.
LU_PI_4	Mein Interesse an den SAP-Softwarelösungen und -Anwendungen ist recht hoch.

Tabelle 6-3: Operationalisierung des Persönlichkeitsmerkmals Produktinvolvement; Quelle: Eigene Darstellung

Vertrauen

In ihren Arbeiten weisen Sawhney und Prandelli (2001, 261) sowie Soll (2006, 121) bei Teilnehmern eines Ideenwettbewerbes Markenvertrauen nach. Diese Erkenntnis soll für den vorliegenden Untersuchungsfall zum Anlass genommen werden, auch das Vertrauen der Teilnehmer der Ideen-Community SAPiens zu untersuchen. Das Konstrukt Vertrauen soll im vorliegenden Untersuchungsfall mit dem Terminus „Markenvertrauen" bezeichnet und wie folgt operationalisiert werden:

Innovationsrelevantes Persönlichkeitsmerkmal	
Bezeichnung: Markenvertrauen	
Kurzbeschreibung: Ausmaß, inwieweit die Teilnehmer der SAPiens-Ideen-Community SAP als Hersteller der SAP-Softwarelösungen vertrauen.	
Operationalisierung	
LU_MV_1	Die SAP-Softwarelösungen und -Anwendungen erfüllen immer meine Erwartungen.
LU_MV_2	SAP ist ein verlässlicher Anbieter von ERP-Systemen.
LU_MV_3	Die Qualität der SAP-Softwarelösungen und -anwendungen ist im Durchschnitt als hoch zu bewerten.
LU_MV_4	Auf die Qualität der SAP-Lösungen kann man sich immer verlassen.

Tabelle 6-4: Operationalisierung des Persönlichkeitsmerkmals Markenvertrauen; Quelle: Eigene Darstellung

Trend- und Meinungsführerschaft

Für das vorliegende Untersuchungsvorhaben haben die Persönlichkeitsmerkmale Trend- und Meinungsführerschaft keine Relevanz, da mit beiden Merkmalen das Auslösen eines Kaufverhaltens im unmittelbaren Zusammenhang steht. Da es sich bei den Teilnehmern der SAPiens-Ideen-Community aber nicht um Käufer der SAP-Lösungen handelt, sondern lediglich um Anwender dieser, bringt die Überprüfung dieser Merkmale keinen Mehrwert. Die Persönlichkeitsmerkmale Trend- und Meinungsführerschaft sollen daher für den vorliegenden Untersuchungsfall unberücksichtigt bleiben.

Neue Bedürfnisse

Das Persönlichkeitsmerkmal „Neue Bedürfnisse" soll für den vorliegenden Untersuchungsgegenstand ebenfalls berücksichtigt werden, da davon auszugehen ist, dass einige Teilnehmer der SAPiens-Ideen-Community in ihrer Funktion als Endverbraucher der SAP-Anwendungen und -Lösungen ebenfalls wegweisende und innovative Bedürfnisse im Feld der ERP-Software antizipieren können. Dabei sind neue Bedürfnisse von dem oben im Rahmen der Motivationsuntersuchung operationalisiertem Konstrukt „Bedarf" zu unterscheiden. Im Allgemeinen sind Bedürfnisse auf einer sehr generischen Ebene zu betrachten, wogegen Bedarfe viel konkreter sind, da sie auf ein konkretes Objekt gerichtet sind (Nieschlag/Dichtl/Hörschgen 1988, 145)[14]. So sind die hier gemeinten Bedürfnisse eher im Umfeld der SAP-Softwarelösungen oder von ERP-Software im Allgemeinen zu sehen, während sich der oben operationalisierte Bedarf auf eine ganz konkrete SAP-Softwareanwendung oder zum Beispiel die Menüoberfläche im Speziellen fokusiert. Das Konstrukt neue Bedürfnisse soll für den vorliegenden Untersuchungsfall wie folgt operationalisiert werden:

---

[14] Zur grundsätzlichen Unterscheidung von Bedürfnis und Bedarf vgl. Nieschlag, Dichtl und Hörschgen (1988, 145).

Innovationsrelevantes Persönlichkeitsmerkmal	
\multicolumn{2}{l}{*Bezeichnung:* Neue Bedürfnisse}	
\multicolumn{2}{l}{*Kurzbeschreibung:* Ausmaß, inwieweit die Teilnehmer der SAPiens-Ideen-Community neue, zukunftsweisende und innovative Bedürfnisse antizipieren}	
Operationalisierung	
LU_NB_1	Ich könnte mir ganz neue SAP-Anwendungen und -Lösungen vorstellen.
LU_NB_2	Innovative Anwendungen und Lösungen für ERP-Systeme gefallen mir.
LU_NB_3	Ich habe häufig Ideen für neue Anwendungen und Lösungen für ERP-Systeme.

Tabelle 6-5: Operationalisierung des Persönlichkeitsmerkmals „Neue Bedürfnisse"; Quelle: Eigene Darstellung

Unzufriedenheit

Das Konstrukt Unzufriedenheit wird für den vorliegenden Untersuchungsfall übernommen, da es natürlich vorkommen kann, dass einige Teilnehmer der SAPiens-Ideen-Community als Anwender der SAP-Softwarelösungen ebenfalls eine negative Diskrepanz zwischen ihren Leistungserwartungen an die SAP-Lösungen und den Leistungswahrnehmungen feststellen können. Das Konstrukt Unzufriedenheit wird wie folgt operationalisiert:

Innovationsrelevantes Persönlichkeitsmerkmal	
\multicolumn{2}{l}{*Bezeichnung:* Unzufriedenheit}	
\multicolumn{2}{l}{*Kurzbeschreibung:* Grad der wahrgenommenen Unzufriedenheit in Bezug auf die existierende SAP-Softwarelösung oder -anwendung}	
Operationalisierung	
LU_UNZU_1	Mit dem momentanen Angebot an SAP-Lösungen und -Anwendungen bin ich unzufrieden.
LU_UNZU_2	Die aktuellen SAP-Anwendungen und -Lösungen entsprechen nicht meinen Erwartungen, die ich an diese hege.
LU_UNZU_3	Wenn ich ein anderes ERP-System nutzen dürfte, das meinen Wünschen eher entspräche, würde ich das tun.

Tabelle 6-6: Operationalisierung des Persönlichkeitsmerkmals Unzufriedenheit; Quelle: Eigene Darstellung

6.3 Empirie

Methodik zur Erhebung der Persönlichkeitsmerkmale

Um die Persönlichkeitsmerkmale der Ideengeber und Nicht-Ideengeber zu erfassen, wird auf die Fragebogentechnik zurückgegriffen. Dabei werden den zu Befragenden aus der SAPiens-Ideen-Community im Fragebogen, der auch im Rahmen der obigen Motiverhebung zum Einsatz kam, die oben operationalisierten Aussagen, die die Items der dahinterstehenden Persönlichkeitsmerkmale darstellen, vorgelegt. Diese einzelnen Aussagen müssen von den Ideengebern und Nicht-Ideengebern nach dem Selbsteinschätzungsprinzip anhand einer Ratingskala entsprechend bewertet werden.

Zur Erfassung der Persönlichkeitsmerkmale eignen sich prinzipiell auch Beobachtungen oder Interviewmethoden. Diese Verfahren entgehen der zentralen Kritik, die gegenüber dem Fragebogenverfahren geäußert wird, nämlich dem Kritikpunkt der Probandenmanipulation. So lassen sich in operationalisierten Fragen (im vorliegenden Fall die oben operationalisierten Aussagen) fast immer die dahinter stehenden Konstrukte (im vorliegenden Fall die Persönlichkeitsmerkmale) erkennen. Selbst wenn durch geschickte Kontrollfragen versucht wird, die Kohärenz des Antwortverhaltens, also die innere Stimmigkeit, zu gewährleisten, bleibt das Problem bestehen.

Diesem Vorteil für Beobachtungen und Interviews stehen aber zwei wesentliche Nachteile gegenüber, die wiederum für die Fragebogentechnik sprechen. Angesichts der Tatsache, dass für die geplante Erhebung der Persönlichkeitsmerkmale alle Mitglieder der SAPiens-Ideen-Community, die sich ja sowohl in Ideengebern als auch Nicht-Ideengebern manifestieren, als Zielgruppe anvisiert werden, diese aber aus einer Vielzahl an Personen (> 100) besteht, erweisen sich Beobachtungen oder Interviewmethoden als unzweckmäßig. Hinzu kommt, dass mittels des Fragebogenverfahrens standardisiertes Datenmaterial gewonnen wird, mit dem sich wesentlich exakter und zuverlässiger eine zur Erfüllung des wissenschaftlichen Anspruches notwendige Validitäts- und Reliabilitätsüberprüfung, welche Auskunft über die Zuverlässigkeit und Güte der Erhebung geben (Bortz/Döring 2002, 195 und 199), vornehmen lässt. Die Validitäts- und Reliabilitätsüberprüfung von qualitativem Datenmaterial, welches aus Beobachtungen oder Interviews resultiert, ist dagegen als wesentlich ungenauer und unzuverlässiger einzustufen, da dieses Material nicht in standardisierter Form vorliegt und somit schwieriger statistischen Tests und multivariaten Analysemethoden unterzogen werden kann.

Fragebogenkonstruktion und Umfragelogistik

Als Erhebungsinstrument diente derselbe standardisierte Fragebogen, mit dem auch die oben untersuchten Motive der Mitglieder der SAPiens-Ideen-Community erhoben wurden. Im zweiten Teil dieses Fragebogens wurde die Abfrage der Persönlichkeitsmerkmale thematisiert. Hier wurden die im Rahmen der obigen Operationalisierung erstellten 21 Items, welche ja die 6 Persönlichkeitsmerkmale repräsentieren, in exakt ihrer oben dargestellten Form als vorgegebene Aussagen in einer zufällig arrangierten Reihenfolge dargeboten. Zu jeder dieser 21 Items wurde im Fragebogen eine fünfstufige Ratingskala angeboten, wobei 1 für „trifft gar nicht zu" bis 5 für „trifft voll zu" stand. Die Befragten wurden gebeten, die Aussagen zu lesen und gemäß dem Selbsteinschätzungsprinzip auf der Ratingskala entsprechend zu bewerten.

Zum weiteren Aufbau des Fragebogens sowie zum im Rahmen der Konstruktion des Fragebogens durchgeführten Pre-Test sei auf das Kapitel 5.2.4, in dem diese Aspekte ausführlich beschrieben werden, verwiesen. Der zu Grunde liegende Fragebogen findet sich im Anhang (vgl. Anhang).

Die angestrebte Grundgesamtheit, die so genannte „target population", also alle Elemente, über die eine Aussage im Rahmen der Untersuchung der Persönlichkeitsmerkmale getroffen werden sollte (Schnell/Hill/Esser 2008, 271), setzte sich aus allen registrierten Mitgliedern der SAPiens-Ideen-Community zusammen. Dies waren zum Zeitpunkt der Erhebung 168 Personen, die sich zu 45 % aus Ideengebern und 55 % aus Nicht-Ideengebern zusammensetzten.

Insgesamt konnte nach der Erhebung nach entsprechenden Bereinigungen (vgl. dazu Kapitel 5.2.4) auf 140 verwertbare Fragebögen zurückgegriffen werden. Alle 140 Datensätze konnten für die Untersuchung der Persönlichkeitsmerkmale verwendet werden. So befanden sich unter den 140 Datensätzen 87 Datensätze von Ideengebern sowie 53 Datensätze von Nicht-Ideengebern. Zu weiteren Details der Umfragelogistik sei abermals auf das Kapitel 5.2.4 verwiesen.

Charakteristik der Befragten

Von den 140 Befragten waren 98 Männer, was einem Prozentanteil von 70 % entspricht. Die Altersstruktur der 140 Befragten ist der nachfolgenden Abbildung zu entnehmen.

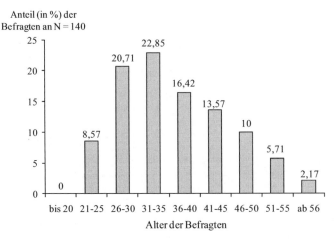

Abbildung 6-1: Altersstruktur der Befragten; Quelle: Eigene Darstellung

Zudem wurde im dritten Teil des Fragebogens danach gefragt, inwiefern die Befragten mit den SAP-Anwendungen und -Lösungen in Verbindung stehen. So ist es denkbar, dass die Befragten die SAP-Anwendungen im Rahmen einer beruflichen Anstellung in einem Unternehmen, im Rahmen einer Ausbildung (Studium, Berufsausbildung o.ä.), im Rahmen einer beruflichen Beratertätigkeit oder im Rahmen einer Lehrtätigkeit (zum Beispiel an einer Universität, Fachhochschule o.ä.) benutzen. Diese Abfrage ist deshalb von Interesse, um festzustellen, ob die 140 Befragten ein realistisches Abbild aller SAP-Anwender wiedergeben. So stellt sich beispielsweise der klassische SAP-Anwender als Angestellter eines Unternehmens dar, der im Rahmen seiner Arbeit mit den SAP-Anwendungen in Berührung kommt. Dieser Typ wird immer wieder durch Erkenntnisse aus repräsentativen Umfragen unter SAP-Anwendern bestätigt, wie zum Beispiel bei Mohr et al. (2007) oder Mohr (2008). Die Ergebnisse zu dieser Frage präsentiert die folgende Abbildung.

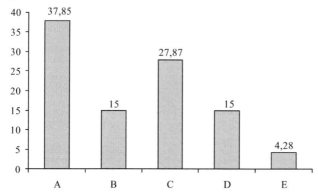

Befragte verwenden SAP-Anwendungen im Rahmen...
* Gruppe A = ...einer Anstellung in einem Unternehmen
* Gruppe B = ...einer beruflichen Tätigkeit als SAP-Berater
* Gruppe C = ...einer Ausbildung, z.B. als Studierender, Berufsschüler o.ä.
* Gruppe D = ...einer Lehrtätigkeit, z.B. an einer Universität, Fachhochschule o.ä.
* Gruppe E = ...sonstiges

Abbildung 6-2: Verteilung bezüglich der Nutzung von SAP-Anwendungen durch die Befragten; Quelle: Eigene Darstellung

Wie der Abbildung zu entnehmen ist, stellen die Befragten, die SAP-Anwendungen im Rahmen einer beruflichen Anstellung in einem Unternehmen verwenden, die größte Gruppe dar. Dies spiegelt die Erkenntnisse aus repräsentativen Umfragen unter SAP-Anwendern wider, wie zum Beispiel bei Mohr et al. (2007) oder Mohr (2008). Somit dürfte dies Ergebnis in Bezug auf diese Gruppe ein reales Abbild der Grundgesamtheit aller SAP-Anwender darstellen. Und auch in Bezug auf die Gruppen B, D und E dürften die vorliegenden Ergebnisse die Verteilung der Grundgesamtheit aller SAP-Anwender zumindest annähernd widerspiegeln. Dies kann allerdings bezüglich der Gruppe C nicht gesagt werden. So ist der Anteil der Befragten an dieser Gruppe als überdurchschnittlich hoch einzuschätzen. Dies soll aber für die geplante Untersuchung der Persönlichkeitsmerkmale in Kauf genommen werden.

6.4 Validitäts- und Reliabilitätsuntersuchung der erhobenen Daten

Ziel dieser Untersuchung ist es, die Persönlichkeitsmerkmale der Teilnehmer der SA-Piens-Ideen-Community zu analysieren. Dafür werden die Datensätze sowohl der Ideeneinreicher (87) als auch der Nicht-Ideeneinreicher (53) genutzt. Bevor diese Datensätze aber für eine statistische Auswertung herangezogen werden können, müssen sie einer Validitäts- und Reliabilitätsuntersuchung unterzogen werden. Ziel dieser statistischen Voruntersuchung ist es zum einen, herauszufinden, ob die verwendeten Persönlichkeitsmerkmale durch die gewählte Operationalisierung auch tatsächlich erfasst werden. Es handelt sich dabei also um die Untersuchung der Konstruktvalidität. Neben der Untersuchung der Validität soll darüber hinaus auch die Verlässlichkeit der Messung, also die Reliabilität, getestet werden.

6.4.1 Befunde einer ersten Validitäts- und Reliabilitätsprüfung

6.4.1.1 Explorative Faktorenanalyse zur Überprüfung der Konstruktvalidität

Zur Überprüfung der Konstruktvalidität wird wie im Rahmen der Motivationsuntersuchung auf eine explorative Faktorenanalyse zurückgegriffen. Mittels dieser sollen Strukturen im Variablenset erkannt werden (Backhaus et al. 2008, 324). Genau wie im Falle der Motivationsuntersuchung soll so zu einer Überprüfung und gegebenenfalls zur nachträglichen Herstellung der Konstruktvalidität beigetragen werden. Da die Grundlagen der explorativen Faktorenanalyse bereits in Kapitel 5.2.5.1.1 ausführlich erläutert wurden, soll an dieser Stelle darauf nicht mehr näher eingegangen werden.

Die Berechnungen im Rahmen dieser Faktorenanalyse wurde wie oben mit Hilfe der Statistiksoftware SPSS 17.0 durchgeführt. Mit Hilfe dieser Software wurden sowohl die im Rahmen einer Vorabprüfung durchzuführenden und nachfolgend beschriebenen Korrelationsberechnungen für die Variablen als auch die weiter unten beschriebene Faktorenanalyse als solche durchgeführt.

Prüfung der Anwendungsvoraussetzungen

Wie im obigen Fall bereits ausführlich erläutert (vgl. Kapitel 5.2.5.1.1), stellt die Anwendung der explorativen Faktorenanalyse einige Voraussetzungen an den zu Grunde liegenden Datensatz. So sollten die Daten mindestens intervallskaliert sein (Backhaus et al. 2008, 324 und 383). Im vorliegenden Untersuchungsfall kann auf Grund der verwendeten fünfstufigen Ratingskala eine Intervallskalierung unterstellt werden (Hammann/Erichson 2000, 341). Eine weitere Anwendungsvoraussetzung stellt die Mindestanzahl der zu Grunde liegenden Fälle im Datensatz dar. So sollte die Fallzahl größer als die dreifache Variablenanzahl sein, mindestens aber größer 50 sein (Backhaus et al. 2008, 383). Wegen der 140 Fälle und der 21 Variablen kann diese Voraussetzung (21 Variablen x 3 = 63) im vorliegenden Untersuchungsfall als erfüllt angesehen werden.

Wie oben erläutert (vgl. Kapitel 5.2.5.1.1), ergibt sich eine weitere Anwendungsvoraussetzung in Bezug auf die Qualität des Datensatzes. So ist es erforderlich, dass die Ausgangsvariablen untereinander unkorreliert sind. Zur Überprüfung der Korrelation der Variablen und somit der Überprüfung auf ihre Eignung für die eigentliche Faktorenanalyse wurden sowohl ein MSA- als auch ein Bartlett-Test durchgeführt.

Zur Prüfung und Herstellung eines akzeptablen MSA-Wertes, wobei diese Werte gemäß den Empfehlungen der Literatur < 0,5 sein sollten (Kaiser/Rice 1974), wurde ein iterativer Prüfprozess durchgeführt. Dabei erwiesen sich die Variablen LU_MV_3 und LU_NB_1 für die spätere Faktorenanalyse als problematisch, da ihre Werte unterhalb von 0,5 lagen. Diese Variablen wurden entsprechend ausgeschlossen. Nach der dritten Iteration lagen alle variablenspezifischen MSA-Werte über dem kritischen Wert von 0,5 und auch der globale MSA-Wert war mit einer Ausprägung von 0,747 als sehr gut einzustufen. Die nachfolgende Tabelle zeigt die MSA-Werte für die genannten Variablen innerhalb der einzelnen Iterationsstufen.

Iteration	Einbezogene Variablen	Variablen mit MSA > 0,5	Auszuschließende Variable	Globaler MSA-Wert	Prüfgröße Bartlett- Test
1	Alle	LU_MV_3 = 0331 LU_NB_1 = 0,438 LU_UNZU_1 = 0,476	LU_MV_3	0,690	2303,432
2	Alle außer LU_MV_3	LU_NB_1 = 0,434	LU_NB_1	0,727	2184,137
3	Alle außer LU_MV_3 LU_NB_1	Kein Variable mit MSA-Wert > 0,5 mehr vorhanden	keine	0,747	2014,030

Tabelle 6-7: Ergebnisse des iterativen Prüfprozesses; Quelle: Eigene Darstellung

Der Bartlett-Test ergab bei einer Überprüfung der verbleibenden 19 Variablen eine Prüfgröße von 2014,030 (vgl. Tabelle 6-7). Nimmt man als kritische Irrtumswahrscheinlichkeit einen Wert von 0,05 an, so ist die im Rahmen dieses Tests unterstellte Nullhypothese anzunehmen. Das lässt den positiven Schluss zu, dass die Ausgangsvariablen im vorliegenden Fall unkorreliert sind. Auf Grund dieser positiven Ergebnisse aus dem Bartlett-Test sowie der Überprüfung der MSA-Werte und des damit verbunden Ausschlusses von ungeeigneten Variablen kann abschließend befunden werden, dass sich alle verbliebenen 19 Variablen für die anschließende Faktorenanalyse eignen.

Durchführung der explorativen Faktorenanalyse

Für die Durchführung der explorativen Faktorenanalyse wurde der obigen Argumentation folgend (vgl. Kapitel 5.2.5.1.1) auf die Hauptachsen-Verfahren mit einer Varimax-Rotation zur Extraktion von Faktoren zurückgegriffen. Die Ergebnisse der Berechnungen im Rahmen der Hauptachsenmethode werden in der nachfolgenden Tabelle gezeigt.

	Faktoren			
	1	2	3	4
LU_PW_1	**,811**	,348	-,051	,088
LU_PW_2	**,857**	,052	,030	-,023
LU_PW_3	,183	**,683**	-,191	,085
LU_PE_1	**,671**	,485	-,125	-,114
LU_PE_2	**,787**	-,130	,043	,312
LU_PE_3	**,907**	,234	-,024	-,043
LU_PE_4	**,778**	,359	-,011	-,096
LU_PI_1	,274	**,714**	-,243	,118
LU_PI_2	,531	,458	-,402	,005
LU_PI_3	,112	**,723**	-,116	,384
LU_PI_4	,111	**,759**	,109	,261
LU_MV_1	-,171	,217	-,521	,500
LU_MV_2	,065	,117	-,106	**,765**
LU_MV_4	-,401	,229	-,234	**,580**
LU_NB_2	,199	,280	,154	,529
LU_NB_3	**,619**	,058	,215	-,002
LU_UNZU_1	-,067	,055	**,766**	-,202
LU_UNZU_2	,072	-,082	**,836**	-,049
LU_UNZU_3	,040	-,228	**,631**	,126

Tabelle 6-8: Faktorladungsmatrix (rotiert) der explorativen Faktorenanalyse; Quelle: Eigene Darstellung

Aus der Tabelle ist zu entnehmen, dass mittels der SPSS-Berechnung vier Faktoren extrahiert wurden. Die in der Tabelle 6-8 aufgeführten Werte zeigen die Faktorladungen für jede Variable an. Diese Faktorladungsmatrix stellt die Entscheidungsgrundlage für die Zuordnung der einzelnen Variablen zu einem Faktor dar. Im Rahmen der vorliegenden Untersuchung erfolgte eine entsprechende Zuordnung einer Variablen zu einem Faktor unter der Bedingung, dass für die Variable ein hoher Ladungswert vorliegt. Ein hoher Ladungswert ist laut Backhaus (2008, 356) dann gegeben, wenn die Ladung einen Wert >/= 0,5 aufweist. Bortz und Döring (2002) interpretieren hohe Ladungen sogar erst ab einem Wert von 0,6. Als Kompromiss aus beiden Empfehlungen soll für die vorliegende Untersuchung eine hohe Ladung angenommen werden, wenn die Faktorladungen einen Wert >/= 0,55 aufweisen. Ist diese Bedingung erfüllt, kann davon gesprochen werden, dass die entsprechende Variable auf den zu Grunde liegenden Faktor „lädt", also diesem Faktor zuzuordnen ist. Die Variablen, die erst gar keine Ladung >/= 0,55 aufweisen, wurden gemäß der Empfehlung der Literatur eliminiert, da sie tendenziell zu Ergebnisverzerrungen, also wie oben beschrieben (vgl. Kapitel 5.2.5.1.1) zur Konstruktinvalidität, führen (Churchill 1979, 68; Backhaus et al. 2008, 372).

Die vorliegende Tabelle 6-8 weist wie im obigen Fall (vgl. Kapitel 5.2.5.1.1) eine Einfachstruktur auf, was bedeutet, dass die im vorliegenden Untersuchungsfall ergebenden vier Faktoren insgesamt gut interpretiert werden. Für eine bessere Übersicht und Nachvollziehbarkeit wurden die Faktorladungen in der Tabelle 6-8 mit Werten >/= 0,55 durch eine Markierung hervorgehoben. So zeigt sich, dass die Variablen LU_PW_1 und LU_PW_2 ebenso wie die Variablen LU_PE_1 bis LU_PE_4 auf den Faktor 1 hoch laden. Dies kann plausibel nachvollzogen werden, da die dahinterstehenden Eigenschaften „Produktwissen" und „Produkterfahrung" thematisch sehr eng miteinander verwandt sind. Auch die Variable LU_NB_3 lädt auf den Faktor 1 hoch. Hinter dieser Variable verbirgt sich das Persönlichkeitsmerkmal „Neue Bedürfnisse". Die hohe Faktorenladung dieser Variablen und die daraus resultierende Zuordnung zu diesem Faktor lässt sich damit erklären, dass neue Bedürfnisse aus Produktwissen und -erfahrung unmittelbar resultieren, ja sogar als Voraussetzung für die Entwicklung neuer Bedürfnisse im Umfeld von SAP-Lösungen und -Anwendungen darstellen. Dieser Zusammenhang wurde auch schon in vergleichbaren Untersuchungen festgestellt. So wurde beispielsweise von Habermeier (1990, 271 ff.) nachgewiesen, dass ein gewisses Maß an Produkterfahrung und Produktwissen als Voraussetzung für die Befähigung zur Äußerung von neuen Bedürfnissen zu sehen ist. Insgesamt kann dieser Faktor 1 deshalb also mit der Bezeichnung „Produktwissen und -erfahrung" betitelt werden.

Auf den Faktor 2 laden die Variablen LU_PI_1, LU_PI_3 und LU_PI_4 ebenso wie die Variable LU_PW_3 hoch. Da Produktwissen gewissermaßen eine Voraussetzung für ein Produktinvolvement darstellt, kann dies ebenfalls plausibel erklärt werden. Der Faktor 2 wird deshalb nachfolgend als Produktinvolvement-Faktor bezeichnet. Auf den Faktor 3 laden die drei Variablen des Persönlichkeitsmerkmals „Unzufriedenheit". So soll dieser Faktor entsprechend mit dem Titel „Unzufriedenheit" bezeichnet werden. Analoges gilt für Faktor 4, auf den die Variablen LU_MV_2 und LU_MV_4 hoch laden und dieser deshalb als „Markenvertrauen" bezeichnet wird.

Die Variablen LU_PI_2, LU_MV_1 sowie LU_NB_2 werden der obigen Argumentation folgend eliminiert, da sie jeweils eine Faktorladung > 0,55 aufweisen. Sie sind also als solche Variablen zu interpretieren, die nicht mehr das messen, was sie zu messen vorgeben, also nicht valide (Nichterfüllung der Konstruktvalidität). Zusammenfassend zeigt die nachfolgende Tabelle, wie sich die untersuchten Variablen zu den im Rahmen der Faktorenanalyse extrahierten vier Faktoren konsolidieren. Es kann sowohl von Konvergenz- als auch von Diskriminanzvalidität ausgegangen werden, da sich abschließend alle Variablen einem Faktor zuordnen lassen. Alle Variablen laden also auf einen Faktor ausreichend hoch, während sie im Hinblick auf die anderen Faktoren deutlich niedrigere Faktorladungen aufweisen. Da bei Vorhandensein von Konvergenz- und Diskriminanzvalidität insgesamt von Konstruktvalidität gesprochen werden kann (Cambell/Fiske 1959), kann also für diese vier Faktoren mit ihren zu Grunde liegenden Variablen entsprechende Konstruktvalidität befunden werden.

	LU_PW_1
	LU_PW_2
	LU_PE_1
Faktor „Produktwissen und -erfahrung"	LU_PE_2
	LU_PE_3
	LU_PE_4
	LU_NB_3
	LU_PW_3
Faktor „Produktinvolvement"	LU_PI_1
	LU_PI_3
	LU_PI_4
	LU_UNZU_1
Faktor „Unzufriedenheit"	LU_UNZU_2
	LU_UNZU_3
Faktor „Markenvertrauen"	LU_MV_2
	LU_MV_4

Tabelle 6-9: Faktoren und zugehörige Variablen nach der explorativen Faktorenanalyse; Quelle: Eigene Darstellung

6.4.1.2 Reliabilitätsüberprüfung

Neben der Untersuchung der Validität soll für die ermittelten Faktoren mit ihren entsprechend zugeordneten Variablen auch die Verlässlichkeit, also die Reliabilität, getestet werden. Wie im Rahmen der obigen Motivuntersuchung wird zur Feststellung der Reliabilität für diese Faktoren auf das Reliabilitätsmaß Cronbachs-Alpha zurückgegriffen.

Cronbachs-Alpha misst die Reliabilität einer Gruppe von Variablen, die einem Faktor zugeordnet sind (Cortina 1993; Wirtz/Caspar 2002, 17 ff.). Es ist ein Maß für die interne Konsistenz der Variablen eines Faktors und beruht auf der Überlegung, dass die Zuverlässigkeit eines Faktors umso besser ist, je stärker die Korrelation zwischen den einzelnen Variablen ist und je mehr Variablen es gibt. Der Cronbachs-Alpha-Koeffizient stellt den Mittelwert aller Korrelationen dar, die sich ergeben, wenn die dem Faktor zugeordneten Variablen auf alle möglichen Arten in zwei Hälften geteilt und die Summen der jeweils resultierenden Variablenhälften anschließend miteinander korreliert werden (Carmines/Zeller 1979). Cronbachs-Alpha kann dabei Werte zwischen 0 und 1 annehmen. Ein hoher Wert weist dabei auf eine hohe Reliabilität hin, da in diesem Fall die Korrelationen zwischen den Items hoch ausfallen (Himme 2007, 379).

Zur Berechnung der Cronbachs-Alpha-Werte wurde wiederum auf die Statistiksoftware SPSS 17.0 zurückgegriffen. Die Ergebnisse zeigt die nachfolgende Tabelle, in der die Cronbachs-Alpha-Werte für jeden der vier Faktoren aufgelistet sind.

Faktoren	Cronbachs-Alpha-Werte
Faktor „Produktwissen und -erfahrung"	0.919
Faktor „Produktinvolvement"	0,847
Faktor „Unzufriedenheit"	0,785
Faktor „Markenvertrauen"	0,696

Tabelle 6-10: Reliabilitätsmaße für die vier Faktoren; Quelle: Eigene Darstellung

Für die Faktoren „Produktwissen und -erfahrung", „Produktinvolvement" sowie „Unzufriedenheit" kann befunden werden, dass die ermittelten Cronbachs-Alpha-Werte über dem von Nunnally (1978, 245) empfohlenen Wert von 0,7 liegen. Somit kann Reliabilität für diese drei Faktoren angenommen werden. Der Cronbachs-Alpha-Wert für den Faktor „Markenvertrauen" unterschreitet allerdings die 0,7-Grenze. Um einen akzeptablen Cronbachs-Alpha-Wert für diesen Faktor sicherzustellen, würde es strenggenommen erforderlich sein, weitere Variablen dieses Faktors, die schwächer zur Erklärung des Faktors „Markenvertrauen" beitragen, zu eliminieren (Churchill 1979, 68). Ungeeignete Variablen können dabei durch eine so genannte Item-to-Total-Untersuchung des Faktors „Markenvertrauen" aufgedeckt werden (Himme 2007). Diese Untersuchung sieht die Bestimmung der Korrelation jeder Variablen des Faktors mit der jeweiligen Summe aller anderen Variablen, die demselben Faktor zugeordnet sind, vor. Der Cronbachs-Alpha-Wert des Faktors „Markenvertrauen" ließe sich dann dadurch steigern, dass die zugehörige Variable mit der niedrigsten Item-to-Total-Korrelation eliminiert würde. Dabei muss allerdings berücksichtigt werden, dass der Faktor in seiner Erklärungskraft erhalten bleibt (Himme 2007). Da der Faktor „Markenvertrauen" aber schon jetzt nur über zwei Variablen, die ihm eine entsprechende Erklärungskraft verleihen, verfügt, würde er nach der Untersuchung als so genannter Single-Item-Faktor erheblich an Bedeutung verlieren. Aus diesem Grund soll auf eine Item-to-Total-Untersuchung verzichtet werden. Ohnehin unterschreitet der Faktor „Markenvertrauen" zum jetzigen Zeitpunkt die geforderte 0,7-Grenze nur minimal. Daher soll auch der Faktor „Markenvertrauen" im Rahmen der weiteren Untersuchung als reliabel behandelt werden.

6.4.1.3 Zusätzliche Konvergenzvaliditätsüberprüfung

Wie im Rahmen der Motivuntersuchung sollen auch die Persönlichkeitsmerkmale, für die ja bereits mittels der oben erfolgten explorativen Faktorenanalyse Konvergenzvalidität befunden wurde, gemäß den Empfehlungen von Robinson, Shaver und Wrightsman (1991) darüber hinaus einer nochmaligen, separaten Überprüfung der Konvergenzvalidität unterzogen werden. Von Konvergenzvalidität im Rahmen dieser Untersuchung kann ausgegangen werden, wenn die Variablen, die einem Faktor zugeordnet sind, untereinander in einer starken Beziehung stehen, sie also als homogen bezeichnet werden können. Man spricht in diesem Fall auch von Eindimensionalität. Es geht also um die nochmalige Sicherstellung, ob die neuen Faktoren auch wirklich homogen beziehungsweise eindimensional sind.

Homburg und Giering (1996, 12) empfehlen hierfür, für jeden neu ermittelten Faktor mit seinen jeweiligen Variablen eine separate exploratorische Faktorenanalyse durchzuführen. Falls sich bei diesen Einzelanalysen jeweils eindeutig eine 1-Faktor-Lösung ergibt, kann von einer Zugehörigkeit seiner Variablen zu dem untersuchten Faktor ausgegangen werden. Darüber hinaus sollte dieser Faktor mindestens 50% der Varianzen der zugehörigen Variablen erklären. Falls dies nicht der Fall ist, sind sukzessive die Indikatoren mit den geringsten Faktorladungen zu eliminieren.

Die Einzelanalysen ergaben für jeden Faktor eine einfaktorielle Lösung, mit der sich jeweils über 50 Prozent der ursprünglichen Varianz erklären lässt. Somit kann befunden werden, dass auch nach dieser zusätzlichen Überprüfung von konvergenter Validität der einzelnen Faktoren ausgegangen werden kann. Die Detailergebnisse zeigt die nachfolgende Tabelle.

Faktoren	Faktorenlösung	Erklärte Varianz
Faktor „Produktwissen und -erfahrung"	einfaktorielle	69,041 %
Faktor „Produktinvolvement"	einfaktorielle	69,206 %
Faktor „Unzufriedenheit"	einfaktorielle	71,292 %
Faktor „Markenvertrauen"	einfaktorielle	75,597 %

Tabelle 6-11: Ergebnisse der Konvergenzvaliditätsüberprüfung; Quelle: Eigene Darstellung

6.4.2 Befunde einer zweiten Validitäts- und Reliabilitätsüberprüfung

Wie bereits im Rahmen der obigen Motivuntersuchung (vgl. Kapitel 5.2.5.2.1) diskutiert, werden den Verfahren der ersten Generation zur Beurteilung von Validität und Reliabilität in der Literatur einige Schwachstellen nachgesagt (Bogazzi/Yi/Phillips 1991; Gerbing/Anderson 1988; Homburg/Giering 1996). Trotz der Überlegenheit der oben vorgestellten Verfahren der zweiten Generation (vgl. Kapitel 5.2.5.2.1) empfehlen Homburg und Giering (1996, 12) im Rahmen einer Konzeptionalisierung und

Operationalisierung eines komplexen Konstrukts ausdrücklich, zum Zwecke einer wissenschaftlich fundierten Validitäts- und Reliabilitätsüberprüfung diese zunächst mittels der traditionellen Verfahren der ersten Generation und sodann zusätzlich mittels der Verfahren der zweiten Generation durchzuführen. Mit der Ausnutzung dieses Methodenspektrums kann eine vollständige Validitäts- und Reliabilitätsbewertung sichergestellt werden. Diesen Empfehlungen von Homburg und Giering (1996, 12) soll auch im Rahmen dieser Untersuchung Folge geleistet werden. Aus diesem Grund befasst sich dieses Unterkapitel mit einer zusätzlichen Validitäts- und Reliabilitätsuntersuchung, bei der die leistungsstarken Verfahren der zweiten Generation zur Anwendung kommen.

Durchführung einer konfirmatorischen Faktorenanalyse

Um die Validitäts- und Reliabilitätsüberprüfung mit Verfahren der zweiten Generation durchführen zu können, wird im Rahmen dieser Arbeit wie bei der obigen Motivuntersuchung eine konfirmatorische Faktorenanalyse durchgeführt. Als kausalanalytisches Modell wurde dieser Analyse das aus der obigen explorativen Faktorenanalyse resultierende Modell herangezogen, das sich in den Faktoren „Produktwissen und -erfahrung", „Produktinvolvement", „Unzufriedenheit" und „Markenvertrauen" sowie den jeweils zugehörigen Variablen manifestiert und die Beziehungen zwischen Faktoren und Variablen abbildet.

Auf der Grundlage dieses Modells wurde sodann die konfirmatorische Faktorenanalyse mit der Statistiksoftware AMOS 18 nach dem Unweighted-Least-Square-Verfahren durchgeführt.[15] Dabei wurden alle 140 Fälle, die auch im Rahmen der explorativen Faktorenanalyse verwendet wurden, einbezogen.

Wie in der obigen Motivuntersuchung wurden im Rahmen der hier erfolgten konfirmatorischen Faktorenanalyse zunächst Gütebewertungen vorgenommen, um die Richtigkeit des Modells abschätzen und Aufschluss darüber gewinnen zu können, wie gut die in den Modellhypothesen aufgestellten Beziehungen insgesamt durch die empirischen Daten widergespiegelt werden. Denn nur bei einer entsprechenden Güte können auch zuverlässige Aussagen über die Validität und Reliabilität getroffen werden. Diese globale Anpassungsgüte wurde mittels der auch oben verwandten Gütemaße Goodness-of-Fit-Index (GFI) sowie Adjusted-Goodness-of-Fit-Index (AGFI) berechnet. Der GFI beschreibt den Anteil der Varianz an der Gesamtvarianz, der durch das aufgestellte Modell erklärt werden kann (Bühner 2008, 255). Der AGFI, der eine Weiterentwicklung des GFI darstellt, berücksichtigt zusätzlich die Komplexität des Modells in Form der Zahl der Freiheitsgrade (Homburg/Giering 1996, 10). Beide Prüfmaße können Werte zwischen 0 und 1 annehmen, wobei ab Werten von >/= 0,9 von einer guten Modellpassung ausgegangen werden kann. Im vorliegenden Untersu-

---

[15] Für eine ausführliche Darstellung des Berechnungsverfahrens einer konfirmatorischen Faktorenanalyse sei auf die einschlägige Literatur verwiesen, zum Beispiel auf die von Bühner (2008).

chungsfall ermittelte AMOS einen GFI-Wert von 0,963 und einen AGFI-Wert von 0,949, weshalb von einer hervorragenden Gesamtanpassung des verwendeten Modells ausgegangen werden kann.

Reliabilitäts- und Validitätsüberprüfung anhand der Ergebnisse aus der konfirmatorischen Faktorenanalyse

Nachfolgend werden nach einer Feststellung der Modellgüte die Beziehungen der Faktoren und Indikatoren untereinander anhand der Verfahren der zweiten Generation (lokale Gütemaße) bemessen, um somit Aussagen über die Validität und Reliabilität treffen zu können.

Wie bereits oben erläutert, gibt die **Indikatorreliabilität** für einen einzelnen Indikator (Variable) den Anteil der durch den zugehörigen Faktor erklärten Varianz an der Gesamtvarianz dieses Indikators an (Himme 2007, 384f.; Homburg/Giering 1996, 10). Die Indikatorreliabilität ist also ein Prüfkriterium zur Reliabilitätsbestimmung der einzelnen Indikatoren eines Faktors. Sie kann Werte zwischen 0 und 1 annehmen. Bei Werten von >/= 0,4 kann von einer qualitativ hochwertigen Messung ausgegangen werden (Homburg/Baumgartner 1995, 170; Homburg/Giering 1996, 13).

Die **Faktorreliabilität** ebenso wie die **durchschnittlich erfasste Varianz** geben die Eignung eines Faktors zur Erklärung aller ihm zugeordneten Indikatoren (Variablen) an (Himme 2007, 380). Beide Verfahren beziehungsweise Maße zeigen an, wie gut einer der vier Persönlichkeitsmerkmale durch die Gesamtheit seiner ihm zugeordneten Variablen gemessen wird. Es gilt: Je stärker die Indikatoren (Variablen) eines Faktors untereinander in Beziehung zueinander stehen, desto besser.[16] Diese Fragestellung ist als der wichtigste Aspekt bezüglich der Reliabilitätsbeurteilung anzusehen (Homburg/ Giering 1996, 10). Beiden Gütemaßen ist gemein, dass sie Werte zwischen null und eins annehmen, wobei ein höherer Wert auf eine bessere Qualität der Messung hindeutet. Als Schwellenwerte werden für die Faktorreliabilität ein Wert von >/= 0,6 (Homburg/Baumgartner 1995, 170; Homburg/Giering 1996, 13) und für die durchschnittlich erfasste Varianz ein Wert von >/= 0,5 genannt (Homburg/Baumgartner 1995, 170; Homburg/Giering 1996, 13).

Die nachfolgende Tabelle gibt die von AMOS berechneten Werte für die Indikatorreliabilität wieder. Die ebenfalls in der Tabelle enthaltenen Werte für die Faktorreliabilität sowie die durchschnittlich erfasste Varianz (DeV) wurden mit den entsprechenden Formeln zur Berechnung dieser Werte[17] mittels des Tabellenkalkulati-

---

[16] Faktorreliabilität und durchschnittlich erfasste Varianz stellen sehr ähnliche Maße dar. Für eine Erläuterung der detaillierten Unterschiede sowie deren Formeln sei auf Homburg und Baumgartner (1995, 170) verwiesen.

[17] Die Formeln zur Berechnung der Faktorreliabilität sowie der durchschnittlich erfassten Varianz (DeV) können bei Homburg und Baumgartner (1995, 170) eingesehen werden.

onsprogramms MS-Excel 2007 gesondert errechnet, da AMOS diese Werte nicht ausgibt.

Faktor	Indikator (Variable)	Indikatorreliabilität (>/= 0,4)	Faktorreliabilität (>/= 0,6)	Durchschnittlich erfasste Varianz (DeV) (>/= 0,5)
Produktwissen und -erfahrung	LU_PW_1	0,824	0,900	0,721
	LU_PW_2	0,625		
	LU_PE_1	0,659		
	LU_PE_2	0,407		
	LU_PE_3	0,870		
	LU_PE_4	0,777		
	LU_NB_3	0,312		
Produktinvolvement	LU_PW_3	0,558	0,844	0,578
	LU_PI_1	0,800		
	LU_PI_3	0,513		
	LU_PI_4	0,468		
Unzufriedenheit	LU_UNZU_1	0,463	0,796	0,573
	LU_UNZU_2	0,650		
	LU_UNZU_3	0,574		
Markenvertrauen	LU_MV_2	0,040	0,520	0,493
	LU_MV_4	6,487		

Tabelle 6-12: Ermittelte Werte für Indikator- und Faktorreliabilität sowie für die durchschnittlich erfasste Varianz, Quelle: Eigene Darstellung

Wie der obigen Tabelle entnommen werden kann, liegen alle Werte für die Indikatorreliabilität bis auf zwei oberhalb des empfohlenen Grenzwertes von 0,4. Bis auf einen Faktorreliabilitätswert liegen alle oberhalb des Grenzwertes von 0,6 und auch die durchschnittlich erfasste Varianz ist in allen bis auf einen Fall besser als 0,5. Dies ist gemäß Homburg und Giering (1996, 12f.) aber als unkritisch einzustufen. Erst wenn mehrere Kriterien im Rahmen der konfirmatorischen Faktorenanalyse deutlich verletzt werden, wäre eine Aussagekraft bezüglich der Reliabilität in Frage zu stellen. Es müssten dann entsprechende Maßnahmen zu deren Herstellung[18] unternommen wer-

---

[18] Eine angemessene Maßnahme bestünde darin, diejenigen Indikatoren mit einer niedrigen Indikatorreliabilität zu eliminieren und die konfirmatorische Faktorenanalyse ohne diese Indikatoren erneut durchzuführen (Homburg/Giering 1996, 11).

den. Auf Grund der Tatsache, dass lediglich wenige Grenzwerte unterschritten wurden und die Unterschreitungen zudem in einem sehr geringfügigen Ausmaß sind, kann für den vorliegenden Fall insgesamt eine gute Indikator- und Faktorreliabilität sowie eine gute durchschnittlich erfasste Varianz befunden werden. Insgesamt weist das zu Grunde liegende Modell also auch gemäß den Kriterien und Verfahren der zweiten Generation eine gute Reliabilität auf.

Neben ihrer Funktion der Reliabilitätsbeurteilung können die Faktorreliabilität und die durchschnittlich erfasste Varianz auch als Prüfgrößen für die Konvergenzvalidität herangezogen werden, da ja von Konvergenzvalidität dann ausgegangen werden kann, wenn die Indikatoren (Variablen), die einem Faktor zugeordnet sind, untereinander in einer starken Beziehung stehen (Himme 2007, 384f.; Homburg/Giering 1996, 11). Da für den vorliegenden Fall bereits Faktorreliabilität sowie eine ausreichende Varianz (DeV) befunden wurden (vgl. Tabelle 6-12), kann somit auch von einer Konvergenzvalidität ausgegangen werden.

Um eine vollständige Validitätsbetrachtung sicherzustellen, ist es zudem notwendig, die Diskriminanzvalidität der einzelnen Faktoren zu analysieren, da ja bei Vorhandensein von sowohl Konvergenz- als auch von Diskriminanzvalidität insgesamt von Konstruktvalidität ausgegangen werden kann (Cambell/Fiske 1959). Ein strenges Kriterium zur Untersuchung der diskriminanten Validität ist das Fornell-Larcker-Kriterium, welches fordert, dass die durchschnittlich erfasste Varianz (DeV) eines Faktors größer sein muss als jede quadrierte Korrelation dieses Faktors mit einem anderen Faktor im Gesamtmodell (Backhaus et al. 2008, 244). Nur wenn diese Bedingung erfüllt ist, kann von Diskriminanzvalidität zwischen den einzelnen Faktoren ausgegangen werden.

Faktor	Korrelation mit Faktor...	Quadrierte Korrelation	Fornell-Larcker-Kriterium: DeV > quadrierte Korrelation
Produktwissen und -erfahrung	Produktinvolvement 0,38	0,1444	erfüllt
	Unzufriedenheit -0,02	0,0004	erfüllt
	Markenvertrauen -0,02	0,0004	erfüllt
Produktinvolvement	Prod.-wissen u.-erfahr. 0,38	0,1444	erfüllt
	Unzufriedenheit -0,14	0,0196	erfüllt
	Markenvertrauen 0,01	0,0001	erfüllt
Unzufriedenheit	Prod.-wissen u. -erfahr. -0,02	0,0004	erfüllt
	Produktinvolvement -0,14	0,0196	erfüllt
	Markenvertrauen -0,01	0,0001	erfüllt
Markenvertrauen	Prod.-wissen u. -erfahr. -0,02	0,0004	erfüllt
	Produktinvolvement 0,01	0,0001	erfüllt
	Unzufriedenheit -0,01	0,0001	erfüllt

Tabelle 6-13: Quadrierte Korrelationen zur Feststellung der Erfüllung des Fornell-Larcker-Kriteriums, Quelle: Eigene Darstellung

Die obige Tabelle gibt die von AMOS im Rahmen der konfirmatorischen Faktorenanalyse ermittelten Korrelationen zwischen den Faktoren wieder, auf dessen Grundlage dann die quadrierten Korrelationen berechnet wurden. Es wird ersichtlich, dass bei einem Vergleich der DeV-Werte aus Tabelle 6-12 mit den entsprechenden quadrierten Korrelationen allen vier Faktoren Diskriminanzvalidität unterstellt werden kann. Da im vorliegenden Fall auch von Konvergenzvalidität ausgegangen werden kann, kann zusammenfassend für das vorliegende Modell auch gemäß den Kriterien der zweiten Generation ein akzeptables Maß an Konstruktvalidität befunden werden.

6.5 Zwischenergebnis: Deskriptive Auswertungen der Persönlichkeitsmerkmale

Nachdem die Daten der Untersuchung der Persönlichkeitsmerkmale einer notwendigen Voruntersuchung unterzogen wurden, können nun statistische Auswertungen vorgenommen werden. Wie gezeigt, ergaben sich im Rahmen der Validitätsuntersuchung insgesamt vier neue Faktoren. Dabei werden die Faktoren jeweils durch mehrere Variablen erklärt. Um nun den einzelnen Faktoren eine Aussagekraft zu verleihen, müssen die jeweils auf ihnen ladenden Variablen im Rahmen einer Indexbildung zusammengefasst werden. Da die Faktorladungen der einzelnen Variablen sehr homogen sind (vgl. die Faktorladungsmatrix in Tabelle 5-21), wird hierfür analog zur Auswertung der deskriptiven Ergebnisse der Motivuntersuchung ein additiver Index verwandt. Die nachfolgende Abbildung zeigt für die vier Faktoren die jeweiligen Ausprägungen, die durch Aufaddieren der Einzelwerte der zu Grunde liegenden Variablen ermittelt wurden, getrennt für die Gruppe der Ideeneinreicher und die der Nicht-Ideeneinreicher.

Persönlichkeits-merkmale	Nicht-Ideengeber	Ideen-geber	1	2	3	4	5
Produktwissen und -erfahrung	2,64	3,78					
Produktinvolvement	3,60	3,73					
Unzufriedenheit	2,60	2,88					
Markenvertrauen	3,55	4,15					

Abbildung 6-3: Ausprägungen der Persönlichkeitsmerkmale für Nicht-Ideengeber (durch Linien verbundene Punkte) und Ideengeber (durch gestrichelte Linien verbundene Punkte); Quelle: Eigene Darstellung

Bei genauerer Betrachtung der Abbildung fällt auf, dass die Ausprägungen der Faktoren „Produktwissen und -erfahrung" sowie „Markenvertrauen" für die Ideeneinreicher und die Nicht-Ideeneinreicher stark voneinander abweichen. Bei den Faktoren „Produktinvolvement" und „Unzufriedenheit" ist diese Abweichung zwischen den beiden Gruppen wesentlich geringer. Es lässt sich also sagen, dass die Ideeneinreicher gegenüber den Nicht-Ideengebern im Durchschnitt über mehr Produktwissen und -erfahrung verfügen und gleichzeitig der Marke SAP ein höheres Vertrauen entgegenbringen.

Diese Erkenntnisse lassen bereits auf den Zusammenhang schließen, dass Mitglieder der SAPiens-Ideen-Community mit einer hohen Ausprägung der Persönlichkeitsmerkmale „Produktwissen und -erfahrung" sowie „Markenvertrauen" im Allgemeinen eher eine Idee einreichen als Mitglieder, deren entsprechenden Persönlichkeitsmerkmale nicht so stark ausgeprägt sind. Ob dieser postulierte Zusammenhang als signifikant erachtet werden kann, werden aber erst die Ergebnisse der nachfolgenden regressionsanalytischen Untersuchung zeigen. Diese Erkenntnisse können aber für die Formulierung von Hypothesen im Rahmen der Formulierung eines entsprechenden Regressionsmodells herangezogen werden.

6.6 Modellbildung und Hypothesenformulierung zur Untersuchung des Einflusses der Persönlichkeitsmerkmale auf die Ideenabgabe

Wie oben ausführlich beschrieben, ist zu vermuten, dass das Einreichen einer Idee seitens der Mitglieder der SAPiens-Ideen-Community von ihren oben untersuchten Persönlichkeitsmerkmalen abhängt. Aufschluss darüber kann eine regressionsanalytische Untersuchung geben. So befasst sich dieser Abschnitt mit der Untersuchung des Einflusses der oben validierten Persönlichkeitsmerkmale auf die Wahrscheinlichkeit der Abgabe einer Idee.

Es dreht sich in dieser zu Grunde liegenden Modellannahme also einerseits um das Eintreten beziehungsweise Nichteintreten des Ereignisses einer Ideenabgabe. Dabei handelt es sich um ein so genanntes 0/1-Ereignis oder auch Komplementärereignis (Backhaus et al. 2008, 244). In einer regressionsanalytischen Modellbeziehung, die dieser Untersuchung zu Grunde liegt, stellt dieser Sachverhalt die abhängige Variable (y) dar. Die Ausprägungen dieser binären Variablen betragen 1 für Ideeneinreichung und 0 für Nichtideeneinreichung. Es handelt sich also um eine 0/1-Skalierung der Variable. In diesem Modell stehen diesen abhängigen Variablen die Persönlichkeitsmerkmale als unabhängige Variablen (x) gegenüber. Über eine Regressionsberechnung ist nun zu bestimmen, ob diese unabhängigen Variablen einen signifikanten Einfluss auf die Wahrscheinlichkeit der Ideenabgabe durch die Mitglieder der SAPiens-Ideen-Community ausüben. Hypothesen über die vermuteten Abhängigkeitsbeziehungen werden im Folgenden diskutiert und aufgestellt.

Produktwissen und -erfahrung

Ein populärer Untersuchungsgegenstand der Kreativitätsforschung ist der kreative Ideenentwicklungsprozess von Menschen. Auf diesem Gebiet gilt es als erwiesen, dass das Entwickeln von Ideen von bestimmten Persönlichkeitsfaktoren eines Menschen abhängt (Amabile 1996, 113). Menschen mit beispielsweise ausgeprägtem aufgabenbezogenen Wissen, welches in der Kreativitätsforschung als „domain-relevant skills" bezeichnet wird, sind nicht nur eher in der Lage (Können), sondern auch eher bereit (Wollen), Ideen zu entwickeln (Amabile 1996, 113). Diese Erkenntnisse lassen sich auf den Untersuchungskontext übertragen. So wird auch im Rahmen dieser Untersuchung vermutet, dass Mitglieder der SAPiens-Ideen-Community mit einer hohen Ausprägung des Faktors „Produktwissen und -erfahrung" wahrscheinlicher eine Idee entwickeln und einreichen als Mitglieder, deren entsprechendes Persönlichkeitsmerkmal nicht so stark ausgeprägt ist.

Die obigen deskriptiven Ergebnisse lassen diesen Schluss aus einer sachlogischen Überlegung heraus bereits vermuten. So zeigt die Gruppe der Ideeneinreicher ein bedeutend höheres Ausmaß an Produktwissen und -erfahrung als die Gruppe der Nicht-Ideeneinreicher. Für die anstehende regressionsanalytische Untersuchung wird daher folgende Hypothese formuliert:

> **Hypothese 1:**
>
> *Eine hohe Ausprägung des Faktors Produktwissen und -erfahrung bei den Teilnehmern der SAPiens-Ideen-Community erhöht die Wahrscheinlichkeit, dass diese Ideen einreichen.*

Produktinvolvement

Involvement stellt in der Konsumentenforschung ein zentrales Konstrukt dar. Involvement bezeichnet das Engagement oder Interesse, das ein Konsument für ein Produktangebot aufwendet (Kroeber-Riel/Weinberg 2003). Im Rahmen eines hohen Involvements, das durch emotionale, kognitive oder physische Reize ausgelöst wird (Kroeber-Riel/Weinberg 2003), wendet sich der Konsument intensiv einem Produkt zu, und zwar durch aktive Suche, Aufnahme, Verarbeitung und Speicherung von Informationen rund um dieses Produkt (Trommsdorf 1993). In der Konsumentenforschung geht man davon aus, dass ein hohes Involvement später den Kauf eines Produktes auslöst (Greenwald/Leaavitt 1984, 591).

Dieses Verständnis soll für den Kontext der vorliegenden Untersuchung übertragen werden: Zeigt ein Teilnehmer also ein hohes Produktinvolvement, wird dieser sich intensiv mit den SAP-Anwendungen und -Lösungen auseinandergesetzt haben. Diese intensive Auseinandersetzung, so wird im Rahmen dieser Arbeit vermutet, mündet später sehr wahrscheinlich in der Bereitschaft zur Ideenäußerung. So ist analog zum Involvementverständnis in der Marketingwissenschaft davon auszugehen, dass ein hohes Produktinvolvement auch sehr wahrscheinlich zur Abgabe einer Idee führen wird. Somit lässt sich nachfolgende Hypothese formulieren.

> **Hypothese 2:**
>
> *Eine hohe Ausprägung des Faktors Produktinvolvement bei den Teilnehmern der SAPiens Ideen-Community erhöht die Wahrscheinlichkeit, dass diese Ideen einreichen.*

Unzufriedenheit

Wie oben dargelegt, manifestiert sich der Faktor Unzufriedenheit in einer von den Teilnehmern empfundenen, negativen Diskrepanz zwischen ihren Leistungserwartungen an die SAP-Lösungen und -Anwendungen und den Leistungswahrnehmungen. Es wird vermutet, dass eine hohe Unzufriedenheit bei Mitgliedern der SAPiens-Ideen-Community die Wahrscheinlichkeit einer Ideenabgabe erhöht, da diese hierdurch ihre negativen Diskrepanzen abbauen können. In Untersuchungen zum Verhalten von innovativ tätigen Kunden konnte Lüthje (2000b, 116, 2004, 5) darüber hinaus sogar nachweisen, dass das Ausmaß der Unzufriedenheit bei Kunden ein Indikator für die Dringlichkeit des daraus resultierenden, kundenseitigen Ingangsetzens eines Ideenentwicklungsprozesses ist. Je höher die Unzufriedenheit, desto wahrscheinlicher wird sich der Konsument zur Entwicklung und Abgabe einer Idee hinreißen lassen (Lüthje 2004, 5). Diesen Überlegungen wird auch im Rahmen dieser Untersuchung gefolgt. Es lässt sich also folgende Hypothese formulieren.

> **Hypothese 3:**
>
> *Eine hohe Ausprägung des Faktors Unzufriedenheit bei den Teilnehmern der SAPiens-Ideen-Community erhöht die Wahrscheinlichkeit, dass diese Ideen einreichen.*

Markenvertrauen

Wie im obigen Grundlagenteil zu den Persönlichkeitsfaktoren bereits dargelegt, konnte Soll (2006) im Rahmen der Untersuchung von Ideenwettbewerben bei Ideeneinreichern ein hohes Markenvertrauen nachgewiesen. Ein Markenvertrauen manifestiert sich dabei in der Zuversicht und Verlässlichkeit bezüglich der Produktqualität, die sich wiederum in Eigenschaften wie Konsistenz, Kompetenz, Ehrlichkeit, Fairness, Verantwortung etc. widerspiegelt. Soll (2006) wies nach, dass dieses empfundene Markenvertrauen mit einer Affinität und Sympathie für das Unternehmen einhergeht, die dazu führt, dass diese Teilnehmer bereitwillig eine Idee einreichen. Auch Sawhney und Prandelli (2001, 261) wiesen im Rahmen von ähnlichen Untersuchungen ein kundenseitiges, „tiefes Vertrauen" als Erfolgsfaktor für die Beteiligung von Kunden an Innovationsaktivitäten von Unternehmen nach.

So soll auch im vorliegenden Untersuchungsfall davon ausgegangen werden, dass ein empfundenes hohes Markenvertrauen der Mitglieder der SAPiens-Ideen-Community gegenüber der Marke und dem Unternehmen SAP dazu führt, dass diese eine Idee einreichen. Die obigen deskriptiven Ergebnisse zu den Persönlichkeitsmerkmalen stellen aus einer sachlogischen Überlegung heraus bereits einen Indikator für diese Vermutung dar. So weist die Gruppe der Ideeneinreicher eine bedeutend höhere Ausprägung des Faktors Markenvertrauen als die Gruppe der Nicht-Ideeneinreicher auf. Es lässt sich also folgende Hypothese formulieren.

> **Hypothese 4:**
>
> *Eine hohe Ausprägung des Faktors Markenvertrauen bei den Teilnehmern der SAPiens Ideen-Community erhöht die Wahrscheinlichkeit, dass diese Ideen einreichen.*

6.7 Regressionsanalytische Untersuchung der vermuteten Modellzusammenhänge

6.7.1 Grundlagen zur Berechnung der Modellzusammenhänge und Auswahl eines geeigneten Analyseverfahrens

Zur Analyse von Beziehungen zwischen einer abhängigen Variablen und einer oder mehrerer unabhängiger Variablen eignet sich grundsätzlich eine Regressionsanalyse. Durch eine Regressionsanalyse können Zusammenhänge quantitativ beschrieben und erklärt werden. Im vorliegenden Fall handelt es sich bei der abhängigen Variable um das Eintreten beziehungsweise Nichteintreten des Ereignisses einer Ideenabgabe. Für eine regressionsanalytische Untersuchung eines solchen 0/1-Ereignisses, das auch als Komplementärereignis bezeichnet wird, eignet sich die klassische Regressionsanalyse aber nicht. So können bei Verwendung der linearen Regressionsgleichung, die jeder klassischen Regressionsanalyse zu Grunde liegt, und bei entsprechenden Ausprägungen der unabhängigen x-Variablen die Werte für die abhängige y-Variable negative Werte, Werte über eins oder Werte zwischen 0 und 1 annehmen. Der Wertebereich der y-Variablen liegt zwischen $-\infty$ und $+\infty$. Aus diesem Grund müssen bei einer linearen Regressionsanalyse die abhängigen Variablen auch ein metrisches Skalenniveau aufweisen (Green/Tull 1982, 278 f.). Im vorliegenden Fall weist die abhängige Variable aber nominales Skalenniveau mit einer kategorialen, also dichotomen Ausprägung (Ideenabgabe; keine Ideenabgabe) auf.

Die lineare Regressionsanalyse ist somit nicht geeignet, die Abhängigkeit der Persönlichkeitsfaktoren auf die Ideenabgabe zu untersuchen. Für diesen Fall eignet sich vielmehr die so genannte logistische Regressionsuntersuchung (Backhaus et al. 2008, 244), die im vorliegenden Fall auch zur Anwendung kommen soll. Grundsätzlich wird die logistische Regression zur Analyse des Einflusses mehrerer unabhängiger Variablen auf das Eintreten eines Ereignisses verwendet. Dabei versucht sie zu beantworten, mit welcher Wahrscheinlichkeit bestimmte Ereignisse, die als abhängige Variable Y betrachtet werden, eintreten und welche Einflussgrößen, die als unabhängige Variablen X zu interpretieren sind, diese Wahrscheinlichkeit bestimmen (Backhaus et al. 2008, 244). Im einfachsten Fall wird dabei unterstellt, dass ein Ereignis eintritt oder nicht eintritt bzw. die abhängige Variable Y dichotom ist. Es können aber auch mehrere Ausprägungen der abhängigen Variablen untersucht werden. Im ersten Fall, der auch in der vorliegenden Untersuchung durch die Ereignisausprägungen „Idee eingereicht/Idee nicht eingereicht" gegeben ist, spricht man von einer binären logistischen und im zweiten Fall von einer multinominalen logistischen Regressionsanalyse (Backhaus et al. 2008, 244). Die Skalenniveaus der unabhängigen Variablen X nehmen in der Regel metrisches Niveau an. Im vorliegenden Fall stellen die metrisch skalierten Persönlichkeitsmerkmale die unabhängigen Variablen dar.

Die logistische Regressionsanalyse ist eng verwandt mit der linearen Regressionsanalyse. Der Unterschied besteht darin, dass die abhängige Variable im Falle der linearen Regressionsrechnung metrisch skaliert sein muss, während sie im Falle der logistischen Regression lediglich kategorial skaliert sein muss, also mit nominalem Skalenniveau (Green/Tull 1982, 278 f.). So ist es im Rahmen der logistischen Regressionsanalyse möglich, eine Eintrittswahrscheinlichkeit abzuleiten, die sich die logistische Regressionsanalyse im Gegensatz zur linearen Regressionsanalyse zu Nutze macht. Die logistische Regressionsanalyse versucht nicht Schätzungen für die Beobachtungen der abhängigen Variablen vorzunehmen, sondern eben Eintrittswahrscheinlichkeiten für diese Beobachtungswerte abzuleiten (Backhaus et al. 2008, 247). Dabei wird die Ausprägung „Ereignis tritt ein" üblicherweise mit dem Wert 1 und die Ausprägung „Ereignis tritt nicht ein" entsprechend mit dem Wert 0 kodiert.

Um die Wahrscheinlichkeit für das Eintreten des Ereignisses, im vorliegenden Untersuchungsfall also die Abgabe einer Idee, bestimmen zu können, wird eine latente Hilfsvariable z eingeführt (Backhaus et al. 2008, 248). Die Variable z erzeugt die binäre Ausprägung der abhängigen Variable y in Abhängigkeit der Ausprägungen der unabhängigen Variablen, im vorliegenden Fall also der Persönlichkeitsmerkmale. Dieser Zusammenhang lässt sich für mehrere Beobachtungsfälle wie folgt formulieren:

$$y = 1, \text{ falls } z > 0 \text{ und } y = 0, \text{ falls } z </= 0$$
$$\text{wobei } z = b_1 * x_1 + b_2 * x_2 + \ldots + b_n * x_n + a$$

Dabei sind x_i die Werte der unabhängigen Variablen und b_i Koeffizienten, die durch die logistischen Regressionsberechnungen ermittelt werden. a ist eine Konstante. Wie angedeutet, wird durch die latente Variable z die Verbindung zwischen der binären abhängigen Variablen und den beobachteten unabhängigen Persönlichkeitsmerkmalen x hergestellt (Backhaus et al. 2008, 249). Dabei kann die Variable z als aggregierte Einflussstärke der verschiedenen unabhängigen Variablen interpretiert werden, die das Ereignis Ideenabgabe herbeiführen (Backhaus et al. 2008, 249).

Um nun eine Wahrscheinlichkeitsaussage treffen zu können, bedarf es weiterhin einer Wahrscheinlichkeitsfunktion, die dann nach Maßgabe der aggregierten Einflussstärke z das Ereignis „Ideenabgabe" beziehungsweise „keine Ideenabgabe" erzeugt. Dafür wird auf die so genannte logistische Funktion zurückgegriffen, die sich wie folgt definiert (Backhaus et al. 2008, 249):

$$p = e^z / 1 + e^z \text{ beziehungsweise } p = 1 / 1 + e^{-z}$$

Dabei stellt e die Eulersche Zahl[19] und z das Ergebnis der obigen Gleichung dar. Die logistische Regression verwendet also diese logistische Funktion, um die Wahrscheinlichkeit für das Eintreten des Ereignisses, also der Ideenabgabe, zu berechnen (Backhaus et al. 2008, 249). Somit lässt sich die logistische Regressionsgleichung wie folgt formulieren (Backhaus et al. 2008, 249; Bühl 2008, 376):

---

[19] Die Eulersche Zahl hat den Wert e = 2.71828183.

$$p = 1 / 1 + e^{-z}$$
$$\text{wobei } z = b_1 * x_1 + b_2 * x_2 + \ldots + b_n * x_n + a$$

Dabei spiegeln die Parameter b_i, die als Regressionskoeffizienten oder Logit-Koeffizienten bezeichnet werden, die Einflussstärke der jeweils betrachteten unabhängigen Variablen auf die Höhe der Eintrittswahrscheinlichkeit wider (Backhaus et al. 2008, 249). Die logistische Regression stellt somit für den vorliegenden Untersuchungsfall eine Wahrscheinlichkeitsbeziehung zwischen dem Ereignis der Ideenabgabe und den Persönlichkeitsmerkmalen her (Backhaus et al. 2008, 249).

6.7.2 Prüfung der Anwendungsvoraussetzungen

Für eine Anwendung der binären logistischen Regressionsanalyse sind einige Voraussetzungen an das zu verwendende Datenmaterial zu erfüllen. Auf diese Voraussetzungen soll nachfolgend eingegangen werden.

Fallzahl

In die Berechnung einer binären logistischen Regressionsanalyse sollten mindestens 50 Fälle einfließen (Backhaus et al. 2008, 288). Rese (2000, 107) geht sogar von einer sehr viel strengeren Anforderung diesbezüglich aus und fordert eine Mindestfallzahl von > 100. Im Allgemeinen hängt die Frage nach den benötigten Fallzahlen maßgeblich von den Umständen der zu Grunde liegenden Untersuchung ab. Nach einer Faustformel gilt, je größer die Zahl der betrachteten Kategorien auf Seiten der abhängigen Variablen, desto größer sollte auch die Zahl der Beobachtungen werden (Rese 2000, 107). Im vorliegenden Untersuchungsfall liegen von Ideeneinreichern und Nicht-Ideeneinreichern zusammen 140 Fälle vor, womit sogar die strenge Anforderung nach Rese (2000, 107) erfüllt ist.

Weiterhin wird bezüglich der Fallzahl gefordert, dass die Beobachtungen in jeder Gruppe (= Ausprägungen der abhängigen Variable) mindestens 25 betragen (Backhaus et al. 2008, 288; Rese 2000, 107). Auch diese Voraussetzung kann mit 87 Fällen in der Gruppe der Ideeneinreicher und 53 Fällen in der Gruppe der Nicht-Ideeneinreicher als erfüllt angesehen werden.

Prüfung auf Multikollinearität

Neben der Forderung nach einer Mindestanzahl an Fällen wird für die Anwendung der binären logistischen Regressionsanalyse auch die Erfüllung einer so genannten Multikollinearität an das Datenmaterial gestellt (Backhaus et al. 2008, 288). Multikollinearität beschreibt den Zusammenhang der unabhängigen Variablen untereinander. Weisen zwei oder sogar mehrere unabhängige Variablen eine Korrelation auf, so liegt Multikollinearität vor (Brosius/Brosius 1995, 494). Zwar liegt bei empirischen

Datensätzen immer ein gewisser Grad an Multikollinearität vor, zum Problem wird diese aber erst, wenn eine starke Abhängigkeit zwischen den unabhängigen Variablen besteht. Je stärker die Multikollinearität ist, desto unzuverlässiger wird die Berechnung des zu Grunde liegenden Regressionsmodells. Im Falle totaler Multikollinearität, also bei totaler Abhängigkeit der unabhängigen Variablen, wäre eine Regressionsanalyse sogar nicht durchführbar, da sich die unabhängigen Variablen in diesem Falle als lineare Funktion ihrer selbst darstellen würden (Backhaus et al. 2008, 87).

Um zu überprüfen, ob die unabhängigen Variablen im vorliegenden Untersuchungsfall Multikollinearität aufweisen, wurden die Korrelationskoeffizienten für diese berechnet. Die Berechnung der Korrelationskoeffizienten erfolgte nach der Methode von Pearson, zweiseitig, für alle 140 Fälle. Die nachfolgende Korrelationsmatrix gibt die Ergebnisse wieder.

	(1)	(2)	(3)	(4)
Markenvertrauen (1)	1			
Unzufriedenheit (2)	-0,221	1		
Produktinvolvement (3)	0,327	-0,219	1	
Produktwissen + -erfahrung (4)	-0,155	-0,002	0,416	1

Tabelle 6-14: Korrelationsmatrix der Persönlichkeitsmerkmale; Quelle: Eigene Darstellung

Die Korrelationsmatrix in Tabelle 6-14 gibt die Korrelationskoeffizienten, die Werte zwischen 0 und 1 annehmen können[20], zwischen den unabhängigen Variablen wieder. Hohe Korrelationskoeffizienten nahe 1 indizieren somit eine hohe Multikollinearität. Richtwerte für das Vorliegen von Korrelation liefert Bühl (2008, 346) gemäß nachfolgender Tabelle.

Wert des Korrelationskoeffizienten	Interpretation
bis 0,2	sehr geringe Korrelation
bis 0,5	geringe Korrelation
bis 0,7	mittlere Korrelation
bis 0,9	hohe Korrelation
über 0,9	sehr hohe Korrelation

Tabelle 6-15: Richtwerte für Korrelationen; Quelle: Bühl (2008, 346)

---

[20] Zu betrachten sind die Absolutbeträge. Ein negativer Wert drückt lediglich einen gegenläufigen Zusammenhang aus.

Mit Blick auf die Korrelationsmatrix aus Tabelle 6-14 zeigt sich, dass die Persönlichkeitsmerkmale „sehr geringe" bis „geringe" Korrelationen aufweisen. Somit kann davon ausgegangen werden, dass im vorliegenden Untersuchungsfall ein zu vernachlässigendes Ausmaß an Multikollinearität zwischen den unabhängigen Variablen gegeben ist.

Bei der Überprüfung der Multikollinearität durch Feststellung der Korrelation der unabhängigen Variablen muss allerdings berücksichtigt werden, dass die Korrelationsmatrix nur paarweise Abhängigkeiten, also Korrelation zwischen lediglich jeweils zwei unabhängigen Variablen, aufdeckt (Backhaus et al. 2008, 89). Es kann aber auch Korrelation zwischen einer unabhängigen Variablen und allen übrigen Variablen vorliegen. In diesem Fall wäre ebenfalls Multikollinearität gegeben. Daher empfehlen Backhaus et al. (2008, 89), zur Aufdeckung dieser Art von Multikollinearität eine Regression jeder einzelnen unabhängigen Variablen auf jeweils alle anderen durchzuführen und so die entsprechenden multiplen Korrelationskoeffizienten, also das Bestimmtheitsmaße R^2, zu ermitteln. R^2 kann Werte zwischen 0 und 1 annehmen, wobei der Wert 1 indiziert, dass absolute Korrelation gegeben ist und mit abnehmenden Werten die Korrelation entsprechend geringer ist. Für den vorliegenden Untersuchungsfall wurden die entsprechenden Regressionen für die vier unabhängigen Variablen berechnet. Die nachfolgende Tabelle gibt die Ergebnisse wieder.

Unabhängige Variable	R^2	$T = 1 - R^2$
Markenvertrauen	0,225	0,775
Unzufriedenheit	0,075	0,925
Produktinvolvement	0,348	0,652
Produktwissen und -erfahrung	0,270	0,730

Tabelle 6-16: Bestimmtheitsmaße und T-Werte für die Persönlichkeitsmerkmale; Quelle: Eigene Darstellung

Obwohl anhand der Bestimmtheitsmaße R^2, also der multiplen Korrelationskoeffizienten, eine entsprechende Korrelation abzulesen ist und somit auf entsprechende Multikollinearität zu schließen wäre, hat sich für die Prüfung der Multikollinearität ein eigenes Maß etabliert. Dabei handelt es sich um das so genannte Toleranzmaß (T), das sich definiert als $T = 1 - R^2$. Entsprechend kann T Werte zwischen 0 und 1 annehmen, wobei ein kleiner T-Wert auf hohe Multikollinearität schließen lässt (Brosius/Brosius 1995, 495). Laut Brosius und Brosius (1995, 495) ist ab T-Werten < 0,1 der Verdacht auf Multikollinearität gegeben, wogegen Werte < 0,01 gesichert darauf schließen lassen, dass Multikollinearität gegeben ist. Die Toleranzwerte für die vier unabhängigen Variablen sind ebenfalls in Tabelle 6-16 aufgeführt. Es zeigt sich, dass keine T-Werte die kritischen Werte unterschreiten. Es kann also im gegebenen Untersuchungsfall gesichert davon ausgegangen werden, dass keine Multikollinearität gegeben ist.

6.7.3 Durchführung der logistischen Regressionsanalyse

Im Prinzip werden im Rahmen der logistischen Regressionsberechnung die Koeffizienten b_i sowie die Werte für die Konstante a der Regressionsgleichung geschätzt (Bühl 2008, 376). Die Schätzung geschieht auf der Basis der erwähnten Wahrscheinlichkeitsfunktionen und stellt das eigentliche Rechenverfahren im Rahmen der logistischen Regressionsanalyse dar. Im vorliegenden Fall wurde die logistische Regressionsberechnung mit Hilfe der Statistiksoftware SPSS 17.0 durchgeführt. Für diese Analyse wurden die Datensätze sowohl der Ideeneinreicher (87) als auch der Nicht-Ideeneinreicher (53) genutzt.

Bestimmung der Güte des zu Grunde liegenden Regressionsmodells

Zur Überprüfung der Güte der geschätzten Regressionsfunktion werden in der Literatur einige Prüfgrößen und -verfahren diskutiert. Ziel der Prüfung der Güte des Modells ist es, zu verifizieren, wie gut die geschätzten Parameter (Regressionskoeffizienten und Konstante) in ihrer Gesamtheit das aufgestellte Regressionsmodell abbilden können. Anders formuliert geht es dabei um die Beantwortung der Frage, wie gut die unabhängigen Variablen in ihrer Gesamtheit zur Trennung der Ausprägungskategorien „Idee eingereicht" und „keine Idee eingereicht" beitragen (Backhaus et al. 2008, 261).

Ein sehr robustes Prüfverfahren stellt der so genannte **Likelihood-Ratio-Test** dar. Er bezieht sich auf den Likelihood-Wert, der bei der oben erwähnten Schätzung der Parameter der logistischen Regressionsgleichung eine Rolle spielt. Er spiegelt nämlich nach erfolgter Berechnung die Wahrscheinlichkeit wider, die empirisch erhobenen Beobachtungswerte im Rahmen der sich ergebenen Parameterschätzungen zu erhalten. Für die Schätzung der Parameter selbst wird die Wahrscheinlichkeit, die beobachteten Erhebungsdaten zu erhalten, maximiert. Es ergibt sich also ein maximierter Likelihood-Wert.

Im Rahmen des Likelihood-Ratio-Testes wird nun nicht der maximierte Likelihood-Wert, sondern das -2-fache des logarithmierten, maximierten Likelihood-Wertes betrachtet. Dieser Wert wird auch als maximierter LL-Wert bezeichnet und mit dem ebenfalls logarithmierten (-2-fach) Likelihood-Wert verglichen, der sich ergibt, wenn alle Regressionskoeffizienten der unabhängigen Variablen des zu Grunde liegenden Regressionsmodells auf Null gesetzt werden (in diesem Fall spricht man dann vom Null-Modell) und nur der konstante Term betrachtet wird (Backhaus et al. 2008, 262). Dabei wird angenommen, dass die unabhängigen Variablen nur wenig zur Unterscheidung der Ereigniszustände des Regressionsmodelles beitragen, wenn die absolute Differenz zwischen maximiertem LL-Wert und LL-Wert des Null-Modells klein ist. Ist diese Differenz hingegen groß, so kann von einer hohen Erklärungskraft der unabhängigen Variablen ausgegangen werden (Backhaus et al. 2008, 262). Die Differenz entspricht im Übrigen (annähernd) dem Chi-Quadrat-Wert des Modells, da die Differenz asymptotisch Chi-Quadrat-verteilt ist (Backhaus et al. 2008, 262).

Entsprechend diesen Überlegungen geht die Null-Hypothese dieses Testes davon aus, dass alle Regressionskoeffizienten gleich Null sind. Die Alternativhypothese besagt hingegen, dass die Regressionskoeffizienten ungleich Null sind. Vergleicht man die ermittelte Differenz beziehungsweise den Chi-Quadrat-Wert aus der Berechnung mit dem Referenzwert aus der Chi-Quadrat-Tabelle, kann die Signifikanz und somit die Güte des Gesamtmodells bestimmt werden.

Im vorliegenden Fall beträgt der berechnete Chi-Quadrat-Wert 61,083. Der entsprechende Referenzwert beträgt 9,49 (4 Freiheitsgrade und bei einem Signifikanzniveau von 0,05). Da der berechnete Wert höher als der tabellierte Referenzwert ist, kann die Nullhypothese abgelehnt werden. Das bedeutet, dass das zu Grunde liegende Regressionsmodell signifikant ist, also eine hohe Güte aufweist und somit die unabhängigen Variablen eine gut Erklärungskraft in Bezug auf die Unterscheidung der Ereigniszustände „Idee eingereicht" und „keine Idee eingereicht" haben.

Neben dem Likelihood-Ratio-Test zur Überprüfung der Güte des Regressionsmodelles werden hierfür häufig auch Tests aus der Gruppe der **Pseudo-R-Quadrat-Tests** verwendet. Diesen Tests ist gemein, dass sie versuchen, den Anteil der erklärten Varianz aufzuspüren (Bühl 2008, 379). Sie sind deshalb vergleichbar mit dem Bestimmtheitsmaß R^2 der linearen Regressionsanalyse (Backhaus et al. 2008, 263). Genau wie beim Likelihood-Ratio-Test wird bei den Pseudo-R-Quadrat-Tests auf das Verhältnis zwischen den LL-Werten des Nullmodells und den maximierten LL-Werten zur Beurteilung der Güte zurückgegriffen (Backhaus et al. 2008, 263). Ein etabliertes Gütekriterium aus der Gruppe der Pseudo-R-Quadrat-Tests ist der so genannte Nagelkerke-R^2-Test. Den Nagelkerke-R^2-Wert, der Werte zwischen 0 und 1 annehmen kann, berechnet SPSS automatisch. Im vorliegenden Fall beträgt dieser Wert 0,470. Trotz der häufigen Verwendung dieses Gütemaßes gibt es keine Richtwerte, die Aussagen darüber zulassen, ab welchem Wert von einer hohen Güte gesprochen werden kann. Deshalb gilt bislang folgende Pauschalaussage: Je höher der Wert, desto besser die Güte des Modells. Backhaus et al. (2008, 270) gehen in einer Eigeninterpretation davon aus, dass Werte > 0,4 als gut befunden werden können. Werte > 0,5 können sogar als sehr gut befunden werden, da in diesen Fällen mindestens die Hälfte der Varianz der abhängigen Variablen durch die unabhängigen Variablen erklärt werden können. Im vorliegenden Untersuchungsfall reichen die Werte des Nagelkerke-Testes nahe an 0,5 heran und somit kann auch durch diesen Test bestätigt werden, dass das dieser Untersuchung zu Grunde liegende Regressionsmodell insgesamt auf eine hohe Erklärungskraft hindeutet.

Berechnung der Signifikanz der Abhängigkeit der Persönlichkeitsfaktoren

Wie im Abschnitt über die Grundlagen zur logistischen Regressionsanalyse bereits angedeutet, spiegeln die Regressionskoeffizienten der logistischen Regressionsgleichung die Einflussstärke der jeweils betrachteten unabhängigen Variablen auf die Höhe der Eintrittswahrscheinlichkeit wider (Backhaus et al. 2008, 249). Die logistische Regression stellt somit für den vorliegenden Untersuchungsfall eine Wahrscheinlichkeitsbeziehung zwischen dem Ereignis der Ideenabgabe und den Persönlichkeitsmerkmalen her (Backhaus et al. 2008, 249). Dadurch lässt sich die für dieses Kapitel gestellte Forschungsfrage, ob die Persönlichkeitsmerkmale einen signifikanten Einfluss auf die Wahrscheinlichkeit der Ideenabgabe ausüben, beantworten.

Zur Überprüfung des Ausmaßes der Einflussstärke der Regressionskoeffizienten, also letztlich der Persönlichkeitsmerkmale, wird auf die so genannte Wald-Statistik zurückgegriffen (Backhaus et al. 2008, 272 f.; Bühl 2008, 380). Das Prinzip des Wald-Testes ist eng verbunden mit dem Signifikanz-Test, also dem t-Test, der auch in der linearen Regressionsanalyse zum Einsatz kommt. Auch hier wird die Null-Hypothese getestet, die besagt, dass ein bestimmter Regressionskoeffizient b_i Null ist, also die zugehörige unabhängige Variable keinen signifikanten Einfluss auf das Eintreten des zu Grunde liegenden Ereignisses hat (Backhaus et al. 2008, 249). Somit kann für den vorliegenden Untersuchungsfall die folgende Null- und Alternativhypothese formuliert werden:

- H_0: Die Regressionskoeffizienten der dem Untersuchungsfall zu Grunde liegenden Regressionsgleichung sind gleich Null. ($b_1 = b_2 = \ldots = b_i = 0$)
- H_1: Die Regressionskoeffizienten der dem Untersuchungsfall zu Grunde liegenden Regressionsgleichung sind ungleich Null. ($b_1; b_2; \ldots; b_i \neq 0$)

Die Prüfgröße W des Wald-Testes berechnet SPSS automatisch und ist der entsprechenden Ausgabe für jede unabhängige Variable entnehmbar. Da die Wald-Statistik asymptotisch Chi-Quadrat-verteilt ist, vergleicht man im Rahmen des Wald-Testes die Prüfgröße mit dem entsprechenden Referenzwert aus der Chi-Quadrat-Tabelle. Ist die ermittelte Prüfgröße größer als der tabellierte Wert, kann davon ausgegangen werden, dass die unabhängigen Variablen einen signifikanten Einfluss auf das Eintreten des zu Grunde liegenden Ereignisses haben.

Der tabellierte Chi-Quadrat-Wert beträgt bei einer Irrtumswahrscheinlichkeit von 5% und einem Freiheitsgrad von Eins 3,84. Die durch SPSS berechneten W-Werte für die unabhängigen Variablen, also die Persönlichkeitsmerkmale, sind der folgenden Tabelle zu entnehmen.

Persönlichkeits-merkmal	Regressionskoeffizient	W-Wert	Standardfehler	Freiheitsgrad	Signifikanz
Markenvertrauen	-1,311	11,749	0,382	1	0,001
Unzufriedenheit	0,308	1,661	0,239	1	0,047
Produktinvolvement	0,220	0,406	0,346	1	0,024
Produktwissen u. -erfahrung	1,293	21,443	0,279	1	0,000

Tabelle 6-17: Ergebnisse des Wald-Testes; Quelle: Eigene Darstellung

Somit kann befunden werden, dass die Koeffizienten der unabhängigen Variablen „Markenvertrauen" sowie „Produktwissen und -erfahrung" signifikant von Null verschieden sind. Für diese beiden Variablen lässt sich also schlussfolgern, dass sie einen signifikanten Einfluss auf die Wahrscheinlichkeit der Ideenabgabe der Teilnehmer ausüben. Demgegenüber haben die Persönlichkeitsmerkmale „Unzufriedenheit" und „Produktinvolvement" keinen signifikanten Einfluss auf die Wahrscheinlichkeit der Ideenabgabe.

6.8 Ergebnisse

Die in der regressionsanalytischen Untersuchung erzielten Resultate stellen die Antwort auf die im Rahmen dieser Arbeit gestellte Forschungsfrage IV dar, inwieweit Persönlichkeitsmerkmale der Teilnehmer deren Bereitschaft zur Abgabe einer Idee beeinflussen. So konnte durch die logistische Regressionsrechnung zum einen gezeigt werden, dass das Persönlichkeitsmerkmal „Produktwissen und -erfahrung" einen signifikanten Einfluss auf die Wahrscheinlichkeit der Abgabe einer Idee ausübt. Die oben aufgestellte Hypothese 1 konnte somit bestätigt werden (vgl. Tabelle 6-18). Dieses Ergebnis spiegelt damit in gewisser Weise die Erkenntnisse von Lüthje (2000b) wider. So fand dieser in einer empirischen Untersuchung heraus, dass das Vorhandensein von Produktwissen sowie Produkterfahrung bei Kunden signifikante Einflussfaktoren auf deren Bereitschaft (Wollen) darstellt, an gemeinschaftlichen Innovationsprojekten mit Unternehmen teilzunehmen. Und auch Erkenntnisse aus der Kreativitätsforschung werden durch die Ergebnisse der vorliegenden Untersuchung widergespiegelt. So gilt es in diesem Bereich als erwiesen, dass die Bereitschaft, also das Wollen, zur kreativen Ideenentwicklung bei Menschen von dem Ausmaß des Persönlichkeitsmerkmals „domain-relevant skills" abhängt (Amabile 1996, 113). Bei diesem Persönlichkeitsmerkmal handelt es sich um das hier verwandte Persönlichkeitsmerkmal „Produktwissen und -erfahrung".

Bestätigt werden konnte auch die Hypothese 4 (vgl. Tabelle 6-18), im Rahmen derer die Vermutung postuliert wurde, dass ein empfundenes hohes Markenvertrauen der Mitglieder der SAPiens-Ideen-Community gegenüber der Marke und dem Unternehmen SAP dazu führt, dass diese wahrscheinlicher eine Idee einreichen. Durch dieses Ergebnis werden ebenfalls Erkenntnisse aus der Innovationsforschung bestätigt. So konnte Soll (2006) im Rahmen einer Untersuchung von Ideenwettbewerben bei Ideeneinreichern ein hohes Markenvertrauen nachweisen. Er befand, dass dieses empfundene Markenvertrauen mit einer Affinität und Sympathie für das ausrichtende Unternehmen einherging, die dazu führten, dass diese Teilnehmer bereitwillig eine Idee einreichten. Auch Sawhney und Prandelli (2001, 261) weisen im Rahmen von ähnlichen Untersuchungen ein kundenseitiges, „tiefes Vertrauen" als Erfolgsfaktor für die Beteiligung von Kunden an Innovationsaktivitäten von Unternehmen nach.

Das Persönlichkeitsmerkmal „Unzufriedenheit" hat dagegen keinen signifikanten Einfluss auf die Wahrscheinlichkeit der Ideenabgabe. Offenbar führte eine hohe Unzufriedenheit nicht dazu, dass Mitglieder der SAPiens-Ideen-Community eine Idee einreichten. Auch ein hohes Produktinvolvement beeinflusste entgegen anfänglicher Vermutung die Bereitschaft der Mitglieder zur Ideenabgabe nicht. Zwar trägt ein hohes Involvement dazu bei, einen Kaufprozess auszulösen, wie im Rahmen der obigen Hypothesenformulierung erläutert und in der Marketingwissenschaft bestätigt, offenbar initiiert es aber nicht die Ideenabgabe. Somit können die postulierten Hypothesen 2 und 3 (vgl. nachfolgende Tabelle 6-18) nicht bestätigt werden.

Hypothese	Regressionsanalytisch befundener Zusammenhang
Hypothese 1: Eine hohe Ausprägung des Faktors „Produktwissen und -erfahrung" bei den Teilnehmern der SAPiens-Ideen-Community erhöht die Wahrscheinlichkeit, dass diese Ideen einreichen.	bestätigt
Hypothese 2: Eine hohe Ausprägung des Faktors „Produktinvolvement" bei den Teilnehmern der SAPiens-Ideen-Community erhöht die Wahrscheinlichkeit, dass diese Ideen einreichen.	nicht bestätigt
Hypothese 3: Eine hohe Ausprägung des Faktors „Unzufriedenheit" bei den Teilnehmern der SAPiens-Ideen-Community erhöht die Wahrscheinlichkeit, dass diese Ideen einreichen.	nicht bestätigt
Hypothese 4: Eine hohe Ausprägung des Faktors „Markenvertrauen" bei den Teilnehmern der SAPiens-Ideen-Community erhöht die Wahrscheinlichkeit, dass diese Ideen einreichen.	bestätigt

Tabelle 6-18: Hypothesen zur Wirkung der Persönlichkeitsmerkmale auf die Ideenabgabe; Quelle: Eigene Darstellung

7 Zusammenfassung der Ergebnisse und Implikationen für Forschung und Praxis

7.1 Beantwortung der Forschungsfrage I und daraus resultierende Implikationen

Im Rahmen der obigen Fallstudien stand das Phänomen „Ideen-Community" als solches im Fokus der Untersuchung. So galt es, die wesentlichen Charakteristika von Ideen-Communities zunächst herauszuarbeiten, die so gewonnenen Erkenntnisse sodann anhand etablierter, theoretischer Wissensbestände aus der Innovationsforschung und der Forschung auf dem Gebiet der „Virtuellen Communities" zu interpretieren sowie in diese einzuordnen. So kann als Ergebnis aus diesem Untersuchungsprozess zusammenfassend festgehalten werden, dass eine Ideen-Community ein von einem Unternehmen eingesetztes Instrument zur aktiven Integration von Kunden in die frühen Phasen des Innovationsentwicklungsprozesses im Sinne des Open-Innovation-Paradigmas darstellt. Eine detaillierte Ergebnisbeschreibung liefert der in Kapitel 3.2 thematisierte Definitionsansatz zum Phänomen „Ideen-Community".

Im Rahmen der Fallstudien konnte die Erkenntnis gewonnen werden, dass sich offenbar insbesondere Hersteller von Softwareprodukten des Instrumentariums der Ideen-Communities bedienen. Dies liegt sicherlich daran, dass Softwareprodukte im Vergleich zu beispielsweise Nahrungsmitteln dauerhafte und komplexe Konsumgüter darstellen. So können Kunden beziehungsweise Anwender von Softwareprodukten in Bezug auf diese wegen ihres dauerhaften Gebrauchs eine facettenreichere und ausgedehntere Basis an Produkterfahrung und -wissen aufbauen, die diese dazu benötigen, um entsprechende Innovationsideen überhaupt äußern zu können. Zudem entfalten sich in Bezug auf komplexe Güter per se mehr Innovationsmöglichkeiten als im Vergleich zu einfachen Produkten, wie zum Beispiel einem Streichholz. Prinzipiell scheinen sich also Ideen-Communities eher für dauerhafte und komplexe Konsumgüter zu eignen. Dennoch scheuen auch Hersteller von schnell drehenden und weniger komplexen Konsumgütern den Aufwand des Betriebes einer Ideen-Community nicht, wie die obigen Beispiele Starbucks und Sara Lee zeigen. Für die Wissenschaft ergibt sich daraus der Forschungsbedarf nach vergleichenden Untersuchungen, ob Ideen-Communities für sich schnell drehende und weniger komplexe Konsumgüter einen ebenso hohen Mehrwert wie Ideen-Communities für dauerhafte und komplexe Konsumgüter darstellen.

Wie gezeigt, stellen Ideen-Communities im Vergleich zu Ideenwettbewerben keine einmalige und kurzfristige, sondern eher eine dauerhafte Einrichtung dar. Innerhalb dieser Einrichtung werden in der Regel relativ stabile Beziehungen zwischen Unternehmen und den teilnehmenden Kunden eingegangen, die aus der Sicht des Unternehmens eine wertvolle Basis für weitere gemeinsame Innovationsaktivitäten, die über die bloße Ideengenerierung hinausgehen, darstellt. Für Unternehmen empfiehlt es sich, auf diesen Beziehungen aufzubauen und aus dem Teilnehmerstamm einer Ideen-Community geeignete Kunden zur Einbindung in weiterführende Methoden der Kundenintegration vor allem in den mittleren bis späten Phasen des Innovationsprozesses, wie beispielsweise Lead-User-Workshops (vgl. Kapitel 2.6), heranzuziehen. Beispielsweise könnte die Qualität der Ideen der Community-Teilnehmer hierfür als Prädiktor zur Identifizierung geeigneter Kunden dienen.

Denkbar wäre in dieser Hinsicht aber auch, dass man das eigentliche Aufgabenspektrum einer Ideen-Community erweitert. So könnten zum Beispiel vom Unternehmen ganz konkrete Innovationsaufgaben oder -probleme definiert und in die Community getragen werden, damit die Mitglieder diese Innovationsherausforderungen im Sinne einer Ausschreibung lösen. Möglich wäre auch, bestimmte Ideengeber, beispielsweise solche, deren Ideenbeiträge starke Ähnlichkeiten aufweisen oder deren Ideenbeiträge in einer komplementären Beziehung zueinander stehen, dazu zu veranlassen, gemeinschaftlich ihre Ideen zu konkretisieren, beispielsweise in Form von Ideenkonzepten, Realisierungsplänen oder sogar Businessplänen. Letztgenannte Überlegungen werden in einem konzeptionellen Stadium bereits auch in der Forschung diskutiert, beispielsweise von Bretschneider et al. (2008).

7.2 Beantwortung des Forschungsfragenbündels II und daraus resultierende Implikationen

Im Rahmen der Forschungsfragen IIa und IIb dieser Arbeit stellte die Ideenqualität das zentrale Untersuchungsobjekt dar. So fragte die forschungsleitende Frage IIa danach, welches Qualitätsniveau die aus Ideen-Communities resultierenden Innovationsideen haben. Damit einher geht die Frage aus der Sicht von Unternehmen, ob diese aus den von Kunden eingereichten Ideen überhaupt einen Nutzen ziehen können, denn genau das stellt ja die Zielgröße für den Betrieb einer Ideen-Community dar. Im Ergebnis einer Ideenbeurteilung anhand eines zuvor entwickelten Bewertungsinstrumentes zeigt diese Arbeit auf, dass Ideen aus einer Ideen-Community im Durchschnitt ein mittleres Qualitätsniveau aufweisen. Dieses Qualitätsniveau reicht aus, um für Unternehmen einen konkreten Nutzen stiften zu können. So konnte im Rahmen der Untersuchungen zur Forschungsfrage IIa gezeigt werden, dass ein kleiner Teil der Ideen aus solchen Communities für Unternehmen gänzlich neue Erkenntnisse und Impulse für radikale Innovationen bereithalten. Aus einem weitaus größeren Teil der Ideen können darüber hinaus konkrete Erkenntnisse für Verbesserungspotenziale an bestehenden Produkten gezogen werden. Die Frage danach, ob Ideen-Communities einen Nutzen für Unternehmen stiften, kann deshalb positiv beantwortet werden. Es kann also davon ausgegangen werden, dass Ideen-Communities hinsichtlich der resultierenden Ideenbeiträge eine durchaus effektive Methode der Kundenintegration in den Innovationsprozess darstellen.

Dabei muss aber berücksichtigt werden, wie auch ähnlich Soll (2006, 214) für Ideenwettbewerbe konstatiert hat, dass Ideen-Communities die unternehmerischen Aktivitäten in den frühen Phasen des Innovationsprozesses nicht ersetzen, sondern lediglich ergänzen können. So ermöglichen Ideen-Communities die frühen Phasen anzureichern. Sie erweitern aus der Sicht des Unternehmens den Ideenraum und ermöglichen gleichzeitig, Meinungsbilder von Kunden in Bezug auf Innovationsideen einzufangen. Dies kann das im Rahmen der Innovationsentwicklung üblicherweise entstehende Marktrisiko entscheidend vermindern, da auf diese Weise im Zusammenspiel von Kundenwissen und Know-how der internen Produktentwickler im Ergebnis bessere Produktkonzepte definiert werden können.

Vor dem Hintergrund, dass Unternehmen im Rahmen ihrer Kundenintegrationsmaßnahmen nach Möglichkeit auf qualitativ gehaltvolle Kundenideen zurückgreifen möchten und hierfür bislang Ideenwettbewerbe als etabliertes und einziges Instrument gehandelt wurden, nahm die forschungsleitende Frage IIb in den Fokus, ob Ideen-Communities im Vergleich zu Ideenwettbewerben qualitativ bessere Ideen hervorbringen und sich somit als das geeignetere Instrument empfehlen. Als Antwort auf diese Frage konnte im Rahmen eines Methodenexperiments empirisch nachgewiesen werden, dass Ideen-Communities im Durchschnitt Ideen mit deutlich höherem Qualitätsniveau hervorbringen, als dies Ideenwettbewerbe tun. Der Grund hierfür ist nachweislich in den Emergenzeffekten, die sich aus den Kollaborationsaktivitäten der Mitglieder einer Ideen-Community ergeben, zu sehen. Somit kann befunden werden, dass Ideen-Communities im Vergleich zu Ideenwettbewerben hinsichtlich der Stellgröße „Qualität der Ideenbeiträge" ein überlegeneres Instrument der Kundenintegration in den Innovationsprozess darstellen.

Aus diesen Ergebnissen ergeben sich einige Implikationen, insbesondere wenn man davon ausgeht, dass Unternehmen im Rahmen des Betriebes einer Ideen-Community daran interessiert sind, auf möglichst gute Ideen von Kunden zurückgreifen zu können, das heißt, ein hohes Qualitätsniveau der Ideen eine zentrale Zielgröße für Unternehmen darstellt. So zeigte sich zwar, dass Ideen-Communities das bessere Instrument im Vergleich zu Ideenwettbewerben darstellen, da sie Ideen von höherer Qualität hervorbringen. Es muss aber gleichzeitig konstatiert werden, dass die durchschnittliche Qualität der Ideen aus Ideen-Communities lediglich auf einem mittleren Niveau liegt. Es steht also noch sehr viel Spielraum zur Verfügung, um die Ideenqualität in Ideen-Communities noch weiter zu steigern.

Eine Steigerung des Qualitätsniveaus in Ideen-Communities könnte durch die Umsetzung geeigneter Maßnahmen auch auf einfache Art realisiert werden. Die Resultate der vorliegenden Arbeit offenbaren für die Entwicklung solcher Maßnahmen einen wichtigen Ansatzpunkt. So zeigte sich durch die Beantwortung der Forschungsfrage IIb, dass Kollaboration und das damit verbundene Emergenzprinzip der maßgebende Einflussfaktor auf die Ideenqualität ist. Das Erfolgsrezept für das Erreichen einer höheren

Ideenqualität in Ideen-Communities stellt also die Kollaboration unter den Mitgliedern dar.

Wie die oben durchgeführten Fallstudien gezeigt haben, wird Kollaboration in Ideen-Communities durch die gegebenen Online-Plattformen bis dato aber nur in sehr geringem Maße unterstützt. So steht den Mitgliedern lediglich die erwähnte Ideen-Kommentarfunktion zur Verfügung, um kollaborativ tätig zu werden. Wie die Ergebnisse aus Forschungsfrage IIb darüber hinaus gezeigt haben, erfüllt diese Kommentarfunktion bereits ihren Zweck, indem sie Ideen von besserer Qualität im Vergleich zu Ideen aus Ideenwettberen hervorbringt. Diese Zweckerfüllung ist zwar als effektiv, aber nicht als sonderlich effizient einzustufen, da die Ideen aus Ideen-Communities dabei lediglich ein mittleres Qualitätsniveau aufweisen.

Es besteht also der Bedarf nach weiteren und vor allem effizienteren Plattformfunktionalitäten, die die Kollaboration der Mitglieder von Ideen-Communities unterstützen. Eine ebenso einfache wie vielversprechende Maßnahme wäre in diesem Rahmen die Implementierung einer Wiki-Technologie auf der Online-Plattform einer Ideen-Community. Auf dieser Technologie basiert auch die Internet-Plattform der Online-Enzyklopädie Wikipedia, mittels derer Internet User sehr erfolgreich das Kollaborationsprinzip zur Erstellung von einzelnen Beiträgen umsetzen.

Unternehmen als Betreiber von Ideen-Communities sollten also einerseits geeignete technische Funktionalitäten implementieren, um so die Voraussetzungen für ein effizientes Kollaborationsumfeld auf der Internet-Plattform einer Ideen-Community zu schaffen. Die Implementierung kollaborationsunterstützender Technologien alleine stellt allerdings noch keine Garantie dafür dar, dass diese von den Mitgliedern auch tatsächlich genutzt werden. So müssen sich Unternehmen als Betreiber darüber hinaus stetig darum bemühen, im Rahmen ihres Community-Managements mittels geeigneter organisatorischer Maßnahmen die Mitglieder zur aktiven Kollaboration anzuhalten. So könnte Kollaboration unter den Mitgliedern zum Beispiel durch das Setzen geeigneter Anreize gefördert werden. Zusammenfassend kann Unternehmen also empfohlen werden, dass diese im Rahmen ihres Community-Managements sowohl technische als auch organisatorische Maßnahmen zur Schaffung und Unterstützung von Mitgliederkollaboration umsetzen sollten, um so von den Effekten auf die Ideenqualität profitieren zu können.

Aus diesen Empfehlungen ergibt sich auch für die Wissenschaft, insbesondere im Forschungsumfeld der Wirtschaftsinformatik, ein Bedarf an gestaltungsorientierter Forschung. So sollten im Rahmen entsprechender Forschungsbemühungen geeignete kollaborationsunterstützende Funktionalitäten entworfen, prototypisch in Ideen-Communities implementiert und deren Einsatz und daraus resultierende Effekte systematisch evaluiert werden. Die Ergebnisse der vorliegenden Arbeit stellen dafür erste, richtungsweisende Erkenntnisse zur Verfügung.

7.3 Beantwortung des Forschungsfragenbündels III und daraus resultierende Implikationen

Im Rahmen der Forschungsfragen IIIa und IIIb dieser Arbeit stellten die Motive der Ideengeber die zentralen Untersuchungsobjekte dar. So sollte die Forschungsfrage IIIa Aufschluss geben, welche Motive der Mitglieder in Ideen-Communities zur Abgabe von Ideen führen. In Beantwortung dieser Forschungsfrage kann festgestellt werden, dass dabei insgesamt sechs Motive eine zentrale Rolle spielen. So brachte die Untersuchung zum einen das Motiv **„Selbstmarketing"** hervor, das sich in der Absicht der Teilnehmer manifestiert, durch das Einreichen einer Idee ein Kompetenz- und Fähigkeitssignal an Dritte senden zu können, um sich auf diese Weise beispielsweise für eine berufliche Anstellung empfehlen zu können. Hervorzuheben ist aber auch das Motiv **Spaß**. So kann die Ideenabgabe einiger Teilnehmer damit erklärt werden, dass bei diesen das Entwickeln von kreativen Ideen und die damit einhergehende intellektuelle Herausforderung schlichtweg Spaß bereitet. Ein weiteres Motiv ist die **„Altruistisch-geprägte Community-Identifikation"**, welches insofern einen Motivfaktor darstellt, als dass einige Mitglieder sich mit der Identität ihrer Community im hohen Maße identifizieren können und sich deshalb auf altruistisch geprägte Weise zur Ideenabgabe motivieren lassen. Auch die Möglichkeit, im Rahmen der Teilnahme Erfahrungen zu sammeln und Wissen zu erweitern, stellt ein relevantes Teilnahmemotiv dar (Motivationsfaktor **Lernen**). Ebenso ist das Motiv **Anerkennung** als relevant einzustufen. So fühlen sich einige Teilnehmer durch die Anerkennung, die sie für eingereichte Ideen erfahren, zur Abgabe einer Idee motiviert. Das sechste Motiv manifestiert sich im Wunsch nach einer **Neuentwicklung oder Verbesserung bestehender Produkte** des Unternehmens.

Die forschungsleitende Frage IIIb rückte in den Blickpunkt, welche Motive der Mitglieder in Ideen-Communities dabei einen signifikanten Einfluss auf die Ideenqualität ausüben. In einer regressionsanalytischen Untersuchung konnte empirisch belegt werden, dass durch die Motivationsfaktoren „Selbstmarketing", „Spaß", „Anerkennung" sowie „Lernen" aktivierte Mitglieder Ideenbeiträge von durchschnittlich höherer Qualität einreichen.

Aus diesen Erkenntnissen lassen sich Implikationen für das effizientere Design bzw. die zielorientiertere Gestaltung einer Ideen-Community ableiten, und zwar vor dem Hintergrund zweier wichtiger Erfolgsfaktoren, die für den Betrieb von Ideen-Communities relevant sind. So ist es zum einen aus der Perspektive des Unternehmens für den Erfolg von Ideen-Communities wichtig, dass möglichst viele Kunden Ideen in die Community tragen. Durch viele Ideenbeiträge entsteht ein großer Pool an Kundenwissen, wodurch die Wahrscheinlichkeit, in diesem Pool auch für die Entwicklung von Innovationen relevantes und nutzbares Innovationspotenzial vorzufinden, steigt. Zum anderen ist es für den Erfolg von Ideen-Communities wichtig, dass diese möglichst viele, qualitativ hochwertige Ideenbeiträge abwerfen, da diese prinzipiell über ein höheres Innovationspotenzial als qualitativ schlechtere Ideen verfügen.

Diese beiden Erfolgsgrößen lassen sich durch bestimmte Stellgrößen im Motivationsprozess der Mitglieder positiv beeinflussen. Wie oben beschrieben, stellt sich dieser Motivationsprozess wie folgt dar: Eine Ideen-Community als solche oder bestimmte Artefakte davon wirken, wenn sie durch die Mitglieder wahrgenommen werden, als Anreize zur Aktivierung der im Rahmen der Motivuntersuchung identifizierten Motive. Durch die kognitive Verarbeitung dieser Stimuli werden diese Motive aktiviert. Die Aktivierung versetzt die Mitglieder wiederum in einen Zustand des „Motiviertseins" und mündet letztlich in einem Verhalten, welches sich in diesem Fall in der Entwicklung und Abgabe einer Idee manifestiert. Wie die Ergebnisse aus Forschungsfrage IIIb gezeigt haben, führen die Motive „Selbstmarketing", „Spaß", „Anerkennung" sowie „Lernen" bei entsprechend motivierten Mitgliedern sogar im Durchschnitt häufiger zu dem Verhalten, qualitativ hochwertige Ideen zu entwickeln.

Die beeinflussbare Stellgröße im Motivationsprozess der Mitglieder von Ideen-Communities sind also zum einen die Ideen-Communities als solche oder zum anderen ganz bestimmte Artefakte von ihnen, da diese wie beschrieben als Anreize zur Aktivierung der Mitglieder wirken. Dies können beispielsweise bestimmte Funktionalitäten sein, die in die Online-Plattform integriert sind, oder bestimmte Maßnahmen, die im Rahmen des Community-Managements durchgeführt werden. Die Herausforderung besteht nun also darin, entsprechende situative Umfeldbedingungen zu schaffen, die die Mitglieder als entsprechende Anreize wahrnehmen. Es sind also Anforderungen an das gezielte Design, die Gestaltung und die Ausrichtung einer Ideen-Community gestellt, in deren Rahmen Designelemente und Artefakte geschaffen werden müssen, die als Anreize zur Aktivierung der sechs identifizierten Motive wirken.

Nimmt man zum Beispiel das Motiv Selbstmarketing, welches sich ja in der Absicht der Mitglieder manifestiert, durch das Einreichen einer Idee ein Kompetenz- und Fähigkeitssignal an Dritte senden zu wollen, so könnte ein adäquates Designelement eine Mitgliederprofilseite darstellen. Solche Profilseiten stellen auf Community-Plattformen ein häufig verwandtes technisches Element dar. Auf diesen Profilseiten, die häufig auch als Visitenkarten bezeichnet werden, können Mitglieder personalisierte Informationen über sich bereitstellen. Die Implementierung einer solchen personalisierten und für jedermann einsehbaren Profilseite, wäre auch in die Online-Plattformen von Ideen-Communities denkbar. So könnte damit die Möglichkeit für die Mitglieder geboten werden, ihre eingereichten Ideen prominent aufzulisten und darzustellen. Darüber hinaus könnten die Mitglieder hier aber auch ihre fachlichen Kompetenzen und Fähigkeiten profilhaft darstellen, so dass eine Kompetenz- und Fähigkeitsvermittlung nicht nur über die eingereichten Ideen, sondern auch ganz direkt über diese Informationen erzielbar wäre. Auf diese Weise würde eine entsprechend gestaltete Profilseite also ein geeigneter Anreiz für die Aktivierung des Motives Selbstmarketing darstellen.

Ein geeignetes Anreizinstrument für das Motiv Anerkennung stellt beispielsweise das Aussprechen von Lob für eingereichte Ideen dar. Wenn dieses Lob von den Moderatoren einer Ideen-Community oder sogar von hochrangigen Innovationsmanagern des

Unternehmens ausgesprochen wird und darüber hinaus auf der Plattform einer Ideen-Community publik gemacht wird, wird dies den entsprechenden Ideengeber bestätigen und ihn womöglich zu weiteren Ideeneinreichungen veranlassen. Um ein solches Lob für andere Mitglieder der Community sichtbar zu machen, eignen sich verschiedene Arrangements im Rahmen des Community Managements, beispielsweise durch die Auszeichnung der „Idee der Woche".

Diese skizzierten Beispiele stellen nur zwei Möglichkeiten für die Ableitung von sowohl technischen als auch organisationalen Designelementen und Artefakten dar, die zum einen die Community-Plattform und zum anderen das organisationale Community-Management betreffen würden. Auf diese Weise können aber für jedes der relevanten Motive entsprechende Gestaltungsparameter entworfen werden. Bei entsprechender Umsetzung können diese dann den Betrieb einer Ideen-Community effizienter gestalten, da ja auf diese Weise die relevanten Motive direkt und gezielt bedient werden. Wie dargestellt, können entsprechend gestaltete und implementierte Designelemente und Artefakte also einerseits dazu beitragen, dass die Community-Mitglieder mehr Ideen einreichen, und zwar durch die Ansprache der sechs identifizierten Motive. Auf der anderen Seite können entsprechende Designelemente aber auch dazu führen, dass der Anteil der qualitativ hochwertigen Ideen steigt, und zwar durch die Ansprache jener vier Motive, die die Ideenqualität signifikant beeinflussen.

Für die Wissenschaft ergibt sich daraus ein Forschungspotenzial. So ist auch die Wissenschaft gefragt, entsprechende Designelemente und Artefakte auf der Grundlage der Ergebnisse dieser Motivuntersuchung sowie vor dem Hintergrund der beschriebenen Motivationstheorie zielgerichtet zu entwerfen, diese prototypisch zu implementieren und anschließend deren Wirkung systematisch zu evaluieren. Dies entspräche einem Forschungsvorgehen, das in der gestaltungsorientierten Forschungsausrichtung als „theory-driven design"-Ansatz bezeichnet wird (Briggs 2006). Unternehmen, die Ideen-Communities betreiben, würden von diesen Forschungsergebnissen im höchsten Maße profitieren können, zumal Ideen-Communities zum jetzigen Zeitpunkt hinsichtlich eines effizienten Designs und einer zielorientieren Gestaltung ein Nachholbedarf attestiert werden kann.

7.4 Beantwortung der Forschungsfrage IV und daraus resultierende Implikationen

Im Rahmen der forschungsleitenden Frage IV standen die Persönlichkeitsmerkmale im Fokus der Untersuchungen. So wurde hier untersucht, inwieweit relevante Persönlichkeitsmerkmale der Community-Mitglieder deren Bereitschaft zur Abgabe einer Innovationsidee beeinflussen. Durch regressionsanalytische Untersuchungen konnte gezeigt werden, dass die Persönlichkeitsmerkmale „Markenvertrauen" und „Produktwissen und -erfahrung" einen signifikanten Einfluss auf die Wahrscheinlichkeit der Abgabe einer Idee ausüben. Die Persönlichkeitsmerkmale „Unzufriedenheit" sowie Produktinvolvement haben dagegen keinen signifikanten Einfluss auf die Wahrscheinlichkeit der Ideenabgabe. Community-Mitglieder, die ein hohes Vertrauen gegenüber betreibenden Unternehmen bzw. ihren Marke aufbringen und darüber hinaus über ein hohes Maß an Produktwissen und -erfahrung verfügen, sind also eher geneigt, in Ideen-Communities aktiv zu werden.

Aus diesen Erkenntnissen können wichtige Schlüsse für die Einbindung von Kunden in die Innovationsaktivitäten von Unternehmen, zum Beispiel im Rahmen von Lead-User-Workshops, gezogen werden. So gilt es im Rahmen der verschiedenen Instrumente und Methoden zur Kundeneinbindung (vgl. hierzu Kapitel 2.6), vor deren Initiierung zunächst einmal bereitwillige Kunden zu identifizieren. Diese werden üblicherweise in der Grundgesamtheit der Kunden gesucht. Gemäß den Empfehlungen aus Kapitel 7.1 können solche Kunden aber vor allem auch aus dem Mitgliederstamm von Ideen-Communities identifiziert werden. Diese Kundengruppe stellt eine wertvolle Basis dar, da diese Kunden zum einen alleine durch ihre Mitgliedschaft in der Ideen-Community eine prinzipielle Bereitschaft für weitere Zusammenarbeiten signalisieren. Hinzu kommt, dass Kunden in Ideen-Communities mit hoher Wahrscheinlichkeit auch die entsprechenden Kompetenzen für eine entsprechende Zusammenarbeit mitbringen, was durch ihre in die Ideen-Communities eingebrachten Innovationsideen zum Ausdruck kommt.

Egal wo letztendlich nach geeigneten Kunden für eine Kundeneinbindung gesucht wird. In jedem Fall müssen für solche Suchen auf den Situationskontext angepasste Kundenprofile, welche den bereitwilligen Kunden hinsichtlich der geplanten Kundenintegrationsmethode anhand bestimmter Persönlichkeitsmerkmale ausweisen und anhand derer dann diese Kunden zum Beispiel mittels einer Fragebogenkampagne zu identifiziert sind, erstellt werden. Für die Erstellung solcher Suchprofile können Unternehmen in Zukunft als gesichert annehmen, dass die Persönlichkeitsmerkmale „Markenvertrauen" und „Produktwissen und -erfahrung" darin aufgenommen werden sollten. Um die Wahrscheinlichkeit zu erhöhen, in der Grundgesamtheit aller Kunden die wenigen bereitwilligen Kunden zu finden, sollte also gezielt nach solchen Kunden gesucht werden, die ein hohes Vertrauen gegenüber dem Unternehmen bzw. seiner Marke aufbringen und darüber hinaus über ein hohes Maß an Produktwissen und -erfahrung verfügen.

Anhang

Ideenbewertungsformular

Titel:	Idee Nr.

	0 = stimme gar nicht zu 1 = stimme voll zu
Diese Idee...	0 1 2 3 4
... liefert für SAP einen noch nicht dagewesenen, neuen Lösungsansatz bezüglich ihres zu Grunde liegenden Problems.	☐ ☐ ☐ ☐ ☐
... ist ungewöhnlich, fantasievoll, originell und überraschend.	☐ ☐ ☐ ☐ ☐
... ist radikal und revolutionär.	☐ ☐ ☐ ☐ ☐
... ist für SAP aus technischer Sicht (im Rahmen verfügbaren Know-hows und organisationaler Gegebenheiten) leicht implementierbar.	☐ ☐ ☐ ☐ ☐
... ist für SAP aus wirtschaftlicher Sicht (im Rahmen eines akzeptablen Kostenrahmens) leicht implementierbar.	☐ ☐ ☐ ☐ ☐
... hat das Potenzial, von der breiten Masse der SAP-Nutzer auf Wohlwollen zu stoßen.	☐ ☐ ☐ ☐ ☐
... löst das ihr zu Grunde liegende Problem auf einfache Art und Weise.	☐ ☐ ☐ ☐ ☐
... ist vollständig und ausgereift.	☐ ☐ ☐ ☐ ☐

Fragebogen

Teil A: Motivation

Dieser Teil des Fragebogens richtet sich ausschließlich an diejenigen registrierten Teilnehmer der SAPiens-Ideen-Community, die bis jetzt eine oder mehrere Idee(n) eingereicht haben. Teilnehmer, die keine Idee eingereicht haben, können diesen Teil B überspringen und gehen bitte direkt weiter zu Teil B des Fragebogens. Die Ideengeber bitten wir, jede Frage in diesem Teil ehrlich zu beantworten.

Wenn Sie an Ihre persönlichen Gründe zurückdenken, die Sie dazu bewogen haben, eine oder mehrere Idee(n) auf der SAPiens-Ideenplattform einzustellen, inwieweit stimmen Sie den jeweils folgenden Aussagen zu?

▶ Ich habe eine Idee eingereicht, weil ich zur Verbesserung einer existierenden SAP-Lösung oder Anwendung beitragen möchte. (MO_PV_1)

stimme gar nicht zu ☐ ☐ ☐ ☐ ☐ stimme voll zu

▶ Ich hoffe, durch die Kommentare in Bezug auf meine eingereichte Idee meine SAP-Fachkenntnisse erweitern zu können. (MO_L_1)

stimme gar nicht zu ☐ ☐ ☐ ☐ ☐ stimme voll zu

▶ Ich habe bei SAPiens eine Idee eingereicht, weil diese einen konkreten Bedarf von mir, der von den existierenden SAP-Anwendungen und -Lösungen noch nicht gedeckt wird, zum Ausdruck bringt. (MO_BEDA_1)

stimme gar nicht zu ☐ ☐ ☐ ☐ ☐ stimme voll zu

▶ Ich identifiziere mich mit der SAPiens-Ideen-Community. (MO_CI_1)

stimme gar nicht zu ☐ ☐ ☐ ☐ ☐ stimme voll zu

▶ Ich hoffe, durch meine Ideen Verantwortungsträger in anderen Unternehmen auf meine Fähigkeiten und Kompetenzen aufmerksam machen zu können. (MO_SM_1)

stimme gar nicht zu ☐ ☐ ☐ ☐ ☐ stimme voll zu

▶ Mir würde es schmeicheln, wenn meine Idee von anderen SAPiens gewürdigt wird. (MO_ANER_2)

stimme gar nicht zu ☐ ☐ ☐ ☐ ☐ stimme voll zu

▶ Ich habe durch die Teilnahme an verschiedenen SAP-Kursen profitiert und möchte die Gelegenheit nutzen, durch die Eingabe einer Idee auf der SAPiens-Ideenplattform etwas an SAP zurückzugeben. (MO_REZ_4)

stimme gar nicht zu ☐ ☐ ☐ ☐ ☐ stimme voll zu

▶ Mir würde es schmeicheln, wenn meine Idee von Verantwortlichen von SAP, zum Beispiel den SAPiens-Mentoren, gewürdigt wird. (MO_ANER_4)

stimme gar nicht zu ☐ ☐ ☐ ☐ ☐ stimme voll zu

▶ Ich empfinde das Entwickeln von kreativen Ideen als eine Möglichkeit der Selbstverwirklichung, die mir Freude bereitet. (MO_S_2)

stimme gar nicht zu ☐ ☐ ☐ ☐ ☐ stimme voll zu

▶ Ich möchte den SAPiens-Kanal nutzen, um zu beweisen, welche Fähigkeiten und Kompetenzen ich habe. (MO_SM_3)

stimme gar nicht zu ☐ ☐ ☐ ☐ ☐ stimme voll zu

▶ Da ich im Rahmen meiner Ausbildung und/oder verschiedener Weiterbildungsmaßnahmen eine SAP-bezogene Qualifikation erworben habe, möchte ich durch meine Idee SAP etwas zurückgeben. (MO_REZ_3)

stimme gar nicht zu ☐ ☐ ☐ ☐ ☐ stimme voll zu

▶ Ich habe Freude daran, kreativ tätig zu sein. (MO_S_3)

stimme gar nicht zu ☐ ☐ ☐ ☐ ☐ stimme voll zu

▶ Da ich für die Lizenzierung der SAP-Anwendungen und -Lösungen nichts bezahlt habe und diese unentgeltlich nutze, möchte ich SAP durch meine Idee etwas dafür zurückgeben. (MO_REZ_2)

stimme gar nicht zu ☐ ☐ ☐ ☐ ☐ stimme voll zu

▶ Ich denke, dass SAP in die Entwicklung ihrer Softwarelösungen und -anwendungen jede Menge Zeit und Mühen investiert hat, darum möchte ich SAP durch meine Idee etwas zurückgeben. (MO_REZ_1)

stimme gar nicht zu ☐ ☐ ☐ ☐ ☐ stimme voll zu

▶ Ich habe eine Idee eingereicht, weil ich zur Behebung eines Fehlers an einer existierenden SAP-Lösung oder -Anwendung beitragen möchte. (MO_PV_2)

stimme gar nicht zu ☐ ☐ ☐ ☐ ☐ stimme voll zu

▶ Ich hoffe, dass meine Idee ein anerkennendes Feedback von anderen SAPiens bekommt. (MO_ANER_1)

stimme gar nicht zu ☐ ☐ ☐ ☐ ☐ stimme voll zu

▶ Ich sehe das Entwickeln von kreativen Ideen als geistige Herausforderung. (MO_IH_2)

stimme gar nicht zu ☐ ☐ ☐ ☐ ☐ stimme voll zu

▶ Ich bringe mich in die SAPiens-Ideen-Community in der Hoffnung ein, mit anderen SAP-Anwendern über meine Ideen in Kontakt zu kommen. (MO_KZG_1)

stimme gar nicht zu ☐ ☐ ☐ ☐ ☐ stimme voll zu

▶ Ich mag die intellektuelle Herausforderung an der Entwicklung von Ideen. (MO_IH_1)

stimme gar nicht zu ☐ ☐ ☐ ☐ ☐ stimme voll zu

▶ Ich habe bei SAPiens teilgenommen, weil die Realisierung meiner Idee einen konkreten Bedarf, der von den existierenden SAP-Anwendungen und -Lösungen bislang nicht gedeckt wird, von mir befriedigen würde. (MO_BEDA_2)

stimme gar nicht zu ☐ ☐ ☐ ☐ ☐ stimme voll zu

▶ Ich suche den Kontakt zu anderen Mitgliedern auf SAPiens, um mich mit diesen über meine Idee auszutauschen. (MO_KZG_2)

stimme gar nicht zu ☐ ☐ ☐ ☐ ☐ stimme voll zu

▶ Ich finde die Identität der SAPiens-Ideen-Community gut und wirke deshalb bei SAPiens mit. (MO_CI_2)

stimme gar nicht zu ☐ ☐ ☐ ☐ ☐ stimme voll zu

▶ Ich möchte meine Idee ohne Erwartung einer Gegenleistung der Allgemeinheit zur Verfügung stellen. (MO_ALT_2)

stimme gar nicht zu ☐ ☐ ☐ ☐ ☐ stimme voll zu

▶ Ich möchte durch das Einstellen meiner Idee auf SAPiens anderen SAP-Anwendern einen Nutzen stiften. (MO_ALT_1)

stimme gar nicht zu ☐ ☐ ☐ ☐ ☐ stimme voll zu

▶ Das Entwickeln von kreativen Lösungen und Ideen macht mir Spaß. (MO_S_1)

stimme gar nicht zu ☐ ☐ ☐ ☐ ☐ stimme voll zu

▶ Ich hoffe, dass meine Idee ein anerkennendes Feedback von Verantwortlichen von SAP, zum Beispiel den SAPiens-Mentoren, bekommt. (MO_ANER_3)

stimme gar nicht zu ☐ ☐ ☐ ☐ ☐ stimme voll zu

▶ Ich möchte meine Idee(n) mit SAP-Experten und anderen SAP-Anwendern besprechen und so tiefergehende Einblicke in die SAP-Softwarelösungen und -anwendungen bekommen. (MO_L_2)

stimme gar nicht zu ☐ ☐ ☐ ☐ ☐ stimme voll zu

▶ Ich habe einen Bedarf festgestellt, den die SAP-Softwarelösungen und -anwendungen nicht erfüllen. (MO_BEDA_3)

stimme gar nicht zu ☐ ☐ ☐ ☐ ☐ stimme voll zu

▶ Durch meine Idee möchte ich SAP-Verantwortliche von meinen Fähigkeiten und Kompetenzen überzeugen. (MO_SM_2)

stimme gar nicht zu ☐ ☐ ☐ ☐ ☐ stimme voll zu

Teil B: Persönlichkeitsmerkmale

Dieser Teil des Fragebogens richtet sich an alle registrierten Teilnehmer der SAPiens-Ideen-Community, egal ob sie eine, mehrere oder gar keine Idee eingereicht haben. In diesem Teil möchten wir etwas über Ihre Beziehung zu den Softwarelösungen und -anwendungen von SAP erfahren.

▶ Mein Interesse an den SAP-Softwarelösungen und -anwendungen ist recht hoch. (LU_PI_4)

stimme gar nicht zu ☐ ☐ ☐ ☐ ☐ stimme voll zu

▶ Ich habe häufig Ideen für neue Anwendungen und Lösungen für ERP-Systeme. (LU_NB_3)

stimme gar nicht zu ☐ ☐ ☐ ☐ ☐ stimme voll zu

▶ Mit der Verwendung der SAP-Anwendungen und -Softwarelösungen bin ich gut vertraut. (LU_PE_3)

stimme gar nicht zu ☐ ☐ ☐ ☐ ☐ stimme voll zu

▶ Ich habe einen Überblick über die am Markt befindlichen, mit den SAP-Anwendungen und -Lösungen vergleichbaren ERP-Systeme. (LU_PW_3)

stimme gar nicht zu ☐ ☐ ☐ ☐ ☐ stimme voll zu

▶ Ich benutze einzelne SAP-Anwendungen und -Softwarelösungen regelmäßig. (LU_PE_1)

stimme gar nicht zu ☐ ☐ ☐ ☐ ☐ stimme voll zu

▶ Wenn ich ein anderes ERP-System nutzen dürfte, das meinen Wünschen eher entspräche, würde ich das tun. (LU_UNZU_3)

stimme gar nicht zu ☐ ☐ ☐ ☐ ☐ stimme voll zu

▶ Mit dem momentanen Angebot an SAP-Lösungen und -Anwendungen bin ich unzufrieden. (LU_UNZU_1)

stimme gar nicht zu ☐ ☐ ☐ ☐ ☐ stimme voll zu

▶ Innovative Anwendungen und Lösungen für ERP-Systeme gefallen mir. (LU_NB_2)

stimme gar nicht zu ☐ ☐ ☐ ☐ ☐ stimme voll zu

▶ SAP-Anwendungen und -Lösungen sind für mich reizvoll. (LU_PI_1)

stimme gar nicht zu ☐ ☐ ☐ ☐ ☐ stimme voll zu

▶ Verglichen mit Bekannten und Freunden kenne ich mich mit der Verwendung einzelner SAP-Anwendungen und -Lösungen gut aus. (LU_PE_2)

stimme gar nicht zu ☐ ☐ ☐ ☐ ☐ stimme voll zu

▶ Ich habe viel Erfahrung mit der Nutzung einzelner SAP-Anwendungen und -Lösungen. (LU_PE_4)

stimme gar nicht zu ☐ ☐ ☐ ☐ ☐ stimme voll zu

▶ Die aktuellen SAP-Anwendungen und -Lösungen entsprechen nicht meinen Erwartungen, die ich an diese hege. (LU_UNUZU_2)

stimme gar nicht zu ☐ ☐ ☐ ☐ ☐ stimme voll zu

▶ Ich könnte mir ganz neue SAP-Anwendungen und -Lösungen vorstellen. (LU_NB_1)

stimme gar nicht zu ☐ ☐ ☐ ☐ ☐ stimme voll zu

▶ Ich verfüge über technisches Hintergrundwissen in Bezug auf die SAP-Anwendungen und -Lösungen. (LU_PW_2)

stimme gar nicht zu ☐ ☐ ☐ ☐ ☐ stimme voll zu

▶ Im Vergleich zu anderen Softwarelösungen und -produkten, wie zum Beispiel MS-Word, haben die SAP-Anwendungen und -Lösungen zum jetzigen Zeitpunkt für mich eine hohe Bedeutung. (LU_PI_2)

stimme gar nicht zu ☐ ☐ ☐ ☐ ☐ stimme voll zu

▶ Die Qualität der SAP-Softwarelösungen und -anwendungen ist im Durchschnitt als hoch zu bewerten. (LU_MV_3)

stimme gar nicht zu ☐ ☐ ☐ ☐ ☐ stimme voll zu

▶ SAP ist ein verlässlicher Anbieter von ERP-Systemen. (LU_MV_2)

stimme gar nicht zu ☐ ☐ ☐ ☐ ☐ stimme voll zu

▶ Ich verfüge über Kenntnisse darüber, wie die einzelnen SAP-Anwendungen und -Lösungen zusammenhängen und -wirken. (LU_PW_1)

stimme gar nicht zu ☐ ☐ ☐ ☐ ☐ stimme voll zu

▶ Die SAP-Softwarelösungen und -Anwendungen erfüllen immer meine Erwartungen. (LU_MV_1)

stimme gar nicht zu ☐ ☐ ☐ ☐ ☐ stimme voll zu

▶ Auf die Qualität der SAP-Lösungen kann man sich immer verlassen. (LU_MV_4)

stimme gar nicht zu ☐ ☐ ☐ ☐ ☐ stimme voll zu

▶ Die SAP-Anwendungen und -Lösungen finde ich spannend. (LU_PI_3)

stimme gar nicht zu ☐ ☐ ☐ ☐ ☐ stimme voll zu

Teil C: Angaben zur Person

In diesem Teil möchten wir abschließend etwas über Sie erfahren. Bitte kreuzen Sie die zutreffenden Kästchen an bzw. füllen Sie die offenen Kästchen aus.

▶ Geschlecht:
  ☐ männlich
  ☐ weiblich

▶ Welcher Altersgruppe gehören Sie an?
- ☐ bis einschließlich 20 Jahre
- ☐ 21-25 Jahre
- ☐ 26-30 Jahre
- ☐ 31-35 Jahre
- ☐ 36-40 Jahre
- ☐ 41-45 Jahr
- ☐ 46-50 Jahre
- ☐ 51-55 Jahre
- ☐ älter als 55 Jahre

▶ Ich verwende die SAP-Anwendungen im Rahmen…
- ☐ …einer Anstellung in einem Unternehmen, z.b. als Sachbearbeiter.
- ☐ …einer beruflichen Tätigkeit als SAP-Berater.
- ☐ …einer Ausbildung, z.b. als Studierender oder Berufsschüler.
- ☐ …einer Lehrtätigkeit, z.b. als Dozent an einer Universität oder Fachhochschule.
- ☐ Sonstiges: _____.

Literaturverzeichnis

Aaker, D.A.; Kumar, V.; Day, G.S. (2001): Marketing Research. (6. Aufl.), John Wiley & Sons, New York 2001.

Akao, Y. (1992): QFD - Quality Function Deployment: Wie die Japaner Kundenwünsche in Qualität umsetzen, Landsberg/Lech 1992.

Aldrich, H.H., D. (1977): Boundary Spanning Roles and Organization Structure. In: Academy of Management Review, Vol. 2 (1977), S. 217-230.

Amabile, T.M. (1983): Social Psychology of Creativity. A Componential Conceptualization. In: Journal of Personality and Social Psychology, Vol. 45 (1983), S. 357-377.

Amabile, T.M. (1996): Creativity in Context, Westview Press, Boulder 1996.

Amabile, T.M.; Conti, R.; Coon, H.; Lazenby, J.; Herron, M. (1996): Assessing the work environment for creativity. In: Academy of Management Journal, Vol. 39 (1996) Nr. 5, S. 1154-1184.

Amelang, M.; Zielinski, W. (2001): Psychologische Diagnostik und Intervention, Berlin 2001.

Arvaja, M.; Hakkinen, P.; Etelapelta, A.; Raskus-Puttonen, H. (2003): Social Processes and Knowledge-Building in Project-Based, Face-to-Face, and Virtual Interaction. In: Collaboration and Learning in Virtual Environments. Hrsg.: Bobry, J.; Etelapelta, A. University of Jyväskyla, 2003, S. 48-61.

Atteslander, P. (2008): Methoden der empirischen Sozialforschung, Erich Schmidt Verlag, Berlin 2008.

Babbie, E. (2002): The Practice of Social Research, Wadsworth, Belmont 2002.

Backhaus, K.; Erichson, B.; Plinke, W.; Weiber, R. (2008): Multivariate Analysemethoden: Eine anwendungsorientierte Einführung. (12. Aufl.), Springer, Berlin, Heidelberg 2008.

Bagozzi, R.; Dholakia, U. (2002): Intentional Social Action in Virtual Communities. In: Journal of Interactive Marketing, Vol. 16 (2002) Nr. 2, S. 2-21.

Barki, H.; Pinsonneault, A. (2001): Small Group Brainstorming: Is Electronic Brainstorming the Most Effective Approach? In: Small Group Research, Vol. 32 (2001) Nr. 2, S. 158-205.

Baroudi, J.J.; Orlikowski, W.J. (1989): The Problem of Statistical Power in MIS Research. In: MIS Quarterly, (1989), S. 87-106.

Bartl, M.; Ernst, H.; Füller, J. (2004): Community Based Innovation: Eine Methode zur Einbringung von Online Communities in den Innovationsprozess. In:

Produktentwicklung mit virtuellen Communities: Kundenwünsche erfahren und Innovationen realisieren. Hrsg.: Herstatt, C.; Sandner, J.G., 2. (Aufl.). Gabler, Wiesbaden 2004, S. 141-167.

Bauer, H.H.; Bayón, T. (2001): Informationsökonomik. In: Vahlens Großes Marketinglexikon. Hrsg.: Diller, H., 2. (Aufl.). Vahlen, München 2001, S. 645-647.

Becker, G.S. (1962): Investment in human capital: A theoretical analysis. In: Journal of Political Economy, Vol. 70 (1962), S. 9-49.

Belz, F.M.; Silvertant, S.; Füller, J.; Pobisch, J. (2009): Ideenwettbewerbe: Konsumenten involvieren, Ideen generieren, Lead User Identifizieren. Technische Universität München, Professur für Betriebswirtschaftslehre, Brau- und Lebensmittelindustrie.

Besemer, S.P. (1998): Creative product analysis matrix: Testing the model structure and a comparison among products - three novel chairs. In: Creativity Research Journal, Vol. 11 (1998) Nr. 4, S. 333-346.

Besemer, S.P.; O'Quin, K. (1986): Analyzing creative products: Refinement and test of judging tool. In: Journal of Creative Behavior, Vol. 20 (1986) Nr. 2, S. 115-126.

Besemer, S.P.; O'Quin, K. (1999): Confirming the three-factor creative product analysis matrix model in an american sample. In: Creativity Research Journal, Vol. 12 (1999) Nr. 4, S. 287-296.

Besemer, S.P.; Treffinger, D.J. (1991): Analysis of creative products: Review and synthesis. In: Journal of Creative Behavior, Vol. 15 (1991), S. 158–178.

Bierhoff, H.W.; Montada, L. (1988): Altruismus: Bedingungen der Hilfsbereitschaft, Verlag für Psychologie Hogrefe, Göttingen/Toronto/Zürich 1988.

Binnewies, C.; Ohly, S.; Niessen, C. (2008): Age and Creativity at Work: The Interplay between Job Resources, Age, and Idea Creativity. In: Journal of Managerial Psychology, Vol. 23 (2008) Nr. 4, S. 438-457.

Blohm, I.; Bretschneider, U.; Huber, M.; Leimeister, J.M.; Krcmar, H. (2009): Collaborative Filtering in Ideenwettbewerben: Evaluation zweier Skalen zur Teilnehmerbewertung. In: GeNeMe 2009: Gemeinschaft in Neuen Medien: Virtual Enterprises, Communities & Social Networks: Konferenzband zur GeNeMe 2009. Hrsg.: Engelien, M.; Homann, J. Joseph Eul Verlag, Lohmar 2009.

Blohm, I.; Bretschneider, U.; Leimeister, J.M.; Krcmar, H. (2010): Does Collaboration among Participants Lead to Better Ideas in IT-based Idea Competitions? An Empirical Investigation. In: International Journal of Networking and Virtual Organisations, Vol. 9 (2010) Nr. 2, S. 106-122.

Bogazzi, R.; Yi, Y.; Phillips, L. (1991): Assessing Construct Validity in Organizational Research. In: Administrative Science Quarterly, Vol. 36 (1991), S. 421-458.

Bortz, J.; Döring, N. (2002): Forschungsmethoden und Evaluation für Human- und Sozialwissenschaftler. (3. Aufl.), Springer, Berlin 2002.

Bretschneider, U. (2009): Motivation for Participation in Ideas Competitions: Empirical Insights from the SAPiens Case. In: Very Large Business Applications (VLBA). Hrsg.: Arndt, H.K.; Krcmar, H. Shaker, Aachen 2009, S. 124-138.

Bretschneider, U.; Ebner, W.; Leimeister, J.M.; Krcmar, H. (2007): Internetbasierte Ideenwettbewerbe als Instrument der Integration von Kunden in das Innovationsmanagement von Software-Unternehmen. In Meißner, K.; Engelien, M. (Eds.), *Virtuelle Organisation und Neue Medien 2007, Konferenzband Gemeinschaft in Neuen Medien (GeNeMe)* (S. 51-64). Dresden: TUDpress.

Bretschneider, U.; Huber, M.J.; Leimeister, J.M.; Krcmar, H. (2008): Community for Innovations: Developing an Integrated Concept for Open Innovation. In León, G.; Bernardos, A.; Casar, J.; Kautz, K.; DeGross, J. (Eds.), *Open IT-Based Innovation: Moving Towards Cooperative IT Transfer and Knowledge Diffusion, Proceedings of the IFIP 8.6 Conference* (S. 503-510). Madrid, Spain: Springer.

Bretschneider, U.; Leimeister, J.M.; Krcmar, H. (2009): Methoden der Kundenintegration in den Innovationsprozess: Eine Bestandsaufnahme. Arbeitspapier des Lehrstuhls für Wirtschaftsinformatik, Technische Universität München, München.

Briggs, R.O. (2006): On theory-driven design and deployment of collaboration systems. In: International Journal of Human-Computer Studies, Vol. 64 (2006), S. 573–582.

Briggs, R.O.; Reinig, B.; Shepherd, M.; Yen, J. (1997): Quality as a Function of Quantity in Electronic Brainstorming. *Proceedings of Thirtieth Hawaii International Conference on System Science, 1997, Hawai* (S. 94-103).

Bristol, T.; Fern, E.F. (1996): Exploring the Atmosphere created by focus groups: comparing consumers' feelings across qualitative techniques. In: Journal of the Market Research Society, Vol. 38 (1996) Nr. 2, S. 185-195.

Brockhoff, K. (1985): Abstimmungsprobleme von Marketing und Technologiepolitik. In: Die Betriebswirtschaft, Vol. 45 (1985) Nr. 6, S. 623-632.

Brockhoff, K. (1992): Forschung und Entwicklung. (4. Aufl.), Vahlen, München 1992.

Brockhoff, K. (1999): Produktpolitik. (4 Aufl.), Lucius & Lucius, Stuttgart 1999.

Brockhoff, K. (2003): Customers' perspectives of involvement in new product development. In: International Journal of Technology Management, Vol. 26 (2003) Nr. 5/6, S. 464-481.

Brooks, F.P. (1995): The Mythical Man-Month. (2. Aufl.), Addison Wesley 1995.

Brosius, G.; Brosius, F. (1995): SPPS: Base System und Professional Statistics, Redline, Heidelberg 1995.

Brügge, B.; Harhoff, D.; Picot, A.; Creighton, O.; Fiedler, M.; Henkel, J. (2004): Open-Source-Software: Eine ökonomische und technische Analyse, Springer, Berlin et al. 2004.

Bruhn, M. (1982): Konsumentenzufriedenheit und Beschwerden: Erklärungsansätze und Ergebnisse einer empirischen Untersuchung in ausgewählten Konsumbereichen, Peter Lang Verlag, Frankfurt a. M. 1982.

Bruhn, M. (1999): Marketing: Grundlagen für Studium und Praxis, Gabler, Wiesbaden 1999.

Bruhn, M. (2001): Relationship Marketing. Das Management von Kundenbeziehungen, Vahlen, München 2001.

Bühl, A. (2008): SPSS 16: Einführung in die moderne Datenanalyse. (11. Aufl.), Pearson Studium, München et al. 2008.

Bühner, M. (2008): Einführung in die Test- und Fragebogenkonstruktion. (2. Aufl.), Pearson Studium, München et al. 2008.

Bullinger, H.-J. (2002): Technologiemanagement, Springer, Berlin/Heidelberg 2002.

Butscher, S.A.; Müller, L.R. (2006): Kundenbindung durch Kundenclubs. In: Kundenorientierte Unternehmensführung. Hrsg.: Hinterhuber, H.H.; Matzler, K. Gabler, Wiesbaden 2006, S. 383-398.

Cambell, D.T.; Fiske, D.W. (1959): Convergent and Discriminant Validation by the Multitraitmultimethod Matrix. In: Psychologial Bulletin, Vol. 56 (1959), S. 81-105.

Carmines, E.; Zeller, R. (1979): Reliability and Validity Assessment, Newbury Park 1979.

Chan, T.Y.; Lee, J.F. (2004): A Comparative Study of Online User Communities Involvement in Product Innovation and Development. Vorgestellt auf der 13th International Conference on Management of Technology, Washington D.C.

Chesbrough, H. (2003): The era of open innovation. In: Sloan Management Review, Vol. 44 (2003) Nr. 4, S. 35-41.

Christiaans, H.H.C.M. (2002): Creativity as a design criterion. In: Creativity Research Journal, Vol. 14 (2002) Nr. 1, S. 41-54.

Churchill, G.A. (1979): A Paradigm for Developing Better Measures of Marketing Constructs. In: Journal of Marketing Research, Vol. 16 (1979), S. 64-73.

Connolly, T.; Jessup, L.M.; Valacich, J.S. (1990): Effects of Anonymity and Evaluative Tone on Idea Generation in Computer-Mediated Groups. In: Management Science, Vol. 36 (1990) Nr. 6, S. 689-703.

Cooper, W.H.; Gallupe, R.B.; Pollard, S.; Cadsby, J. (1998): Some Liberating Effects of Anonymous Electronic Brainstorming. In: Small Group Research, Vol. 29 (1998) Nr. 2, S. 147-178.

Cortina, J. (1993): What is Coefficient Alpha? An Examination of Theory and Applications. In: Journal of Applied Psychology, Vol. 78 (1993) Nr. 1, S. 98-104.

Csikszentmihalyi, M. (1996): Creativity: Flow and the psychology of discovery and invention, HarperCollins, New York 1996.

Csikszentmihalyi, M.; Wolfe, R. (2000): New Conceptions and Research Approaches to Creativity: Implications of a Systems Perspective for Creativity in Education. In: International Handbook of Giftedness and Talent. Hrsg.: Heller, K.; Monks, F.; Sternberg, R.; Subotnik, R. Pergamon Press, Oxford 2000, S. 81-94.

Daetz, D.; Barnard, B.; Normann, R. (1995): Customer Integration: the Quality Function Deployment (QFD) leader's guide for decision making, Wiley, New York Chichester 1995.

Dahan, E.; Hauser, J.R. (2002): The virtual Customer. In: Journal of Product Innovation Management, Vol. 19 (2002) Nr. 5, S. 332-353.

Dahan, E.; Srinivasan, V. (2000): The Predictive Power of Internet-Based Product Concept Testing Using Visual Depiction and Animation. In: Journal of Product Innovation Management, Vol. 17 (2000) Nr. 2, S. 99-109.

Darkow, I.L. (2007): Bewertung, Auswahl und Entwicklung von Ideen. In: Innovationsmanagement in der Serviceindustrie: Grundlagen, Praxisbeispiele und Perspektiven. Hrsg.: Schmidt, K.; Gleich, R.; Richter, A. Rudolf Haufe Verlag, Freiburg i. Br. 2007, S. 127-138.

Dean, D.L.; Hender, J.M.; Rodgers, T.L.; Santanen, E.L. (2006): Identifying Quality, Novel, and Creative Ideas: Constructs and Scales for Idea Evaluation. In: Journal of the Association for Information Systems, Vol. 7 (2006) Nr. 10, S. 646-699.

Denzin, N.K. (1978): The Research Act. (2. Aufl.), McGraw-Hill Publishing, New York 1978.

Deutsch, M. (1973): The Resolution of Conflict: Constructive and Destructive Processes, Yale University Press 1973.

Diehl, M.; Stroebe, W. (1987): Productivity Loss in Brainstorming Groups: Toward the Solution of a Riddle. In: Journal of Personality and Social Psychology, Vol. 53 (1987) Nr. 3, S. 497-509.

Döring, N. (2001): Virtuelle Gemeinschaften als Lerngemeinschaften? Zwischen Utopie und Dystopie. In: DIE Zeitschrift für Erwachsenenbildung, (2001) Nr. 3.

Dziuban, C.; Shirkey, E. (1974): When is a Correlation Matrix Appropriate for Factor Analysis? In: Psychological Bulletin, Vol. 81 (1974) Nr. 6, S. 358-361.

Ebner, W. (2008): Community Building for Innovations: Der Ideenwettbewerb als Methode für die Entwicklung und Einführung einer virtuellen Innovations-Gemeinschaft. Dissertation an der Technischen Universität München, Fakultät für Wirtschaftswissenschaften.

Ebner, W.; Leimeister, J.M.; Krcmar, H. (2009): Community Engineering for Innovations: The Ideas Competition as a Method to Nurture a Virtual Community for Innovations. In: R&D Management, Vol. 39 (2009) Nr. 4, S. 342-356.

Eisenberger, R.; Rhoades, L. (2001): Incremental Effects of Reward on Creativity. In: Journal of Personality and Social Psychology, Vol. 81 (2001) Nr. 4, S. 728-741.

Eisler, R. (1903): Wörterbuch der philosophischen Begriffe. (2. Aufl.), Berlin 1903.

Engelhardt, W.H.; Freiling, J. (1997): Marktorientierte Qualitätsplanung: Probleme des Quality Function Deployment aus Marketing-Sicht. In: Die Betriebswirtschaft, Vol. 57 (1997) Nr. 1, S. 7-19.

Erdmann, A. (1996): Neue Chancen durch Virtual-Realitiy-unterstütze Car Clinics. In: Planung & Analyse, (1996) Nr. 5, S. 46-51.

Ernst, E.; Soll, J.H.; Spann, M. (2004): Möglichkeiten der Lead-User-Identifikation in Online-Medien. In: Produktentwicklung mit virtuellen Communities. Hrsg.: Herstatt, C.; Sandner, J.G. Gabler, Wiesbaden 2004, S. 121-140.

Ernst, H. (2001): Erfolgsfaktoren neuer Produkte, Deutscher Universitätsverlag, Wiesbaden 2001.

Evans, S.; Burns, A.; Barrett, R. (2002): Empathic Design Tutor, Cranfield Press, UK 2002.

Faure, C. (2004): Beyond Brainstorming: The Effects of Different Group Procedures on Selection of Ideas and Satisfaction with the Process. In: Journal of Creative Behavior, Vol. 38 (2004) Nr. 1, S. 13-34.

Felser, G. (1999): Motivationsforschung. In: Moderne Marktforschungspraxis: Handbuch für mittelständische Unternehmen. Hrsg.: Pepels, W. Neuwied 1999, S. 635-646.

Fern, E.F. (1982): The use of focus groups for idea generation: the effects of group size, acquaintanceship, and moderator on response quantity and quality. In: Journal of Marketing Research, Vol. 19 (1982), S. 1-13.

Fischer, G. (1974): Einführung in die Theorie psychologischer Tests, Bern 1974.

Franck, E.; Jungwirth, C. (2003): Die Governance von Open-Source-Projekten. In: Zeitschrift für Betriebswirtschaft, Vol. 73 (2003), S. 1-21.

Frank, U.; Klein, S.; Krcmar, H.; Teubner, A. (1998): Aktionsforschung in der WI: Einsatzpotentiale und Einsatzprobleme. In: Wirtschaftsinformatik und

Wissenschaftstheorie: Grundpositionen und Theoriekerne. Hrsg.: Schütte, R.; Siedentopf, J.; Zelewski, S. Arbeitsberichte des Instituts für Produktion und Industrielles Informationsmanagement, Nr. 4, Essen 1998.

Franke, N.; Hienerth, C. (2006): Prädikatoren der Qualität von Geschäftsideen: Eine empirische Analyse eines Online-Ideen-Forums. In: Zeitschrift für Betriebswirtschaft, Special Issue, Vol. 6 (2006) Nr. 4, S. 47-68.

Franke, N.; Schreier, M. (2002): Entrepreneurial opportunities with toolkits for user innovation and design. In: International Journal on Media Management, Vol. 4 (2002) Nr. 4, S. 225-234.

Franke, N.; Shah, S. (2003): How communities support innovative activities: an exploration of assistance and sharing among end-users. In: Research Policy, Vol. 32 (2003) Nr. 1, S. 157-178.

Friedrichs, J. (1990): Methoden empirischer Sozialforschung. (14. Aufl.), Opladen 1990.

Füller, J.; Bartl, M.; Ernst, H.; Mühlbacher, H. (2006): Community based Innovation: How to integrate members of virtual communities into new product development. In: Electronic Commerce Research, Vol. 6 (2006), S. 57-73.

Füller, J.; Jawecki, G.; Mühlbacher, H. (2007): Innovation Creation by online Basketball communities. In: Journal of Business Research, Vol. 60 (2007) Nr. 1, S. 60-71.

Füller, J.; Mühlbacher, H.; Riedler, B. (2003): An die Arbeit, lieber Kunde: Kunden als Entwickler. In: Harvard Business Review, Vol. 25 (2003) Nr. 5, S. 34-54.

Funke, J. (2000): Psychologie der Kreativität. In: Kreativität. Hrsg.: Holm-Hadulla, R.M. Springer, Berling et al. 2000, S. 283-300.

Gallivan, M.J. (1997): Value in Triangulation: A Comparison of Two Approaches for Combining Qualitative and Quantiative Methods. In: Information Systems and Qualitative Research. Hrsg.: Lee, A.S.; Liebenau, J.; DeGross, J.I. Chapman & Hall, London 1997, S. 417-443.

Gallupe, R.B.; Dennis, A.R.; Cooper, W.H.; Valacich, J.S. (1992): Electronic Brainstorming and Group Size. In: Academy of Management Journal, Vol. 35 (1992) Nr. 2, S. 350-369.

Garfield, M.J.; Nolan, J.T.; Dennis, A.R.; Satzinger, J.W. (2001): Modifying Paradigms-Individual Differences, Creativity Techniques, and Exposure to Ideas in Group Idea Generation. In: Information Systems Research, Vol. 12 (2001) Nr. 3, S. 322-333.

Gascó-Hernández, M.; Torres-Coronas, T. (2004): Virtual teams and their search for creativity. In: Virtual and collaborative teams. Hrsg.: Godar, S.H.; Ferris, S.P. Idea Group, Hershey, PA 2004, S. 213-231.

Gassmann, O.; Enkel, E. (2004): Towards a Theory of Open Innovation: Three Core Process Archetypes. *R&D Management Conference (RADMA)*. Lissabon, Portugal.

Gassmann, O.; Enkel, E. (2006): Open Innovation: Die Öffnung des Innovationsprozesses erhöht das Innovationspotenzial. In: Zeitschrift für Führung und Organisation, Vol. 74 (2006) Nr. 3, S. 132-138.

Gemünden, H.G. (1981): Innovationsmarketing, J:C:B: Mohr (Paul Siebeck), Tübingen 1981.

Gerbing, D.; Anderson, J. (1988): An Updated Paradigm for Scale Development Incorporating Unidimensionality and Its Assessment. In: Journal of Marketing Research, Vol. 25 (1988), S. 186-192.

Gerybadze, A. (2003): Gruppendynamik und Verstehen in Innovation Communities. In: Management der frühen Innovationsphasen. Hrsg.: Herstatt, C.; Verworn, B., 1 (Aufl.). Gabler, Wiesbaden 2003, S. 145-160.

Ghosh, R.A.; Glott, R.; Kreiger, B.; Robles, G. (2002): The Free/Libre and Open Source Software Developers Survey and Study – FLOSS. International Institute of Infonomics, University of Maastricht.

Gillies, C. (2009): Crowdsourcing: Heureka, der ideenreiche Kunde ist da! in: Online Impluse. Das Unternehmermagazin, http://www.impulse.de/management/ strategie/:Crowdsourcing--Heureka-der-ideenreiche-Kunde-ist-da/1010515.htm l?p=1 [13.11.2009].

Graham, W.K. (1977): Acceptance of ideas generated through individual and group brainstorming. In: Journal of Social Psychology, Vol. 101 (1977), S. 231-234.

Granberg, D.; Holmberg, S. (1992): The Hawthorne Effect in Election Studies: The Impact of Survey Participation on Voting. In: British Journal of Political Science, Vol. 22 (1992) Nr. 2, S. 240-247.

Green, P.E.; Tull, D.S. (1982): Methoden und Techniken der Marktforschung. (4. Aufl.), C.E. Poeschel Verlag, Stuttgart 1982.

Greenwald, A.G.; Leaavitt, C. (1984): Audience Involvement in Advertising: Four Levels. In: Journal of Consumer Research, Vol. 11 (1984) Nr. 1, S. 581-592.

Griffin, A.; Hauser, J.R. (1993): The voice of the customer. In: Marketing Science, Vol. 12 (1993) Nr. 1, S. 1-27.

Grupp, H.; Legler, G.; Licht, H. (2004): Technologie und Qualifikation für neue Märkte. Ergänzender Bericht zur technologischen Leistungsfähigkeit Deutschlands 2003-2004, Berlin 2004.

Gryskiewicz, S.S. (1980): A Study of Creative Problem Solving Techniques in Group Settings. Doctorial Dissertation, University of London.

Guilford, J.P. (1950): Creativity. In: American Psychologist, Vol. 5 (1950) Nr. 9, S. 444-445.

Günter, B.H., O. (1996): Beschwerdemanagement als Instrument der Customer Integration. In: Customer Integration: Von der Kundenorientierung zur Kundenintegration. Hrsg.: Kleinaltenkamp, M.; Fließ, S.; Jacob, F. Gabler, Wiesbaden 1996, S. 245-257.

Habermeier, K.F. (1990): Product Use and Product Improvement. In: Research Policy, Vol. 19 (1990) Nr. 3, S. 271-283.

Häder, M. (2006): Empirische Sozialforschung, VS Verlag für Sozialwissenschaften, Wiesbaden 2006.

Hagel III, J.; Armstrong, A. (1997): Net Gain: Expanding markets through virtual communities, Harvard Business School Press, Boston 1997.

Hammann, P.; Erichson, B. (2000): Marktforschung. (4. Aufl.), Lucius & Lucius, Stuttgart 2000.

Harbach, H. (1992): Altruismus und Moral, VS Verlag für Sozialwissenschaften, Wiesbaden 1992.

Hars, A.; Ou, S. (2002): Working for free? Motivations for participating in open-source projects. In: International Journal of Electronic Commerce, Vol. 6 (2002) Nr. 3, S. 25-39.

Hauschild, J. (2005): Dimensionen der Innovationen. In: Handbuch Technologie- und Innovationsmanagement: Strategie, Umsetzung, Controlling. Hrsg.: Albers, S.; Gassmann, O. Gabler, Wiesbaden 2005, S. 23-39.

Hauschild, J.; Salomo, J. (2007): Innovationsmanagement. (4. Aufl.), Vahlen, München 2007.

Hauser, J.R.; Clausing, D. (1988): The House of Quality. In: Harvard Business Review, Vol. 66 (1988) Nr. 3, S. 63-73.

Heckhausen, H. (1989): Motivation und Handeln. (2 Aufl.), Springer, Berlin 1989.

Hender, J.M.; Dean, D.L.; Rodgers, T.L.; Nunamaker Jr., J.F. (2002): An Examination of the Impact of Stimuli Type and GSS Structure on Creativity: Brainstorming vs. Nonbrainstorming Techniques in a GSS Environment. In: Journal of Management Information Systems, Vol. 18 (2002) Nr. 4, S. 59-85.

Henkel, J.; Sandner, J.G. (2007): Identifikation innovativer Nutzer in virtuellen Communities. In: Management der frühen Innovationsphasen: Grundlagen, Methoden, Neue Ansätze. Hrsg.: Herstatt, C.; Verworn, B., 2. (Aufl.). Gabler, Wiesbaden 2007, S. 77-107.

Herrmann, A.; Landwehr, J. (2008): Varianzanalyse. In: Marktforschung: Methoden, Anwendungen, Praxisbeispiele. Hrsg.: Herrmann, A.; Homburg, C.; Klarmann, M., 3. (Aufl.). Wiesbaden 2008, S. 579-606.

Herstatt, C.; Lüthje, C.; Lettl, C. (2002): Wie forschrittliche Kunden Innovationen stimulieren. In: Harvard Business Manager, Vol. 24 (2002) Nr. 1, S. 60-68.

Herstatt, C.; Lüthje, C.; Lettl, C. (2007): Fortschrittliche Kunden zu Breakthrough-Innovationen stimulieren. In: Management der frühen Innovationsphasen:

Grundlagen, Methoden, Neue Ansätze. Hrsg.: Herstatt, C.; Verworn, B. Gabler, Wiesbaden 2007, S. 61-75.

Herstatt, C.; Verworn, B. (2003): Bedeutung und Charakteristika der frühen Phasen des Innovationsprozesses. In: Management der frühen Innovationsphasen. Hrsg.: Herstatt, C.; Verworn, B. Gabler, Wiesbaden 2003, S. 3-18.

Herstatt, C.; von Hippel, E. (1992): From Experience: Developing New Product Concepts via the Lead User Method: A Case Study in a "Low-Tech" Field. In: Journal of Product Innovation Management, Vol. 9 (1992), S. 213-221.

Hertel, G.; Niedner, S.; Herrmann, S. (2003): Motivation of software developers in open source projects: An internet-based survey of contributors to the Linux kernel. In: Research Policy, Vol. 32 (2003) Nr. 1, S. 1159-1177.

Hilgard, R.E.; Bower, G.H. (1975): Theorien des Lernens, Stuttgart 1975.

Himme, A. (2007): Gütekriterien der Messung: Reliabilität, Validität und Generalisierbarkeit. In: Methodik der empirischen Sozialforschung. Hrsg.: Albers, S.; Klapper, D.; Konradt, U.; Walter, A.; Wolf, J., 2. (Aufl.). Gabler, Wiesbaden 2007, S. 375-390.

Hirschmann, E.C. (1980): Innovativeness, Novelty Seeking, and Consumer Creativity. In: Journal of Consumer Research, Vol. 7 (1980) Nr. 3, S. 283-295.

Holmström, B. (1999): Managerial Incentive Problems. A Dynamic Perspective. In: Review of Economic Studies, Vol. 66 (1999), S. 169-182.

Holt, K. (1985): User-oriented product innovation: Some research findings. In: Technovation, Vol. 3 (1985) Nr. 3, S. 199-208.

Homburg, C. (1992): Die Kausalanalyse: Eine Einführung. In: WiSt: Wirtschaftswissenschaftliches Studium, Vol. 21 (1992) Nr. 10, S. 499-508 und 514-544.

Homburg, C. (1995): Kundennähe von Industriegüterunternehmen, Gabler, Wiesbaden 1995.

Homburg, C.; Baumgartner, H. (1995): Beurteilung von Kausalmodellen. In: Marketing Zeitschrift für Forschung und Praxis, Vol. 17 (1995) Nr. 3, S. 162-176.

Homburg, C.; Giering, A. (1996): Konzeptionalisierung und Operationalisierung komplexer Konstrukte: Ein Leitfaden für die Marketingforschung. In: Marketing Zeitschrift für Forschung und Praxis, Vol. 18 (1996) Nr. 1, S. 5-24.

Horn, D.; Salvendy, G. (2006): Product creativity: Conceptual model, measurement, and characteristics. In: Theoretical Issus in Ergonomics Science, Vol. 7 (2006) Nr. 4, S. 395-412.

Huber, M.J. (2009): A Pattern Based Approach for Designing Internet Based Ideas Competitions. In: Very Large Business Applications (VLBA). Hrsg.: Rautenstrauch, C.; Arndt, H.K.; Krcmar, H. Shaker Verlag, Aachen 2009, S. 152-163.

Iversen, G.R.; Norpoth, H. (1976): Analysis of Variance, Sage Publications, Newbury Park 1976.

Janssen, J.; Laatz, W. (2007): Statistische Datenanalyse mit SPSS für Windows: Eine anwendungsorientierte Einführung in das Basissystem und das Modul Exakte Tests. (6. Aufl.), Berlin et al. 2007.

Jawecki, G.; Füller, J.; Mühlbacher, H. (2005): Joint Product Development Activities in Online Consumer Groups: The Basketball Innovation Community. In: European Marketing Academy, Vol. 34 (2005).

Jouret, G. (2009): Inside Cisco's Search for the Next Big Idea. In: Harvard Business Review, September, (2009), S. 43-45.

Kaiser, H.; Rice, J. (1974): Little Jiffy: Mark IV. In: Educational and Psychological Measurement, Vol. 34 (1974), S. 111-117.

Kaplan, B.; Duchon, D. (1988): Combining Qualitative and Quantitative Methods in Information Systems Research: A Case Study. In: MIS Quarterly, (1988), S. 571-586.

Kapriev, G.; Mensching, G. (2007): Was ist Idee?, Wehrhahn, Erlangen 2007.

Kasof, J. (1995): Social determinants of creativity: Status expectations and the evaluation of original products. In: Advances in Group Processes, (1995), S. 167-220.

Khurana, A.; Rosenthal, S.R. (1998): Towards holistic "front ends" in new product development. In: Journal of Product Innovation Management, Vol. 15 (1998) Nr. 1, S. 57-74.

Kim, A.J. (1999): Secret Strategies for Successful Online Communities/Community-Building on the Web, Peachpit Press, Berkeley 1999.

King, G.; Robert, K.; Sidney, V. (1994): Designing Social Inquiry, Princeton University Press, Princeton 1994.

Kleining, G. (1995): Methodologie und Geschichte qualitativer Sozialforschung. In: Handbuch qualitative Sozialforschung: Grundlagen, Konzepte, Methoden, Anwendungen. Hrsg.: Flick, U.; von Kardorff, E.; Keupp, H.; von Rosenstiel, L.; Wolff, S. Beltz, Weinheim 1995, S. 11-22.

Kohn, A. (1992): No contest : the case against competition, Houghton Mifflin, Boston 1992.

Kollock, P. (1999): The Economies of Online Cooperation: Gift and Public Goods in Cyberspace. In: Communities in Cyberspace. Hrsg.: Smith, M.A.; Kollock, P. Routledge, London 1999, S. 220-239.

Krais, A. (1971): Lernpsychologie und Markenwahl, Frankfurt a.M. 1971.

Kramer, M.W.; Kuo, C.L. (1997): The Impact of Brainstorming Techniques on Subsequent Group Processes. In: Small Group Research, Vol. 28 (1997) Nr. 2, S. 218-242.

Krcmar, H. (1998): Einige Überlegungen zu Methoden der empirischen Forschung in der Wirtschaftsinformatik. Arbeitstagung Wissenschaftstheorie in der Wirtschaftsinformatik, Universität Münster.

Krcmar, H. (2010): Informationsmanagement. (5. Aufl.), Springer, Heidelberg et al. 2010.

Kristensson, P.; Gustafsson, A.; Archer, T. (2004): Harnessing the creative potential among users. In: The Journal of Product Innovation Management, Vol. 21 (2004) Nr. 1, S. 4-14.

Kroeber-Riel, W.; Weinberg, P. (2003): Konsumentenverhalten. (8 Aufl.), Vahlen, München 2003.

Kromrey, H. (1995): Empirische Sozialforschung. (7. Aufl.), Leske und Budrich, Opladen 1995.

Lakhani, K.R.; Wolf, B. (2005): Why Hackers Do What They Do. Understanding Motivation and Effort in Free/Open Source Software Projects. In: Perspectives on Free and Open Source Software. Hrsg.: Feller, J.; Fitzgerald, B.; Hissam, S.; Lakhani, K.R. The MIT Press, Cambridge, MA 2005.

Lamnek, S. (1993): Qualitative Sozialforschung: Methodologie, Psychologie Verlags Union, Weinheim 1993.

Laurent, G.; Kapferer, J.-N. (1985): Measuring consumer involvement profiles. In: Journal of Marketing Research, Vol. 22 (1985) Nr. 1, S. 41-53.

Lee, F.S.; Vogel, D.; Limayem, M. (2002): Virtual Community Informatics: What We Know and What We Need to Know. *Proceedings of the 35th Hawai'i International Conference on System Science (HICSS 35).* Big Island, Hawaii 2002.

Leimeister, J.M. (2005): Virtuelle Communities für Patienten: Bedarfsgerechte Entwicklung, Einführung und Betrieb, Deutscher Universitäts-Verlag, Wiesbaden 2005.

Leimeister, J.M.; Böhmann, T.; Krcmar, H. (2005): IT-Unterstützung bei der Innovationsentwicklung. In: Handbuch Technologie- und Innovationsmanagement: Strategie, Umsetzung, Controlling. Hrsg.: Söhnke, A.; Gassmann, O. Gabler, Wiesbaden 2005, S. 323-340.

Leimeister, J.M.; Huber, M.; Bretschneider, U.; Krcmar, H. (2009): Leveraging Crowdsourcing: Activation-Supporting Components for IT-Based Ideas Competitions. In: Journal of Management Information Systems, Vol. 26 (2009) Nr. 1, S. 197-224.

Leimeister, J.M.; Krcmar, H. (2004): Das Geschäftsmodell "Virtual Community": Revisited. In: Produktentwicklung mit virtuellen Communities: Kundenwünsche erfahren und Innovationen realisieren. Hrsg.: Herstatt, C.; Sander, J.G. Gabler, Wiesbaden 2004, S. 46-67.

Leimeister, J.M.; Krcmar, H. (2006): Community-Engineering: Systematischer Aufbau und Betrieb Virtueller Communities im Gesundheitswesen. In: Wirtschaftsinformatik, Vol. 48 (2006) Nr. 6, S. 418-429.

Leonard, F.; Rayport, J.F. (1997): Spark innovation through empathic design. In: Harvard Business Review, Vol. 75 (1997) Nr. 6, S. 102-108.

Lerner, J.; Tirole, J. (2000): The simple economics of open source (7600). National Bureau of Economic Research (NBER) working paper, Cambridge, MA.

Lilien, G.L.; Morrison, P.; Searls, K. (2002): Performance Assessment of the Lead User Idea - Generation Process for New Product Development. In: Management Science, Vol. 48 (2002), S. 1042-1059.

Lilien, G.L.; Morrison, P.D.; Searls, K.; M., S.; von Hippel, E. (2002): Performance Assessment of the Lead User Idea-Generation Process for New Product Development. In: Management Science, Vol. 48 (2002) Nr. 8, S. 1042-1059.

Lüthje, C. (2000a): Characteristics of innovating users in a consumer goods field. Working Paper, University of Hamburg, Hamburg.

Lüthje, C. (2000b): Kundenorientierung im Innovationsprozess: Eine Untersuchung der Kunden-Hersteller-Interaktion in Konsumgütermärkten, Deutscher Universitäts-Verlag, Weisbaden 2000b.

Lüthje, C. (2003): Methoden zur Sicherstellung von Kundenorientierung in den frühen Phasen des Innovationsprozesses. In: Management der frühen Innovationsphasen. Hrsg.: Herstatt, C.; Verworn, B. Gabler, Wiesbaden 2003, S. 34-56.

Lüthje, C. (2004): Characteristics of Innovation Users in a Consumer Goods Field: An empirical study of sport-related product consumers. In: Technovation, Vol. 24 (2004), S. 683-695.

Lüthje, C. (2007): Methoden zur Sicherstellung von Kundenorientierung in frühen Phasen des Innovationsprozesses. In: Management der frühen Innovationsphasen: Grundlagen, Methoden, Neue Ansätze. Hrsg.: Herstatt, C.; Verworn, B., 2. (Aufl.). Gabler, Wiesbaden 2007.

Lüthje, C.; Herstatt, C. (2004): The Lead User Method: Theoretical-empirical foundation and practical implementation. In: R&D Management, Vol. 34 (2004) Nr. 5, S. 549-564.

MacCrimmon, K.R.; Wagner, C. (1994): Stimulating ideas through creative software. In: Management Science, Vol. 40 (1994) Nr. 11, S. 1514-1532.

MacKinnon, D.W. (1962): The nature and nurture of creative talent. In: American Psychologist, Vol. 17 (1962), S. 484-495.

Madsen, K. (1968): Modern theories of motivation, Madsen & Muntesgaard, Kopenhagen 1968.

Markus, U. (2002): Integration der virtuellen Community in das CRM: Konzeption, Rahmenmodell, Realisierung, Joseph Eul Verlag, Lohmar 2002.

Maslow, A.H. (1987): Motivation and Personality, Harper, New York 1987.

Massetti, B. (1996): An Empirical Examination of the Creativity Support Systems on Idea Generation. In: MIS Quarterly, Vol. 20 (1996) Nr. 1, S. 83-97.

Matthing, J.; Kristensson, P.; Gustafsson, A.; Parasuraman, A. (2006): Developping succesful technology-based services: The issue of identifying and involving innovative users. In: Journal of Service Marketing, Vol. 20 (2006) Nr. 5, S. 288-297.

Mayer, H. (2006): Interview und schriftliche Befragung. (3. Aufl.), Oldenbourg, München 2006.

McGraw, K.O.; Wong, S.P. (1996): Forming Inferences about Some Intraclass Correlation Coefficients. In: Psychological Methods, Vol. 1 (1996), S. 651-655.

Menkhaus, T. (2003): Eidos, Psyche und Unsterblichkeit: Ein Kommentar zu Platons „Phaidon", Ontos, Frankfurt am Main/London 2003.

Merkle, E. (1984): Technologiemarketing: Ein Ansatz zur Bewältigung des technologischen Wandels. In: Marketing ZfB, Vol. 6 (1984) Nr. 1, S. 5-14.

Miura, A.; Hida, M. (2004): Synergy Between Diversity and Similarity in Group Idea Generation. In: Small Group Research, Vol. 35 (2004) Nr. 5, S. 540-564.

Mohr, M. (2008): Qualifizierungsstrategien für betriebswirtschaftliche Unternehmenssoftware: Eine explorative Untersuchung. Dissertation an der Technischen Universität München.

Mohr, M.; Schubert, U.; Wittges, H.; Krcmar, H.; Schrader, H. (2007): Unternehmenssoftware-Ausbildung: Aktueller Stand und Trends: Ergebnisse der 4. UCC-Bildungsbedarfsanalyse 2007. Studie Nr. 9, Lehrstuhl für Wirtschaftsinformatik der Technischen Universität München.

Morrison, P.; Lillien, G.; Searls, K.; Sonnack, M.; von Hippel, E. (2001): Performance assessment of the lead user idea generation process for new product desgin and development. Working Paper of the Sloan School of Management, Massachusetts Institute of Technology.

Mumford, E. (2001a): Action Research: Helping Organizations to Change. In: IS: Issues and Trends. Hrsg.: Trauth, E.M. Idea Group Publishing Covent Garden, London 2001a, S. 46-77.

Mumford, M.D. (2001b): Tradeoffs Between Ideas and Structure: Individual Versus Group Performance in Creative Problem Solving. In: Journal of Creative Behavior, Vol. 35 (2001b) Nr. 1, S. 1-23.

Mumford, M.D.; Gustafson, S.B. (1988): Creativity syndrome: Integration, application, and innovation. In: Psychological Bulleting, (1988) Nr. 103, S. 27-43.

Murray, H.A. (1938): Explorations in personality, New York/Oxford 1938.

Myers, M.D. (1997): Interpretative Research in Information Systems. In: Information Systems: An Emerging Discipline. Hrsg.: Mingers, J.; Stowell, F. McGraw-Hill Publishing, London et al. 1997, S. 239-266.

Nagasundaram, M.; Bostrom, R.P. (1994): The structuring of creative processes using GSS: A framework for research. In: Journal of Management Information Systems, Vol. 11 (1994) Nr. 3, S. 87-114.

Nambisan, S. (2002): Designing virtual customer environments for new product development: toward a theory. In: Academy of Management Review, Vol. 27 (2002) Nr. 3, S. 392-413.

Nemiro, J.E. (2001): Connection in creative virtual teams. In: Journal of Behavioral and Applied Management, Vol. 3 (2001) Nr. 2, S. 92-112.

Nerdinger, F.W. (1995): Motivation und Handeln in Organisationen, Kohlhammer, Stuttgart 1995.

Neumann, D.H.; Holzmüller, H.H. (2007): Boundary Spanner als Akteure in der Innovationspolitik von Unternehmen. In: Innovationen an der Schnittstelle zwischen technischer Dienstleistung und Kunden: Konzeptionelle Grundlagen. Hrsg.: Carell, A.; Herrmann, T.; Kleinbeck, U. Springer, Heidelberg 2007, S. 85-100.

Nieschlag, R.; Dichtl, E.; Hörschgen, H. (1988): Marketing. (15. Aufl.), Duncker & Humblot, Berlin 1988.

Nölke, M. (2004): Kreativitätstechniken. (4. Aufl.), Rudolf Haufe Verlag, Planegg 2004.

Nunnally, J.C. (1978): Psychometric Theory. (2. Aufl.), New York 1978.

O'Quin, K.; Besemer, S.P. (2006): Using the creative product semantic scale as a metric for results-oriented business. In: Creativitiy & Innovation Management, Vol. 15 (2006) Nr. 1, S. 34-44.

o.V. (2005): Nachlese zum Wettbewerb 2005. http://ideenreich.at/43.html, zugegriffen am 02.06.2008.

o.V. (2007): Innovation Challenge 2007 Scorecard Sample. http://www.innovation challenge.com/images/scorecard.pdf, zugegriffen am 03.06.2008.

Osborn, A.F. (1953): Applied Imagination, Charles Scriber's Sons, New York 1953.

Ozinga, J.R. (1999): Altruism, Westport 1999.

Piller, F. (2004): Innovation and Value Co-Creation: An Evidence Based Approach to Integrate Customers in the Innovation Process. Habilitationsschrift an der Fakultät für Wirtschaftswissenschaften der Technischen Universität München.

Piller, F.T.; Walcher, D. (2006): Toolkits for Idea Competitions: A Novel Method to Integrate Users in New Product Development. In: R&D Management, Vol. 36 (2006) Nr. 3, S. 307-318.

Plucker, J.A.; Beghetto, R.A.; Dow, G.T. (2004): Why isn't creativity more important to educational psychologists? Potentials, pitfalls, and future directions in creativity research. In: Educational Psychologist, Vol. 39 (2004) Nr. 2, S. 83-96.

Plucker, J.A.; Renzulli, J.S. (1999): Psychometric approaches to the study of human creativity. In: Handbook of Creativity. Hrsg.: Sternberg, R.J. Cambridge University Press, Cambridge 1999, S. 35-61.

Potter, R.E.; Balthazard, P. (2004): The Role Individual Memory and Attention Processes During Electronic Brainstorming. In: MIS Quarterly, Vol. 28 (2004) Nr. 4, S. 621-643.

Prahalad, C.; Ramaswamy, V. (2000): Co-opting customer competence. In: Harvard Business Review, Vol. 79 (2000) Nr. 1, S. 79-87.

Preece, J. (2000): Online Communities: Designing Usability, Supporting Sociability, Wiley, Chichester et al. 2000.

Raymond, E.S. (1996): The New Hacker's Dictionary. (3. Aufl.), The MIT-Press, Cambridge, MA 1996.

Raymond, E.S. (2001): The Cathedral and the Bazaar: Musings on Linux and Open Source by Anaccidental Revolutionary. (2 Aufl.), O'Reilly Media, Sebastopol 2001.

Regan, D.T. (1971): Effects of Favor and Liking on Compliance. In: Journal of Experimental Social Psychology, Vol. 7 (1971) Nr. 6, S. 627-639.

Reichwald, R.; Piller, F. (2006): Interaktive Wertschöpfung: Open Innovation, Individualisierung und neue Formen der Arbeitsteilung, Gabler, Wiesbaden 2006.

Reichwald, R.; Piller, F.T. (2009): Interaktive Wertschöpfung: Open Innovation, Individualisierung und neue Formen der Arbeitsteilung. (2. Aufl.), Gabler, Wiesbaden 2009.

Reid, S.E.; de Brentani, U. (2004): The Fuzzy Front End of New Product Development for Discontinuous Innovation: A Theoretical Model. In: Journal of Product Innovation Management, Vol. 21 (2004), S. 170-187.

Reinmann-Rothmeier, G. (2000): Communities und Wissensmanagement: Wenn hohe Erwartungen und wenig Wissen zusammentreffen. Forschungsbericht Nr. 129, Ludwig-Maximilian-Universität, Lehrstuhl für Empirische Pädagogik und Pädagogische Psychologie, München, München.

Rese, M. (2000): Logistische Regression. In: Multivariate Analysemethoden. Hrsg.: Backhaus, K.; Erichson, B.; Plinke, W.; Weiber, R. Springer, Berlin et al. 2000, S. 104-144.

ReVelle, J.; Moran, J.; Cox, C. (1998): The QFD Handbook, Wiley, New York, Chichester 1998.

Rheinberg, F. (2004): Motivation. (5. Aufl.), Stuttgart 2004.

Rheingold, H. (1993): The Virtual Community: Homesteading on the Electronic Frontier, Addison Wesley, Reading MA. 1993.

Rhodes, M. (1961): Analysis of Creativity. In: Phi Delta Kappan, Vol. 42 (1961) Nr. 7, S. 305-310.

Ries, W. (2007): Die Idee im antiken Griechenland und bei Nietzsche. In: Was ist Idee? Hrsg.: Kapriev, G.; Mensching, G. Wehrhahn, Erlangen 2007, S. 37-48.

Robertson, T.S. (1971): Innovative Behaviour and Communication, Holt, Rinerhart and Winston, New York 1971.

Robinson, J.P.; Shaver, P.R.; Wrightsman, L.S. (1991): Criteria for Scale Selection and Evaluation. In: Measures of Personality and Social Psychological Attitudes. Hrsg.: Robinson, J.P.; Shaver, P.R.; Wrightsman, L.S. Academic Press, San Diego, CA 1991, S. 1-16.

Rochford, L. (1991): Generating and screening new product ideas. In: Industrial Marketing Management, Vol. 20 (1991) Nr. 4, S. 287-296.

Rogers, E.M. (1962): Diffusion of Innovations, The Free Press, New York 1962.

Romer, P. (1992): Two strategies for economic development: Using ideas and producing ideas. In Summers, L.H.; S., S. (Eds.), *Proceedings of the World Banks Annual Conference on Development Economics 1992, Washington* (S. 63-91).

Roth, E.; Holling, H. (1999): Sozialwissenschaftliche Methoden: Lehr- und Handbuch für Forschung und Praxis, Oldenbourg, München und Wien 1999.

Russell, D.W. (2002): In Search of Underlying Dimensions: The Use (and Abuse) of Factor Analysis. In: Personality and Social Psychological Bulletin, Vol. 28 (2002) Nr. 12, S. 1629-1646.

Rüttinger, B.; von Rosenstiel, L.; Molt, W. (1974): Motivation des wirtschaftlichen Verhaltens, Kohlhammer, Stuttgart 1974.

Sarason, S.B. (1974): The psychological sense of community: Prospects from a community psychology, Jossey-Bass, San Francisco 1974.

Sauer, N. (2003): Consumer Sophistication: Messung, Determinanten und Wirkungen auf Kundenzufriedenheit und Kundenloyalität, Deutscher Universitäts Verlag, Wiesbaden 2003.

Sawhney, M.; Prandelli, E. (2000): Communities of creation: managing distributed innovation in turbulent markets. In: California Management Review, Vol. 42 (2000) Nr. 4, S. 24-54.

Sawhney, M.; Prandelli, E. (2001): Beyond Customer Knowledge Management: Customers as Knowledge Co-creators. In: Knowledge Management and Virtual Organization. Hrsg.: Malhotra, J. Idea Group Publishing, Hershey 2001, S. 258-281.

Schachtner, K. (2001): Ideenmanagement im Produktinnovationsprozess: Zum wissenschaftlichen Einsatz der Informationstechnologie, Deutscher Universitäts-Verlag, Wiesbaden 2001.

Schack, H. (2005): Urheber- und Urhebervertragsrecht. (3. Aufl.), Mohr Siebeck, Tübingen 2005.

Schiefele, H. (1978): Lernmotivation und Motivlernen, Ehrenwirth, München 1978.

Schlicksupp, H. (1999): Ideenfindung, Vogel, Würzburg 1999.

Schnell, R.; Hill, P.B.; Esser, E. (2008): Methoden der empirischen Sozialforschung. (8. Aufl.), Oldenbourg Verlag, München, Wien 2008.

Schrage, M. (1995): No More Teams: Mastering the Dynamics of Creative Collaboration, Currency Doubleday, New York 1995.

Schubert, P. (1999): Virtuelle Transaktionsgemeinschaften im Electronic Commerce: Management, Marketing und soziale Umwelt, Joseph Eul Verlag, Lohmar 1999.

Schuh, C. (1991): Die Car Clinic als Marktforschungsinstrument einer konsumentenorientierten Produktentwicklung, Schäffer-Poeschel, Köln 1991.

Schumpeter, J. (1934a): The Theory of Economic Development, Harvard University Press, Cambridge, MA 1934a.

Schumpeter, J.A. (1934b): The theory of economic development, Harvard University Press, Cambridge, MA 1934b.

Shah, S. (2000): Sources and patterns of innovation in a consumer products field: Innovations in sporting equipment. Sloan Working Paper #4105.

Shah, S.K. (2005): Motivation, Governance & the Viability of Hybrid Forms in Open Source Software Development. Working Paper, University of Washington.

Shalley, C.E. (1995): Effects of Coaction, Expected Evaluation, and Goal Setting on Creativity and Productivity. In: 38, Vol. 2 (1995) Nr. 483-503.

Smith, M.A. (1992): Voices from the WELL: The logic of the Virtual Commons. Diskussionspapier, veröffentlicht im Internet: http://www.sscnet.ucla.edu/soc/csoc/papers/voices/Voices.htm.

Soll, J.H. (2006): Ideengenerierung mit Konsumenten im Internet, Deutscher Universitäts-Verlag, Wiesbaden 2006.

Sosik, J.J.; Avolio, B.J.; Kahai, S.S. (1997): Effects of Leadership Style and Anonymity on Group Potency and Effectiveness in Group Decision Support System Environment. In: Journal of Applied Psychology, Vol. 82 (1997) Nr. 1.

Specht, G.; Schmelzer, H.J. (1992): Instrumente des Qualitätsmanagements in der Produktentwicklung. In: Zeitschrift für Betriebswirtschaft, Vol. 44 (1992) Nr. 2, S. 531-547.

Stake, R.E. (1995): The art of case study research, Sage Publications, Thousand Oaks, CA 1995.

Stauss, B.; Seidl, W. (2007): Beschwerdemanagement: Unzufriedene Kunden als profitable Zielgruppe. (4. Aufl.), Hanser, München 2007.

Sternberg, R.J.; Lubart, T.I. (1995): Defiying the crowd: Cultivating creativity in a culture of conformity, The Free Press, New York 1995.

Stoller-Shai, D. (2003): E-Collaboration: Die Gestaltung internetgestützter kollaborativer Handlungsfelder. Dissertation an der Universität St. Gallen.

Straus, S.G.; McGrath, J.E. (1994): Does Medium Matter? The Interaction of Task Type and Technology on Group Performance and Member Reactions. In: Journal of Applied Psychology, Vol. 79 (1994) Nr. 1, S. 87-97.

Strauss, A. (1987): Qualitative Analysis for Social Scientists, Cambridge University Press, New York 1987.

Thom, N. (1992): Innovationsmanagement, Schweizerische Volksbank, Bern 1992.

Tottie, M.; Lager, T. (1995): QFD: Linking the customers to the product development process as a part of the TQM concept. In: R&D Management, Vol. 25 (1995) Nr. 3, S. 257-268.

Trommsdorf, V. (1993): Konsumentenverhalten. (2. Aufl.), Kohlhammer, Stuttgart 1993.

Tushman, M.L. (1977): Special Boundary Roles in the Innovation Process. In: Administrative Science Quarterly, Vol. 22 (1977), S. 587-605.

Tutko, T.; Bruns, W. (1976): Winning is everything and other American myths, Macmillan, New York 1976.

Tynan, A.C.; Drayton, J.L. (1988): Conduction Focus Group: a guide for the first-time users. In: Marketing Intelligence & Planning, Vol. 6 (1988) Nr. 1, S. 5-9.

Ulrich, K.T.; Eppinger, S.D. (1995): Product Design and Development, McGraw-Hill, New York 1995.

Urban, G.L.; Hauser, J.R. (1993): Design and Marketing of New Products. (2. Aufl.), Prentice Hall 1993.

Urban, G.L.; Von Hippel, E. (1988): Lead User Analyses for the Development of New Industrial Products. In: Management Science, Vol. 34 (1988), S. 569-582.

Valacich, J.S.; Wachter, R.; Mennecke, B.E.; Wheeler, B.C. (1993): Computer Mediated Idea Generation: The Effects of Group Size and Group Heterogeneity. *Proceedings of the 26th International Conference on System Science* (S. 152-160 IV).

Valacich, J.S.; Wheeler, B.C.; Mennecke, B.E.; Wachter, R. (1995): The Effects of Numerical and Logical Group Size on Computer-Mediated Idea Generation. In: Organizational Behavior and Human Decision Processes, Vol. 62 (1995) Nr. 3, S. 318-329.

Verworn, B.; Herstatt, C. (2000): Modelle des Innovationsprozesses. Arbeitspapier Nr. 6 des Instituts für Technologie- und Innovationsmanagement an der Technischen Universität Hamburg-Harburg.

von Hayek, F.A.; Kerber, W. (1996): Die Anmaßung von Wissen, Mohr Siebeck, Tübingen 1996.

von Hippel, E. (1978): Successful industrial products from customer ideas: presentation of a new customer-active paradigm with evidence and implications. In: Journal of Marketing, Vol. 42 (1978) Nr. 1, S. 39-49.

von Hippel, E. (1986): Lead users: a source of novel product concepts. In: Management Science, Vol. 32 (1986) Nr. 7, S. 791-805.

von Hippel, E. (1988): The Sources of Innovation, Oxford University Press, New York 1988.

von Hippel, E. (1994): Sticky information and the locus of problem solving. In: Management Science, Vol. 40 (1994) Nr. 4, S. 429-439.

von Hippel, E. (2001a): Innovation by user communities: learning from open-source software. In: MIT Sloan Management Review, Vol. 42 (2001a) Nr. 4, S. 82-86.

von Hippel, E. (2001b): Perspective: User Toolkits for Innovation. In: Journal of the Product Innovation Management, Vol. 18 (2001b) Nr. 4, S. 247-257.

von Hippel, E. (2005): Democratizing Innovation, MIT Press, Cambridge, MA 2005.

von Hippel, E.; Katz, R. (2002): Shifting Innovation to Users via Toolkits. In: Management Science, Vol. 48 (2002) Nr. 7, S. 821-833.

von Hippel, E.; Tyre, M. (1995): How learning is done: problem identification in novel process equipment. In: Research Policy, Vol. 24 (1995) Nr. 1, S. 1-12.

von Kardorff, E. (1995): Qualitative Sozialforschung: Ein Versuch einer Standortbestimmung. In: Handbuch Qualitative Sozialforschung. Hrsg.: Flick, U.; von Kardorff, E.; Keupp, H.; von Rosenstiel, L.; Wolff, S. Beltz, Weinheim 1995, S. 3-8.

von Rosenstiel, L. (1975): Die motivationalen Grundlagen des Verhaltens in Organisationen: Leistung und Zufriedenheit, Duncker & Humblot, Berlin 1975.

von Rosenstiel, L. (2003): Grundlagen der Organisationspsychologie. (8 Aufl.), Schäffer-Poeschel, Stuttgart 2003.

von Stamm, B. (2005): Managing innovation, design & creativity, John Wiley & Sons, Chichester 2005.

Walcher, D. (2007): Der Ideenwettbewerb als Methode der aktiven Kundenintegration: Theorie, Analyse und Implikationen für den Innovationsprozess, Gabler, Wiesbaden 2007.

Wallas, G. (1926): The Art of Thought 1926.

Weiner, B. (1996): Motivationspsychologie, Beltz, Weinheim 1996.

Weissenberger-Eibl, M.A.; Speith, S. (2005): Der tatsächliche Wert von Ideen in kleinen und neu gegründeten Unternehmen. In: Integriertes Ideenmanagement: Betriebliche und überbetriebliche Aspekte unter besonderer Berücksichtigung kleiner und junger Unernehmen. Hrsg.: Schwarz, E.J.; Harms, R. Deutscher Universitäts-Verlag, Wiesbaden 2005, S. 151-174.

Wertheimer, M. (1945): Productive Thinking, University of Chicago Press, New York 1945.

White, A.; Smith, B.L. (2001): Assessing advertising creativity using the creative product semantic scale. In: Journal of Advertising Research, Vol. 41 (2001) Nr. 6, S. 27-34.

Widaman, K.F. (1993): Common Factor Analysis versus Principal Component Analysis: Differential Biasin Representing Model Parameters? In: Multivariate Behavioral Research, Vol. 28 (1993) Nr. 3, S. 263-311.

Wildemann, H. (1999): Produktkliniken: Wertgestaltung von Produkten und Prozessen: Methoden und Fallbeispiele, Vahlen, München 1999.

Wirtz, M.; Caspar, F. (2002): Beurteilerübereinstimmung und Beurteilerreliabilität, Göttingen 2002.

Yin, R.K. (2003): Case Study Research: Design and Methods. (3. Aufl.), Sage Publications, Thousand Oaks, CA 2003.

Zaichowsky, J. (1985): Measuring the Involvement Construct. In: Journal of Consumer Research, Vol. 12 (1985), S. 341-352.

Zimmermann, V.E. (1972): Das Experiment in den Sozialwissenschaften, Stuttgart 1972.

Springer Gabler RESEARCH

„Informationsmanagement und Computer Aided Team"
Herausgeber: Prof. Dr. Helmut Krcmar
zuletzt erschienen:

André Bögelsack
Performance und Skalierung von virtualisierten SAP-ERP-Systemen
2012. XVII, 204 S., 61 Abb., 15 Tab., Br. € 49,95
ISBN 978-3-8349-3025-5

Ulrich Bretschneider
Die Ideen-Community zur Integration von Kunden in den Innovationsprozess
Empirische Analysen und Implikationen
2012. XXII, 259 S., 22 Abb., 73 Tab., Br. € 49,95
ISBN 978-3-8349-3373-7

Uta Knebel
IT-gestützte Gesundheitsförderungsprogramme
Design, Einführung und Evaluation am Beispiel Gesundheitssport
2011. XXIX, 348 S., 66 Abb., 132 Tab., Br. € 59,95
ISBN 978-3-8349-2662-3

Christoph Riedl
Tool-Supported Innovation Management in Service Ecosystems
2011. XXVI, 311 S., 94 Abb., 62 Tab., Br. € 59,95
ISBN 978-3-8349-3024-8

Michael Schermann
Risk Service Engineering
Informationsmodelle für das Risikomanagement
2011. XXVI, 359 S., 134 Abb., 35 Tab., Br. € 59,95
ISBN 978-3-8349-2338-7

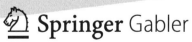

Änderungen vorbehalten. Stand: Mai 2012. Erhältlich im Buchhandel oder beim Verlag.
Abraham-Lincoln-Str. 46 . 65189 Wiesbaden . www.springer-gabler.de